suhrkamp taschenbuch
wissenschaft 281

Bremer, X-mas '94

bei Verlust: 030/784 4784

Es ist heute weitgehend unbekannt, daß es innerhalb des Wiener Kreises des Logischen Empirismus einen Flügel gab, der die theoretischen Bemühungen um metaphysikfreie Wissenschaftlichkeit verknüpft sah mit der Bemühung um eine sozialistische Umgestaltung der Gesellschaft; so gilt – insbesondere seit dem sogenannten Positivismusstreit – die Verpflichtung der Wissenschaften auf das Programm des Logischen Empirismus weithin als methodologischer Garant des gesellschaftlichen Status quo.

Otto Neurath indes war ein Theoretiker, der das Programm des Logischen Empirismus in seiner radikalsten Variante vertreten und sich zugleich als radikaler Sozialist verstanden hat. Die Einheit dieses philosophischen und politischen Engagements ist bei Neurath im Interesse an jener wissenschaftlichen Weltauffassung begründet, der zeit seines Lebens seine Bemühung galt.

Rainer Hegselmann ist derzeit wissenschaftlicher Assistent an der Universität Essen. Er veröffentlichte u. a.: *Normativität und Rationalität – Zum Problem praktischer Vernunft in der analytischen Philosophie.*

Otto Neurath
Wissenschaftliche Weltauffassung, Sozialismus und Logischer Empirismus

Herausgegeben von
Rainer Hegselmann

Suhrkamp

suhrkamp taschenbuch wissenschaft 281
Erste Auflage 1979
© Suhrkamp Verlag Frankfurt am Main 1979
Suhrkamp Taschenbuch Verlag
Alle Rechte vorbehalten, insbesondere das
des öffentlichen Vortrags, der Übertragung
durch Rundfunk und Fernsehen
sowie der Übersetzung, auch einzelner Teile
Satz: LibroSatz, Kriftel
Druck: Nomos Verlagsgesellschaft, Baden-Baden
Printed in Germany
Umschlag nach Entwürfen von
Willy Fleckhaus und Rolf Staudt

CIP-Kurztitelaufnahme der Deutschen Bibliothek
Neurath, Otto: [Sammlung]
Wissenschaftliche Weltauffassung, Sozialismus und logischer
Empirismus / Otto Neurath. Hrsg. von Rainer Hegselmann.
– 1. Aufl. – Frankfurt am Main: Suhrkamp, 1979.
(Suhrkamp-Taschenbücher Wissenschaft; 281)
ISBN 3-518-07881-X

Inhalt

Rainer Hegselmann
Otto Neurath – Empiristischer Aufklärer und Sozialreformer 7

OTTO NEURATH
WISSENSCHAFTLICHE WELTAUFFASSUNG 79

Wissenschaftliche Weltauffassung – Der Wiener Kreis 81

Radikaler Physikalismus und »Wirkliche Welt« 102

Die neue Enzyklopädie 120

Pseudorationalismus der Falsifikation 132

Empirische Soziologie 145

Die Utopie als gesellschaftstechnische Konstruktion 235

Wesen und Weg der Sozialisierung 242

Wirtschaftlichkeitsbetrachtung und Wirtschaftsplan 262

Statistik und Sozialismus 288

Statistische Hieroglyphen 295

Abkehr von der Metaphysik 302

Bibliographische Nachweise 311

Rainer Hegselmann
Otto Neurath – Empiristischer Aufklärer und Sozialreformer

0. Vorbemerkungen 7

1. Das Programm des Logischen Empirismus 9
1.1 Motivation und theoretisches Interesse des Logischen Empirismus 10
1.2 Grundannahmen des Logischen Empirismus 11
1.3 Konsequenzen der Grundannahmen 14

2. Leben und Werk Otto Neuraths 18
2.1 Vor der Novemberrevolution: Neurath als Theoretiker der Kriegswirtschaftslehre 19
2.2 Die Novemberrevolution: Neurath als Gesellschaftstechniker und Sozialisierungstheoretiker 23
2.3 Der Wiener Kreis: Neurath als Theoretiker und Organisator des Logischen Empirismus 33
2.4 ISOTYPE: Neurath als bildstatistischer Aufklärer 47

3. Logischer Empirismus und sozialistische Gesellschaftsveränderung 53
3.1 Unterschiedliche Rationalitätsprogramme im Wiener Kreis 54
3.2 Zum Verhältnis von theoretischer und praktischer Rationalität 59
3.3 Grenzen der wissenschaftlichen Weltauffassung des Wiener Kreises 61

Anmerkungen 64

Bibliographie 74
I. Wichtigste Schriften Neuraths 74
II. Bibliographien zum Logischen Empirismus 77

0. Vorbemerkungen

Bei einem ersten, oberflächlichen Blick auf Leben und Werk Otto Neuraths scheint man einen Menschen vor sich zu haben, der disparaten Interessen nachging, teils in, teils außerhalb der Wissenschaften arbeitete und mehr als gewöhnlich Wechselfälle des Lebens zu spüren bekam. Er wurde bekannt als Mitglied des Wiener Kreises des Logischen Empirismus, war jedoch darüber hinaus Theoretiker der Kriegswirtschaftslehre, Leiter eines 1919 ins Leben gerufenen Amtes, das die Sozialisierung Bayerns vorbereiten sollte, Erfinder von speziellen Methoden der visuellen Aufbereitung statistischer Daten, Direktor eines Gesellschafts- und Wirtschaftsmuseums, freier Mitarbeiter amerikanischer Gesundheitsbehörden bei der Tuberkulosebekämpfung, schließlich auch Berater bei der Einrichtung statistischer Institute in der Sowjetunion. In zahlreichen Schriften entwickelte er Methoden der Wirtschaftsplanung, mehrere Jahre arbeitete er über wirtschaftsgeschichtliche Fragen, mehrere Arbeiten sind Problemen der Wissenschaftsgeschichte gewidmet, zahllose Arbeiten verfaßte er zu einzelnen Fragen des Logischen Empirismus. Dabei waren die äußeren Umstände seines Lebens für eine intensive wissenschaftliche Arbeit und rege Publikationstätigkeit nicht gerade günstig: Von vornherein nicht mit materiellen Gütern gesegnet, führte seine Beteiligung an der Bayrischen Räterepublik über die Verurteilung zu Festungshaft hinaus zum Verlust seiner Privatdozentenstelle. Eine akademische Karriere blieb ihm danach versperrt. Die Machtübernahme des Faschismus zwang ihn ins Exil nach Holland, der faschistische Überfall auf Holland zur Flucht nach England. Dennoch publizierte er mehr als 270 Bücher und Zeitschriftenartikel.

Während des Ersten Weltkrieges wurde Neurath Sozialist und blieb es zeit seines Lebens. Fragt man sich angesichts der verwirrenden Vielfalt der von ihm bearbeiteten Themen und in Angriff genommener Projekte nach Grundstrukturen seiner wissenschaftlichen und politischen Identität, dann läßt sich vieles auf seine sozialistische Einstellung zurückführen. Es stellt sich dann allerdings sofort die Frage nach dem Verhältnis dieser sozialistischen Einstellung zu der philosophischen Konzeption des Logischen Empirismus, der nach einem weit verbreiteten Urteil nicht nur als mit einem Programm sozialistischer Gesellschaftsveränderung unvereinbar, sondern geradezu als dessen Gegenkonzeption gilt. Es ist daher jener Bezugspunkt rekonstruktionsbedürftig, von dem aus sowohl eine aktive Anhängerschaft gegenüber dem Programm sozialistischer Gesellschaftsveränderung wie auch die Mitarbeit an der philosophischen Konzeption des Logischen Empirismus jeweils folgerichtig sind oder jedenfalls unter bestimmten Bedingungen folgerichtig erscheinen könnte. Der Titel der hier vorgelegten Auswahl von Schriften Neuraths deutet dabei an, worin der gesuchte Bezugspunkt gesehen wird, nämlich in jener selber dechiffrierungsbedürftigen Größe, die Neurath ›wissenschaftliche Weltauffassung‹ nennt. Die folgenden Ausführungen sollen sowohl Einführung in Leben und Werk des empiristischen Aufklärers und Sozialreformers Otto Neurath wie auch Begründung der These von der wissenschaftlichen Weltauffassung als dem fundamentalen Bezugspunkt seiner wissenschaftlichen und politischen Identität sein. Zunächst soll die Entstehung und Konzeption des Logischen Empirismus systematisch und unter Verzicht auf historische Details dargestellt werden (1). Daran anschließen wird sich eine teils chronologisch, teils systematisch vorgehende Darstellung von Leben und Werk Neuraths (2); in diesem zweiten Teil werden auch die speziellen Beiträge Neuraths zum Logischen Empirismus behandelt. Der Schlußteil dieser Einführung geht dann der Frage nach, in welchem Verhältnis die Konzeption des Logischen Empirismus zum Programm sozialistischer Gesellschaftsveränderung steht bzw. inwieweit die wissenschaftliche Weltauffassung Bezugspunkt beider Konzeptionen sein kann (3).

1. Das Programm des Logischen Empirismus

Der Logische Empirismus ist nicht das Werk eines einzelnen, schulbildenden Philosophen, sondern entstand aus einem Gesprächskreis, der sich ca. 1922 in Wien um Moritz Schlick bildete.[1] Von daher rührt auch die Bezeichnung ›Philosophie des Wiener Kreises‹.[2] Neben Otto Neurath sind als dessen führende Mitglieder Rudolf Carnap, Herbert Feigl, Philipp Frank, Kurt Gödel, Hans Hahn, Victor Kraft und Friedrich Waismann zu nennen. *Der Logische Empirismus kann charakterisiert werden durch ein bestimmtes Interesse (1.1), zwei Grundannahmen (1.2) und drei Konsequenzen, die sich auf Basis dieser Grundannahmen zwangsläufig ergeben (1.3).*

1.1 Motivation und theoretisches Interesse des
Logischen Empirismus

Bei der Entstehung des Logischen Empirismus[3] war ein Interesse leitend, das seinerseits motiviert wurde durch eine bestimmte Diagnose bezüglich des Zustands der Philosophie: Zum einen war *der* wichtigste neuzeitliche Versuch einer Grundlegung der Einzelwissenschaften, nämlich die kantische Transzendentalphilosophie, durch den einzelwissenschaftlichen Fortschritt in schwere Bedrängnis geraten (a), zum anderen schien dem rasanten Fortschritt einzelwissenschaftlicher Erkenntnis ein prinzipielles Chaos philosophischer Lehrmeinungen gegenüberzustehen (b).

(a) In größte Schwierigkeiten geriet die kantische Transzendentalphilosophie zufolge der Fortschritte in Physik, Logik und Mathematik. Im Anschluß an die Arbeiten Freges wurde durch die »Principia Mathematica« von Russell und Whitehead die Mathematik *auf der Logik* aufgebaut. Zusammen mit der Klärung des Status logischer Sätze durch Wittgenstein ergab sich damit der *tautologische Charakter mathematischer Sätze*. Klassifiziert man mit Kant die Urteile in synthetisch-apriori, synthetisch-aposteriori und analytisch-apriori, dann haben demnach mathematische Sätze, die für Kant *synthetische* Urteile apriori waren, zwar apriorischen, aber *analytischen* Status. In ähnlichen Schwierigkeiten geriet Kants Grundlegung der Einzelwissenschaften durch Erkenntnisfortschritte der Physik: Um sicherzustellen, daß die Naturwissenschaft nicht nur Sätze von hypothetischer, sondern von *apodiktischer* Gewißheit liefern kann, hatte Kant der empirischen Naturwissenschaft eine *reine* Naturwissenschaft vorgeordnet, innerhalb derer die Newtonsche Mechanik als Bedingung der Möglichkeit naturwissenschaftlicher Erkenntnis fungiert. Auch die Euklidische Geometrie erklärte Kant für synthetisch-apriori. Mit der Relativitätstheorie Einsteins entstand damit für die Kantische Konzeption das Problem, daß sie als Theorie der Bedingungen möglicher Erkenntnis in Widerspruch mit dieser Erkenntnis selbst geriet. Zudem verwendet die Relativitätstheorie eine *nichteuklidische* Geometrie. *Die kantische Konzeption schien damit in einem nicht mehr sanierbaren Ausmaße getroffen:* Gibt es nämlich keine synthetischen Urteile a priori – und so mußte es nach der Entwicklung in Logik, Mathematik und Physik scheinen –, dann kommt die Transzendentalphilosophie Kants deshalb in eine ausweglose Situation, weil sie von der Frage geleitet wird, wie synthetische Urteile apriori möglich sind, also bereits im Ansatz die *Existenz nicht existierender Urteilsarten präsupponiert*. In dieser Situation wieder auf ältere empiristische oder rationalistische Erkenntnistheorien zurückzugreifen verbietet sich deshalb, weil der ältere Empirismus eines F. Bacon, Locke, Berkeley, Hume oder J. St. Mill im Widerspruch zu den Erkenntnissen in und über Logik und Mathematik steht; die rationalistischen Konzeptionen hingegen werden der offenkundigen Bedeutung der Erfahrung im Erkenntnisprozeß nicht gerecht.

(b) Dieses Versagen *einzelner* philosophischer Theorien scheint auf ein *generelleres Versagen philosophischer Theoriebildung* zu verweisen. Während die Einzelwissenschaften immer neue Erkenntnisse gewinnen, scheint die Philosophie aus einem *Chaos von Systemen* zu bestehen, deren jedes Absolutheitsansprüche erhebt, von denen jedoch keines überprüfbar ist. Darüber hinaus sind diese Systeme dann auch noch fast durchweg gegen moderne einzelwissenschaftliche Theorien gerichtet. Schlick schreibt: »Alle Versuche, dem Chaos der Systeme ein Ende zu machen und das Schicksal der Philosophie zu wenden, können, so scheint eine Erfahrung von mehr als zwei Jahrtausenden zu lehren, nicht mehr ernst genommen werden.«[4] Und Frank fordert dazu auf, sich an dem »ewigen Kampf dieser Art von Philosophie gegen den Fortschritt der Wissenschaft«[5] nicht mehr zu beteiligen.

Konzediert man diese Diagnose bezüglich des Zustands einzelner philosophischer Theorien wie philosophischer Theoriebildung überhaupt, dann liegt die anzuwendende *Therapie* nahe: *Auch die Philosophie muß zukünftig auf Basis jener Wissenschaftlichkeit betrieben werden, durch die die Einzelwissenschaften gegenüber der Philosophie zu den erfolgreicheren Disziplinen wurden*. Dieses *Interesse an einer wissenschaftlichen Philosophie* ist es, das die philosophischen Bemühungen des Wiener Kreises in Gang setzte und leitete.[6]

1.2 Grundannahmen des Logischen Empirismus

Im Rahmen der Ausarbeitung einer wissenschaftlichen Philosophie sind von den Mitgliedern des Wiener Kreises bestimmte

Grundannahmen gemacht worden. Sie lassen sich verstehen als Antworten auf Fragen, die sich stellen, teilt man das Interesse an einer wissenschaftlichen Philosophie: Zum einen nämlich ist nach den Ursachen des einzelwissenschaftlichen Fortschritts zu fragen (a), zum anderen ist klärungsbedürftig, warum ein Chaos philosophischer Lehrmeinungen überhaupt entstehen und zwischen konkurrierenden philosophischen Theorien – wie es scheint – keine Entscheidung herbeigeführt werden kann (b).

a) Was an den Einzelwissenschaften auffällt, ist die zentrale Rolle der *systematischen Kontrolle ihrer Aussagen durch Erfahrung*. Die Frage nach den Ursachen des einzelwissenschaftlichen Erkenntnisfortschritts läßt sich also offenbar einfach beantworten: Kontrolle und Fundierung von Erkenntnis durch Erfahrung sind Basis des Erfolgs der Einzelwissenschaften. Der Logische Empirismus verallgemeinert dies zu einer *prinzipiellen erkenntnistheoretischen Annahme: Erkenntnis kann nur durch Erfahrung gewonnen werden*. Diese Annahme soll zukünftig das ›Basistheorem‹ des Logischen Empirismus genannt werden. Offensichtlich ist dieses Basistheorem unvereinbar mit der Annahme der Existenz synthetischer Urteile a priori, wie sie Kant vermeinte entdeckt zu haben.

b) Bezüglich der Frage nach den Ursachen des Chaos philosophischer Lehrmeinungen gibt das Basistheorem einen Leitfaden zur Beantwortung an die Hand: Das, was sich als philosophische Erkenntnis ausgibt, ist eine Erkenntnis, die glaubt auf die systematische Kontrolle durch Erfahrung verzichten zu können. Sie gibt vor, auf irgendwelchen ›höheren‹ Erkenntnisvermögen zu beruhen und wird eben dadurch zu einem Bereich ebenso willkürlicher wie unverständlicher Spekulation. Von den Sätzen der Einzelwissenschaften kann man unter Rückgriff auf Erfahrung entscheiden, ob sie wahr oder falsch sind. Für die meisten philosophischen Sätze kann man hingegen keinen Wahrheitswert angeben. Solche Sätze aber, von denen nicht einmal prinzipiell entschieden werden kann, ob sie wahr oder falsch sind, muß man – so der Schluß des Logischen Empirismus – als *sinnlos* in einem strengen Sinne ansehen: Es handelt sich um Sätze, die nichts besagen, um Sätze, die allenfalls die grammatische Struktur von wahren oder falschen Sätzen nachahmen; eigentlich müßten sie als ›*Scheinsätze*‹ bezeichnet werden. Das Chaos der Philosophie ist auf

Basis dieser Annahmen einfach erklärbar: *Die meisten Sätze der traditionellen Philosophie sind Scheinsätze, die meisten ihrer Probleme ›Scheinprobleme‹.* Als Lehre kann man dem Desaster der Philosophie nur noch entnehmen, zukünftig genau zu unterscheiden zwischen zwei Klassen von Aussagen, nämlich sinnvollen Aussagen, die entweder wahr oder falsch sind, einerseits, den sinnlosen Scheinsätzen andererseits, und fürderhin nur noch sinnvolle Aussagen zu machen. Diese These, daß *alle Aussagen in sinnvolle und sinnlose Sätze zerfallen*, verbunden mit der *Empfehlung, nur sinnvolle zu äußern*, soll das *Sinntheorem* des Logischen Empirismus genannt werden.

Im Zusammenhang mit dem Sinntheorem wurden innerhalb des Wiener Kreises heftige Diskussionen geführt. Ein erster Streit entbrannte um die Frage, ob Tautologien und/oder Kontradiktionen, also Sätze, die – was auch immer der Fall sein mag – wahr bzw. falsch sind, als sinnvoll oder sinnlos anzusehen seien. Nach Wittgenstein, der zwar kein Mitglied des Wiener Kreises war, diesen aber dennoch entscheidend beeinflußte, sollten Tautologien und Kontradiktionen gleichermaßen sinnlos sein;[8] Schlick hingegen meinte, daß auch Tautologien als sinnvolle Sätze anzusehen seien;[9] durchgesetzt hat sich die Position Carnaps, der Tautologien wie Kontradiktionen als sinnvoll ansah.[10] Entscheidender als dieser Streit wurde jedoch der um die präzise Formulierung eines *Sinnkriteriums*, mittels dessen Sätze in die Klasse der sinnvollen bzw. sinnlosen Sätze eingeordnet werden können.[11] Der Streit entzündete sich an der Frage nach dem Status von allquantifizierten Aussagen über (möglicherweise) unendliche Gegenstandsbereiche, also Aussagen vom logischen Typus der Naturgesetze. Da solche Aussagen unmittelbar weder als wahr noch als falsch erkannt werden können, versuchte man zunächst eine Entscheidung der Frage sinnvoll/sinnlos durch ein Kriterium herbeizuführen, das bestimmte deduktive Relationen zwischen einfachen Beobachtungssätzen und den Allsätzen fordert. Auf diese Weise arbeitende Sinnkriterien sind das sog. Verifizierbarkeits- und Falsifizierbarkeitskriterium, ebenso aber auch Ayers Kriterium der prognostischen Relevanz. Alle diese Kriterien führen jedoch zu Schwierigkeiten: Sie erweisen sich als zu stark, indem sie Sätze der Naturwissenschaften, die zweifellos sinnvoll sind, für sinnlos erklären, oder als zu schwach, indem offenbare

Scheinsätze nicht ausgeschlossen werden; manche Kriterien weisen sogar beide Defekte zugleich auf. Auch kompliziertere Kriterien, die unter Rückgriff auf eine empiristische Konstruktsprache sowie Inklusions- und Übersetzbarkeitsrelationen formuliert werden, konnten diesen Schwierigkeiten nicht entrinnen. Die über mehr als 40 Jahre geführte Diskussion um ein akzeptables Kriterium kognitiver Signifikanz (‚wie das Sinnkriterium auch genannt wurde,) hat daher zu keinem akzeptablen Kriterium geführt, eher schon zu der Einsicht, daß man ein solches Kriterium kaum wird in brauchbarer Weise formulieren können. Dieser Ausgang der Diskussion war natürlich Mitte der zwanziger Jahre nicht absehbar. Ohne Wissen um die zukünftig auftretenden Schwierigkeiten konnte der Wiener Kreis daher seine theoretischen Bemühungen auf Basis der Unterstellung, daß es möglich sein werde, die Unterscheidung im Sinne des Sinntheorems durch ein geeignetes Kriterium operabel zu machen, aufnehmen bzw. fortsetzen.

1.3 Konsequenzen der Grundannahmen

Aus Basis- und Sinntheorem des Logischen Empirismus ergeben sich mindestens *drei wichtige Konsequenzen*, und zwar hinsichtlich der *Beurteilung der traditionellen Philosophie (a)*, hinsichtlich der *Durchführung einer wissenschaftlichen Philosophie (b)* und schließlich hinsichtlich der *Beziehungen der Einzelwissenschaften untereinander (c)*.

(a) Sätze, die weder logisch wahr oder falsch, noch Erfahrungssätze sind, sind zufolge des Sinntheorems sinnlos in einem strengen Sinne. Metaphysische Sätze gelten dem Logischen Empirismus als Inbegriff sinnloser Sätze und gerade aus ihnen – so der Wiener Kreis – bestehen die traditionellen Philosophien fast durchweg. Die Sätze der philosophischen Metaphysik sind dabei zu unterscheiden von Sätzen aus Märchen oder solchen, in denen sich ein Aberglaube ausspricht. Diese Sätze sind nämlich, wenn auch falsch, so doch wenigstens sinnvoll, während die Sätze der Metaphysik nicht einmal falsch, sondern sinnlos sind.[12] Carnap unterscheidet daher auch die frühere Metaphysikkritik, die die Metaphysik durch Verweis auf logische Ungereimtheiten oder Widerspruch zur Erfahrung kritisieren wollte, von der Metaphysikkritik des Logischen Empirismus, die in metaphysischen Sätzen nur noch bedeutungslose Zeichenfolgen sieht. Metaphysik ist nach diesem Ansatz nicht etwa deshalb nicht möglich, weil die menschliche Vernunft für eine derartige Aufgabe zu beschränkt wäre. *Wo auch immer nämlich die Grenzen der Vernunft liegen mögen, schon die Fragen der Metaphysik sind zufolge der Bedeutungslosigkeit der in ihr vorkommenden Worte sinnlos.* Wer solche ›Fragen‹ dennoch stellt, der wirft nicht Fragen auf, die eventuell nicht beantwortet werden können, sondern weiß überhaupt nicht, was er fragt. Wittgenstein betont daher, daß man zu Antworten, die man nicht aussprechen kann (jedenfalls nicht mittels eines sinnvollen Satzes), auch die Frage nicht aussprechen kann.[13]

Wenn die Metaphysik in dieser Weise sinnlos ist, dann ist klärungsbedürftig, was sich denn in ihr ausspricht, wenn nicht Erkenntnis. Schlick hat diese Frage durch die Einführung einer Differenz von Erkennen und Erleben zu beantworten gesucht.[14] Konstitutiv für Erkenntnis sei deren Mitteilbarkeit; Erleben hingegen müsse prinzipiell privat bleiben. Metaphysik ist dann für Schlick der aussichtslose Versuch, das nicht Mitteilbare mitzuteilen. Auf ähnliche Weise hat auch Carnap die Wirkungsweise der Metaphysik erklärt. Nach ihm ist Metaphysik Ausdruck eines Lebensgefühls, allerdings im falschen Medium.[15] Lebensgefühle sind nicht-kognitive Einstellungen zu den in Sätzen beschreibbaren Sachverhalten oder Tatsachen. Sätze selbst sind kein adäquates Ausdrucksmittel solcher Lebensgefühle[16]; der adäquate Ort für ihren Ausdruck wäre die Kunst.[17] Gegenüber den ›Werken‹ der Metaphysiker gibt es daher nichts zu argumentieren, eher schon gilt es, in einem relativ groben Sinne Aufräumungsarbeiten zu beginnen. In einer programmatischen Gemeinschaftspublikation schreiben Carnap, Hahn und Neurath, die Vertreter des Logischen Empirismus charakterisierend: »Sie machen sich mit Vertrauen an die Arbeit, den metaphysischen und theologischen Schutt der Jahrtausende aus dem Wege zu räumen« (1929, 28).[18] Als eine erste Konsequenz seiner Grundannahmen kann man daher festhalten, daß sie den Logischen Empirismus zu einer *radikalen Kritik an der traditionellen Philosophie als im strengen Sinne sinnloser Metaphysik führen.*

b) Angesichts der radikalen Kritik an der traditionellen Philosophie fragt sich, worin überhaupt noch eine Philosophie bestehen könnte, die nicht in Widerspruch zu den Grundannahmen des Logischen Empirismus gerät. Wittgenstein hat diese Frage dahingehend beantwortet, daß es überhaupt *keine philosophischen Sätze gebe*, sondern nur eine bestimmte philosophische *Tätigkeit*, nämlich die einer logischen Klärung der Gedanken. Nach Carnap wird die *Wissenschaftslogik* zur Nachfolgedisziplin der Philosophie, wobei die Wissenschaftslogik zwar aus Sätzen besteht, jedoch aus solchen, die nicht neben oder über den Wissenschaften angesiedelt sind.

Wittgensteins Konzeption von Philosophie ist Folge seiner Annahme über die Beziehungen zwischen Sätzen und Sachlagen, wie er sie im Tractatus macht.[19] Danach sind Sätze Bilder möglicher Sachlagen, wobei der Bildbegriff im Sinne des mathematischen Abbildungsbegriffs zu verstehen ist: Den Gegenständen der Welt, ihren Eigenschaften und Beziehungen entsprechen bestimmte Elemente des Satzes und Beziehungen zwischen ihnen. Entscheidend für Wittgensteins Schlußfolgerungen bezüglich der Philosophie ist, daß nach ihm das, was Satz und Wirklichkeit gemeinsam haben müssen, damit der Satz überhaupt Bild der Wirklichkeit sein kann, in keinem Bild dargestellt werden kann. Ist dies aber richtig, dann kann es keine Sätze *über* Sätze geben, während andererseits alle Sätze, die möglich sind, als Sätze über Tatsachen und Sachlagen Sätze der Naturwissenschaften sind. Für die Philosophie bleibt insofern kein Bereich sinnvoller Sätze übrig, und da diese Argumente Wittgensteins ihrerseits offenbar keine Sätze der Naturwissenschaften sind, sind auch sie natürlich sinnlos.[20]

Vor diesem Hintergrund wird klar, warum Schlick, der Wittgenstein in seinen Thesen über Philosophie weitgehend folgte, glaubte zu der Annahme berechtigt zu sein, daß der »unfruchtbare Streit der Systeme als beendigt«[21] angesehen werden könne: *Der prinzipielle Mangel aller bisherigen Philosophien kann nun nämlich darin erkannt werden, daß die philosophischen Bemühungen überhaupt auf philosophische Sätze gerichtet waren.*

Die Abbildtheorie des Tractatus ist bei den meisten Mitgliedern des Wiener Kreises auf Ablehnung gestoßen. Sie ist eine präzisierte Variante einer Korrespondenztheorie der Wahrheit und wurde als solche insbesondere von Neurath kritisiert; Carnap schloß sich dieser Kritik an. Mit der Abbildtheorie entfällt allerdings eine entscheidende Voraussetzung für Wittgensteins Konzeption. Es wird nun als Nachfolger der Philosophie die Wissenschaftslogik im Sinne einer Disziplin möglich, die Aussagen über die logische Form, also die *Syntax* von Wissenschaftssprachen, macht. In der Arbeit »Die logische Syntax der Sprache«[22] zeigt

Carnap, daß man die syntaktischen Eigenschaften einer Sprache *in ihr selbst* ausdrücken kann, wenn die Sprache die elementare Arithmetik enthält. Die Sätze der Wissenschaftslogik sind dann arithmetische Sätze. Carnap hat später an »Die logische Syntax der Sprache« kritisiert, daß dort alle philosophischen Probleme als syntaktische Probleme charakterisiert werden und als neue Problemstellung der Philosophie die *Analyse aller metatheoretischen Probleme*, und zwar unter Einschluß semantischer und pragmatischer Probleme, angegeben. Man kann insofern festhalten, daß der Logische Empirismus als Konsequenz seiner Grundannahmen zu einer *Wissenschaftslogik als Nachfolgedisziplin der Philosophie geführt wird. Aufgabe dieser Wissenschaftslogik ist die syntaktische, semantische und pragmatische Analyse wissenschaftlicher Aussagesysteme.*

c) Sinn- und Basistheorem des Logischen Empirismus haben Folgen für die Wissenschaftspraxis, die der Logische Empirismus mit seinem *Programm* der *Einheitswissenschaft* zum Ausdruck gebracht hat. Gemäß diesem Programm sollen alle Einzelwissenschaften ihre Aussagen in *einer* Sprache formulieren, deren sämtliche nichtlogischen Ausdrücke sich entweder selbst auf unmittelbar Erfahrbares beziehen oder aber auf solche Ausdrücke zurückführen lassen. Für die Durchführung des Programms bedarf es also erstens einer Reduktionsbasis, d. h. einer Menge von Grundbegriffen, die sich bereits auf unmittelbar Erfahrbares beziehen, und zweitens einer Reduktionsrelation, durch die festgelegt ist, wann ein Term, der nicht zur Reduktionsbasis gehört, auf diese reduziert werden kann. Als Reduktionsrelation fungiert die Definierbarkeit, wobei allerdings nicht nur explizite Definitionen, sondern auch Reduktionssätze zur partiellen Definition von Dispositionsprädikaten zugelassen sind.[23] Das Programm der Einheitswissenschaft besagt also *nicht*, daß die Gesetze aller Wissenschaften auf die Gesetze einer Wissenschaft (etwa der Physik) zurückgeführt werden könnten, sondern lediglich, daß die Sätze aller Wissenschaften in *einer* Sprache ausgedrückt werden sollten. Carnap stellte sich den Weg zur Einheitswissenschaft so vor, daß die Sprache der Physik auf eine elementare Dingsprache zurückgeführt werden solle; die Sprache der Biologie sollte dann auf die der Physik und die der Psychologie auf die der Biologie zurückgeführt werden; damit wären alle Sprachen auf die elementare Dingsprache zurückgeführt.

Gerichtet ist das Programm der Einheitswissenschaft gegen das Vorkommen von nicht-logischen Ausdrücken, die nicht auf unmittelbar Erfahrbares zurückführbar sind. Das Programm wendet sich daher gegen solche methodologischen Konzeptionen, die bestimmte Disziplinen davon freisprechen, das Fundament ihrer Erkenntnisse in durch Beobachtung kontrollierbarer Erfahrung zu suchen und statt dessen völlig andere Methoden als für diese Disziplinen konstitutiv ausgeben. Zwangsläufig wendet sich das Programm der Einheitswissenschaft daher gegen die methodologische Trennung von Natur- und Geisteswissenschaften.[25] Aus den Grundannahmen des Logischen Empirismus ergibt sich das Programm der Einheitswissenschaft also insofern zwingend, als es die *wissenschaftspragmatische* Seite dieser Grundannahmen ist.

Faßt man *alle* bisherigen Ausführungen zum Logischen Empirismus zusammen, dann kann man also festhalten: Der Logische Empirismus läßt sich charakterisieren durch das *Interesse an einer wissenschaftlichen Philosophie, Sinn- und Basistheorem als seinen Grundannahmen* und drei *Konsequenzen*, die sich aus diesen Grundannahmen ergeben: *Kritik der metaphysischen Sätze als Scheinsätze, Wissenschaftslogik als Nachfolgedisziplin der Philosophie* und *Aufbau der Einheitswissenschaft*.[26]

2. Leben und Werk Otto Neuraths

Im folgenden soll Leben und Werk Neuraths dargestellt werden. Die Arbeitsgebiete und Projekte, auf bzw. an denen Neurath arbeitete, überschneiden sich teilweise zeitlich. So war er zugleich Theoretiker und Organisator des Wiener Kreises und Direktor eines Museums, innerhalb dessen er sich um Methoden der Visualisierung von Statistiken im Interesse der Aufklärung der Arbeiterschaft bemühte. Beides bedarf jedoch einer gesonderten Darstellung. Wenn im folgenden Leben und Werk Neuraths in *vier Abschnitten* dargestellt wird, dann sind daher sowohl chronologische wie systematische Gesichtspunkte leitend. Ein erster Abschnitt 2.1 gilt der Zeit bis zum Ende des Ersten Weltkriegs. Der Abschnitt 2.2 untersucht die Rolle Neuraths in der Novemberrevolution. Abschnitt 2.3 behandelt seine Bedeutung für den Logischen Empirismus. Abschnitt 2.4 ist den Bemühungen Neuraths um bildstatistische Aufklärung gewidmet.

2.1 Vor der Novemberrevolution:
Neurath als Theoretiker der Kriegswirtschaftslehre

Im Dezember 1882 wurde Otto Neurath in Wien geboren. Sein Vater Wilhelm hatte wegen Armut der Eltern nur unter vielen Schwierigkeiten und weitgehend über den Weg autodidaktischen Studiums den philosophischen Doktorgrad erworben. Unmittelbarer Ausdruck seiner vielfältigen wissenschaftlichen Interessen muß der Besitz Tausender von Büchern gewesen sein. Dem Sohn standen sie uneingeschränkt zur Verfügung, und ihnen galt auch bereits in sehr jungen Jahren sein Interesse (vgl. 1973, 4).[27] Neurath soll die Werke Kants bereits in einem Alter gelesen haben, in dem er noch mit Zinnsoldaten spielte; er selbst berichtet, das Zählen durch Zählen von Büchern gelernt zu haben und insbesondere an Büchern, die reich an Abbildungen waren, interessiert gewesen zu sein. Das berufliche Fortkommen des Vaters, der schließlich Hochschullehrer wurde, machte den Ausbildungsweg Neuraths einfacher und geradliniger, als es der seines Vaters gewesen war. Nach der schulischen Ausbildung nahm Neurath im Jahre 1901 ein Universitätsstudium auf. Die ersten Semester studierte er in Wien Mathematik. Bereits in dieser Zeit lernte er Philipp Frank und Hans Hahn kennen, die beide später innerhalb des Wiener Kreises ebenfalls sehr bedeutende Rollen spielen sollten.

In Berlin setzte er sein Studium fort. Zunehmend galt sein Interesse der Ökonomie und den Gesellschaftswissenschaften. In Berlin lernte er den russischen Logiker Gregorius Itelson kennen, der ihn durch sein unerbittliches Drängen auf Klarheit und Präzision stark beeindruckt haben soll. Mit der Arbeit »Zur Anschauung der Antike über Handel, Gewerbe und Landwirtschaft« promovierte er im September 1906 summa cum laude zum Dr. phil. Noch im gleichen Jahr wurde er zum einjährigen Militärdienst eingezogen.[28]

Nach Beendigung seiner Militärzeit nahm Neurath 1907 eine Stelle als Lehrer an der Neuen Wiener Handelsakademie an.[29] Von einem seiner Schüler wird er als ein Lehrer beschrieben, der Schüler in seinen Bann gezogen habe. Bezüglich seiner politischen Einstellungen sei er sehr unterschiedlich beurteilt worden: Von den einen für einen Sozialisten gehalten, sei er von anderen als Industriellenfreund angesehen worden. Neurath blieb an der

Wiener Handelsakademie bis zum Beginn des Ersten Weltkriegs tätig.

Schon vor dem Abschluß seiner Promotion hatte Neurath mit der Publikation wissenschaftlicher Artikel begonnen. Sein erster, im Jahre 1904 publizierter Artikel galt einem wirtschaftshistorischen Thema, dem Geldzins im Altertum. In den Jahren 1909 und 1910 publizierte er zusammen mit Olga Hahn, die später ebenfalls Mitglied des Wiener Kreises werden sollte, mehrere Artikel zu logischen Fragen.[30] Zum Schwerpunkt seiner wissenschaftlichen Arbeit wurde jedoch zunehmend ein Arbeitsgebiet aus der Ökonomie, die *Kriegswirtschaftslehre*.

Eine erste Arbeit zur Kriegswirtschaftslehre verfaßte Neurath 1909. Ihr sollten ca. 45 weitere Arbeiten in den nächsten zehn Jahren folgen. Im Handwörterbuch der Sozialwissenschaft gilt Neurath als Erfinder des Namens ›Kriegswirtschaftslehre‹ und als Begründer dieser Disziplin.[31] 1912 erhielt er ein Stipendium der Carnegie Endowment for International Peace, die Untersuchungen über Kriegsursachen und -folgen anregte und förderte. Unterstützt durch diese Stiftung unternahm er zahlreiche Reisen auf dem Balkan. Als 1914 der Erste Weltkrieg ausbrach, wurde auch Neurath zum Militärdienst eingezogen; einige Zeit war er Kommandeur einer kleinen besetzten Stadt. Der Krieg machte ihm die Fortsetzung seiner wissenschaftlichen Arbeit nicht unmöglich: Einmal lieferte der Krieg empirisches Material, zum anderen gelang es Neurath, übergeordnete Stellen von der Notwendigkeit der Errichtung einer Abteilung für Kriegswirtschaftslehre zu überzeugen. Mitten im Kriege, im Jahre 1916, habilitierte er sich mit seinen Arbeiten in Heidelberg und wurde dort Privatdozent. Gegen Ende des Krieges wurde er zum Direktor eines kriegswirtschaftlichen Museums in Leipzig berufen, das von der dortigen Handelskammer mitinitiiert worden war. Das Ende des Krieges war auch das Ende des Museums.

Die Arbeiten Neuraths zum Problem der Kriegswirtschaft sind *der Schlüssel zu seinen späteren wissenschaftlichen und politischen Auffassungen; direkte Wege führen von hier zu den späteren Sozialisierungsplänen wie den Arbeiten zu Problemen des Logischen Empirismus.*

Die *Aufgabe der Kriegswirtschaftslehre* sah Neurath darin, jene Wirkungen zu untersuchen, die Kriege und Kriegsvorbereitungen auf den Wohlstand der Menschen ausüben (vgl. 1914, 42). Er betont, daß die Kriegswirtschaftslehre eine Wissenschaft sei »wie die Ballistik, die ebenfalls unabhängig davon ist, ob man für oder gegen die Verwendung von Kanonen eintritt« (1914, 43). 1913 beurteilte er die Chancen für eine Weiterentwicklung der Disziplin wegen des zahlreichen empirischen Materials, das eine Serie von rasch aufeinander folgenden Kriegen geliefert hatte, als besonders günstig (vgl. 1913, 3). In zahllosen Arbeiten untersucht Neurath verschiedene Aspekte der Kriegswirtschaft: Probleme der Bevölkerungsreserven, Arten kriegswirtschaftlicher Bedarfsdeckungen, Geldmengenprobleme, Währungsdeckung im Kriegsfalle, Beschaffungsprobleme bei Zahlungsmitteln, Organisation unmittelbarer Realienbeschaffung, Requisition, Naturalzwangsanleihen, Rückwirkungen des Krieges auf Geld und Kredit, ökonomische Probleme des Kriegserfolges, Folgen von Kriegsentschädigungen usw. (vgl. etwa die Arbeiten 1909, 1909a, 1914).

Im Rahmen dieser Untersuchungen stieß Neurath auf ein zunächst völlig widersinnig erscheinendes Faktum, dessen Erklärung für seine weitere Entwicklung *entscheidende Bedeutung* gewann: Betrachte man die Entwicklung des Lebensstandards der Bevölkerung in den Kriegen der letzten hundert Jahre, dann – so meinte Neurath – gäbe es zahlreiche Beispiele dafür, daß Kriegsführung den Lebensstandard *nicht* beeinträchtigt, sondern *allgemein* erhöht habe. Neurath schrieb dies *vor* Ausbruch des Ersten Weltkriegs und hatte insbesondere den amerikanischen Bürgerkrieg und die napoleonischen Kriege im Auge. Er hielt diese Kriege insbesondere angesichts des Ausmaßes der drohenden Zukunftskriege für vergleichsweise klein. Immerhin aber schienen sie eines zu belegen: »... Kriegsführung kann ... gelegentlich die Lebensweise der Bevölkerung geradezu verbessern« (1914, 47). Neuraths Ansatz zur Entschlüsselung dieses Phänomens ist die Untersuchung der Allokationsmechanismen, die im Kriegsfalle die Produktion von Gütern steuern: Es springt geradezu ins Auge, daß im Kriegsfalle der *Marktmechanismus weitgehend ausgeschaltet* wird, und zwar *zugunsten einer unmittelbar am Kriegsbedarf orientierten Produktion*. *Geld* spielt in der Kriegswirtschaft eine untergeordnete Rolle, Angelpunkt wird die erzeugbare *Gütermenge*. Im Regelfall ist mit dem Krieg eine tiefgreifende Umwandlung der Wirtschaftsordnung verbunden. Es kommt zu weitgehenden Eingriffen in die Wirtschaftsfreiheit, deren Tendenz die Errichtung einer »*Großnaturalwirtschaft*« (1914, 99) ist, d. h. einer

Wirtschaftsordnung, die von vornherein, ohne Berücksichtigung
von Geld und Preisen, den Bedarf an Gütern mit den technischen
Produktionsmöglichkeiten abstimmt und nach Plan Güter produziert und verteilt. An die Stelle der Verkehrswirtschaft der Frie-
denszeit tritt im Kriegsfalle eine *Verwaltungswirtschaft. In diesem
Übergang zu Formen geplanten Wirtschaftens sah Neurath die Ursache
wachsenden Wohlstands unter Kriegsbedingungen.* Daß der Krieg »in
manchen Fällen produktive Kräfte zur Entfaltung bringt, ist ...
nur dadurch möglich, daß es die Friedensordnung in unzulänglicher Weise tut« (1914, 49 f.). Die Friedensordnung weist nicht nur
ungleiche Verteilung der Vermögen auf, es wird in ihr auch
»weniger verbraucht, als verbraucht werden könnte« (1914, 47).
Neurath muß daher folgerichtig den ökonomischen Argumenten,
die von Friedensbewegungen gegen den Krieg vorgebracht werden, eine andere Wendung geben. Im Jahre 1909 schreibt er: »Die
Klage über den großen Schaden des Krieges entspricht ... weit
weniger den Tatsachen, *als vielmehr die Klage darüber, daß wir in einer
Ordnung leben, in der solch große Verwüstungen keinen übermäßigen
Schaden anrichten, ja zuweilen sogar noch erlösend wirken*« (1909, 41). –
Der Erste Weltkrieg war nicht mit allgemeinen Erhöhungen des
Lebensstandards, sondern sich ausbreitendem Massenelend ver-
bunden, andererseits zeigte sich noch in den ungeheuren Zerstö-
rungen dieses Krieges die hohe Effizienz einer Verwaltungswirt-
schaft, die die Mittel für Zerstörungen dieses Ausmaßes, trotz
Abermillionen von Toten über Jahre hinweg bereitstellen konnte.
Schon 1909 in einer seiner ersten kriegswirtschaftlichen Arbeiten, hatte Neurath »gewaltige Umwälzungen der Wirtschaftsordnung« (1909a, 136) für den Fall eines großen mitteleuropäischen
Krieges vorausgesehen, und zwar in der Weise, daß dann »manche
Ideen des Staatssozialismus verwirklicht würden« (ebd.; vgl.
1909, 16). In Publikationen aus dem Jahre 1917 ist sich Neurath
völlig sicher, daß die Verkehrswirtschaft der Vorkriegszeit endgültig der Vergangenheit angehört. Zurückblickend schreibt er:
»Es war für das eben verflossene Zeitalter charakteristisch, daß es
die Fülle von Erfindungen, die ihm zu Gebote stand ..., nicht
erheblich ausnützte. Wollen wir unter *Technik* den Inbegriff an
technischen Kenntnissen, unter *Technizität* den Grad ihrer Anwendung verstehen, so wies das eben verflossene Zeitalter zwar
eine hohe Technik, aber eine recht niedrige Technizität auf« (1917,
149). In einer anderen Arbeit aus dem gleichen Jahr prognostiziert

Neurath bezüglich der Konsequenzen kommender Umwälzungen der Wirtschaftsordnung: »All diese Veränderungen bedeuten wahrscheinlich das Ende der Krisen und Depressionen. Damit wird auch jene unfreiwillige Reserve an produktiven Kräften verschwinden, welche in früheren Zeiten infolge Unterbenützung bestand und die gegenwärtige Kriegsführung wesentlich erleichterte« (1917a, 170).

In den durch die Erfordernisse eines Weltkrieges entstandenen planenden Großorganisationen sah Neurath Organisationsformen, die ideale Voraussetzungen für eine ungehemmte Produktion ziviler Güter in einer in Frieden lebenden Gesellschaft bieten müßten. *Der Krieg schuf so jene Instrumente der »bewußten Lebensgestaltung« (1917b, 205), die es nun für friedliche Zwecke zu nutzen galt, indem an die Stelle des allgemeinen Mobilisierungsplans ein ziviler Wirtschaftsplan träte.*

Ernst Lakenbacher, der Neurath während des Weltkrieges als Kommandeur erlebte, berichtet 1946 in einem Nachruf, daß Neurath am Anfang des Krieges noch kein Sozialist gewesen sei; wohl aber sei er auf dem Wege zu sozialistischen Positionen gewesen (vgl. 1973, 13 f). Es ist nicht genau angebbar, wann Neurath zum Anhänger einer sozialistischen Gesellschaftsveränderung wurde. Vermutlich wurde er es in der Mitte des Krieges. Als der bis dahin größte Krieg der Menschheitsgeschichte 1918 zu Ende ging, war Neurath jedenfalls ein Sozialist. *Zugleich war aus einem Theoretiker der Kriegswirtschaftslehre ein Wirtschaftswissenschaftler geworden, dessen zentrales Anliegen nun die Ausarbeitung funktionstüchtiger Modelle einer für den Friedensbedarf planmäßig produzierenden Wirtschaft war.*

2.2 Die Novemberrevolution:
Neurath als Gesellschaftstechniker und Sozialisierungstheoretiker

Neurath befand sich bei Kriegsende in Deutschland. Mit magischer Kraft – so Lakenbacher (vgl. 1973, 14) – habe ihn die Revolution angezogen. Eine wichtige Rolle bei den folgenreichen Entscheidungen, die Neurath Ende 1918 fällte, muß Wolfgang Schumann gespielt haben. Schumann und Neurath kannten sich bereits seit Jahren; in Leipzig war Schumann Generalsekretär des von Neurath geleiteten kriegswirtschaftlichen Museums gewesen (vgl. 1973, 15 f.). Nach seinem eigenen Bericht versuchte Schumann im Dezember 1918, Neurath davon zu überzeugen, sich der sozialdemokratischen Partei anzuschließen und einen Sozialisierungsplan auszuarbeiten. Die Entscheidung hierüber muß Neurath sehr schwer gefallen sein. Ganz abgesehen von möglicherweise entstehenden Schwierigkeiten für seine akademische Karriere, gab es das Problem, daß seine Frau Olga aufs heftigste opponierte, da sie schlimmste Konsequenzen befürchtete (vgl. 1973, 17). Irgendwann um die Jahreswende 1918/19 muß Neurath dennoch beschlossen haben, sich der breiten Massenbewegung für die Schaffung einer sozialistischen Wirtschaftsordnung anzuschließen.

Am 23. Januar 1919 traf Neurath mit dem damaligen bayrischen Ministerpräsidenten Kurt Eisner zusammen und besprach mit ihm Probleme einer Neuorganisation der Wirtschaft. Eisner war führendes USPD-Mitglied. Weil er im Januar 1918 zu einem Massenstreik zur Erzwingung des Weltfriedens aufgerufen hatte, war er verhaftet und erst im Oktober 1918 aus der Untersuchungshaft entlassen worden. Nach Ausrufung der Republik wurde Anfang November 1918 eine Koalitionsregierung aus SPD, USPD, Bayrischem Bauernbund und parteilosen Fachministern gebildet, deren Ministerpräsident er geworden war. Vermutlich nahm auch der damalige bayrische Finanzminister Jaffe an dem Gespräch Neuraths mit Eisner teil. Jedenfalls war er es, der vorschlug, Neurath solle vor dem Münchener Arbeiterrat ein Referat über die Neuorganisation der Wirtschaft halten (vgl. 1920b, 3). Neurath hielt dieses Referat bereits zwei Tage nach dem Gespräch in der 8. Vollsitzung des Münchener Arbeiterrates, und zwar unter dem Titel »Wesen und Weg der Sozialisierung – Gesellschaftstechnisches Gutachten«. Wie Neurath berichtet, stand der Münchener Arbeiterrat seinen Ausführungen sehr zustimmend gegenüber.

Im Januar 1919 wurde Neurath und Schumann von Hermann Kranold, dem sozialdemokratischen Vorsitzenden der Stadtverordnetenversammlung von Chemnitz und Herausgeber der »Chemnitzer Volksstimme«, das Angebot unterbreitet, gemeinsam ein Sozialisierungsprogramm auszuarbeiten (vgl. 1920b, 4 f.). Auch darauf ging Neurath ein. Insgesamt publizierte und verfaßte er in den Jahren 1918–1922 ca. 30 Arbeiten zu Sozialisierungsproblemen.

Ausgangspunkt seiner Sozialisierungskonzeption ist jenes Resultat, zu dem seine kriegswirtschaftlichen Arbeiten geführt hatten: »So wie man die Volkswirtschaft durch ein Hindenburgprogramm dem Kriege dienstbar machen konnte, müßte man sie auch dem Glück aller dienstbar machen können« (1920d, 3). Folgerichtig mußte auch die Friedenswirtschaft eine geplante Wirtschaft sein. In seinem Referat vor dem Arbeiterrat führte er aus: »Eine Wirtschaft *sozialisieren* heißt, sie einer *planmäßigen Verwaltung zu Gunsten der Gesellschaft durch die Gesellschaft zuzuführen*« (1919a, 3). Auszuarbeiten ist ein solcher Plan von einer zentralen Stelle, die die gesamte Volkswirtschaft wie einen einzigen, riesigen Betrieb anzusehen hätte. Ihre Planungsgrundlage wäre eine »Universalstatistik, welche in zusammenhängenden Übersichten ganze Länder, ja die Welt umfaßt« (1919a, 8). Für die Planung der Produktion spielen Geldpreise keine Rolle. Wichtig sind lediglich der Bedarf nach Gütern und die technischen Möglichkeiten der Produktion. Allenfalls bei der Verteilung der Konsumgüter könnte evtl. auf Geld zurückgegriffen werden. Für Neurath ist die sozialisierte Wirtschaft daher im wesentlichen eine *Naturalwirtschaft;* es gibt in ihr keine Geld-, sondern nur eine *Naturalrechnung*.

Insbesondere in seiner späteren Schrift »Wirtschaftsplan und Naturalrechnung« hat Neurath präzise Planungsmethoden anzugeben versucht. Von grundlegender Bedeutung ist der Begriff der *Lebenslage*. Er ist »der Inbegriff all der Umstände, die verhältnismäßig unmittelbar die Verhaltungsweise eines Menschen, seinen Schmerz, seine Freude bedingen« (1931a, 125). Zur Lebenslage eines Menschen gehört seine mengenmäßige und qualitative Ausstattung mit Nahrungsmitteln, Vergnügungsmöglichkeiten, aber auch die Menge von Krankheitskeimen, denen er ausgesetzt ist. Je nach Höhe der *Lebensstimmung*, die sie herbeiführen, können Lebenslagen in eine komparative Ordnung gebracht werden (vgl. 1925, 31). Ein *Lebenslagenkataster* registriert alle Änderungen der Lebenslagen, die sich bei jeweils verschiedenen Verteilungen von Arbeitslasten und Zuteilungen von Gütern und Dienstleistungen für einzelne Individuen bzw. Gruppen ergeben (vgl. 1925, 36 f.). Ein *Lebensstimmungsrelief* schließlich gibt Aufschluß darüber, welche Lebensstimmungen sich bei einer angenommenen Verteilung von Arbeitslasten und Gütern ergeben (vgl. 1925, 35). Weil die Lebensstimmungen nur ordinal skaliert sind, läßt sich *kein* optimales Lebensstimmungsrelief *errechnen*. Die sozialistische Gesellschaft muß sich daher jeweils *entscheiden*, welchem Lebensstimmungsrelief sie den Vorzug geben will. Ihr *Wirtschaftsplan* beschreibt dann »die Lebenslagengesamtheit als Ergebnis der Maßnahmen eines Wirtschaftsabschnittes« (1925, 42). Neurath fertigte zahlreiche Organigramme an, in denen er das Zusammenwirken der am Zustandekommen eines Wirtschaftsplanes beteiligten Institutionen skizzierte. Den Streik hielt Neurath für mit einer sozialistischen Gesellschaft unvereinbar, denn »für sie ist der Streik eine Form des Bürgerkrieges« (1919a, 7). Die Demokratisierung der einzelnen Betriebe war für ihn keine notwendige Folge ihrer Sozialisierung.[32] Worauf es ihm ankam, war, daß der globale Wirtschaftsplan auf dem Wege demokratischer Willensbildung festgelegt würde. *Da er rätemäßige und parlamentarische Organisation der politischen Macht für gleichermaßen demokratische Organisationsformen hielt, mußte er folgerichtig seine Sozialisierungskonzeption auch für mit beiden Organisationsformen vereinbar halten.*

Die Menschen, die in der Lage wären, eine sozialisierte Wirtschaft zu lenken, würden in kürzester Frist für diese Aufgabe erst noch ausgebildet werden müssen – und zwar selbst dann, wenn man, wie er es vorschlug, versuchen würde, bürgerliche Experten, ja sogar ehemalige Unternehmer, einzubeziehen. Vor dem Münchener Arbeiterrat erklärte Neurath daher: »Wie die große französische Revolution ihre Armeeführer aus der Erde stampfte, so muß die große deutsche Revolution ihre Wirtschaftsgeneräle aus der Erde stampfen und sie nehmen, wo sie sie findet. Jeder Mann an der Drehbank muß den Marschallstab unter seinem Werkzeug haben« (1919a, 18).

Nach seinem Referat vor dem Arbeiterrat ging Neurath zunächst nach Sachsen. Der von Neurath, Kranold und Schumann ausgearbeitete Sozialisierungsplan wurde dort breit diskutiert. Neurath sprach in zahlreichen Massenveranstaltungen. Bei seinen Vorträgen in den sächsischen Bergwerksgebieten registrierte er verwundert und erschrocken ein tiefes Mißtrauen selbst der sozialdemokratischen Arbeiter gegenüber der sozialdemokratischen Landesregierung, und zwar wegen deren zögernder Sozialisierungspolitik (vgl. 1920b). Neurath, der dem Spartakusbund selbst äußerst skeptisch gegenüberstand, berichtet, daß Spartakus sogar von der sozialdemokratischen Basis unterstützt wurde (vgl. ebd.).

Zwar war zu diesem Zeitpunkt von der Reichsregierung bereits ein ebenso zaghaftes wie unverbindliches Reichssozialisierungsgesetz eingebracht und durchgesetzt worden,[33] aber – so meinten Neurath, Kranold und Schumann – damit war die Einführung einer sozialisierten Wirtschaft in Sachsen noch lange nicht unmöglich.[34] Schon bald regte sich in Sachsen Widerstand gegen das Sozialisierungsprogramm; der Widerstand kam auch aus der SPD. Neurath schien es in dieser Situation ratsam, Bayern wegen seiner agrarischen Gebiete in die Sozialisierungsplanungen des industriellen Sachsens miteinzubeziehen (vgl. 1920b, 9).

In Bayern hatte sich inzwischen die politische Situation entscheidend geändert: Am 21. Februar war Eisner von dem rechtsradikalen Grafen Arco-Valley ermordet worden. Mehr als 100 000 beteiligten sich am Trauerzug für Eisner, Heinrich Mann hielt im Odeon eine Gedächtnisrede. Als oberstes Organ der Rätebewegung erklärte der Zentralrat, er übernehme nun die Macht; innerhalb der parlamentarischen Institutionen wurde Johannes Hoffmann zum Nachfolger Eisners ernannt. Ernst Niekisch berichtet, daß Neurath Mitte März 1919 im Zentralrat aufgetaucht sei.[35] In fesselnder Weise habe er dort seine Sozialisierungskonzeption vorgetragen. Nicht nur der Zentralrat sei beeindruckt gewesen, sondern auch der Minister Simon aus der Regierung Hoffmann. Simon war Minister für Handel, Gewerbe und Industrie und Mitglied der USPD. Er bot Neurath an, die Leitung der Sozialisierung Bayerns zu übernehmen (1920b, 11). Nachdem alle im Sozialisierungsausschuß vertretenen Parteien am 25. März darin übereinstimmten, ein Zentralwirtschaftsamt zu errichten, das die Sozialisierung Bayerns vorbereiten sollte, wurde Neurath gegen den Widerstand von Ministerpräsident Hoffmann und auf Drängen Simons zum Präsidenten dieses Amtes ernannt (vgl. 1920b, 17). Neurath, der zu diesem Zeitpunkt glaubte, daß die Sozialisierung Bayerns in einem Zeitraum von fünf bis zehn Jahren durchführbar sei (vgl. ebd.), erhielt einen 6-Jahresvertrag. Vermutlich deshalb, weil er seine Sozialisierungskonzeption für sowohl mit parlamentarischer wie rätemäßiger Ausübung der politischen Macht vereinbar hielt, bestand Neurath darauf, als unpolitischer Verwaltungsbeamter angesehen zu werden. Als solcher glaubte er, ungestört durch den anhaltenden Konflikt um die zukünftige Form der politischen Machtausübung, sein Sozialisierungsprogramm realisieren zu können.

In den Tagen, in denen Neurath zum Präsidenten des Zentralamtes ernannt wurde, begann sich der Konflikt Rätedemokratie versus bürgerlich-parlamentarische Demokratie in Bayern zuzuspitzen. Dabei war es nicht so, daß sich die bayrische Sozialdemokratie oder die von ihr mitgetragene parlamentarische Regierung ausdrücklich gegen die Schaffung einer Räterepublik ausgesprochen hätten. Als in der Nacht vom 4. auf den 5. April unter dem Vorsitz von Niekisch über die mögliche Ausrufung der Räterepublik beraten wurde, da waren sogar mehrere Minister der Regierung Hoffmann zugegen (vgl. 1920b, 21). Insgesamt sollten ca. 5 Minister der Regierung übernommen werden. Neurath hatte sich zunächst unter Hinweis auf seinen Status als Verwaltungsbeamter geweigert, an der Sitzung teilzunehmen (vgl. ebd.). Als ihm aber mitgeteilt wurde, daß eine Resolution zur Frage der Wirtschaftsorganisation beraten werde, entschloß er sich, doch an der Sitzung teilzunehmen. Einzig die KPD unter Führung Eugen Levinés trat in dieser Sitzung entschieden gegen die Ausrufung einer Räterepublik ein. Leviné wandte ein, daß für eine Räterepublik die Massenbasis fehle und die für ihr Überleben notwendigen Machtverhältnisse weder gegeben seien noch kurzfristig geschaffen werden könnten. Nicht nur das spätere Schicksal der Räterepublik hat die kommunistische Position bestätigt, waren doch die ersten drei Monate des Jahres 1919 gekennzeichnet dadurch, daß überall im Reich revolutionäre Bewegungen durch Truppen der sozialdemokratisch geführten Reichsregierung zerschlagen wurden: Mitte Januar 1919 waren Rosa Luxemburg und Karl Liebknecht von Reichswehroffizieren ermordet worden; die Rätebewegung in Bremen war auf Befehl Noskes niedergeworfen, über Hamburg war der Belagerungszustand verhängt worden; das Vorgehen der Regierungstruppen im Ruhrgebiet hatte Kämpfe und Massenstreiks ausgelöst, die man mit einem um so brutaleren Vorgehen der Regierungstruppen beantwortete; im März 1919 schließlich wurden in Lichtenberg durch die Truppen Noskes, der inzwischen Reichswehrminister im Kabinett Scheidemann geworden war, 1200 Arbeiter und Soldaten erschossen; im Gefängnis war Leon Jogiches, der Lebensgefährte Rosa Luxemburgs, ermordet worden.

Obwohl wegen des zu diesem Zeitpunkt bereits eingespielten Bündnisses zwischen Führung der Sozialdemokratie und Reichswehr[36] ihr Schicksal von vornherein besiegelt war, wurde am 7. April 1919 die bayrische Räterepublik ausgerufen. Geführt wurde sie von Ernst Toller (USPD), Ernst Niekisch (SPD) und den beiden Anarchisten Gustav Landauer und Erich Mühsam; alle vier waren Schriftsteller und Dichter. Der parlamentarische Ministerpräsident Hoffmann bestand jedoch auf seinen Regierungsrechten. Ein Teil seiner Minister schloß sich – jedenfalls zunächst – der Räterepublik an, der Rest verlegte mit Hoffmann zusammen den Regierungssitz nach Bamberg.

Neurath hatte bereits in seinem Vortrag vor dem Münchener Arbeiterrat im Januar 1919 die Frage der politischen Verfassung offen gelassen; zur Frage der Tätigkeit des Zentralwirtschaftsamtes unter der Räteregierung schreibt er rückblickend: »Ich vertrat den Standpunkt, daß das Amt die Sozialisierung im gesellschaftlichen Interesse durchführe, gleichgültig, welche Verfassung herrsche. Ich erklärte denn auch: Ob sich die Räterepublik länger als acht Tage halten werde, wisse ich nicht, aber daß die Sozialisierung weitergehe, wisse ich. Ich teilte dem Zentralrat meine Neutralität in politischer Richtung mit und erklärte, meine Pläne weiter fortzuführen. Nun gingen programmatische Erlässe hinaus, wie sie längst geplant waren...« (1920b, 22). Wolfgang Schumann, der mit Neurath zusammen den Sozialisierungsplan für Sachsen entworfen und im Zentralwirtschaftsamt mitgearbeitet hatte, teilte diesen Standpunkt Neuraths nicht und verließ München (vgl. 1973, 17).

Während die Regierung Hoffmann von Bamberg aus alle Vorbereitungen zur Niederwerfung der Räterepublik traf, eine Lebensmittelblockade über München verhängte und Truppen aufstellte, nahm die Räteregierung die Regierungsgeschäfte auf ihre Weise auf: Minister gab es nicht mehr, nur noch Volksbeauftragte. Volksbeauftragter für Finanzen wurde Silvio Gesell; er ermächtigte einen Ministerialbeamten, der ihm eine Unterschriftsmappe vorlegte, »ein für allemal feierlich, diesen Krimskrams selber zu erledigen«.[37] Der Volksbeauftragte für Landwirtschaft hingegen bot Hoffmann heimlich an, wieder in dessen Kabinett einzutreten. Ein Aktionsausschuß schaffte Doktorprüfungen und unterschiedliche Ränge der Hochschullehrer ab. »Winkelreformer der buntscheckigsten Art«[38] wandten sich an die Räteregierung; Toller berichtet von Frauen, die sofort getraut werden wollen; eine neugegründete Partei revolutionärer Bürger verlangt die Verhaftung ihrer Kegelbrüder; jemand will das Essen gekochter Speisen verboten wissen; andere wenden sich gegen das Tragen unporöser Unterwäsche, wieder andere fordern die Einheitskurzschrift.[39]

Sechs Tage nach Errichtung der Räterepublik, am 13. April 1919, unternahm ein Teil der Münchener Garnison einen Putschversuch. Obwohl bis dahin nur zögernd mit dem Aufbau einer

Roten Armee begonnen worden war, gelang es, den Putsch niederzuschlagen. Dieser Putschversuch zog eine Radikalisierung der Räterepublik nach sich: Noch am gleichen Tag wurde ein fünfzehnköpfiger Aktionsausschuß, an dem sich nun auch Mitglieder der KPD beteiligten, gewählt. Als oberstes Organ wurde ein aus vier Mitgliedern bestehender Vollzugsrat, an dessen Spitze Leviné stand, gebildet. Eine Kommission zur Bekämpfung der Konterrevolution wurde eingesetzt und Maßnahmen zur Kontrolle der Zeitungen und des Telefonverkehrs ergriffen. Die Aufstellung einer Roten Armee erhielt absolute Priorität.[40]

Neurath stand der kommunistischen Partei distanziert gegenüber. An ihren Führern kritisiert er »eine gewisse Strenge und unerbittliche Rücksichtslosigkeit gegen alles, was nicht auf ihrer Seite war« (1920b, 26). Er berichtet, man habe ihn unter dieser zweiten Räterepublik nur deshalb nicht entlassen, weil die Arbeiter hinter ihm gestanden hätten und er sich auf die Organisation der Sozialisierung beschränkt habe (vgl. ebd.). In einer unter einem Pseudonym von Paul Frölich veröffentlichten Darstellung der Münchener Räterepublik aus Sicht der KPD wird Neurath zunächst beschuldigt, er habe sich um die Revolution herumdrücken wollen, indem er zum einen die Sozialisierung nicht auf einen Schlag habe durchführen wollen und sich zum anderen um die Mitarbeit bürgerlicher Kreise bemüht habe. Dann heißt es weiter in der Broschüre: »Aber Neurath hatte Eigenschaften, die ihn doch auch für die Räteregierung wertvoll machten. Er besaß Energie, Organisationstalent und die Fähigkeit, sich auch einem fremden Willen unterzuordnen, er klebte nicht an seinem Patent. Hielt ihn die Räteregierung fest in den Zügeln, so konnte er wertvolle Dienste leisten. Sie nahm ihn deshalb als Organisator an.«[41]

Der Räterepublik blieben allerdings nur noch wenige Tage. Angesichts vorrückender weißer Truppen und innerer Auseinandersetzungen begann ihr politischer und militärischer Zerfall. Die Rote Armee erzielte zunächst einige Erfolge, konnte aber nicht verhindern, daß die weißen Truppen am 1. Mai 1919 München besetzten. Mit den weißen Truppen kam der weiße Terror: Illegale Standgerichte wurden errichtet, zahllose Verhaftete wurden ›auf der Flucht‹ erschossen. Landauer wurde auf bestialische Weise ermordet. Um Platz für die Leichen zu schaffen, mußten die Treibhäuser der Friedhöfe geräumt werden.[42] Erst sechs Tage nach dem Einmarsch der Truppen in München wurden willkürliche

Erschießungen und Lynchjustiz eingestellt, nachdem versehentlich 21 katholische Gesellen als Kommunisten erschossen worden waren. Den Erschießungen folgten die Verhaftungen. Auch Oskar Maria Graf wurde damals verhaftet, Rainer Maria Rilke von der Polizei überwacht. Er verließ daraufhin Deutschland.[43] Mit ihm gingen viele. Aus München flüchtete damals auch jener Schriftsteller, der dann unter dem Pseudonym ›B. Traven‹ weltberühmt werden sollte, ohne daß es je gelang, seine wahre Identität vollständig zu klären.[44]

Mitte Mai wurde auch Neurath verhaftet und wegen Beihilfe zum Hochverrat zu 1 1/2 Jahren Festungshaft verurteilt. Das Urteil hielt ihm vor, daß er zwar nicht die Förderung der Räterepublik bezweckt habe, aber doch hätte wissen müssen, daß sein Verhalten sie faktisch stützte (1920b, 28). Lakenbacher berichtet, daß sich eine Gruppe österreichischer Sozialdemokraten um Neurath – er war Österreicher – bemühte, nachdem man von seiner Verhaftung erfahren habe. Die Gruppe wandte sich an Otto Bauer, der damals im österreichischen Außenministerium tätig war (vgl. 1973, 14). Bauer trat im Prozeß gegen Neurath als Gutachter auf und kritisierte an Neurath, trotz entgegenstehender Machtverhältnisse die Durchsetzung eines Sozialisierungsprogramms versucht zu haben, dies sei jedoch ein politischer Fehler und kein strafrechtliches Delikt.[45] Neurath brauchte die Haftstrafe nicht anzutreten, sondern wurde gegen Kaution freigelassen und dann in einem Austauschverfahren nach Österreich abgeschoben.[46] Er erhielt ein Einreiseverbot ins Deutsche Reich und verlor die Heidelberger Privatdozentur.[47] Das Urteil gegen Neurath war vergleichsweise milde: Niekisch wurde zu einer Strafe von 2 Jahren, Toller zu 5 und Mühsam zu 15 Jahren Festungshaft verurteilt. Das härteste Urteil wurde gegen Leviné gefällt. Wegen Hochverrats aus ehrloser Gesinnung verurteilte man ihn zum Tode. Nachdem der bayrische Ministerrat eine Begnadigung abgelehnt hatte, wurde er im Juni 1919 hingerichtet.

Nach seinem Selbstverständnis war Neurath in München als *Gesellschaftstechniker* tätig gewesen. Nicht zufällig hatte er das vor dem Münchener Arbeiterrat gehaltene Referat im Untertitel als »gesellschaftstechnisches Gutachten« bezeichnet, denn die Sozialisierung war für ihn ein gesellschafts*technisches* Problem; es unterschied sich nicht prinzipiell von Konstruktionsproblemen im Zusammenhang des Flugzeug- oder Brückenbaus. Später hat Neurath einmal zwischen Maschinentechnikern (Ingenieuren), Leibtechnikern (Ärzte/Züchter) und Gesellschaftstechnikern unterschieden (vgl. 1931a, 17); sie alle fragen gleichermaßen nach Mitteln, mit denen möglichst effizient bestimmte Zwecke erreicht werden können.

Die technische Behandlungsweise gesellschaftlicher Probleme war entstanden unter dem Zwang, die ökonomischen Probleme der Kriegsführung lösen zu müssen; nun bot sie sich als das Instrument zur planmäßigen Gestaltung der Friedensordnung und insbesondere der Friedenswirtschaft an. Wie die Maschinentechnik den Weg zur Beherrschung der Natur eröffnet, so macht die Gesellschaftstechnik die planmäßige Gestaltung der Gesellschaft möglich. *Neurath sah ein strategisches Zeitalter, eine »Zeit bewußter Lebensgestaltung« (1919, 228) anbrechen. Der technische Zugriff würde das entscheidende Charakteristikum dieses Zeitalters sein.* 1919 spricht er von einem »neuen Geist«, nach dem »alles, was technisch beherrscht werden kann, nach allgemeinen Grundsätzen, möglichst erfolgreich, möglichst rationell gestaltet werden soll« (1919, 230). Und genau dieser Geist liegt – so Neurath – auch der Sozialisierung zugrunde, als deren Folgen er schon vor dem Arbeiterrat angab: »Alles wird *durchsichtig* und *beherrschbar*« (1919a, 10). Zwar meinte er, daß »Hebel und Schrauben der Lebensordnung ... gar sonderlicher und feiner Art« (1919, 229) seien, dennoch beurteilte er die Möglichkeiten einer gesellschaftstechnischen Steuerung sehr optimistisch: »Wir sind eben zu der Überzeugung gelangt, daß ein gewaltiger Teil unserer Lebensordnung zielbewußt geformt werden kann, daß insbesondere Verbrauch und Erzeugung mengenmäßig bestimmt und geregelt werden könne, selbst wenn wir Sitte und Sittlichkeit, Religion und Liebe zunächst gesellschaftstechnisch noch nicht beherrschen können oder wollen« (1919, 228).

Als Vorläufer der Gesellschaftstechniker galten ihm diejenigen, die bereits in früheren Zeiten große Lebensordnungsentwürfe ausarbeiteten, die *Utopisten*. Ihre Utopien mögen unzulängliche gesellschaftstechnische Konstruktionen sein, aber »auch die Maschinentechnik hat in ähnlich phantastischer Weise wie die Gesellschaftstechnik begonnen« (1919, 228). Im Jahre 1919 will Neurath nicht mehr ausschließen, daß wir »am Beginn einer Utopistik als Wissenschaft« (1919, 231) stehen. Eine solche Wissenschaft hätte nicht eine bestimmte, einzelne Utopie auszuarbeiten, »es müßten vielmehr ganze Gespanne von Utopien nebeneinander entworfen und untersucht werden« (1919, 230). *Als man Neurath nach Österreich abschob, wurde daher ein Konstrukteur von Lebensordnungen, ein wissenschaftlicher Utopist, jemand, der zutiefst von der technischen Beherrschbarkeit von Natur und Gesellschaft überzeugt war, des Deutschen Reiches verwiesen.*

2.3 Der Wiener Kreis: Neurath als Theoretiker und Organisator des Logischen Empirismus

Anfang der 20er Jahre entstand in Wien jene Bewegung des Logischen Empirismus, an deren Entwicklung Neurath über mehr als 20 Jahre hinweg bis zu seinem Tode im Jahre 1945 einen entscheidenden Anteil hatte.[48] Daß gerade die Wiener Universität zum Entstehungsort des Neopositivismus wurde, ist kein Zufall. Bereits im Jahre 1895 war ein Lehrstuhl für Philosophie der exakten Wissenschaften eingerichtet worden, dessen erster Inhaber Ernst Mach wurde. Seine Nachfolger waren Ludwig Boltzmann und Adolf Stöhr. Die Entstehung des Logischen Empirismus könnte man auf das Jahr 1922 datieren, das Jahr, in dem Schlick auf den ehemaligen Mach-Lehrstuhl berufen wurde. Schlick war bei Max Planck mit einer Arbeit über die Lichtreflexion in einer inhomogenen Schicht promoviert worden; bereits 1917 verfaßte er eine Abhandlung über philosophische Probleme und Implikationen der Relativitätstheorie. Um Schlick sammelte sich ein Diskussionskreis. Sein Kontakt zu Schlick wurde über seinen Schwager Hans Hahn hergestellt. Inzwischen zum Professor für Mathematik avanciert, war Hahn von Anfang an Teilnehmer des Kreises. Mit Schlick verband ihn der tiefe Eindruck, den Wittgensteins Tractatus, der 1921 in Ostwalds Annalen der Naturphilosophie erstmals erschienen war, in ihm hinterlassen hatte. Philipp Frank bezeichnete Hahn später sogar als »den eigentlichen Begründer des Wiener Kreises«.[49] Über Hans Reichenbach wurde 1924 Carnap mit Schlick bekannt.[50] Carnap hatte in Jena und Freiburg Mathematik, Physik und Philosophie studiert; in Jena hatte er auch bei Frege, einem der Begründer der modernen Logik, gehört. 1925 hielt Carnap erste Vorträge im Kreis um Schlick, dort stellte er auch den Plan für seine dann 1928 unter dem Titel »Der logische Aufbau der Welt« veröffentlichte Arbeit, in der ein Konstitutionssystem der Begriffe aufgebaut wird, vor. 1926, 35jährig, wurde Carnap Philosophie-Dozent in Wien. Neben Carnap, Hahn und Neurath gehörten dem Kreis um Schlick zu dieser Zeit auch noch an: Herbert Feigl, Kurt Gödel, Bela von Juhos, Felix Kaufmann, Victor Kraft, Karl Menger, Heinrich Neider, Theodor Radakovic, Friedrich Waismann und Edgar Zilsel. Der Kreis traf sich regelmäßig, um – wie Neurath schreibt – »durch planmäßige Aussprachen alle Unklarheiten unseres ›logisierenden Empirismus‹ zu überwinden« (1935, 16). Kraft berichtet über die Zusammenkünfte: »Es war eine gemeinsam aufbauende Denkarbeit, nicht die Übernahme der These eines Lehrers.«[51] Den Namen ›Wiener Kreis‹ schlug Neurath vor.[52]

Entscheidende Anstöße für die philosophische Konzeption des Logischen Empirismus stammten von Wittgenstein. Schlick sprach von ihm sogar als demjenigen, »dem wir überhaupt fundamentale, für alle künftige Philosophie schlechthin entscheidende logische Aufklärung verdanken.«[53] Dennoch gestaltete sich das Verhältnis zwischen Wittgenstein und den Mitgliedern des Wiener Kreises äußerst schwierig, denn Wittgensteins etwas merkwürdiger Charakter machte den Umgang mit ihm nicht gerade unkompliziert.[54] An Sitzungen des Kreises nahm er niemals teil.[55]

1929 fand das Bemühen des Kreises um metaphysikfreie Weltauffassung einen organisatorischen Niederschlag durch Gründung des Vereins Ernst Mach. Zielsetzung des Vereins war, durch Vorträge, Kurse, Arbeitsgemeinschaften und Veröffentlichungen für die wissenschaftliche Weltauffassung einzutreten.[56] Nach Karl R. Popper geht die Gründung des Vereins auf Neurath zurück (vgl. 1973, 54). Neben Schlick, der als Vorsitzender fungierte, gehörten auch Carnap, Zilsel und Neurath dem Vorstand an. Im Gründungsjahr hielt Carnap einen Vortrag über Scheinprobleme in der Philosophie, Josef Frank sprach über moderne Weltauffassung und Architektur. Philipp Frank berichtete über Eindrücke einer Reise in die UdSSR, Hahn sprach zum Problem überflüssiger Wesenheiten. 1930 referierte Neurath über das Verhältnis von Einheitswissenschaft und Marxismus und Schlick über den Stand wissenschaftlicher Weltauffassung in den USA. Mit den »Veröffentlichungen des Vereins Ernst Mach« schuf sich der Verein ein Publikationsorgan.

Im gleichen Jahr, in dem der Verein Ernst Mach gegründet wurde, trat der Wiener Kreis auch erstmals als eigenständige philosophische Schule an die Öffentlichkeit. Zusammen mit der Berliner Gesellschaft für empirische Philosophie wurde eine Tagung für Erkenntnislehre der exakten Wissenschaften organisiert, die zugleich mit einer Tagung der deutschen physikalischen Gesellschaft und der deutschen Mathematiker-Vereinigung im September 1929 in Prag stattfand. Hahn trug dort das von Neurath entworfene und von ihm und Carnap mitverfaßte[57] *programmatische Manifest* »Wissenschaftliche Weltauffassung – Der Wiener Kreis« vor. Der Mitorganisator der Tagung, die Berliner Gesellschaft für empirische Philosophie, war ca. ein Jahr zuvor gegründet worden und verstand sich als geistiger und organisatorischer Mittelpunkt aller an einer wissenschaftlichen Philosophie Interessierten.[58] Monatlich wurden von der Gesellschaft Vorträge veranstaltet.[59] Ihr gehörten u. a. Walter Dubislav, Kurt Grelling, Karl-Gustav Hempel und Hans Reichenbach an. Auf Vorschlag Hilberts wurde die Berliner Gesellschaft später in »Gesellschaft für wissenschaftliche Philosophie« umbenannt.[60] Zwischen den Mitgliedern des Wiener Kreises und denen der Berliner Gesellschaft ergab die Tagung in Prag eine weitgehende Übereinstimmung bezüglich der Grundkonzeption des Logischen Empirismus.

Schlick hatte an der Tagung in Prag nicht teilnehmen können, weil er zu dieser Zeit in den USA eine Gastprofessur wahrnahm. Bei seiner Rückkehr aus den USA erhielt er ein ledergebundenes, ihm gewidmetes Exemplar des Manifestes überreicht, und zwar als Dank dafür, daß er einen im Jahre 1929 an ihn ergangenen Ruf nach Bonn abgelehnt hatte. Allerdings fand das Manifest nicht die ungeteilte Zustimmung Schlicks, wie Neider berichtet (vgl. 1973, 45). Insbesondere die in der Schrift behauptete Beziehung zwischen den Programmen wissenschaftlicher Weltauffassung und sozialistischer Gesellschaftsveränderung wurden von Schlick nicht geteilt. Die Schrift stieß auch auf die heftige Ablehnung Wittgensteins.[61]

In der Folgezeit wurde die Konzeption des Logischen Empirismus rasch über die Grenzen Deutschlands und Österreichs hinaus bekannt. Zahllose Kontakte zu Philosophen anderer Länder, die das Interesse an einer wissenschaftlichen Philosophie teilten, wurden geknüpft. Als Alfred Tarski im Februar 1930 auf Einladung der mathematischen Abteilung zu Gastvorlesungen nach Wien kam, konnten Verbindungen zu den polnischen Logiker-Gruppen in Warschau und Lemberg hergestellt werden. Zu diesen Gruppen gehörten Kasimierz Ajdukiewicz, Leon Chwistek, Tadeusz Kotarbinski, Stanislaw Lesniewski, Jan Lukasziewicz und

Zygmunt Zawirski. Kontakte zu Charles W. Morris, Ernest Nagel und Willard van Orman Quine, alle in den USA tätig, wurden geknüpft. Beziehungen ergaben sich zu Åke Petzäll, Arne Naess, Joergen Joergensen und Eino Kaila, die in skandinavischen Ländern im Sinne eines Programms wissenschaftlicher Weltauffassung arbeiteten. In England bestanden Kontakte u. a. zu Richard Beven Braithwaite, Gilbert Ryle, Bertrand Russell und Susan Stebbing. Alfred Jules Ayer kam 1932 auf Empfehlung Gilbert Ryles nach Wien und nahm an den Sitzungen des Kreises teil.[62]

Es war Neuraths Idee, eine Zeitschrift zu gründen, in der die Probleme und Meinungsverschiedenheiten, die sich im Rahmen der Ausarbeitung der wissenschaftlichen Philosophie bereits ergeben hatten bzw. noch ergeben würden, diskutiert werden könnten (vgl. 1973, 55).[63] Dieser Idee folgend schuf sich der Kreis mit der Zeitschrift »Erkenntnis« über die »Veröffentlichungen des Vereins Ernst Mach« hinaus ein weiteres Publikationsorgan. Möglich wurde dies dadurch, daß Carnap und Reichenbach 1930 die »Annalen der Philosophie« übernahmen und als »Erkenntnis« weiterführten. Mit der Schriftenreihe »Einheitswissenschaft« verschaffte Neurath dem Kreis 1934 ein drittes Publikationsorgan.

1930 hatten die Berliner Gesellschaft und der Wiener Kreis eine weitere Tagung für Erkenntislehre der exakten Wissenschaften durchgeführt, diesmal in Königsberg. Diskutiert wurden insbesondere die Grundlagenprobleme der Mathematik. Daß der Logische Empirismus nicht mehr länger lediglich gemeinsame Konzeption eines kleinen Kreises Wiener Wissenschaftler, sondern bereits eine *internationale Bewegung* war, schlug sich darin nieder, daß im folgenden statt kleinerer Tagungen *internationale Kongresse* organisiert wurden. 1934 durch eine Vorkonferenz in Prag vorbereitet, fand am 15.–22. September 1935 ein *Erster internationaler Kongreß für Einheit der Wissenschaften* in Paris statt.[64] Thematische Schwerpunkte des Kongresses waren u.a.: Physikalismus, Induktion, Logische Analyse, Wahrscheinlichkeit, Verhältnis Biologie/Physik, Axiomatisierungsprobleme, Geschichte des Empirismus. Mehr als 170 Personen aus mehr als 20 Ländern nahmen an diesem – durch die Presse stark beachteten Kongreß – teil. Mehr als 100 Referate wurden gehalten. Zur Eröffnung des Kongresses sprach Russell. Die organisatorische Arbeit war im wesentlichen von Neurath und Louis Rougier, ein dem Logischen Empirismus nahestehender französischer Philosoph, geleistet worden. Neuraths Wohnung beherbergte das wissenschaftliche Sekretariat, das diesen und alle weiteren Kongresse vorbereitete. Der 2. Internationale Kongreß fand 1936 in Kopenhagen, der 3. 1937 wieder in Paris statt. 1938 wurde ein Kongreß in Cambridge/England durchgeführt, der 5. und letzte Kongreß begann 1939, 2 Tage nach Beginn des Zweiten Weltkriegs, in Cambridge/USA.

Der Logische Empirismus war bei Kriegsausbruch zu einer *weltweiten* philosophischen Bewegung geworden; den Wiener Kreis, aus dem heraus diese Bewegung entstanden war, gab es jedoch bereits nicht mehr. Feigl hatte 1931 einen Ruf nach Iowa erhalten und ging in die USA. Im gleichen Jahr ging Carnap an die naturwissenschaftliche Fakultät der deutschen Universität in Prag, wo er außerordentlicher Professor wurde. Völlig überraschend starb 1934 Hahn. Die weitere politische Entwicklung in Österreich besiegelte das Schicksal des Wiener Kreises. Katholisch-autoritäre Gruppierungen nutzten den Sieg des Faschismus in Deutschland zu einem Staatsstreich; sie setzten im März 1933 die Verfassung außer Kraft und errichteten einen Ständestaat.[65] Im Rahmen der Februar-Kämpfe des Jahres 1934 versuchte die österreichische Polizei, Neurath zu verhaften. Neurath, der gerade in Moskau weilte, kehrte nicht mehr nach Österreich zurück, sondern ging über Polen und Dänemark nach Holland ins Exil. 1935 verließ Carnap, der bis dahin immer noch hin und wieder nach Wien gekommen war, Prag; angesichts der Bedrohung der Tschechoslowakei durch Hitlerdeutschland und des Anwachsens einer faschistischen Bewegung auch unter den Studenten und Professoren der Universität, ging er in die USA, wo er 1936 zum Ehrendoktor der Universität Harvard ernannt wurde.[66] Er erhielt einen Ruf nach Chicago und nahm ihn an. Der entscheidende Schlag traf den Wiener Kreis 1936, als Schlick durch einen geisteskranken ehemaligen Studenten ermordet wurde. Wie Ayer berichtet, deutete die offizielle Presse an, daß Logische Empiristen nichts anderes verdienten.[67] Zilsel hatte schon 1934 sein Amt an der Volkshochschule verloren. 1938 gelang ihm die Ausreise nach England, ein Jahr später ging er in die USA. Im »Konflikt zwischen den Anforderungen des Broterwerbs und den Forschungsinteressen«[68] wählte er 1944 den Freitod.[69] Nach dem sog. Anschluß Österreichs an Hitlerdeutschland im Jahre 1938 floh auch Waismann zusammen mit Frau und Kind; wegen ihrer jüdischen Abstammung mußte die Familie um ihr Leben fürchten. Waismann, der wohl treueste Schüler Wittgensteins, bekam in Cambridge, wo Wittgenstein inzwischen lehrte, den Undank des Lehrers gegenüber seinem – wie er wohl meinte – Adepten zu spüren: Wittgenstein ließ nämlich keine Hörer Waismanns in seinen Veranstaltungen zu. Waismann verließ Cambridge und ging nach Oxford, wo er vollständig vereinsamte, nachdem angesichts des Antisemitismus auch in England zunächst seine Frau und dann sein einziger Sohn den Freitod wählten.[70] Kraft blieb in Österreich, verlor aber seine Stelle an der Universität.[71] Er berichtet: »Der Verkauf der Schriften des Wiener Kreises wurde verboten, aus politischen Gründen, weil unter den Teilnehmern einige Juden waren und weil die Tätigkeit des Vereins ›Ernst Mach‹ als ›zersetzend‹ angesehen wurde«.[72] Der Wiener Kreis war damit zerschlagen. Im faschistischen Deutschland und Österreich gab es für rationale philosophische Konzeptionen keinen Platz mehr.

Neuer organisatorischer Mittelpunkt des Logischen Empirismus wurde Den Haag. Von dort aus organisierte Neurath nicht nur die internationalen Kongresse für Einheit der Wissenschaft; er gründete in Den Haag auch das »Unity of Science Institute«; später wurde es umbenannt in »The International Institute for the Unity of Science«. Das Exekutivkomitee des Instituts bestand aus Neurath, Morris und Frank. Ab 1938 wurde auch die Herausgabe von »Erkenntnis« von Den Haag aus besorgt.

Neurath hatte im Wiener Kreis eine sehr *exponierte Stellung*.[73] Er war nicht nur unermüdlicher Organisator der logisch-empiristischen Bewegung; *in verschiedenen Hinsichten lieferte er entscheidende theoretische Beiträge*. Dies betrifft seine Arbeiten im Umkreis von Problemen des *Physikalismus* (a), der *Wahrheitstheorie* (b) und der *Einheitswissenschaft* (c); von frappierendem Weitblick ist seine *Popper-Kritik* (d); als erster beginnt er mit der Ausarbeitung einer *Soziologie auf Basis der logisch-empiristischen Konzeption* (e).

(a) In seiner Arbeit »Der logische Aufbau der Welt« hatte Carnap ein Konstitutionssystem der Begriffe vorgestellt. Entsprechend dem Basistheorem des Logischen Empirismus sollte das Begriffssystem so aufgebaut werden, daß die elementaren Begriffe sich auf unmittelbar Erfahrbares beziehen und sämtliche weiteren Begriffe auf dem Wege explizite Definitionen aus diesen Grundbegriffen hervorgehen. Grundelemente in Carnaps Konstitutionssystem sind Elementarerlebnisse, einziger Grundbegriff ist die Ähnlichkeitserinnerung. Offenbar versuchte Carnap also, das Basistheorem des Logischen Empirismus im Rahmen eines *phänomenalistischen* Sprachaufbaus einzulösen. Entsprechend seiner phänomenalistischen Konzeption wären Sätze über Dinge in Sätze über Sinnesdaten zu übersetzen. Als Alternative zur Konzeption Carnaps schlug Neurath einen *physikalistischen* Sprachaufbau vor. Gemäß dieser Konzeption beziehen sich Begriffe nicht auf Sinnesdaten, sondern auf Eigenschaften von Gegenständen (im Falle 1-stelliger Prädikate) bzw. Beziehungen zwischen ihnen (im Falle mehrstelliger Prädikate). Carnap schloß sich dieser Konzeption Neuraths an, weil er meinte, daß eine physikalistische Sprache dem faktischen Sprachgebrauch der Naturwissenschaftler näher käme und daher für eine »rationale Nachkonstruktion«[73] der Realwissenschaften geeigneter sei. In ihrer allgemeinen Form besagt die von Neurath ausgearbeitete *These des Physikalismus, daß eine Einheitssprache für alle Wissenschaften nach dem Muster der Physik aufgebaut werden kann*, also als Sprache, die über in Raum und Zeit existierende Dinge, ihre Eigenschaften und Beziehungen spricht (vgl. 1936, 139). Die Konstruktion der physikalistischen Sprache bzw. des »Universalslangs« (1932/33, 205) – wie Neurath manchmal sagt – ist erstens *interessegeleitet* (1931a, 107); zweitens ist sie nicht Werk eines einzelnen, sondern »*Werk einer Generation*« (1931, 431); drittens schließlich *beginnt der methodische Sprachaufbau inmitten der Unregelmäßigkeiten, Ungenauigkeiten und Vagheiten der Umgangssprache, ohne daß diese Unzulänglichkeiten jemals vollständig beseitigt werden könnten* (vgl. 1944, 18).

Innerhalb des Wiener Kreises entstand ein heftiger Streit um Status und Form jener einfachsten Sätze, mittels derer über das Schicksal von Theorien entschieden werden könnte. Neurath nannte sie ›*Protokollsätze*‹. Sie sollten u. a. den Namen des Protokollanten sowie Ort und Zeit des Protokollierens enthalten. Insbesondere zwischen Neurath und Schlick entbrannte ein Streit um die Fallibilität jener Sätze, die die einfachsten Erfahrungen sprachlich repräsentieren. Während Schlick von infalliblen Konstatierungen sprach,[74] behauptete Neurath die prinzipielle Fallibilität auch der Protokollsätze. Er betont: »Jedes Gesetz und jeder physikalische Satz ... kann ... Abänderungen erfahren, auch jeder Protokollsatz« (1932/33, 208). Weil nach Neurath die physikalistische Sprache nicht frei von Unklarheiten ist, sind die Protokollsätze, die in dieser Sprache formuliert werden, möglicherweise vage; weil es keine absolut sichere empirische Basis gibt, sind auch Protokollsätze möglicherweise falsch. Er schlußfolgert daher: »Man hat nie einen völlig freien Rücken und das Arbeiten mit ›verdächtigen‹ Sätzen will gelernt sein« (1935, 21).

(b) Gegen die Korrespondenztheorie der Wahrheit wendet Neurath ein, daß man nicht *Sätze* mit der *Wirklichkeit*, sondern nur *Sätze* mit *anderen Sätzen* vergleichen könne (vgl. 1931, 404). Kann weiterhin kein Satz als prinzipiell sicher gelten, dann liegt eine Wahrheitskonzeption nahe, nach der Wahrheit nicht Übereinstimmung von Satz und Wirklichkeit, sondern eine ›Zusammenstimmung‹ von Sätzen ist. Wahrheit besteht nicht in Korrespondenz, sondern *Kohärenz*.[75] Diese Kohärenztheorie der Wahrheit führt Neurath zu einem *wissenschaftstheoretischen Holismus*, wie er vor ihm von Duhem und später insbesondere von Quine vertreten wurde; er schreibt: »Immer steht die ganze Wissenschaft grundsätzlich zur Debatte« (1935, 20). Allerdings besteht nicht nur die Alternative, im Falle eines Konflikts zwischen bisher akzeptierter Satzgesamtheit und neuem Protokollsatz entweder den Protokollsatz zu verwerfen oder die Satzgesamtheit zu ändern; Alternativen gibt es auch bezüglich der Hypothesensysteme, die mit *kohärenten* Klassen von Protokollsätzen vereinbar sind (vgl. 1931a, 132). Die Wahl zwischen alternativen Hypothesensystemen wird dabei ohne genaue Prüfung der Alternativen getroffen: »Man kann im allgemeinen die Verwendbarkeit verschiedener wissenschaftlicher Hypothesensysteme nur sehr unzulänglich ausprobieren; so wenig man etwa die Auswirkung verschiedener Eisenbahnsysteme auf unser Gesamtleben ausprobieren kann« (1934, 353).

Diese wissenschaftstheoretischen Positionen sind Verallgemeinerungen der Resultate, zu denen Neurath bereits 1915 im Rahmen einer Untersuchung zur Geschichte der Optik gekommen war. Seine Arbeit »Prinzipielles zur Geschichte der Optik« ergab, daß in der Geschichte der Optik entwicklungsfähige Theorien nicht weiter verfolgt wurden, hingegen solche Theorien, die Erfahrungen nicht erklären konnten, die anderen Theorien bereits erfolgreich erklärten, dennoch verfolgt wurden; kombinatorische Überlegungen führten Neurath zu der Annahme, daß Theorien möglich gewesen wären, die zwar faktisch niemand vertrat, jedoch nicht schlechter dagestanden hätten als die faktisch vertretenen. Neurath hatte demnach bereits 1915 wissenschafts*historische*

Einsichten, deren wissenschafts*theoretische* Brisanz erst 40 Jahre später nach Veröffentlichung der Arbeit ›The Copernican Revolution‹ von Thomas S. Kuhn[76] erkannt wurde und die zu einer bis heute nicht abgeschlossenen wissenschaftstheoretischen Diskussion über Rationalität im Prozeß wissenschaftlichen Wandels geführt haben. Die Ähnlichkeiten zwischen Kuhn und Neurath gehen bis in Einzelheiten. So kennt bereits Neurath einen Kampf der jüngeren gegen die älteren Wissenschaftler: »Gar oft wurde schon eine entwicklungsfähige Theorie fallen gelassen, weil die Jungen immer gerne bereit sind, den Alten etwas am Zeuge zu flicken« (1915, 386). Die folgenden Ausführungen Neuraths könnten eine Beschreibung des Verhaltens normaler Wissenschaftler durch Kuhn sein: »... wie bald fühlt man die Schwächung, die von der Isolierung ausgeht. So läßt man die einsame, wenn auch vielleicht aussichtsreiche Überlegung eines Außenseiters im Stich, um an einer Denkweise mitzuarbeiten, die mehr Förderung erfährt, wodurch die Chancen, wissenschaftlich mehr leisten zu können, größer werden. ... meist findet durch Anpassung und Selektion eine Art Angleichung ganzer Generationen statt ...« (1935, 19).

(c) Als Konsequenz der Grundannahmen des Logischen Empirismus hatte sich das Programm einer Einheitswissenschaft ergeben. Auf Basis von Physikalismusthese und Kohärenztheorie stellte sich Neurath folgerichtig die *Einheitswissenschaft als eine Menge kohärenter Sätze* vor, *die alle gleichermaßen Feststellung über physikalische, d. h. in Raum und Zeit existierende, beobachtbare Tatbestände treffen*. Die verschiedenen wissenschaftlichen Disziplinen gehen in der Einheitswissenschaft auf. Zweck des Unternehmens ›Einheitswissenschaft‹ ist, *ein Prognoseinstrument für die rationale Lösung der Probleme des Alltags zu schaffen*. Sie ist kein System, das in einem – wenn auch vielleicht langwierigen – Prozeß einmal eine endgültige Gestalt annehmen könnte; die Sätze der einheitswissenschaftlichen Satzgesamtheit sind weder absolut präzise noch definitiv wahr. *Die Einheitswissenschaft ist daher niemals fertiges Resultat, eher schon* »*ein handwerklicher Betrieb, der ein Werkzeug des Lebens bauen hilft*« (1913a, 18). An anderer Stelle vergleicht Neurath die Arbeit an der Einheitswissenschaft mit einem Schiffsumbau auf offener See: »Imagine sailors who, far out at sea, transform the shape of their clumsy vessel from a more circular to a more fishlike one. They make use of some drifting timber, besides the timber of the old structure, to modify the skeleton and the hull of their vessel. But they cannot put the ship in dock in order to start from scratch. During their work they stay on the old structure and deal with heavy gales and thundering waves. In transforming their ship they take care that dangerous leakages do not occur. A new ship grows out of the old one, step by step – and while they are still building, the sailors may already be thinking of a new structure, and they will not always agree with one another. The whole business will go on in a way we cannot even anticipate today. That is our fate« (1944, 47). Eine so verstandene *Arbeit an der Einheitswissenschaft* sollte nach Neurath *an die Stelle der Philosophie* treten (vgl. 1931a, 18).

Schon sehr früh muß Neurath der Gedanke gekommen sein, wesentliche Teile der Einheitswissenschaft in einer Enzyklopädie zusammenzufassen. Morris berichtet, daß Neurath schon in den 20er Jahren eine Enzyklopädie projektiert und erste Gespräche darüber mit Hahn, Einstein, Frank und Carnap geführt habe (1973, 66). Das von ihm in Den Haag gegründete »Mundaneum Institute The Hague« arbeitete bereits seit 1933 an dem Projekt. Auf dem ersten Internationalen Kongreß für Einheit der Wissenschaft stellte Neurath das Enzyklopädie-Projekt dann der Öffentlichkeit vor; auf Antrag von Morris sprach sich der Kongreß für die Enzyklopädie aus und erkärte sich bereit, an dem Projekt mitzuarbeiten (Erkenntnis 5 [1935], 407). Zugleich wurde ein Enzyklopädiekomitee, bestehend aus Carnap, Frank, Jörgensen, Morris, Neurath und Rougier, gebildet.[77] Veröffentlicht werden sollte die Enzyklopädie unter dem Titel »International Encyclopedia for Unified Science«. Sie sollte sich nicht an Spezialisten wenden, sondern allen wissenschaftlich Interessierten eine Orientierung geben. Offene Fragen sollten in ihr ebenso abgehandelt werden wie unterschiedliche Positionen bezüglich bestimmter Probleme.

Das Enzyklopädie-Projekt war insgesamt von gigantischen Ausmaßen[78]: Nach dem Plan Neuraths sollte die Enzyklopädie aus 4 Sektionen bestehen. Sektion 1 sollte Grundlagen für die Einheitswissenschaft legen; in Sektion 2 sollten methodologische Probleme behandelt werden; Sektion 3 hatte einen Überblick über den aktuellen Stand der Einzelwissenschaften zu geben; Sektion 4 sollte dann die Anwendung von Resultaten und Methoden der

Wissenschaften auf Medizin, Jurisprudenz, Ingenieurwesen usw. darstellen. Jede dieser Sektionen sollte aus mehreren Bänden, jeder Band aus je 10 Monographien bestehen. Insgesamt dachte Neurath an 26 Bände mit 260 Monographien. Außerdem plante er ein Supplement von 10 Bänden, die ausschließlich bildliche Weltübersichten enthalten sollten. Das Werk sollte in englischer, französischer und deutscher Sprache erscheinen. Weil die Einheitswissenschaft nie ein Stadium der Abgeschlossenheit erreichen kann, sollte auch die Enzyklopädie nie abgeschlossen werden. Bei dem Enzyklopädieprojekt ging es im Grunde um eine *Folge von Enzyklopädien*: »Der ganze Plan ist so umrissen, daß die *Enzyklopädie wie eine Zwiebel aus vielen Schalen* bestehen mag. Man kann die zuerst erschienenen Hefte schon in mehrfach verbesserten Auflagen vorliegen haben, ehe man die letzte Schale von Heften herauszugeben angefangen hat. Es soll aber so vorgegangen werden, daß die jeweils vorliegenden Bände ein abgerundetes Ganzes bilden. Sollte aus irgendwelchen Gründen etwa das Weitererscheinen verlangsamt werden, so würde *niemals ein Torso vorliegen*« (1937a, 316).

(d) Im Jahre 1934 erschien erstmals Poppers »Logik der Forschung«. In einer Arbeit, die den aggressiven Titel »Pseudorationalismus der Falsifikation« trägt, nahm Neurath in sehr massiver Form gegen den Falsifikationismus Poppers als eines »Absolutismus in neuer Gestalt« (1935a, 361) Stellung. *Das frappierende an Neuraths Kritik ist, daß gegen Poppers Forschungslogik Argumente vorgebracht werden, die später in der Debatte zwischen Popper, Kuhn, Feyerabend, Lakatos u. a.*[79] *eine ganz entscheidende Rolle spielen sollten.*
Ein *erster Einwand* Neuraths wendet sich gegen Poppers Prinzipien bezüglich des Verwerfens von Theorien bzw. Hypothesen. Nach der normativen Forschungslogik Poppers ist eine Hypothese H_1 dann zu verwerfen, wenn falsifizierende Basissätze anerkannt werden, die reproduzierbare Ereignisse beschreiben. Da die Reproduzierbarkeit von Ereignissen an die Kenntnis einer – wenn auch vielleicht wenig allgemeinen – Hypothese H_2 gebunden ist, ist eine Hypothese H_1 dann als falsifiziert zu verwerfen, wenn es eine bewährte Hypothese H_2 gibt.[80] *Gegen diese Konzeption wendet Neurath ein, daß es in vielen Fällen rational ist, an einer im Sinne Poppers falsifizierten Theorie festzuhalten, dann nämlich, wenn man die zukünftigen Entwicklungschancen der Theorie für äußerst günstig, die*

falsifizierende Hypothese hingegen für ein Hemmnis des weiteren Erkenntnisfortschritts hält (vgl. 1935a, 356). Den Bestand an Überzeugungen eines Wissenschaftlers nennt Neurath dessen »Enzyklopädie«. Neuraths Enzyklopädiebegriff ist Vorläufer von Kuhns Begriff des Paradigmas bzw. von Lakatos' Begriff des Forschungsprogramms. Weder ein Paradigma im Sinne Kuhns, noch ein Forschungsprogramm im Sinne Lakatos' sind bei Auftreten von Anomalien automatisch aufzugeben. Ebenso verhält es sich mit der Enzyklopädie eines Wissenschaftlers bei Neurath: »Negative Erfahrungen können sein Vertrauen gegenüber einer Enzyklopädie erschüttern, aber nicht sozusagen ›automatisch‹, indem er bestimmte Regeln verwendet, auf Null reduzieren« (1935, 356).

Ein *zweiter Einwand* Neuraths gegen Popper betrifft das Fehlen einer für die Forschungslogik wesentlichen Unterscheidung, nämlich der zwischen Angreifern und Praktikern. *Angreifer* sind diejenigen, die im Falle von Schwierigkeiten für eine alte Theorie diese verwerfen und die Arbeit an einer neuen aufnehmen; *Praktiker* hingegen suchen in solchen Situationen nach Möglichkeiten, die alte Theorie zu sanieren. *Offensichtlich ist diese Unterscheidung von Angreifern und Praktikern identisch mit Kuhns Unterscheidung von normalen und revolutionären Wissenschaftlern. Und ebenso wie Kuhn wirft bereits Neurath Popper eine durch nichts zu rechtfertigende implizite Parteinahme für die Angreifer vor:* »Popper steht, wenn eine überlieferte Gesamtanschauung bedroht wird, sozusagen grundsätzlich auf Seiten der Angreifer. Es wäre sehr interessant, zu zeigen, welcher Art die Abwehrbewegungen der Praktiker in solchen Fällen sind. Die Praktiker der Forschung sind es ja, die vor allem durch solche Wandlung zunächst empfindlich gestört werden« (1935, 356 f.).

Ein *dritter Einwand* Neuraths ergibt sich auf Grund seiner Annahme, daß jeweils verschiedene Systeme von Hypothesen mit gleichermaßen kohärenten Klassen von Protokollsätzen vereinbar sind. *Neurath spricht angesichts der Alternativen von einer »Multiplizität«, die durch forschungslogische Prinzipien und Standards nicht reduziert werden kann.* Diese Multiplizität muß – so Neurath – immer wieder gegen den Pseudorationalismus betont werden, wo dieser die Eindeutigkeit von empirischer Basis und der durch sie gestützten oder erschütterten Theorien suggeriert (vgl. 1935, 20).

Die These, daß forschungslogische Standards zur eindeutigen

Selektion eines Systems aus der Hypothesen-Multiplizität untauglich sind, führt Neurath dazu, bezüglich der Theoriendynamik eine externalistische These zu vertreten. *Nicht die Forschungslogik und ihre Prinzipien, sondern das Leben selegiert; eben deshalb gibt es auch keine Garantie dafür, daß sich diejenige Theorie durchsetzt, die ihren Konkurrenten wissenschaftlich überlegen ist.* Offenbar ist es das gleiche Vorurteil bezüglich Wissenschaftsgeschichte bzw. Theoriendynamik, gegen das Neurath und Kuhn sich gewandt haben. Die Brisanz seiner Thesen sah Neurath genau: »Diese Einsicht, daß eine logisch vertretbare Multiplizität durch das Leben reduziert wird, hat nicht viel Widerhall zu erhoffen, weil sie der üblichen Auffassung vom Zusammenhang zwischen Leistung und ›Erfolg‹ widerspricht. Die Vertreter einer siegreichen Lehre meinen allzu gern, daß ihr Sieg durch genauere logische Nachprüfung gewissermaßen gerechtfertigt würde« (1935, 18).

(e) Innerhalb des Wiener Kreises war es *einzig Neurath, der sich daran machte, eine Soziologie in Einklang mit den Grundannahmen des Logischen Empirismus aufzubauen.* Entsprechend seiner Physikalismusthese kann die Soziologie als Teil der Einheitswissenschaft nichts anderes sein als eine Theorie spezieller räumlich-zeitlicher Vorgänge (vgl. 1931a, 68). Für eine solche, im weitesten Sinne ›physikalische‹ Theorie können Einfühlung und Verstehen *keine* zulässigen Methoden sein. Die physikalistische Soziologie kennt nur ein »Verhalten der Menschen, das man wissenschaftlich beobachten, ›photographieren‹ kann« (1931a, 63); es gibt in ihr »keine ›Motive‹, keine ›Persönlichkeit‹ über das hinaus, was räumlich-zeitlich, formuliert werden kann« (a.a.O., 11). Auf Basis des einheitswissenschaftlichen Programms gibt es keinen prinzipiellen Unterschied zwischen Wissenschaften, die Tiere, Pflanzen, Steine oder Menschen beschreiben (vgl. a.a.O. 63). Neurath schreibt: »Man könnte von Physik der Gesellschaft ebenso sprechen, wie von Physik der Maschine« (a.a.O., 110). An anderer Stelle parallelisiert er Geologie und Soziologie: *Wie die Geologie das Schicksal der mineralischen Erdhülle erforsche, so die Soziologie das Schicksal der den Erdball umspannenden Menschendecke* (vgl. a.a.O., 109). Die Soziologie wird so zu einer Theorie des durch Reize gesteuerten menschlichen Verhaltens. In Konsequenz dieses behavioristischen Ansatzes bezeichnet ein soziologischer Grundbegriff wie ›Gesellschaft‹ »nur kleinere oder größere in Raum und Zeit ausgedehnte Reiz-

verbände« (a.a.O., 114). Wenn die Soziologie auch eine im weitesten Sinne physikalische Theorie ist, so sind doch die Gesetze der physikalistischen Soziologie *nicht* die Gesetze der Physik. Neurath vermutete, daß es nur wenige allgemeine soziologische Gesetze geben würde, daß es jedoch möglich sein müßte, von soziologischen Gesetzen für bestimmte Gesellschaftsformationen zu sprechen, ähnlich wie man auch von Gesetzen der Ameise oder des Löwen spreche (vgl. a.a.O., 77).
Im *Marxismus* sah Neurath die konsequenteste Durchführung einer Soziologie auf physikalistischer Grundlage, und zwar deshalb, weil Marx und Engels ihre gesamte Argumentation durchweg auf *beobachtbare* Größen gestützt hätten. Insbesondere ihre unter Verzicht auf normative Überlegungen vorgetragene These vom notwendigen Zusammenbruch bestimmter Gesellschaftsformationen dokumentiere die nahe Verwandtschaft von Marxismus und physikalistischer Soziologie. Marx und Engels »zeigen streng empirisch, wie die vorhandenen Menschen unter bestimmten Bedingungen sich verhalten und verhalten werden. Sie kennen keine ideale Ordnung, der gegenüber gewisse Leiden als ›Störungen‹ erscheinen« (1931a, 37). In Anlehnung an den marxistischen Sprachgebrauch spricht Neurath statt von ›physikalistischer‹ oft von ›*materialistischer*‹ Soziologie (vgl. 1931a, 58). Den Rückgriff auf den Klassenbegriff hielt er für besonders fruchtbar (vgl. 1931a, 137).
Wie Kinematik und Meteorologie Schwierigkeiten haben, wenn der Fall eines bestimmten Blattes im Wind prognostiziert werden soll, so sah Neurath auch die Soziologie bei der Prognose singulärer Ereignisse in Schwierigkeiten geraten: In bestimmten Fällen müßten die Resultate der Erfindungskraft einzelner bereits vorweggenommen werden, um sie prognostizieren zu können. Wer etwa für in 100 Jahren eine bestimmte Novelle prognostizieren wollte, der müßte diese Novelle im Prognosezeitpunkt selbst erzeugen. Damit existiert aber bereits das für die Zukunft prognostizierte Ereignis. Offenbar ist es also in bestimmten Fällen unmöglich, einen Sachverhalt für einen Zeitpunkt zu prognostizieren, ohne ihn damit bereits im Zeitpunkt des Prognostizierens zu realisieren (vgl. 1936c, 404). Eine weitere Schwierigkeit ist, daß das Prognostizieren als ein bestimmtes Verhalten selber an bestimmte soziale Voraussetzungen gebunden ist. Trifft dies zu, dann kann es für jedes Zeitalter auch spezifische Erkenntnisgren-

zen geben (vgl. 1931a, 130). Schließlich sind Prognosen selber auch Tatsachen, die ihrerseits die Zukunft – auch prognosewidrig – beeinflussen können (vgl. a.a.O., 131). Trotz dieser Restriktionen ist die Soziologie ein brauchbares Prognoseinstrument. Als solches ist sie für die »Technik wissenschaftlicher Reformarbeit« (a.a.O., 69) von fundamentaler Bedeutung: »Die Lehre von der Gesellschaftsstruktur ist wesentlich für jeden Gesellschaftstechniker, daß heißt für jeden, der mitwirkend in einer planmäßigen Organisation an allen Gestaltungen beteiligt ist« (a.a.O., 128).

Zusammenfassend kann man demnach festhalten, daß Neurath in doppelter Hinsicht von zentraler Bedeutung für die Bewegung des Logischen Empirismus war: einmal nämlich als deren unermüdlicher Organisator, zum anderen als kreativer Theoretiker.

2.4 ISOTYPE: Neurath als bildstatistischer Aufklärer

Zeit seines Lebens hat Neurath den hohen instrumentellen Wert der Statistik betont. Die Universalstatistik sollte Grundlage zunächst des Mobilisierungsplans der Kriegswirtschaft, dann des zivilen Wirtschaftsplans der sozialistischen Verwaltungswirtschaft sein. Er war der Ansicht, daß die Arbeiterschaft »schwerste Anklagen gegen die kapitalistische Ordnung ... auf Grund der Statistik« (1928, 116 f) erheben könne; weil das Bürgertum bezüglich der Statistik sich »weniger durch Lüge als durch ausgebreitete Sabotage« (ebd.) sichere, meinte er, »daß die Arbeiterschaft selbst über den statistischen Erhebungsapparat« verfügen müsse (ebd.). Mit Hilfe dieses Apparates würde es möglich sein, die »statistische Tagesarbeit in den Gewerkschaften, in den Arbeiterparteien und sonst in der Arbeiterbewegung« (a.a.O., 122 f.) zu bewältigen. *Neurath sah in der Statistik ein entscheidendes Instrument für den Kampf um eine Lebensordnung, deren Charakteristikum bewußte Planung und Gestaltung ist.* Euphorisch schreibt er: »Statistik ist Werkzeug des proletarischen Kampfes, Bestandteil sozialistischer Wirtschaftsweise, Freude des siegreich vordringenden Proletariats und nicht zuletzt Grundlage menschlichen Mitgefühls!« (a.a.O., 124). Andererseits sah Neurath genau, *wie wenig statistische Kenntnisse unter denen verbreitet waren, die sie nutzen sollten*: »Eine Art heiliger Scheu erfüllt die Menschen vor diesen Symbolen, die man gewissermaßen als Sondereigentum einer kleinen Gruppe Wissender behandelt! Tabu für die übrigen! Dieser Bann muß gebrochen werden, vor allem in einer Zeit, die ununterbrochen mit Fragen zu tun hat, die sich auf das Schicksal von Massen beziehen« (1927, 133).

Als Aufgabe stellte sich daher, die Aufklärung breiter Massen so in Angriff zu nehmen, daß auch die bisher unverständlichen statistischen Zusammenhänge von jedem über die Grenzen von Sprache und Bildung hinweg verstanden werden können. 1924 wurde in Wien ein Gesellschafts- und Wirtschaftsmuseum gegründet, das sich als Aufgabe eine Massenaufklärung in diesem Sinne stellte, und es war kein Zufall, daß Neurath der Direktor dieses Museums wurde: Als er 1919 wieder nach Wien zurückkehrte, war dort eine breite Bewegung zur Beseitigung der Wohnungsnot, die das rasche Bevölkerungswachstum Wiens in der 2. Hälfte des 19. Jahrhunderts mit sich gebracht hatte, im Entstehen. Die Wiener Stadtverwaltung, die nach Ausrufung der Republik in Händen der SPÖ lag, begann mit der Durchführung eines Programms kommunalen, sozialen Wohnungsbaus, das zum Vorbild ähnlicher Programme in anderen Städten und Ländern wurde. Neurath beteiligt sich an der entstehenden Bewegung, wurde Generalsekretär des Österreichischen Verbandes für Siedlungs- und Kleingartenwesen und gründete ein Museum für Siedlung und Städtebau. Aus diesem Museum ging 1924 das Gesellschafts- und Wirtschaftsmuseum der Gemeinde Wien hervor, dessen Direktor er wurde und bis zu dessen Auflösung im Jahre 1934 blieb. In einem Artikel über das Museum schreibt er: »Es ist ein *Volksbildungsinstitut für soziale Aufklärung*« (1931b, 153). Anderswo heißt es: »Es wird über die Fragen der lebendigsten Gegenwart Aufklärung verbreitet« (1926a, 324).

Um dieser Aufgabenstellung gerecht zu werden, galt es, entsprechende *Aufklärungstechniken zu entwickeln*. Noch gab es nämlich keine »Museums- und Ausstellungstechnik, die über gesicherte Erfahrung verfügt« (1926, 328); entscheidende »Werkzeuge der Aufklärung« (1932a) mußten erst erfunden und angefertigt werden. Neurath sah in einer *Visualisierung gesellschaftlicher Tatbestände* durch bildliche Darstellungen das wirksamste Aufklärungsinstrument. Die bildlichen Darstellungen sollten jeweils aus einem ›Alphabet‹ von Symbolen nach festgelegten Regeln zusammengesetzt sein, wobei jedes Symbol für sich, ohne sprachlicher Erläuterung zu bedürfen, verständlich sein sollte. Neurath dachte also an die *Schaffung einer international verständlichen Bildersprache*. Seine Mitarbeiterin und spätere Frau Marie Reidemeister erfand dafür den Namen ISOTYPE, d. h. *I*nternational *S*ystem *of T*ypographic *P*icture *E*ducation (vgl. 1973, 64). Ein Grundsatz von ISOTYPE ist, daß gleiche Dinge durch gleiche Zeichen dargestellt werden und eine größere Menge von Gegenständen durch eine größere Menge von Zeichen wiedergegeben wird. Die Zeichen können zusammengesetzt werden, so daß etwa aus einem Zeichen für Fabrik und einem weiteren für Schuhe ein Zeichen für Schuhfabrik generiert werden kann. Das folgende Schaubild ist eine Tafel aus dem Wiener Museum:

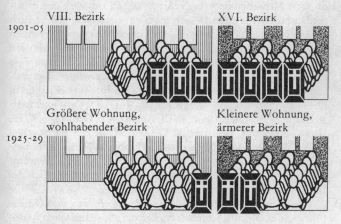

Todesfälle im ersten Lebensjahr auf 20 Lebendgeburten

Gesellschafts- und Wirtschaftsmuseum in Wien

Die Ausstellungstafeln wurden in der technischen Abteilung des Museums hergestellt. In der Arbeit an den Tafeln verschmolzen »wissenschaftliche Forschungsarbeit, systematische Pädagogik und künstlerische Gestaltung« (1931b, 156), die Tafelherstellung war »typische Kollektivarbeit moderner Gebrauchsgraphik« (ebd.). Als Designer gewann Neurath den berühmten Gerd Arntz. Neben Gesellschaftsmuseen könnten sich – so meinte Neurath – auch Industriemuseen, Museen für Kunst, Hygiene o. ä. der ISOTYPE-Methode bedienen; alle diese verschiedenen Museen würden in einer Gesellschaft der Zukunft Teil *einer* großen Erziehungsorganisation sein (vgl. 1936b, 67). Neben ISOTYPE würde es natürlich auch andere Aufklärungstechniken geben; so dachte er an die Schaffung »beweglicher Modelle des Gesellschaftslebens« (1926, 328). Weitere Methoden aufklärender Vereinfachung wären bildstatistische Trickfilme, plastische Pläne usw. (1931b, 155).

Im Wiener Rathaus richtete das Museum die Hauptausstellung u. a. mit den Gebieten Wohnungsbau, Fürsorge, Parkanlagen, Schulwesen, Betriebe und Finanzen ein. Eine Sonderschau ›Mundaneum‹ stellte die Entwicklung der Menschheit vom Jahre 3000 v. u. Z. bis zur Gegenwart vor. Eine Zeitschau wurde täglich von ca. 2000 Menschen besucht (vgl. 1936b, 73). Um auch den arbeitenden Menschen einen Besuch möglich zu machen, war es auch abends geöffnet (vgl. ebd.). Vom Wiener Museum aus wurden Einrichtungen ähnlicher Art in anderen Städten und Ländern unterstützt und geplant. So richtete das Wiener Museum eine Dauerausstellung in Berlin-Kreuzberg im damaligen Gesundheitshaus am Urban ein und fertigte Tafeln für Ausstellungen in Dresden, Zagreb und Chicago an (vgl. 1931b, 156). Wanderausstellungen gab es in London, Paris, Amsterdam, Den Haag, Köln, Berlin, Hamburg, Breslau und Düsseldorf. In den statistischen Heften der Gemeinde Wien veröffentlichte das Museum Bildseiten. Neurath, der in seinem Leben nicht wenige Institute gründete, gliederte auch diesem Museum ein Institut an, nämlich das Internationale Institut für bildhafte Pädagogik.

Vermutlich in Zusammenhang mit der Aufstellung und Durchführung des 1. Fünfjahresplans stießen die bildstatistischen Arbeiten Neuraths auf das Interesse der sowjetischen Regierung. Neurath berichtet: »Durch ein Dekret des Rates der Volkskommissare aus dem Jahre 1931 wurden alle öffentlichen und genossenschaftlichen Stellen verpflichtet, sich der Wiener Methode zu bedienen« (1932a). Neurath ging nach Moskau und machte sich daran, dort ein bildstatistisches Institut aufzubauen. In der »Moskauer Rundschau« vom 19. 6. 32 veröffentlichte er einen Artikel zur Tätigkeit des Instituts; dort heißt es: »Das Ende 1931 neu gegründete Bildstatistische Zentralinstitut, das von Moskau aus die ganze Sowjetunion mit der neuen Methode bekannt machen soll, bildet *Kader von Sowjetspezialisten* heran, welche für Zeitungen, für Schulen, für Betriebe und für viele andere Zwecke Bildstatistiken ausarbeiten werden. Hier sollen besondere Spiele, Lehrmittel und andere Werkzeuge der Aufklärung ausgearbeitet werden. Vorbildliche Museen und Wanderausstellungen nach Wiener Methode sind geplant, der Bau eines großen Museums in Moskau ist bereits in Aussicht genommen, ebenso die Errichtung eines Institutsgebäudes mit allen erforderlichen Versuchseinrichtungen« (1932a). In den Jahren zwischen 1931 und 1934 verbrachte Neurath viel Zeit in der UdSSR, um in dem Moskauer Institut zu arbeiten.

Als ihm nach dem autoritär-klerikalen Putsch in Österreich die Verhaftung drohte und das Wiener Museum nicht mehr weitergeführt werden konnte, blieb Neurath nicht in der UdSSR, sondern ging – ohne österreichischen Boden zu betreten – nach Den Haag. Dort hatte er bereits im Jahre 1933 eine Stiftung und ein Institut gegründet, die *International Foundation for the Promotion of Visual Education by the Vienna-Method* und das *Mundaneum Institute The Hague*. Insbesondere an zwei Projekten wurde im Institut gearbeitet: Einmal die weitere Entwicklung von ISOTYPE und zum anderen die Erarbeitung des Plans für ein realisierbares Enzyklopädie-Projekt. Das 10bändige Supplement der Enzyklopädie sollte dabei nach ISOTYPE-Methoden angefertigt werden und dadurch eine Weltübersicht unabhängig von Sprache und Ausbildung ermöglichen. Neben Neurath arbeiteten im Institut damals Marie Reidemeister, die die Transformationen in ISOTYPE vornahm, dann die Designer Gerd Arntz und Erwin Bernath, weiterhin Josef Scheer, der malte und allgemeine Tätigkeiten verrichtete, und schließlich Josef Frank, der Museumsexperte war (vgl. 1936b, 10).

Die materielle Lage Neuraths wurde in Holland sehr schlecht, denn die sowjetische Regierung zahlte das vertraglich vereinbarte Honorar für die Tätigkeit im Moskauer Institut nicht (vgl. 1973, 63). Für die Besuche der von ihm selbst organisierten Kongresse mußte er sich Geld leihen.[81] Erst 1937 besserte sich seine materielle Lage, nachdem er von der National Tubercolosis Association der USA mit der Anfertigung von Bildstatistiken beauftragt wurde, ein Verlag die Mitarbeit an einer Enzyklopädie für Kinder anbot und ihm darüber hinaus die Beratung bei der Einrichtung eines Museums in Mexico übertragen wurde (vgl. 1973, 63).[82]

Als im September 1939 der 2. Weltkrieg ausbrach, befand sich Neurath in Cambridge/USA auf dem 5. Internationalen Kongreß für Einheit der Wissenschaften. Nicht ohne Schwierigkeiten kehrte er nach Holland zurück und setzte dort zunächst seine Arbeit für eine Wanderausstellung der National Tuberculosis Association fort. Als am 10. Mai 1940 der Überfall Hitlerdeutschlands auf Holland begann, wurde Neuraths Situation bedrohlich, denn als deutscher bzw. österreichischer Emigrant mußte er mit Verhaftung und Tod rechnen. Zusammen mit seiner Mitarbeiterin M. Reidemeister beschloß Neurath daher, nach England zu fliehen. Unter abenteuerlichen Umständen gelang ihnen die Flucht.[83] England war damit neuer Zufluchtsort geworden. Auf der Flucht vor österreichischer Polizei war es Neurath gelungen, seinen Besitz nach Holland zu schaffen; die Flucht nach England bedeutete den Verlust der gesamten Habe: Die Nazis beschlagnahmten seinen Hausstand und versteigerten ihn. Holländischen Freunden gelang es lediglich noch, einige wenige Gegenstände, die ihm besonders lieb gewesen waren, zu ersteigern (vgl. 1973, 41).

Neurath setzte in England seine Arbeit fort. In Bilston beteiligte er sich an den Bemühungen um die Sanierung von Slums, in Oxford lehrte er zu Problemen des Logischen Empirismus, insbesondere der empiristischen Sozialwissenschaften; und er gründete, unterstützt durch Susan Stebbing, auch wieder ein ISOTYPE-Institut. Paul Rotha, ein bekannter Produzent von Dokumentarfilmen, nahm Kontakte zu Neurath auf; aus der Zusammenarbeit beider stammt »A few ounces a day«, der erste Film, der vollständig auf Basis von ISOTYPE hergestellt wurde (vgl. 1973, 73 f.).

Am 22. Dezember 1945 starb Neurath. So gut wie nie in seinem Leben hatte er einen Arzt gebraucht, nichts hatte auf den bevorstehenden Tod hingedeutet. Sein Leben war ebenso bewegt wie schwer gewesen: Sein Engagement als revolutionärer Gesellschaftstechniker war als Beihilfe zum Hochverrat behandelt worden. Dem Protagonisten wissenschaftlicher Weltauffassung war der Wissenschaftsbetrieb beruflich versperrt geblieben. Armut kannte er gut. Seine erste und zweite Frau waren plötzlich gestorben. 1945 lebte er bereits im 11. Jahr als politischer Flüchtling im Exil. Dennoch war er nicht verbittert.

Er starb ohne den Glauben an die Möglichkeit einer Menschheit, die gemeinsam Strategien zur effektiven Realisierung eines kollektiven Glücks entwirft, verloren zu haben.

3. Logischer Empirismus und sozialistische Gesellschaftsveränderung

Neurath war Theoretiker der Kriegswirtschaftslehre, Gesellschaftstechniker und Sozialisierungsexperte, führendes Mitglied der logisch-empiristischen Bewegung und bildstatistischer Aufklärer. Was verbindet diese verschiedenen Gebiete? Führt ein roter Faden durch die verschiedenen Tätigkeitsfelder, oder sind es bloße lebensgeschichtliche Zufälle, die ihn mal auf diesem, mal auf jenem Gebiet arbeiten ließen?

Die Beschäftigung mit Problemen der Kriegswirtschaft hatte Neurath zu der Annahme geführt, daß die durch Märkte gesteuerte Verkehrswirtschaft eine hochgradig ineffiziente Wirtschaftsordnung sei; die Kriegswirtschaft bewies ihm die Überlegenheit einer bewußt geplanten Wirtschaft. *In bewußter Planung sah er ein Rationalitätsmodell, das zu einem Paradigma strategisch/technischen Weltverständnisses verallgemeinert werden müsse.* Im Verlauf des Ersten Weltkriegs wurde Neurath Sozialist, also Anhänger einer Wirtschafts- und Gesellschaftsordnung, die sich insbesondere durch die demokratische Planung ihrer Produktion auszeichnet. *Sozialismus muß sich für Neurath als die Institutionalisierung strategisch/technischen Denkens zur Realisierung humaner Zwecke dargestellt haben.* Vor diesem Hintergrund stellt sich seine Beteiligung an der Sozialisierungsbewegung dann als der Versuch dar, jene Wirtschaftsordnung zu schaffen, die er für effektiver *und* humaner hielt. Ebenso folgerichtig ist auch seine Tätigkeit als bildstatistischer Aufklärer, galt es doch, breite Massen mit den kognitiven Fähigkeiten für die Aufgaben auszustatten, die ihnen als Herren der sozialistischen Produktion zufallen würden. Ganz offensichtlich zeichnet also innere Folgerichtigkeit Neuraths Handeln aus.

Was jedoch mag Neurath Anfang der 20er Jahre bewogen haben, sich dem Kreis um Schlick anzuschließen? Ist auch seine Teilnahme an der Bewegung des Logischen Empirismus konsequent? Wie es scheint, ja: Neurath war als theoretischer und praktischer Pionier eines Zeitalters, das seine Probleme durch strategisches Denken und zweckrationale Technik löst, nach Österreich abgeschoben worden. Er glaubte an eine Abfolge von Zeitaltern entsprechend dem Drei-Stadien-Gesetz von Comte. Im Gegensatz zum metaphysisch-religiösen Zeitalter mit einem *theonomen* Menschen und seiner Verehrung *transzendenter* Instanzen geht es dem technisch/strategischen Weltverständnis ausschließlich um Herbeiführung *immanenter* Effekte durch einen *autonomen* Menschen. Ein technischer Zug findet sich bereits in der Magie. Anders aber als in der archaischen Bewältigung der Welt durch magische Praktiken ist die Technik des anbrechenden Zeitalters Anwendungsfall eines seinerseits erfahrungskontrollierten *wissenschaftlichen* Wissens; die wissenschaftliche Fundiertheit dieser Technik ist das Geheimnis ihres Erfolgs. Vor *diesem* Hintergrund erscheint die Teilnahme Neuraths an der Bewegung des Logischen Empirismus als völlig folgerichtig: Mit seinem fundamentalen *Interesse an Wissenschaftlichkeit des Wissens* ist der Logische Empirismus genau an dem interessiert, was kognitive Grundlage des technisch/strategischen Weltverständnisses ist. Das *Basistheorem* des Logischen Empirismus bindet Erkenntnis an beobachtbare Effekte und macht dadurch die technische Verwertbarkeit des wissenschaftlichen Wissens möglich. Das *Sinntheorem* schließlich erklärt alle Weltsichten für unsinnig, die auf nicht beobachtbare Größen, transzendente Instanzen usw. rekurrieren; es entzieht insofern den mit dem technischen Weltverständnis konkurrierenden Anschauungen, etwa religiösen Weltdeutungen, den kognitiven Boden. *Neuraths Mitarbeit im Wiener Kreis läßt sich daher verstehen als das Bemühen, die kognitiven Voraussetzungen eines strategisch/technischen Weltverständnisses auszuarbeiten.*

Für den Gesellschafts*techniker* Neurath war es also folgerichtig, sich der logisch-empiristischen Bewegung anzuschließen. Besteht die gleiche Folgerichtigkeit allerdings auch für den *Sozialisten* Neurath? Nach einer häufig vertretenen Ansicht entstehen hier Vereinbarkeitsprobleme. Im Rahmen des Positivismusstreits in der westdeutschen Soziologie galt der Logische Empirismus geradezu als *die* Gegenkonzeption zu sozialistischer Gesellschaftsveränderung. Träfe dies zu, dann hätte dies Konsequenzen für die Frage der Folgerichtigkeit von Neuraths Biographie. Es soll daher im folgenden der Frage nach dem Zusammenhang von Logischem Empirismus und sozialistischer Gesellschaftsveränderung nachgegangen werden.

3.1 Unterschiedliche Rationalitätsprogramme im Wiener Kreis

Neurath war nicht das einzige sozialistische Mitglied des Wiener Kreises: Carnap teilte die politischen Überzeugungen Neuraths (vgl. 1973, Preface I). Wie Carnap war auch Reichenbach in der gegen die Korporationen gerichteten Freistudentenbewegung tätig. Als ausgesprochen sozialistisch galt Jörgensen. Reisen in die UdSSR beeindruckten Ph. Frank tief; Lenin hielt er für einen Mann mit großen Verdiensten um die wissenschaftliche Weltauffassung. Auch Hans Hahn war Sozialist. In einer Besprechung eines Buches von Russell schreibt Neurath über die politischen Einstellungen der Logischen Empiristen: »Wie wenige politische Reaktionäre gibt es unter diesen exakten Philosophen! Einzelne von ihnen sind Marxisten und stehen in der Arbeiterbewegung, fast alle sind Gegner der kapitalistischen und kirchlichen Herrschaft« (1929b, 235).

Diese politischen Einstellungen *könnten* in einem *kontingenten* Zusammenhang mit dem Programm wissenschaftlicher Weltauffassung stehen. *Insbesondere aus der Schrift »Wissenschaftliche Weltauffassung – Der Wiener Kreis« geht jedoch hervor, daß zumindest Carnap, Hahn und Neurath in verschiedenen Hinsichten systematische Zusammenhänge zwischen den Programmen wissenschaftlicher Weltauffassung und sozialistischer Gesellschaftsveränderung sahen.* Sie meinten: (a) Beiden Programmen läge ein gleiches Motiv zugrunde; (b) die wissenschaftliche Weltauffassung liefere die kognitiven Instrumente einer rationalen Praxis; (c) die Gegner des Programms wissenschaftlicher Weltauffassung seien auch die Gegner sozialistischer Gesellschaftsveränderung; (d) mit den Mitteln der wissenschaftlichen Weltauffassung könnten die fundamentalen Fehler in den Weltanschauungen jener konservativ-reaktionären Kreise, die sich dem Sozialismus entgegenstellen, aufgedeckt werden; (e) die wissenschaftliche Weltauffassung könne *die* Weltanschauung der um ihre Emanzipation kämpfenden Massen werden. Weil diese Ansichten von Carnap, Hahn und Neurath in völligem Gegensatz zu weit verbreiteten Meinungen über den Logischen Empirismus stehen, sollen die Punkte (a) bis (e) im einzelnen belegt werden.

(a) Bezüglich des Zusammenhangs von Logischem Empirismus und sozialistischer Gesellschaftsveränderung heißt es in dem programmatischen Manifest »Wissenschaftliche Weltauffassung – Der Wiener Kreis«: »Die Lebensintensität, die in den Bemühungen um eine rationale Umgestaltung der Gesellschafts- und Wirtschaftsordnung sichtbar ist, durchströmt auch die Bewegung der wissenschaftlichen Weltauffassung« (1929, 14). Nach einer anderen Stelle liegt beiden Bemühungen nicht nur die gleiche »Lebensintensität« zugrunde, sondern es ist der »Geist wissenschaftlicher Weltauffassung« selbst, der sich in dem gesellschaftlichen Reformprogramm ausdrückt: »Wir erleben, wie der Geist wissenschaftlicher Weltauffassung in steigendem Maße die Formen persönlichen Lebens, des Unterrichts, der Erziehung, der Baukunst durchdringt, die Gestaltung des wirtschaftlichen und sozialen Lebens nach rationalen Grundsätzen leiten hilft. *Die wissenschaftliche Weltauffassung dient dem Leben und das Leben nimmt sie in sich auf*« (1929, 30).[85]

(b) Bereits der Aufbau der Einheitswissenschaft war mit deren instrumentellem Wert für die rationale Lösung praktischer Probleme gerechtfertigt worden. *Die wissenschaftliche Weltauffassung wird von Carnap, Hahn und Neurath generell auf lebenspraktische Relevanz verpflichtet*: »Es gilt, Denkwerkzeuge für den Alltag zu formen, für den Alltag des Gelehrten, aber auch für den Alltag aller, die an der bewußten Lebensgestaltung irgendwie mitarbeiten« (1929, 14).

(c) Liegt den Bemühungen um Reform der Philosophie und denen um Reform der Gesellschaft ein gleiches Motiv zugrunde, so verwundert nicht, *daß die Gegner der einen Bestrebung auch die Gegner der anderen sind*. Carnap, Hahn und Neurath schreiben: »Die eine Gruppe der Kämpfenden, auf sozialem Gebiet das Vergangene festhaltend, pflegt auch die überkommenen, oft inhaltlich längst überwundenen Einstellungen der Metaphysik und Theologie; während die andere, der neuen Zeit zugewendet, besonders in Mitteleuropa diese Einstellung ablehnt und sich auf den Boden der Erfahrungswissenschaft stellt« (1929b, 29).

(d) In diesen sozialen Kämpfen der Gegenwart *leistet die wissenschaftliche Weltauffassung einen wichtigen Beitrag: Mit ihren Mitteln bzw. mit den Mitteln der durch sie inspirierten Einzelwissenschaften können Fehler und Wirkungsweise der reaktionär-konservativen Weltanschauung angegeben und aufgeklärt werden*: »Wie sind ... die Irrwege der Metaphysik zu erklären? Diese Frage kann von verschiedenen Gesichtspunkten aus gestellt werden: in psychologischer, in soziologischer und in logischer Hinsicht. Die Untersuchungen in psychologischer Richtung befinden sich noch im Anfangsstadium; Ansätze zu tiefergreifender Erklärung liegen vielleicht in Untersuchungen der Freudschen Psychoanalyse vor. Ebenso steht es mit soziologischen Untersuchungen; erwähnt sei die Theorie vom ›ideologischen Überbau‹. Hier ist noch offenes Feld für lohnende weitere Forschung. Weiter gediehen ist die Klarlegung des *logischen Ursprungs der metaphysischen Irrwege*« (1929b, 17). Programmatisch überschreibt Carnap deshalb eine Arbeit: »Überwindung der Metaphysik durch logische Analyse der Sprache«; Neurath war insgesamt der Überzeugung: »Antimetaphysiker stärken die Stoßkraft des Proletariats« (1929b, 235).

(e) Carnap, Hahn und Neurath deuten an, *der moderne Empirismus könne die Weltanschauung der um ihre Emanzipation kämpfenden Massen werden* (vgl. 1929b, 29). Für Neurath war sogar sicher, daß das »Proletariat ... zum Träger der Wissenschaft ohne Metaphysik« (1928, 152) werden würde. Bei den Marxisten sah er noch »Einzelirrtümer« (1931a, 62), er hielt es jedoch nur für »eine Frage der Zeit, daß sich exakte Philosophie und Marxismus miteinander verbinden« (1929b, 235).

Nach den hier zitierten Stellen sahen Carnap, Hahn und Neurath *in der wissenschaftlichen Weltauffassung ein theoretische und praktische Fragen umfassendes Rationalitätsprogramm. In Verfolgung dieses Rationalitätsprogramms würde eine nach rationalen, d. h. sozialistischen Grundsätzen organisierte Gesellschaft unter Anwendung von Erkenntnissen, die in Einklang mit Sinn- und Basistheorem stehen, gemeinsam festgelegte Zwecke zu realisieren suchen.* Es scheint daher, daß die Meinung, der Logische Empirismus sei eine gegen sozialistische Gesellschaftsveränderung gerichtete Konzeption, jeder sachlichen Grundlage entbehrt; sozialistische Gesellschaftsveränderung scheint sogar Bestandteil des logisch-empiristischen Programms zu sein. Jedoch, auch dieses Urteil wird dem Sachverhalt nicht gerecht. Die weitere Analyse wird zeigen, daß die Beziehungen zwischen den Programmen sozialistischer Gesellschaftsveränderung und wissenschaftlicher Weltauffassung ungleich komplizierter sind.

Eine *erste Schwierigkeit* ist, daß die Schrift »Wissenschaftliche Weltauffassung – Der Wiener Kreis« bei anderen Mitgliedern auf heftigen Widerspruch stieß. Schlick wandte gegen die Schrift ein, daß in ihr die philosophisch-theoretischen Bemühungen des Kreises in einen Zusammenhang mit politisch-praktischen Bestrebungen gebracht würden.[86] Kraft lehnte die Politisierungstendenzen, für die er Neurath verantwortlich machte, ebenfalls ab.[87] Auch Reichenbach nahm gegen eine Verbindung von theoretischen und praktischen Bestrebungen Stellung.[88] Diese Einsprüche gegen die von Carnap, Hahn und Neurath behauptete »innere Verwandtschaft«[89] von Logischem Empirismus und sozialistischer Gesellschaftsveränderung sind ein Indiz dafür, daß der Zusammenhang zwischen beiden Bestrebungen doch nicht ganz so eng sein kann. Carnap hat daher innerhalb des Wiener Kreises einen linken und einen konservativen Flügel unterschieden; zum linken Flügel rechnete er Hahn, Neurath und sich selbst, zum konservativen insbesondere Schlick und Waismann.[90] *Was diese Flügel in sachlicher Hinsicht unterscheidet, ist die Reichweite ihrer Rationalitätsprogramme: Wissenschaftliche Weltauffassung ist für Carnap, Hahn und Neurath ein auch praktische Fragen umfassendes Rationalitätsprogramm, der rechte Flügel hingegen wird geleitet von einer auf theoretische Fragen beschränkten Rationalitätskonzeption.*

Es ist vor diesem Hintergrund naheliegend, folgendermaßen zu argumentieren: Innerhalb des Wiener Kreises kann man einen linken und einen rechten Flügel unterscheiden, die jeweils Rationalitätsprogramme ganz verschiedener Reichweite vertreten. Es ist der praktische Teil seines umfassenden Rationalitätsprogramms, der den linken Flügel zum Anhänger sozialistischer Gesellschaftsveränderung werden läßt. – Diese Rekonstruktion ist jedoch deshalb unvollständig, weil sie offenläßt, was eigentlich der *systematische* Grund für die Verbundenheit von wissenschaftlicher Weltauffassung im Sinne eines umfassenden Rationalitätsprogramms und sozialistischer Gesellschaftsveränderung als Ausdruck praktischer Rationalität ist. Daß hier ein Problem besteht, wird bereits deutlich, wenn man nur die sprachlichen Wendungen betrachtet, mit denen Carnap, Hahn und Neurath die Beziehung zwischen ihren philosophischen Bemühungen und der sozialistischen Massenbewegung beschreiben: Da wird der »Geist wissenschaftlicher Weltauffassung« (s. o.) bemüht, um jenen Ort anzugeben, der philosophische und politische Bewegung verbindet; an anderer Stelle ist es gleiche »Lebensintensität« (s. o.), die sich in beiden Bewegungen ausspricht. Solche metaphorischen Redewendungen können jedoch den Zusammenhang von Logischem Empirismus und sozialistischer Gesellschaftsreform nicht aufklären; die unklaren Termini deuten eher schon darauf hin, daß der

Zusammenhang für Carnap, Hahn und Neurath selber unklar war. Ein Indiz für diese Vermutung ist, daß in »Wissenschaftliche Weltauffassung – Der Wiener Kreis« *verwundert* eine Übereinstimmung in praktischen Fragen konstatiert wird: »Auch die Einstellungen zu den Lebensfragen lassen, obwohl diese Fragen unter den im Kreis erörterten Themen nicht im Vordergrund stehen, eine merkwürdige Übereinstimmung erkennen« (1929, 14). *Als Aufgabe stellt sich daher, den Zusammenhang zwischen der theoretischen Konzeption des Logischen Empirismus (Grundinteresse an wissenschaftlicher Philosophie, Sinn- und Basistheorem als Grundannahmen und deren Konsequenzen) und dem praktischen Teil jenes umfassenden Rationalitätsprogramms, als das die wissenschaftliche Weltauffassung von Carnap, Hahn und Neurath konzipiert wird, zu entschlüsseln.*

3.2 Zum Verhältnis von theoretischer und praktischer Rationalität

Sinn- und Basistheorem des Logischen Empirismus bilden den Kernbestand jener Grundsätze, in denen sich theoretische Rationalität im Sinne der Konzeption wissenschaftlicher Weltauffassung ausdrückt. Bezüglich der rationalen Entscheidbarkeit praktischer Fragen ergeben sich aus diesen beiden, von linkem und rechtem Flügel des Wiener Kreises gleichermaßen geteilten Theoreme *destruktive* Konsequenzen: Grundsätze praktischer Rationalität müßten sich in *normativen Sätzen* aussprechen; normative Sätze sind zufolge der beiden Grundsätze theoretischer Rationalität jedoch als *kognitiv sinnlos* anzusehen (a). Darüber hinaus erzwingen die Theoreme die Annahme, daß eine *strenge Disjunktion zwischen rational entscheidbaren theoretischen Fragen und letztlich beliebigen praktischen Entscheidungen besteht* (b).

(a) Um sinnvoll zu sein, müßten normative Sätze zufolge des Sinntheorems zur Klasse der kontraditorischen, tautologischen oder deskriptiven Sätze gehören. Offensichtlich gehören normative Sätze in keine der drei Klassen, sind also sinnlos. Bezüglich der Disziplinen, über die ein Sinnlosigkeitsurteil zu fällen ist, kann Carnap daher schreiben: »Weiter gilt dieses Urteil auch für alle Wert- oder Normphilosophie, für jede Ethik oder Ästhetik als normative Disziplin. Denn die objektive Gültigkeit eines Wertes oder einer Norm kann ja (auch nach Auffassung der Wertphilosophen) nicht empirisch verifiziert werden oder aus empirischen

Sätzen deduziert werden; sie kann daher überhaupt nicht (durch einen sinnvollen Satz) ausgesprochen werden. Anders gewendet: Entweder man gibt für ›gut‹ und ›schön‹ und die übrigen in den Normwissenschaften verwendeten Prädikate empirische Kennzeichen an oder man tut das nicht. Ein Satz mit einem derartigen Prädikat wird im ersten Fall ein empirisches Tatsachenurteil, aber kein Werturteil; im zweiten Fall wird er ein Scheinsatz; einen Satz, der ein Werturteil ausspräche, kann man überhaupt nicht bilden.«[91]

Die behauptete Sinnlosigkeit normativer Sätze hat *destruktive Konsequenzen* für den praktischen Teil des umfassenden Rationalitätsprogramms ›wissenschaftliche Weltauffassung‹: Dem linken Flügel geht es um eine »rationale Umgestaltung der Gesellschafts- und Wirtschaftsordnung« (1929, 14), um eine »Gestaltung des wirtschaftlichen und sozialen Lebens nach rationalen Grundsätzen« (1929, 30). *Es wird also auf Grundsätze einer rationalen Organisation der Gesellschaft rekurriert, die es aber als normative Grundsätze praktischer Rationalität in Konsequenz der theoretischen Grundannahmen nicht geben kann.*

(b) Carnap hat eine Differenz von *theoretischen Fragen*, bei denen es um die Entscheidung über Wahrheitswerte geht, und solchen Situationen, in denen ein Entschluß, eine *praktische Entscheidung* zu fällen ist, eingeführt. Im Rahmen der Wissenschaften geht es um die Klärung theoretischer Fragen; praktische Entscheidungen sind hingegen keine wissenschaftlich lösbaren Probleme. *Diese Differenz von theoretischen Fragen und praktischen Entscheidungen zieht als Konsequenz nach sich, daß der praktische Teil des Rationalitätsprogramms ›wissenschaftliche Weltauffassung‹ zu einem kontingenten Bestandteil wird.* Carnap schreibt: »Aus dem Gesagten ergeben sich nun gewisse Konsequenzen für die Formen des Kampfes, den wir gegen Aberglauben, Theologie, Metaphysik, traditionelle Moral, kapitalistische Ausbeutung der Arbeiter usw. führen. Beim *Aberglauben* handelt es sich um theoretische Fragen; die Annahme, daß Gebete und Amulette Hagelschauer oder Eisenbahnunfälle verhüten können, kann wissenschaftlich widerlegt werden. Ob dagegen jemand für oder gegen Feuerbestattung, für oder gegen Demokratie, für oder gegen *Sozialismus* ist, ist Sache der praktischen Stellungnahme, nicht des theoretischen Beweisens.«[92] – Auf Basis dieser Annahme wird der Logische Empirismus, ganz im Gegensatz zu der zunächst behaupteten »inneren Verwandtschaft« seiner theoretischen Bemühungen mit sozialistischen Zielsetzungen, *neutral* gegenüber politisch-praktischen Bestrebungen.[93]

Es ergibt sich damit insgesamt ein merkwürdiges Resultat bezüglich des Verhältnisses von theoretischer und praktischer Rationalität im Rahmen des Programms wissenschaftlicher Weltauffassung: Zum einen kann es in Konsequenz der theoretischen Grundannahmen Grundsätze praktischer Rationalität überhaupt nicht geben; zum anderen ist das Bemühen um theoretische Rationalität neutral gegenüber politisch-praktischen Bemühungen. Beides ist unvereinbar mit der in der Schrift »Wissenschaftliche Weltauffassung – Der Wiener Kreis« vertretenen These von einem inneren Zusammenhang zwischen den theoretischen Bemühungen um Wissenschaftlichkeit und den praktischen um sozialistische Gesellschaftsveränderung.

3.3 Grenzen der wissenschaftlichen Weltauffassung des Wiener Kreises

Die Widersprüchlichkeit zwischen den praktischen Konsequenzen der theoretischen Grundannahmen und der praktischen Seite des Rationalitätsprogramms ›wissenschaftliche Weltauffassung‹ ist derart offensichtlich, daß selber klärungsbedürftig ist, warum diese Widersprüchlichkeit innerhalb des linken Flügels des Wiener Kreises nicht wahrgenommen wurde. *Eine Berücksichtigung der historischen Randbedingungen, unter denen der Logische Empirismus entstand, läßt jedoch plausibel werden, wie die Inkonsistenz zwischen den Konzeptionen theoretischer und praktischer Vernunft übersehen werden konnte.*

Die Zeit der Entstehung des Logischen Empirismus war eine Zeit heftiger sozialer Auseinandersetzungen. In diesen Kämpfen stand eine – teilweise von Flügelkämpfen zerrissene – Arbeiterbewegung Kräften gegenüber, deren politische Vorstellungen als monarchistisch, ständestaatlich, klerikalistisch, völkisch/antisemitisch und faschistisch zu kennzeichnen wären, Kräften also, die zwar heterogen, jedoch gleichermaßen antidemokratisch wie antisozialistisch gesonnen waren. Gleich in mehreren Hinsichten sind die Weltbilder dieser Kreise mit dem logisch-empiristischen Bemühen um *theoretische* Rationalität *unvereinbar*: Da wird auf den Willen erfahrungstranszendenter Instanzen rekurriert, bestimmten Personen wird ein privilegierter Erkenntniszugang, besonderes Erkenntnisvermögen etc. attestiert, da sind empirisch widerlegte Hypothesen die zentralen Säulen von Weltbildern, werden bestimmte Erfahrungserkenntnisse systematisch nicht zur Kenntnis genommen. Offensichtlich verstoßen solche Weltbilder in elementarer Weise gegen Sinn- und Basistheorem als den fundamentalen Prinzipien theoretischer Rationalität. Vor diesem Hintergrund verliert der Widerspruch zwischen der behaupteten inneren Verwandtschaft von Sozialismus und Logischem Empirismus einerseits und der These von der Neutralität der theoretischen Bemühungen der logisch-empiristischen Bewegung gegenüber praktisch-politischen Zielsetzungen andererseits seine Schärfe: *Bereits seine Grundsätze theoretischer Rationalität brachten den Logischen Empirismus in eine Gegnerschaft zu den Kreisen, die sich den sozialistischen Massenbewegungen erbittert entgegenstellten. Neutral ist der Logische Empirismus hingegen gegenüber denjenigen politischen Konzeptionen, die mit Sinn- und Basistheorem vereinbar sind. Die innere Verwandtschaft von Sozialismus und Logischem Empirismus hat daher dann ein Ende, wenn dem Sozialismus eine Gesellschaftskonzeption entgegengestellt wird, die nicht gegen die theoretischen Grundannahmen des Logischen Empirismus verstößt.* Wer gegen den Sozialismus die Effizienz einer auf Basis von Privateigentum über Märkte als Allokationsmechanismen gesteuerten Produktion geltend macht, verstößt durch nichts gegen die theoretischen Rationalitätsstandards des Logischen Empirismus. Die innere Verwandtschaft von sozialistischer und logisch-empiristischer Bewegung verdankt sich vor diesem Hintergrund dem im Prinzip kontingenten Umstand, daß in Deutschland und Österreich der Sozialismus von Kreisen bekämpft wurde, *die nicht einmal den Stand der bürgerlichen Aufklärung erreicht hatten. Insofern jedoch kapitalistische wie sozialistische Gesellschaften gleichermaßen auf metaphysische Legitimationsmuster verzichten können, ist das theoretische Rationalitätsprogramm des Logischen Empirismus prinzipiell neutral gegenüber diesen beiden Gesellschaftsordnungen. Der Kampf um wissenschaftliche Weltauffassung kann daher auch gewonnen sein, ohne daß der Kampf der Arbeiterbewegung um politische und soziale Emanzipation gewonnen wäre.*

Wie steht es daher insgesamt mit der Folgerichtigkeit von Neuraths Anschluß an den Wiener Kreis? Auf Basis seiner Konzeption von wissenschaftlicher Weltauffassung als eines – im Gegensatz zur Ansicht des rechten Flügels des Kreises – theoretische *und* praktische Fragen umfassenden Rationalitätsprogramms war der Anschluß sicherlich *konsequent*: In seinem theoretischen Teil war das Programm kognitives Korrelat des strategisch/technischen

Weltverständnisses, das zum Paradigma desjenigen Zeitalters werden würde, das Neurath nach dem Ende des Ersten Weltkriegs anbrechen sah; in seinem praktischen Teil entsprach das Programm den politischen Auffassungen Neuraths, indem es die sozialistische Gesellschaftsveränderung zum Ausdruck praktischer Rationalität erklärte. Das Interesse an einer im umfassenden Sinne wissenschaftlichen Bewältigung der Welt führte nicht nur zur Mitarbeit im Wiener Kreis; dieses Interesse lag bereits seiner Tätigkeit als sozialistischem Gesellschaftstechniker, dem es um die Realisierung einer rationalen Gesellschaft durch Anwendung wissenschaftlich fundierter Technik ging, zugrunde. Das gleiche Interesse leitete auch den bildstatistischen Aufklärer, der sich darum bemühte, breite Massen zu theoretischer und praktischer Rationalität zu führen. *Spätestens seit Ende des Ersten Weltkrieges ist das Interesse an einer theoretisch wie praktisch gleichermaßen rationalen Bewältigung der Welt der Angelpunkt biographischer Folgerichtigkeit im Leben Neuraths.*

So konsequent Neuraths Mitarbeit im Wiener Kreis der wissenschaftlichen Weltauffassung also ist, so *inkonsistent* ist das Programm wissenschaftlicher Weltauffassung, wie es vom linken Flügel des Kreises vertreten wurde: *Obwohl als umfassendes Rationalitätsprogramm angelegt, destruieren die Grundsätze theoretischer die Möglichkeit praktischer Rationalität. Kritische Kraft hat das Programm dann nur noch gegen solche praktisch-politischen Konzeptionen, die mit den theoretischen Grundannahmen des Logischen Empirismus inkompatible Annahmen machen. Kompatibilität mit diesen Grundannahmen ist jedoch umgekehrt noch kein Ausweis praktischer Vernunft. Teilt man daher mit Neurath das Interesse an einer theoretisch wie praktisch gleichermaßen rationalen Auffassung und Bewältigung der Welt, dann muß gegen den Logischen Empirismus eingewandt werden, daß er noch nicht das umfassende Rationalitätsprogramm ist, dessen wir bedürfen.*

Anmerkungen

1 Für die historischen Details bezüglich Entstehung und Entwicklung dieses Gesprächskreises vgl. Abschnitt 2.3.
2 Weitere gängige Bezeichnungen für die Philosophie des Logischen Empirismus sind etwa: ›wissenschaftliche Philosophie‹, ›Positivismus‹, ›Neopositivismus‹, ›Logischer Positivismus‹, ›wissenschaftlicher Empirismus‹, ›formalsprachliche Philosophie‹, ›analytische Philosophie‹. In der Einführung wird die Philosophie des Wiener Kreises durchgängig als ›Logischer Empirismus‹ bezeichnet.
3 Vgl. für die folgende Darstellung: *W. Stegmüller, Hauptströmungen der Gegenwartsphilosophie*, Stuttgart 1969, Kapitel IX; *R. Hegselmann, Normativität und Rationalität – Zum Problem praktischer Vernunft in der analytischen Philosophie*, Frankfurt 1979, Abschnitt 1.1.
4 *Die Wende der Philosophie: Gesammelte Aufsätze*, Hildesheim 1969, 31 bis 39, 33.
5 *Schlußwort zum II. Internationalen Kongreß für Einheit der Wissenschaft*, Kopenhagen 1936: Erkenntnis 6 (1936/37), 443–450, 444.
6 Vgl. etwa *V. Kraft, Der Wiener Kreis – Der Ursprung des Neopositivismus*, Wien 1968, 11 f.
7 Vgl. *R. Carnap, Überwindung der Metaphysik durch logische Analyse der Sprache*: Erkenntnis 2 (1931) 219–241; ders., *Scheinprobleme in der Philosophie*, Frankfurt 1966.
8 *Tractatus Logico-Philosophicus: Schriften 1*, Frankfurt 1969, 9–83, 4.461.
9 *Gibt es ein materiales Apriori: Gesammelte Aufsätze*, Hildesheim 1969, 19–30, 25.
10 *Überwindung der Metaphysik durch logische Analyse der Sprache*, 236.
11 Vgl. zu dieser Diskussion: *C. G. Hempel, Empiricist Criteria of Cognitive Significance – Problems and Changes: Aspects of Scientific Explanation and Other Essays in the Philosophy of Science*, New York 1965, 101–119; *W. Stegmüller, Theorie und Erfahrung – Probleme und Resultate der Wissenschaftstheorie und analytischen Philosophie II*, 1. Halbband, Heidelberg 1970, 181–212; *R. Hegselmann, Normativität und Rationalität – Zum Problem praktischer Vernunft in der analytischen Philosophie*, 41–66.
12 Vgl. *R. Carnap, Überwindung der Metaphysik durch logische Analyse der Sprache*, 232.
13 Vgl. *Tractatus Logico-Philosophicus*, 6.5.
14 Vgl. *Erkennen, Erleben, Metaphysik: Gesammelte Aufsätze*, 1–17, 2 f.
15 *Überwindung der Metaphysik durch logische Analyse der Sprache*, 238 f.
16 *Theoretische Fragen und praktische Entscheidungen*: Natur und Geist 2 (1934) 257–260, 259.
17 *Überwindung der Metaphysik durch logische Analyse der Sprache*, 240.
18 Die Schriften Neuraths werden aus Platzgründen zitiert unter Angabe der Jahreszahl des Erscheinens der Schrift und der jeweiligen Seiten-

zahl. Mittels des Erscheinungsjahres kann dann die jeweilige Schrift aus dem Verzeichnis der Schriften Neuraths entnommen werden. Ist in einem Jahr mehr als eine Schrift erschienen, dann werden an die Jahreszahlen Buchstaben angefügt.

19 Vgl. 3.14, 3.21, 3.22, 4.01, 4.121.
20 Wittgenstein schreibt: »Meine Sätze erläutern dadurch, daß sie der, welcher mich versteht, am Ende als unsinnig erkennt, wenn er durch sie auf ihnen über sie hinausgestiegen ist. (Er muß sozusagen die Leiter wegwerfen, nachdem er auf ihr hinaufgestiegen ist.) Er muß diese Sätze überwinden, dann sieht er die Welt richtig« (*Tractatus Logico-Philosophicus*, 6.51).
21 *Die Wende der Philosophie: Gesammelte Aufsätze*, Hildesheim 1969, 31–39, 33.
22 Wien 1968. Zur Aufgabenstellung der Wissenschaftslogik vgl. R. Carnap, *Die Aufgabe der Wissenschaftslogik*, Wien 1930.
23 Vgl. R. Carnap, *Logical Foundations of the Unity of Science*: H. Feigl/W. Sellars (ED.), *Readings in Philosophical Analysis*, New York 1949, 408–423.
24 Vgl. a.a.O. 416–418.
25 Neurath hat dies insbesondere betont; vgl. dazu seine Schrift (1931a) und den Abschnitt 2.3 dieser Einleitung.
26 Instruktive Darstellungen der Grundkonzeption des Logischen Empirismus finden sich auch in den folgenden Schriften: *A. J. Ayer, Editor's Introduction: A. J. Ayer (ED.), Logical Positivism*, New York 1959, 3–28; H. Feigl, *Logical Empiricism*: H. Feigl/W. Sellars (ED.), *Readings in Philosophical Analysis*, New York 1949, 3–26; R. Ingarden, *Der logistische Versuch einer Neugestaltung der Philosophie*: Actes du huitième congrès international de philosophie à Prague 1936, Lichtenstein 1968, 203–208; J. Joergensen, *The Development of Logical Empiricism*, Chicago 1951; B. v. Juhos, *Principles of Logical Empiricism*: Mind 46 (1937) 320–346; E. Kaila, *Der Logische Neopositivismus – Eine kritische Studie*, Turku 1930; V. Kraft, *Der Positivismus*: Studium Generale 7 (1954) 73–79; ders., *Der Wiener Kreis – Der Ursprung des Neopositivismus*, Wien 1968; Å. Petzäll, *Logistischer Positivismus – Versuch einer Darstellung und Würdigung der philosophischen Grundanschauungen des sog. Wiener Kreises der wissenschaftlichen Weltauffassung*, Göteborg 1931; H. Reichenbach, *Der Aufstieg der wissenschaftlichen Philosophie*, Braunschweig 1968;
27 Die von Marie Neurath und Robert S. Cohen herausgegebene Arbeit O. Neurath, *Empiricism and Sociology* – hier zitiert als Neuraths Arbeit (1973) – enthält auf den Seiten 1–83 autobiographische und biographische Notizen von und über Neurath.
28 Durch Simulation immer neuer Krankheiten und unter ›Komplizenschaft‹ eines Militärarztes muß es ihm immer wieder gelungen sein,

sich wegen Krankheit beurlauben zu lassen. Neurath benötigte nämlich Zeit, um den Druck seiner Dissertation vorzubereiten. Einem Schwejk nicht ganz unähnlich, widmete er eine Kopie der Arbeit seinem Kommandeur und schuf so günstige Voraussetzungen für weitere Beurlaubungen (vgl. 1973, 7–11).

29 Im gleichen Jahr, in dem er seine Tätigkeit an der Handelsakademie aufnahm, heiratete Neurath Anna Schapire. Sie war älter als er. Zugleich soll sie auch zivilisierter als Neurath gewesen sein, der von fast allen, die ihn kennenlernten, als leidenschaftlich und wild – letzteres vor allem hinsichtlich seines Äußeren – beschrieben wird. Die Ehe mit Anna Schapire währte nur wenige Jahre: Sie starb nach der Geburt des Sohnes Paul im Jahre 1911.

30 1912 heiratete Neurath Olga Hahn. Sie war bereits lange Zeit eine gemeinsame Freundin von Otto und Anna Neurath. Noch vor Beendigung ihres Mathematikstudiums war sie im Jahre 1904 erblindet. Als Neurath 1905 aus Berlin nach Wien zurückkehrte, hatte er sie in einem Zustand tiefster Depression vorgefunden. Sofort organisierte er, daß ihr regelmäßig aus Büchern vorgelesen wurde. Auf diese Weise wurde ihr möglich, das angefangene Studium erfolgreich zu beendigen (vgl. 1973, 80 f, Anm. 5).

31 Vgl. den von R. Gruner verfaßten Artikel ›*Neurath, Otto*‹ und den von W. Gebauer verfaßten Artikel ›*Kriegswirtschaftslehre*‹. In einem Brief aus dem Jahre 1943 an seinen Sohn Paul äußert sich Neurath ebenfalls dahingehend, daß er den Terminus ›Kriegswirtschaftslehre‹ vorgeschlagen und eingeführt habe (1973, 39). In einer Anmerkung zu »*Die Kriegswirtschaftsrechnung und ihre Grenzen*« weist Neurath demgegenüber 1916 darauf hin, daß der Terminus schon einhundert Jahre zuvor in einer Arbeit von C. M. Morin verwendet wird (vgl. 1916, 137 Anm. 1), wie er überrascht festgestellt habe.

32 Dezidiert hält Neurath fest: »Es kann innerhalb einzelner Betriebe, ja ganzer Betriebsgruppen eine Art Absolutismus herrschen, wie ja auch innerhalb einer sozialistischen Milizarmee der Feldherr, trotz seiner Abhängigkeit vom Volke, gegenüber dem einzelnen Soldaten weitgehende Rechte besitzen kann« (1919a,7).

33 Der Sozialisierungsplan von Neurath, Kranold und Schumann enthielt auch den Entwurf für ein Reichssozialisierungsgesetz, in dessen ersten drei Paragraphen bestimmt wurde: »§ 1. Die gesamte Volkswirtschaft wird sozialisiert, das heißt: einer planmäßigen Verwaltung der Produktion und Verteilung nach allgemeinen Grundsätzen unterstellt. § 2. Im Deutschen Reich wird ein Recht auf arbeitslose Einkommen auf Grund von Besitz nicht mehr anerkannt . . . § 3. Im Deutschen Reich wird jedermann auf Grund der öffentlich bekannt zu machenden Wirtschaftspläne ein Mindestmaß an Wohnung, Kleidung, Bildung und Vergnügung unter Berücksichtigung der persönlichen Wahlfrei-

heit öffentlich-rechtlich gesichert« (1919e, 70 f.).
34 Sie schrieben: »Selbstverständlich ist die Sozialisierung ohne Schwierigkeiten auch im Rahmen eines Teilstaates, wie der Republik Sachsen, mühelos durchführbar« (1919e, 75).
35 Vgl. *E. Niekisch, Gewagtes Leben – Begegnungen und Begebnisse,* Berlin 1958, 53 ff.
36 Um zu verhindern, daß die unmittelbar bevorstehende militärische Niederlage des kaiserlichen Deutschlands auch das Ende der Herrschaft der für den Krieg verantwortlichen Kreise bedeutete, waren Kaiser und Oberste Heeresleitung bereits im September 1918 bemüht, eine mehr parlamentarische Regierungsform einzuführen, auf Basis dieser Konzession die SPD in die Regierung einzubeziehen und dann eine von der Sozialdemokratie getragene Regierung mit Friedensverhandlungen zu beauftragen. Mit ihrem großen Einfluß auf die Arbeiterschaft sollte die SPD zur tragenden Säule einer Regierung werden, die mit dem kriegsbedingten Massenelend unter Verzicht auf revolutionäre Lösungen fertig zu werden hätte. So war die SPD seit Oktober 1918 in der Regierung des Prinzen Max von Baden mit Staatssekretären vertreten. Angesichts der immer stärker werdenden revolutionären Bewegung in den ersten Novembertagen wurde der Sozialdemokrat Friedrich Ebert am 9. November 1918 zum Reichskanzler ernannt; SPD und USPD traten in Verhandlungen über eine Regierungsbildung ein. Ebert, Scheidemann, Noske und andere wichtige Mitglieder der Parteiführung der SPD griffen in dieser für sie schwierigen Situation zu einer Doppelstrategie: Einerseits versuchten sie, der revolutionären Bewegung die Spitze zu nehmen, indem sie sich selbst an deren Spitze stellten, zum anderen aber wurden Vorbereitungen für die Zerschlagung der Bewegung getroffen: So war der 10. November 1918 dann ein Tag, an dem Ebert sich durch die Vollversammlung der Arbeiter und Soldatenräte zum Mitglied einer Revolutionsregierung wählen ließ, andererseits aber mit General Groener, dem Chef der Obersten Heeresleitung, die Aufstellung loyaler Truppen vereinbarte, die die Rätebewegung der Hauptstadt niederwerfen sollten. Die Revolution hatte also kaum begonnen, da trafen ihre scheinbaren Führer bereits die Vorbereitungen für ihre militärische Liquidierung. Weil die regulären Truppen zu unzuverlässig waren, als daß man sie hätte einsetzen können, begann die Oberste Heeresleitung im Dezember 1918 mit der Aufstellung von Freikorps. Im Januar 1919 übernahm Noske den Oberbefehl über die Truppen. Als Anfang Januar 1919 im ganzen Reich isolierte Aufstände ausbrachen, wurden sie von diesen Freikorps blutig niedergeschlagen. Zieht man die politische Bilanz bis zum März 1919, dann ergibt sich: Ein Waffenstillstand war erzielt worden. Die Rätebewegung war geschlagen. Sozialisierungen waren weniger als zaghaft in Angriff genommen worden. Aus Reichstagswahlen war eine

Regierung aus SPD, Deutscher Demokratischer Partei und Zentrum hervorgegangen. Zwar war die Monarchie – im übrigen gegen den Wunsch Eberts – beseitigt worden, es gab nun den 8-Stunden-Tag und das allgemeine Wahlrecht; aber dennoch: alles in allem hatten sich im März 1919 die herrschenden Kreise des kaiserlichen Deutschlands samt Besitz und Einfluß in eine bürgerliche Republik hinübergerettet.

37 G. Schmolze (Hg), *Revolution und Räterepublik in München 1918/19 in Augenzeugenberichten*, München 1978, 272.
38 So charakterisieren Marx und Engels die »Ökonomisten, Philanthropen, Humanitäre, Verbesserer der Lage der arbeitenden Klassen, Wohltätigkeitsorganisierer, Abschaffer der Tierquälerei, Mäßigkeitsvereinsstifter« ihrer Zeit: *Kommunistisches Manifest, Karl Marx/Friedrich Engels, Werke 4,* Berlin 1972, 448.
39 Vgl. *E. Toller, Eine Jugend in Deutschland,* Berlin 1978, 126.
40 Die Ansichten der KPD bezüglich der Überlebenschancen einer Räterepublik hatten sich dabei trotz ihrer führenden Beteiligung nicht geändert. Leviné ging nach wie vor von der Unvermeidlichkeit ihrer Niederlage aus. Seine Frau Rosa Meyer-Leviné berichtet, daß er der Überzeugung war, revolutionäre Führer seien – wenn sie schon Niederlagen nicht mehr abwenden können – jedenfalls für jenen Zustand verantwortlich, in dem die Arbeiterschaft aus diesen Niederlagen hervorgeht, ob gebrochen oder zu neuen Kämpfen bereit. Seinen eigenen Tod sah er voraus. (Vgl. *R. Meyer-Leviné, Leviné – Leben und Tod eines Revolutionärs,* Frankfurt 1974, 92, 109).
41 P. Frölich, *Die bayrische Räterepublik – Tatsachen und Kritik,* Leipzig 1920, 38 f.
42 G. Regler, *Das Ohr des Malchus,* Berlin 1958, 110.
43 Vgl. O. M. Graf. *An manchen Tagen – Reden, Gedanken und Zeitbetrachtungen,* Frankfurt 1961, 194; es heißt dort: »Wegen seiner Bekanntschaft mit Toller und anderen Revolutionsmännern fing die Münchener Polizei an, den Dichter zu beschnüffeln. Daß er nebenbei noch ›Landfremder‹, tschechischer Staatsbürger war, schien besonders verdächtig. Niemand erhob Einspruch... Ohne Wort und Klage reiste er 1919 in die Schweiz, und es wurde fast so etwas wie eine freiwillige Emigration, denn er betrat – soviel mir bekannt ist – nie wieder deutschen Boden. München nahm keine Notiz davon.«
44 R. S. Cohen schreibt in einer Anmerkung als Herausgeber von (1973), er halte es für bemerkenswert, daß Neurath bereits im Jahre 1920 gewußt habe, daß sich hinter diesem Pseudonym Ret Marut, der führend an der Räterepublik beteiligt gewesen war, verberge (vgl. 1973, 81 Anm. 9). Diese Anmerkung ist insofern merkwürdig, als sich die die These belegende Textstelle nur in der allerdings *nicht* von Neurath vorgenommenen englischen Übersetzung findet, jedoch *nicht im deutschen Original* (vgl. 1973, 23 f. mit 1920b, 19).

45 Vgl. *E. Mohn, Der logische Positivismus – Theorien und politische Praxis seiner Vertreter*, Frankfurt 1977, 77 f.
46 Mohn vermutet, daß Neurath gegen den in Österreich verhafteten Levien, der ebenfalls führend an der Räterepublik beteiligt gewesen war, ausgetauscht worden sei (vgl. ebd.). Die genauen Umstände des Austausches sind unklar.
47 A.a.O., 29 Anm. 8 und 78.
48 Ein kurzer Abriß der Geschichte des Logischen Empirismus findet sich in: *V. Kraft, Der Wiener Kreis – Der Ursprung des Neopositivismus*, 1–10.
49 *Ph. Frank, Die Prager Vorkonferenz 1934*: Erkenntnis 5 (1935) 3–5, 4. Ph. Frank war der Nachfolger Einsteins in Prag.
50 Carnap berichtet in einer Autobiographie über seine Rolle im Wiener Kreis; vgl. *R. Carnap, Intellectual Autobiography: P. A. Schilpp (Ed), The Philosophy of Rudolf Carnap*, La Salle (Illinois) 1963, 3–84.
51 A.a.O., 2.
52 So berichtet Marie Neurath unter Berufung auf die ihr bekannte Korrespondenz zwischen Carnap und Neurath; vgl. Anmerkung des Herausgebers in (1973, 318).
53 *M. Schlick, Gibt es ein materiales Apriori?: Gesammelte Aufsätze*, Hildesheim 1968, 19–30, 30.
54 Vgl. zum Leben Wittgensteins: *A. Kenny, Wittgenstein*, Frankfurt 1974; *G. H. v. Wright, Biographische Betrachtung: Ludwig Wittgenstein – Schriften – Beiheft 1*, Frankfurt 1972, 82–99; *A. Janik/St. Toulmin, Wittgenstein's Vienna*, New York 1973.
55 Wittgenstein war in großbürgerlichen Verhältnissen aufgewachsen, sein Vater spielte eine führende Rolle in der Stahlindustrie. Das Haus der Familie galt als Mittelpunkt des Wiener Musiklebens; Johannes Brahms war ein Freund der Familie. Auf Anraten Freges studierte er bei Russell. Vor dem Ersten Weltkrieg lebte er längere Zeit zunächst mit einem Freund, dann allein in einem einsamen Haus in Norwegen. Sein Tractatus war aus Tagebuchnotizen entstanden. Aus dessen These von der Sinnlosigkeit aller philosophischen Sätze zog er existentielle Konsequenzen und gab die Beschäftigung mit der Philosophie zunächst auf. Ab 1920 war er als Volksschullehrer an verschiedenen Schulen Niederösterreichs tätig. 1923 versuchte Frank Ramsey, mit Wittgenstein Kontakt aufzunehmen. 1924 scheiterte auch der Versuch John Maynard Keynes' u. a., Wittgenstein zur Erlangung eines Doktorgrades zu bewegen. Im gleichen Jahr bat Schlick Wittgenstein um ein Zusammentreffen, zu dem es dann 3 Jahre später kam. Wittgenstein war äußerst scheu; es plagte ihn die Angst, geisteskrank zu werden. Bei den Zusammentreffen mit Schlick und anderen war er oft nicht bereit, über Philosophie zu reden; er rezitierte dann Gedichte. Neben Schlick und Waismann nahmen später auch Feigl, dessen Frau

und Carnap an den Gesprächen teil. Nach dem Bericht Carnaps (vgl. Intellectual Autobiography, 25 ff.) durften an Wittgenstein keine direkten Fragen gestellt werden; Widerspruch habe ihn irritiert. Ab 1929 lehnte es Wittgenstein dann ab, mit Carnap und Feigl zusammenzutreffen. Carnap schildert Wittgenstein als jemanden, der auf emotionaler Ebene unter den von ihm akzeptierten kognitiven Resultaten gelitten habe; seine kognitive Absage an die Religion habe mit einer emotionalen Religiosität kontrastiert. In Wittgenstein habe es einen ununterbrochenen inneren Kampf gegeben.

56 Vgl. den vermutlich von Neurath verfaßten Bericht über die Vereinsgründung in Erkenntnis 1 (1930) 74 f.
57 Vgl. dazu den Bericht Neiders (1973, 49). Das gleiche berichtet M. Neurath im Rahmen einer Herausgeberanmerkung (vgl. 1973, 318 Anm. 2).
58 S. Anm. 51.
59 Sie fanden, meist dienstags, im großen Hörsaal der medizinischen Klinik statt (vgl. Erkenntnis 1 (1930) 74 f.).
60 Vgl. *J. Joergensen, The Development of Logical Positivism*, 48.
61 An Waismann schrieb er, Schlick habe nicht verdient, durch solche Großsprecherei lächerlich gemacht zu werden (vgl. *L. Wittgenstein, Schriften 3 [Ludwig Wittgenstein und der Wiener Kreis – Gespräche, aufgezeichnet von Friedrich Waismann]*, Frankfurt 1967, 18).
62 Vgl. *A. J. Ayer, Part of My Life*, London 1977, 115 ff.
63 Carnap berichtet, daß Reichenbach bereits ca. 1923 an eine eigenständige Zeitschrift für ihre Art des Philosophierens dachte; vgl. *Intellectual Autobiography*, 32.
64 In (1935b) berichtet Neurath ausführlich über diesen Kongreß.
65 Angesichts einer Sozialdemokratie, die zwar über 600 000 Parteimitglieder und mit den sog. Schutzbünden sogar über eine militärische Organisation verfügte, dennoch aber den Kampf nicht aufnahm, konnte Dollfuß seine Macht systematisch ausbauen. Erst im Februar 1934 kam es zu vereinzelten Widerstandsaktionen des Schutzbundes, die innerhalb weniger Tage zerschlagen wurden. Für die historischen Details vgl. *W. Abendroth, Sozialgeschichte der europäischen Arbeiterbewegung*, Frankfurt 1965, 123 ff.
66 Im Gegensatz zu Kraft *(Der Wiener Kreis – Der Ursprung des Neopositivismus*, 6 Anm. 3) kann man daher sehr wohl von einer Emigration sprechen.
67 Vgl. *A. J. Ayer, Editor's Introduction*, 7.
68 *J. Behrmann, Biobibliographische Notiz: E. Zilsel, Die sozialen Ursprünge der neuzeitlichen Wissenschaft* (hg. von W. Krohn), Frankfurt 1976, 44–46, 44.
69 Kraft (Der Wiener Kreis – Der Ursprung des Neopositivismus, 7) datiert den Tod Zilsels fälschlicherweise auf 1943. Ebenfalls unzutref-

fend ist das von Kraft (ebd.) angegebene Todesjahr Neuraths: Neurath starb nicht 1946, sondern bereits 1945.
70 Vgl. *A. J. Ayer, Part of My Life*, 132 ff.
71 G. Frey, Logik, Erfahrung und Norm – Zum Tode Victor Kraft's: Zeitschrift für allgemeine Wissenschaftstheorie 6 (1975) 1–6.
72 *Der Wiener Kreis – Der Ursprung des Neopositivismus*, 7.
73 Neurath war im Kreis der Antipode Schlicks. Dies hatte sich selbst in Äußerlichkeiten niedergeschlagen: Wenn sich der Kreis in einem Institut außerhalb der Universität traf und an einem rechteckigen Tisch tagte, dann saßen sich Neurath und Schlick regelmäßig an den Kopfenden gegenüber (vgl. A. J. Ayer, Part of My Life, 133). Zu unterschiedlich waren bereits ihre Charaktere, als daß eine persönliche Beziehung zwischen beiden hätte entstehen können: Schlick war von aristokratischer Abstammung und pflegte einen großbürgerlichen Lebensstil. Er gab in seinem Wiener Haus Musikabende, vor seinen Vorlesungen ritt er aus (vgl. 1973, 47). Ganz anders Neurath: Popper schildert ihn als laut und überschwenglich, als einen Mann, dessen funkelnde Augen eine ungeheure Vitalität verrieten (vgl. 1973, 52). Er war fast einmeterneunzig groß und trug einen roten Vollbart. Jeder habe ihm nachgeschaut, um zu sehen, wen sein großer Schritt zu Boden werfen würde. Wie Neider berichtet, trug er manchmal die in der Arbeiterschaft übliche Kappe (vgl. 1973, 47). War er guter Laune, dann unterzeichnete er seine Briefe oft mit dem Bild eines lachenden Elefanten, der im Rüssel eine Blume hielt (vgl. 1973, 64). Die Lebensweise Schlicks muß ziemlich genau diejenige gewesen sein, die er verachtete. Neuraths eher proletarischer Lebensstil muß umgekehrt für Schlick unerträglich gewesen sein. Bereits wegen dessen lauter Stimme – so Neider – lud er Neurath nicht zu sich ein (vgl. 1973, 48). – Diese persönlichen Animositäten waren vermutlich Ausdruck philosophischer Differenzen, auf die in Abschnitt 3 eingegangen werden wird.
74 *R. Carnap, Der Logische Aufbau der Welt*, Hamburg ³1966, XII.
75 Vgl. *M. Schlick, Über das Fundament der Erkenntnis: Gesammelte Aufsätze*, Hildesheim 1969, 289–310. Zu diesem Streit vgl. auch *R. Hegselmann, Protokoll(satz): E. Braun/H. Radermacher (Hg), Wissenschaftstheoretisches Lexikon*, Wien 1978, 463–464.
76 Neurath schreibt: »Wenn eine Aussage gemacht wird, wird sie mit der Gesamtheit der vorhandenen Aussagen konfrontiert. Wenn sie mit ihnen übereinstimmt, wird sie ihnen angeschlossen, wenn sie nicht übereinstimmt, wird sie als ›unwahr‹ bezeichnet und fallen gelassen, oder aber der bisherige Aussagenkomplex der Wissenschaft abgeändert, so daß die neue Aussage eingegliedert werden kann; zu letzterem entschließt man sich meist schwer. Einen anderen ›Wahrheitsbegriff‹ kann es für die Wissenschaft nicht geben« (1931c, 299).
77 New York 1957, besonders Abschnitt XII.

78 Vgl. die Beschlüsse des Kongresses, abgedruckt in: Erkenntnis 5 (1935) 407.
79 Vgl. den von Morris gegebenen Bericht (1973, 66 f.).
80 Vgl. den Band *I. Lakatos/A. Musgrave, Criticism and the Growth of Knowledge*, London 1970.
81 Vgl. K. R. Popper, *Logik der Forschung*, Tübingen ³1969, 54.
82 Vgl. E. Mohn, *Der Logische Positivismus – Theorien und Politische Praxis seiner Vertreter*, 29.
83 Im gleichen Jahr traf ihn der Tod seiner 2. Frau (vgl. 1973, 63).
84 Am 13. Mai gelang es ihnen, im Hafen von Scheveningen noch Platz in einem völlig überladenen Rettungsboot zu finden, das 4 Studenten in ihre Gewalt gebracht hatten. 47 Personen befanden sich an Bord, darunter allerdings niemand mit Seefahrtskenntnissen. Ein englischer Zerstörer nahm die Flüchtlinge an Bord und brachte sie nach Dover. Als Angehörige einer feindlichen Macht wurden Marie Reidemeister und Otto Neurath interniert und nach politischer Überprüfung am 8. bzw. 9. Februar 1941 freigelassen (vgl. 1973, 72 f.). Noch im gleichen Monat wurde Marie Reidemeister Neuraths 3. Frau.
85 Ganz ähnlich äußert sich auch Carnap in seinem Vorwort zu »Der Logische Aufbau der Welt«; dort schreibt er: »Wir spüren eine innere Verwandtschaft der Haltung, die unserer philosophischen Arbeit zugrundeliegt, mit der geistigen Haltung, die sich gegenwärtig auf ganz anderen Lebensgebieten auswirkt; wir spüren diese Haltung in Strömungen der Kunst, besonders der Architektur und in den Bewegungen, die sich um eine sinnvolle Gestaltung des menschlichen Lebens bemühen: des persönlichen und gemeinschaftlichen Lebens der Erziehung, der äußeren Ordnungen im Großen. Hier überall spüren wir dieselbe Grundhaltung, denselben Stil des Denkens und Schaffens. Es ist die Gesinnung, die überall auf Klarheit geht und doch dabei die nie ganz durchschaubare Verflechtung des Lebens anerkennt, die auf Sorgfalt in der Einzelgestaltung geht und zugleich auf Großlinigkeit im Ganzen, auf Verbundenheit der Menschen und zugleich auf freie Entfaltung des Einzelnen. Der Glaube, daß dieser Gesinnung die Zukunft gehört, trägt unsere Arbeit.«
86 Das berichtet Neider (vgl. 1973, 49).
87 Er berichtet weiter, Schlick habe solche Tendenzen ihm gegenüber »ausdrücklich abgelehnt« *(Der Wiener Kreis – Der Ursprung des Neopositivismus*, 3 Anm. 1).
88 Vgl. ebd.
89 S. Anm. 84.
90 *Intellectual Autobiography*, 58; ähnlich unterscheidet auch Neider (1973, 45).
91 *Überwindung der Metaphysik durch logische Analyse der Sprache*, 237. Bereits hier deutet sich an, wie auf Basis logisch-empiristischer Prämissen eine

Beschäftigung mit ethischen Problemen möglich ist: Einmal kann man normative Sätze rekonstruieren als nicht-kognitive Zeichenfolgen, ein Weg, der insbesondere von Stevenson beschritten worden ist. Nach seinem Ansatz ist für normative und wertende Sätze das Vorkommnis von Worten mit *emotiver Bedeutung* charakteristisch. Die emotive Bedeutung ist dabei eine mit einem Wort verbundene Tendenz, bestimmte affektive Reaktionen auszulösen. Moralische Urteile bzw. normative Sätze haben dann keinen informativen, sondern einen instrumentellen Wert: als Suggestionsinstrumente kann man mit ihrer Hilfe kausal Einfluß auf einen Hörer ausüben und ihn zur Übernahme bestimmter Einstellungen und Gefühle oder auch zum Vollzug bestimmter Handlungen bewegen. Kontroversen in normativen Fragen sind nach dieser emotivistischen Konzeption nicht rational entscheidbar, sie gelten vielmehr als Prozesse wechselseitiger Suggestion. Einen ganz anderen Weg zur Behandlung ethischer Probleme auf Grundlage von Sinn- und Basistheorem ist Schlick gegangen. Bei ihm wird die Ethik zu einer *empirischen* Disziplin, der es um Beschreibung und Erklärung faktisch anerkannter Normensysteme geht. Gemeinsam ist beiden Ansätzen, daß normative Sätze als unter kognitivem Gesichtspunkt sinnlos betrachtet werden. Einzig Victor Kraft hat die destruktiven Konsequenzen gesehen, die sich für das logisch-empiristische Programm selbst ergeben, wenn normative Fragen als normative nicht rational entscheidbar sind. (Vgl. hierzu insgesamt R. Hegselmann, *Normativität und Rationalität – Zum Problem praktischer Vernunft in der Analytischen Philosophie*, Kapitel 2).

92 *Theoretische Fragen und praktische Entscheidungen*, 258.
93 Carnap spricht diese Konsequenz explizit aus: »All of us in the Circle were strongly interested in social and political progress. Most of us, myself included, were socialists. But we liked to keep our philosophical work separated from our political aims. In our view, logic, including applied logic, and the theory of knowledge, the analysis of language, and the methodology of science, are, like science itself, neutral with respect to practical aims, whether they are moral aims for the individual or political aims for a society« *(Intellectual Autobiography*, 23).

Bibliographie

Die Bibliographie umfaßt zwei Teile. *Teil I* ist eine Auswahlbibliographie der wichtigsten Arbeiten Otto Neuraths. Eine vollständige Bibliographie seiner Werke findet sich in (1973, 441–459); diese von Marie Neurath zusammengestellte Bibliographie liegt der hier vorgelegten Auswahlbibliographie zugrunde. Bibliographien zum Logischen Empirismus insgesamt bzw. Bibliographien der Arbeiten einzelner seiner Vertreter sind in *Teil II* dieser Bibliographie zusammengestellt. Soweit diese Bibliographien keinen Titel haben, wurden sie von mir mit einem möglichst angemessenen versehen.

I. Wichtigste Schriften Neuraths

(1909) *Die Kriegswirtschaft*: (1919d), 6–41

(1909a) *Uneinlösliches Girogeld im Kriegsfalle*: (1919d), 134–136

(1910) *Zur Theorie der Sozialwissenschaften*: Jahrbuch für Gesetzgebung, Verwaltung und Volkswirtschaft im Reich 34 (1910) 37–67

(1910a) *Staatskartell und Staatstrust als Organisationsformen der Zukunft*: (1919d), 152–155

(1913) *Die Kriegswirtschaftslehre als Sonderdisziplin*: (1919d), 1–5

(1914) *Einführung in die Kriegswirtschaftslehre*: (1919d), 42–133

(1915) *Prinzipielles zur Geschichte der Optik*: Geschichte der Naturwissenschaften und der Technik 5 (1915) 372–389

(1916) *Die Kriegswirtschaftsrechnung und ihre Grenzen*: (1919d), 137 bis 146

(1916a) *Die Naturalwirtschaftslehre und die Naturalrechnung in ihren Beziehungen zur Kriegswirtschaftslehre*: (1919d), 174–182

(1917) *Kriegswirtschaft, Verwaltungswirtschaft, Naturalwirtschaft*: (1919d), 147–151

(1917a) *Die Wirtschaftsordnung der Zukunft und die Wirtschaftswissenschaften*: (1919d), 159–173

(1917b) *Das umgekehrte Taylorsystem*: (1919d), 205–208

(1919) *Die Utopie als gesellschaftstechnische Konstruktion*: (1919d), 228–231

(1919a) *Wesen und Weg der Sozialisierung-Gesellschaftstechnisches Gutachten – vorgetragen in der 8. Vollsitzung des Münchener Arbeiterrates am 25. Januar 1919*, München 1919

(1919b) *Die Sozialisierung Sachsens – Drei Vorträge*, Verlag des Arbeiter- und Soldatenrates im Industriebezirk Chemnitz, Chemnitz 1919

(1919c) *Die Vollsozialisierung Bayerns. Programm des Bayerischen Zentralrat*: Freies Deutschland, H. 8, 87–90, 19. April 1919

(1919d)   *Durch die Kriegswirtschaft zur Naturalwirtschaft*, München 1919

(1919e)   *Können wir heute sozialisieren? – Eine Darstellung der sozialistischen Lebensordnung und ihres Werdens*, Leipzig 1919 (zusammen mit Wolfgang Schumann)

(1920)   *Vollsozialisierung und Arbeiterorganisation – Vortrag gehalten am 28. Juni 1920*, Reichenberg 1920

(1920a)   *Vollsozialisierung*: Deutsche Gemeinwirtschaft H. 15, Jena 1920

(1920b)   *Bayrische Sozialisierungserfahrungen*: Aus der sozialistischen Praxis H. 4, Wien 1920

(1920/21)   *Ein System der Sozialisierung*: Archiv für Sozialwissenschaft und Sozialpolitik 48 (1920/21) 44–73.

(1924)   *Städtebau und Proletariat*: Der Kampf 17 (1924) 236–242

(1925)   *Wirtschaftsplan und Naturalrechnung – Von der sozialistischen Lebensordnung und vom kommenden Menschen*, Berlin 1925

(1926)   *Statistische Hieroglyphen*: Österreichische Gemeindezeitung 3 (1926) Nr. 10, 328–338

(1926a)   *Die Tätigkeit des Gesellschafts- und Wirtschaftsmuseums in Wien*: Österreichische Gemeinde-Zeitung 3 (1926) Nr. 10, 324–327

(1927)   *Bildliche Darstellung gesellschaftlicher Tatbestände*: Die Quelle 77 (1927) Nr. 1, 130–136

(1927a)   *Statistik und Proletariat*: Kulturwille, Statistik und Klassenkampf 5 (1927) 186

(1928)   *Lebensgestaltung und Klassenkampf*, Berlin 1928

(1929)   *Wissenschaftliche Weltauffassung – Der Wiener Kreis*, Wien 1929 (zusammen mit R. Carnap und H. Hahn)

(1929a)   *Die bunte Welt* (Gesellschafts- und Wirtschaftsmuseum in Wien), Wien 1929

(1929b)   *Bertrand Russell, der Sozialist* (Besprechung von: Die Kultur des Industrialismus und ihre Zukunft): Der Kampf 22 (1929) 234–238

(1930)   *Gesellschaft und Wirtschaft – Bildstatistisches Elementarwerk*, 100 farbige Bildtafeln, 30 Texttafeln (Gesellschafts- und Wirtschaftsmuseum Wien), Leipzig 1930

(1930/31)   *Wege der wissenschaftlichen Weltauffassung*: Erkenntnis 1 (1930/31) 106–125

(1931)   *Soziologie im Physikalismus*: Erkenntnis 2 (1931) 393–431

(1931a)   *Empirische Soziologie. Der wissenschaftliche Gehalt der Geschichte und Nationalökonomie*: Ph. Frank/M. Schlick (Hg), Schriften zur wissenschaftlichen Weltauffassung Bd. 5, Wien 1931

(1931b)   *Das Gesellschafts- und Wirtschaftsmuseum in Wien*: Minerva-

	Zeitschrift 7 (1931) H. 9/10, 153–156
(1931c)	*Physikalismus*: Scientia Nov. 1931, 297–303
(1932)	*Technik und Menschheit*/Heft 1: Die Maschine; Heft 2: Die Elektrizität; Heft 3: Der Verkehr (Gesellschafts- und Wirtschaftsmuseum Wien), Wien/Leipzig 1932
(1932a)	*Bildstatistik nach der Wiener Methode in der Sowjetunion*: Moskauer Rundschau, 19. Juni 1932, Moskau 1932
(1932/33)	*Protokollsätze*: Erkenntnis 3 (1932/33) 204–214
(1933)	*Einheitswissenschaft und Psychologie* (Einheitswissenschaft Heft 1), Wien 1933
(1933a)	*Bildstatistik nach der Wiener Methode in der Schule*, Wien/ Leipzig 1933
(1933b)	*Die pädagogische Weltbedeutung der Bildstatistik nach Wiener Methode*: Die Quelle 83 (1933) Nr. 3, 1–4
(1933c)	*Soziale Aufklärung nach Wiener Methode*: Mitteilungen der Gemeinde Wien, Städtische Versicherungsanstalt, Nr. 100, Wien 1933
(1934)	*Radikaler Physikalismus und ›wirkliche Welt‹*: Erkenntnis 4 (1934) 346–362
(1935)	*Einheit der Wissenschaft als Aufgabe*: Erkenntnis 5 (1935) 16–22
(1935a)	*Pseudorationalismus der Falsifikation*: Erkenntnis 5 (1935) 353–363
(1935b)	*Erster Internationaler Kongreß für Einheit der Wissenschaft in Paris 1935*: Erkenntnis 5 (1935) 377–406
(1935c)	*Was bedeutet rationale Wirtschaftsbetrachtung* (Einheitswissenschaft Heft 4), Wien 1935
(1936)	*Einheitswissenschaft*: Actes du huitième congrès international de philosophie à Prague 1934, Prag 1936, 139–141
(1936a)	*Einzelwissenschaft, Einheitswissenschaft, Pseudorationalismus*: Actes du congres international de philosophie scientifique – Sorbonne, Paris 1935 –, Paris 1936, 57–64
(1936b)	*International Picture Language*, London 1936
(1936c)	*Soziologische Prognosen*: Erkenntnis 6 (1936) 398–405
(1936d)	*Le développement du Cercle de Vienne et l'avenir de l'empirisme logique*, Paris 1936
(1937)	*Basic by Isotype*, London 1937
(1937a)	*Die neue Enzyklopädie des wissenschaftlichen Empirismus*: Scientia Dez. 1937, 309–320
(1937/38)	*The Departmentalisation of Unified Science*: Journal of Unified Science (Erkenntnis) 7 (1937/38) 240–246
(1938)	*Unified Science as Encyclopedic Integration*: International Encyclopedia of Unified Science Vol. 1, No. 1, Chicago 1938, 1–27

(1938a)   *Die neue Enzyklopaedie*: Zur Enzyklopaedie der Einheitswissenschaft (Einheitswissenschaft Heft 6), Den Haag 1938, 6–16
(1939)   *Modern Man in the Making*, London 1939
(1942)   *International Planning for Freedom*: The New Commonwealth Quarterly, April 1942, 281–292, July 1942, 23–28
(1944)   *Foundations of the Social Sciences*: International Encyclopedia of Unified Science Vol. 2, No. 1, Chicago 1944
(1973)   *Empiricism and Sociology* (Edited by Marie Neurath and Robert S. Cohen), Dordrecht 1973

II. Bibliographien zum Logischen Empirismus

Behrmann, Jörn/Krohn, Wolfgang:
Bibliographie der Schriften Edgar Zilsels: E. Zilsel, Die sozialen Ursprünge der neuzeitlichen Wissenschaft (hrsg. von W. Krohn), Frankfurt 1976, 272–274

Benson, Arthur J.:
Bibliography of the Writings of Rudolf Carnap: P. A. Schilpp (Ed), The Philosophy of Rudolf Carnap, La Salle (Illinois) 1963, 1017–1070

Edwards, Paul:
Bibliography of Logical Positivism: A. J. Ayer (Ed), Logical Positivism Toronto 1959, 381–446

Feigl, Herbert/Brodbeck, Max:
Bibliographie wichtiger Arbeiten zur Philosophie der Wissenschaften: H. Feigl/M. Brodbeck (Ed), Readings in the Philosophy of Science, New York 1953, 783–799

Feigl, Herbert/Sellars, Wilfrid:
Bibliographie wichtiger Arbeiten aus der Analytischen Philosophie: H. Feigl/W. Sellars, Readings in Philosophical Analysis, New York 1949, 619–626

Feyerabend, Paul K./Maxwell, Grover:
Bibliographie of the Writings of Herbert Feigl, to December 1965: P. K. Feyerabend/G. Maxwell (Ed), Mind, Matter, and Method, Minneapolis 1966, 515–517

Krüger, Lorenz:
Bibliographie zu Problemen der Wissenschaftsphilosophie: L. Krüger (Hg), Erkenntnisprobleme der Naturwissenschaften, Berlin 1970, 509–518

Mohn, Erich:
Bibliographie wichtiger Arbeiten von Vertretern des Logischen Empirismus: E. Mohn, Der logische Positivismus – Theorien und politische Praxis seiner Vertreter, Frankfurt 1977, 220–274

Neu, Jerome/Rorty, Richard:
Bibliographie wichtiger Arbeiten aus der Analytischen Philosophie: R. Rorty (Ed), The Linguistic Turn, London 1975, 361–393

Reitzig, Gerd H.:
Bibliographie der Schriften von und über Friedrich Waismann: F. Waismann, Was ist logische Analyse? (hrsg. von G. H. Reitzig), Frankfurt 1973, 177–181

Schleichert, Hubert:
Bibliographie wichtiger Arbeiten des Wiener Kreises: H. Schleichert (Hg), Logischer Empirismus – der Wiener Kreis, München 1975, 224–226

Otto Neurath:
Wissenschaftliche Weltauffassung

Wissenschaftliche Weltauffassung – der Wiener Kreis*

I. Der Wiener Kreis der Wissenschaftlichen Weltauffassung

1. Vorgeschichte

Daß *metaphysisches* und theologisierendes Denken nicht nur im Leben, sondern auch in der Wissenschaft heute wieder zunehme, wird von vielen behauptet. Handelt es sich hierbei um eine allgemeine Erscheinung oder nur um eine auf bestimmte Kreise beschränkte Wandlung? Die Behauptung selbst wird leicht bestätigt durch einen Blick auf die Themen der Vorlesungen an den Universitäten und auf die Titel der philosophischen Veröffentlichungen. Aber auch der entgegengesetzte Geist der Aufklärung und der *antimetaphysischen Tatsachenforschung* erstarkt gegenwärtig, indem er sich seines Daseins und seiner Aufgabe bewußt wird. In manchen Kreisen ist die auf Erfahrung fußende, der Spekulation abholde Denkweise lebendiger denn je, gekräftigt gerade durch den neu sich erhebenden Widerstand.

In der Forschungsarbeit aller Zweige der Erfahrungswissenschaft ist dieser *Geist wissenschaftlicher Weltauffassung* lebendig. Systematisch durchdacht und grundsätzlich vertreten wird er aber nur von wenigen führenden Denkern, und diese sind nur selten in der Lage, einen Kreis gleichgesinnter Mitarbeiter um sich zu sammeln. Wir finden antimetaphysische Bestrebungen vor allem in *England*, wo die Tradition der großen Empiristen nocht fortlebt; die Untersuchungen von Russell und Whitehead zur Logik und Wirklichkeitsanalyse haben internationale Bedeutung gewonnen. In den *USA* nehmen diese Bestrebungen die verschiedenartigsten Formen an; in gewissem Sinne wäre auch James hieher zu rechnen. Das neue *Rußland* sucht durchaus nach wissenschaftlicher Weltauffassung, wenn auch zum Teil in Anlehnung an ältere materialistische Strömungen. Im kontinentalen Europa ist eine

---

* Diese Arbeit ist eine Gemeinschaftspublikation von Rudolf Carnap, Hans Hahn und Otto Neurath. Die dem Artikel angehängte Bibliographie wurde weggelassen (Hg.).

Konzentration produktiver Arbeit in der Richtung wissenschaftlicher Weltauffassung insbesondere in *Berlin* (Reichenbach, Petzold, Grelling, Dubislav und andere) und *Wien* zu finden.

Daß *Wien* ein besonders geeigneter Boden für diese Entwicklung war, ist geschichtlich verständlich. In der zweiten Hälfte des 19. Jahrhunderts war lange der *Liberalismus* die in Wien herrschende politische Richtung. Seine Gedankenwelt entstammt der Aufklärung, dem Empirismus, Utilitarismus und der Freihandelsbewegung Englands. In der Wiener liberalen Bewegung standen Gelehrte von Weltruf an führender Stelle. Hier wurde antimetaphysischer Geist gepflegt; es sei erinnert an Theodor Gomperz, der Mills Werke übersetzte (1869—80), Sueß, Jodl und andere.

Diesem Geist der Aufklärung ist es zu danken, daß Wien in der wissenschaftlich orientierten *Volksbildung* führend gewesen ist. Damals wurde unter Mitwirkung von Victor Adler und Friedrich Jodl der Volksbildungsverein gegründet und weitergeführt; die »volkstümlichen Universitätskurse« und das »Volksheim« wurden eingerichtet durch Ludo Hartmann, den bekannten Historiker, dessen antimetaphysische Einstellung und materialistische Geschichtsauffassung in all seinem Wirken zum Ausdruck kam. Aus dem gleichen Geist stammt auch die Bewegung der »Freien Schule«, die die Vorläuferin der heutigen Schulreform gewesen ist.

In dieser liberalen Atmosphäre lebte Ernst *Mach* (geb. 1838), der als Student und (1861—64) als Privatdozent in Wien war. Er kam erst im Alter nach Wien zurück, als für ihn eine eigene Professur für Philosophie der induktiven Wissenschaften geschaffen wurde (1895). Er war besonders darum bemüht, die empirische Wissenschaft, in erster Linie die Physik, von metaphysischen Gedanken zu reinigen. Es sei erinnert an seine Kritik des absoluten Raumes, durch die er ein Vorläufer Einsteins wurde, an seinen Kampf gegen die Metaphysik des Dinges an sich und des Substanzbegriffs sowie an seine Untersuchungen über den Aufbau der wissenschaftlichen Begriffe aus letzten Elementen, den Sinnesdaten. In einigen Punkten hat die wissenschaftliche Entwicklung ihm nicht recht gegeben, zum Beispiel in seiner Stellungnahme gegen die Atomistik und in seiner Erwartung einer Förderung der Physik durch die Sinnesphysiologie. Die wesentlichen Punkte seiner Auffassung aber sind in der Weiterentwicklung positiv verwertet worden. Auf der Lehrkanzel von Mach wirkte dann (1902—06)

Ludwig *Boltzmann*, der ausgesprochen empiristische Ideen vertrat.

Das Wirken der Physiker Mach und Boltzmann auf philosophischer Lehrkanzel läßt es begreiflich erscheinen, daß für die erkenntnistheoretischen und logischen Probleme, die mit den Grundlagen der Physik zusammenhängen, lebhaftes Interesse herrschte. Man wurde durch diese Grundlagenprobleme auch auf die Bemühungen um eine Erneuerung der Logik geführt. Diesen Bestrebungen war in Wien auch von ganz anderer Seite her, durch Franz *Brentano*, der Boden geebnet worden (1874 bis 1880 Professor der Philosophie an der theologischen Fakultät, später Dozent an der philosophischen Fakultät). Brentano hatte als katholischer Geistlicher Verständnis für die Scholastik; er knüpfte unmittelbar an die scholastische Logik und an die Leibnizschen Bemühungen um eine Reform der Logik an, während er Kant und die idealistischen Systemphilosophen beiseite ließ. Das Verständnis Brentanos und seiner Schüler für Männer wie Bolzano (Wissenschaftslehre, 1837) und andere, die sich um eine strenge Neubegründung der Logik bemühten, ist immer wieder deutlich zutage getreten. Insbesondere hat Alois *Höfler* (1853 bis 1922) vor einem Forum, in dem durch den Einfluß von Mach und Boltzmann die Anhänger der wissenschaftlichen Weltauffassung stark vertreten waren, diese Seite der Brentanoschen Philosophie in den Vordergrund gerückt. In der *Philosophischen Gesellschaft* an der Universität Wien fanden unter Leitung von Höfler zahlreiche Diskussionen über Grundlagenfragen der Physik und verwandte erkenntnistheoretische und logische Probleme statt. Von der Philosophischen Gesellschaft wurden die »Vorreden und Einleitungen zu klassischen Werken der Mechanik« herausgegeben (1899) sowie einzelne Schriften von Bolzano (durch Höfler und Hahn, 1914 und 1921). In dem Wiener Brentano-Kreis lebte (1870–82) der junge Alexius von *Meinong* (später Professor in Graz), dessen Gegenstandstheorie (1907) immerhin eine gewisse Verwandtschaft mit den modernen Begriffstheorien aufweist und dessen Schüler Ernst *Mally* (Graz) auch auf dem Gebiet der Logistik arbeitete. Auch die Jugendschriften von Hans *Pichler* (1909) entstammen diesen Gedankenkreisen.

Etwa gleichzeitig mit Mach wirkte in Wien sein Altersgenosse und Freund Josef *Popper-Lynkeus*. Neben seinen physikalisch-technischen Leistungen seien hier seine großzügigen, wenn auch unsystematischen philosophischen Betrachtungen erwähnt (1899) sowie sein rationalistischer Wirtschaftsplan (allgemeine Nährpflicht, 1878). Er diente bewußt dem Geist der Aufklärung, wie auch durch sein Buch über Voltaire bezeugt wird. Die Ablehnung der Metaphysik war ihm mit manchen anderen Wiener Soziologen, zum Beispiel mit Rudolf *Goldscheid*, gemeinsam. Bemerkenswert ist, daß auch auf dem Gebiete der *Nationalökonomie* in Wien durch die Schule der Grenznutzenlehre eine streng wissenschaftliche Methode gepflegt wurde (Carl *Menger*, 1871); diese Methode faßte in England, Frankreich, Skandinavien Fuß, nicht aber in Deutschland. Auch die marxistische Theorie wurde in Wien mit besonderem Nachdruck gepflegt und ausgebaut (Otto *Bauer*, Rudolf *Hilferding*, Max *Adler* u. a.).

Diese Einwirkungen von verschiedenen Seiten her hatten in Wien besonders seit der Jahrhundertwende zur Folge, daß eine größere Zahl von Menschen allgemeinere Probleme in engem Anschluß an die Erfahrungswissenschaft häufig und mit Eifer diskutierten. Es ging vor allem um erkenntnistheoretische und methodologische Probleme der Physik, zum Beispiel Poincarés Konventionalismus, Duhems Auffassung von Ziel und Struktur der physikalischen Theorien (sein Übersetzer war der Wiener Friedrich Adler, ein Anhänger Machs, damals Privatdozent der Physik in Zürich); ferner auch um Grundlagenfragen der Mathematik, Probleme der Axiomatik, Logistik und ähnliches. Von wissenschafts- und philosophiegeschichtlichen Linien waren es besonders die folgenden, die sich hier vereinigten; sie seien gekennzeichnet durch diejenigen ihrer Vertreter, deren Werke hier hauptsächlich gelesen und erörtert wurden.

1 *Positivismus und Empirismus*: Hume, Aufklärung, Comte, Mill, Rich. Avenarius, Mach.

2 *Grundlagen, Ziele und Methoden der empiristischen Wissenschaft* (Hypothesen in Physik, Geometrie usw.): Helmholtz, Riemann, Mach, Poincaré, Enriques, Duhem, Boltzmann, Einstein.

3 *Logistik* und ihre Anwendung auf die Wirklichkeit: Leibniz, Peano, Frege, Schröder, Russell, Whitehead, Wittgenstein.

4 *Axiomatik*: Pasch, Peano, Vailati, Pieri, Hilbert.

5 *Eudämonismus und positivistische Soziologie*: Epikur, Hume, Bentham; Mill, Comte, Feuerbach, Marx, Spencer, Müller-Lyer, Popper-Lynkeus, Carl Menger (Vater).

Suhrkamp
Wissenschaft

Neuerscheinungen

Eine Auswahl

Gesamtausgaben
Theorie der Wissenschaften
Philosophie
Sprachphilosophie
Literaturwissenschaft
Psychoanalyse
Soziologie
Theorie der Gesellschaft
Geschichte
Theorie der Kultur

1. Halbjahr 1979

Gesamtausgaben

**Theodor W. Adorno
Gesammelte Schriften
Band 16
Musikalische Schriften I–III**

*1968. 683 S. Ln. DM 60,–
Kt. DM 44,–*

**Ernst Bloch
Tendenz – Latenz – Utopie**

*Ergänzungsband zur
Gesamtausgabe
1968. 424 S. Ln. DM 48,–
Kt. DM 38,–
und als Ergänzungsband zur
werkausgabe edition suhrkamp
424 S. DM 14,–*

**Herbert Marcuse
Schriften 1
Der deutsche Künstlerroman
Frühe Aufsätze**

*1968. 594 S. Ln. DM 58,–
Subskriptionspreis DM 50,–
Kt. DM 38,–
Subskriptionspreis DM 32,–
Die Subskription gilt bei
Abnahme des Gesamtwerks*

**Ludwig Wittgenstein
Schriften 7
Wittgensteins Vorlesungen
über die Grundlagen
der Mathematik,
Cambridge 1939**

*Nach den Aufzeichnungen von
R. G. Bosanquet, Norman
Malcolm, Rush Rhees und
Yorick Smythies
Herausgegeben von
Cora Diamond*

*Übersetzt von Joachim Schulte
1968. 362 S. Ln. DM 48,–*

in Vorbereitung:

G. W. F. Hegel
Werke in zwanzig Bänden
Register

*Theorie Werkausgabe
Angefertigt von Helmut Reinicke
Etwa 600 S. Kt. ca. DM 28,–
(ca. Mai 1979)*

Siegfried Kracauer
Schriften 2
Von Caligari zu Hitler

*Eine psychologische Geschichte
des deutschen Films
Übersetzt von Ruth Baumgarten
und Karsten Witte.
Etwa 450 S. mit 64 Abbildungen
Ln. ca. DM 40,–
Kt. ca. DM 28,–
(ca. April 1979)*

Herbert Marcuse
Schriften 3
Aufsätze aus der ›Zeitschrift
für Sozialforschung‹

*Etwa 300 S. Ln. ca. DM 48,–
Subskriptionspreis ca. DM 40,–
Kt. ca. DM 32,–
Subskriptionspreis ca. DM 26,–
Die Subskription gilt bei
Abnahme des Gesamtwerks
(ca. Mai 1979)*

Ludwig Wittgenstein
Beiheft 3
Wittgensteins geistige
Erscheinung

*Mit Beiträgen von G. H. von
Wright, A. Kenny, R. Rhees,
B. McGuinness, J. C. Nyiri*

Edward E. Evans-Pritchard
Hexerei, Orakel und Magie bei den Zande

Übersetzt von Brigitte Luchesi
Reihe Theorie
1978. 386 S. Kt. DM 38,–

Claude Lévi-Strauss
Traurige Tropen

Vollständige Ausgabe
Mit 38 Illustrationen und
63 Photographien des Autors
Übersetzt von Eva Moldenhauer
1978. 424 S. Ln. DM 58,– und
stw 240. DM 18,–

Claude Lévi-Strauss
Mythologica I–IV

Übersetzt von Eva Moldenhauer
Band 1: Das Rohe und das Gekochte. 1976. stw 167. 496 Seiten. DM 16,–
Band 2: Vom Honig zur Asche. 1976. stw 168. 576 Seiten. DM 16,–
Band 3: Der Ursprung der Tischsitten. 1976. stw 169. 608 Seiten. DM 16,–
Band 4: Der nackte Mensch I/II. 1976. stw 170. 2 Teilbände. 416 und 196 Seiten. je DM 14,–
Alle vier Bände in Kassette DM 64,–

Bronislaw Malinowski
Eine wissenschaftliche Theorie der Kultur. Und andere Aufsätze

Mit einer Einleitung von
Paul Reiwald
Übersetzt von Fritz Levi
1975. stw 104. 268 S. DM 10,–

Michael Oppitz
Notwendige Beziehungen

Abriß der strukturalen Anthropologie
1974. stw 101. 350 S. DM 14,–

Darcy Ribeiro
Der zivilisatorische Prozeß

Aus dem Spanischen übersetzt und mit einem Nachwort von Heinz Rudolph Sonntag
1971. Reihe Theorie. 288 S. DM 20,–

Ausführliche Prospekte über das Wissenschaftliche Programm des Suhrkamp Verlages erhalten Sie kostenlos in Ihrer Buchhandlung oder direkt vom Verlag

---

Suhrkamp Verlag, Suhrkamp Haus, 6 Frankfurt 1
1/79. Preisänderungen vorbehalten. (99516)

Herausgegeben von Michael Nedo und Hans Jürgen Heringer Übersetzt von Joachim Schulte Etwa 180 S. Kt. ca. DM 20,– (ca. Mai 1979)

Wissenschaftsforschung

Gaston Bachelard
Die Bildung des wissenschaftlichen Geistes

Beitrag zu einer Psychoanalyse der objektiven Erkenntnis Übersetzt von Michael Bischoff Mit einer Einleitung von Wolf Lepenies: Vergangenheit und Zukunft der Wissenschaftsgeschichte – Das Werk Gaston Bachelards 1978. 368 S. Geb. DM 46,–

Helmut Dubiel
Wissenschaftsorganisation und politische Erfahrung

Studien zur frühen Kritischen Theorie 1978. stw 258. 233 S. DM 10,–

Thomas S. Kuhn
Die Entstehung des Neuen

Studien zur Struktur der Wissenschaftsgeschichte Herausgegeben von Lorenz Krüger Übersetzt von Hermann Vetter 1977. 468 S. Ln. DM 68,– 1978. stw 236. 480 S. DM 14,–

Wolf Lepenies
Das Ende der Naturgeschichte

Wandel kultureller Selbstverständlichkeiten in den Wissenschaften des 18. und 19. Jahrhunderts 1978. stw 227. 288 S. DM 10,–

Seminar: Die Hermeneutik und die Wissenschaften

Herausgegeben von Hans-Georg Gadamer und Gottfried Boehm 1978. stw 238. 500 S. DM 16,–

Joseph Weizenbaum
Die Macht der Computer und die Ohnmacht der Vernunft

Übersetzt von Udo Rennert 1978. stw 274. 384 S. DM 14,–

Wissenschaft, Technik und Wirtschaftswachstum im 18. Jahrhundert

Herausgegeben und eingeleitet von A. E. Musson Übersetzt von Hermann Vetter 1978. 228 S. Geb. DM 32,–

Michael Wolff
Geschichte der Impetustheorie

Untersuchungen zum Ursprung der klassischen Mechanik 1978. 400 S. Kt. DM 30,–

in Vorbereitung:

Paul Feyerabend
Erkenntnis für freie Menschen

Etwa 240 S. ca. DM 20,– (ca. April 1979)

Johan Galtung
Methodologie und Ideologie

Übersetzt von Hermann Vetter
1978. 372 S. Geb. DM 46,-

Joseph Needham
Wissenschaftlicher Universalismus

Über Bedeutung und Besonderheiten der chinesischen Wissenschaft
Herausgegeben, eingeleitet und übersetzt von Tilman Spengler
stw 264. Etwa 420 S. ca. DM 14,-
(ca. Januar 1979)

Rainer Prewo
Max Webers Wissenschaftsprogramm

Etwa 450 S. Kt. ca. DM 38,-
(ca. Mai 1979)

Philosophie

Robert Alexy
Theorie der juristischen Argumentation

Die Theorie des rationalen Diskurses als Theorie der juristischen Begründung
1978. 396 S. Kt. DM 32,-

Johann Jakob Bachofen
Das Mutterrecht

Eine Untersuchung über die Gynaikokratie der alten Welt nach ihrer religiösen und rechtlichen Natur
Eine Auswahl herausgegeben von Hans-Jürgen Heinrichs
1975. stw 135. 472 S. DM 14,-

Ernst Bloch
Die Lehren von der Materie

1978. es 969. DM 8,-

Hans Blumenberg
Die Genesis der kopernikanischen Welt

1968. 804 S. Kt. DM 36,-
Wiss. Sonderausgabe

Paul Feyerabend
Wider den Methodenzwang

Skizze einer anarchistischen Erkenntnistheorie
Aus dem Englischen von Hermann Vetter
Reihe Theorie
1976. 444 S. Kt. DM 30,-

P. M. S. Hacker
Einsicht und Täuschung

Wittgenstein über Philosophie und die Metaphysik der Erfahrung
Übersetzt von Ursula Wolf
1978. 422 S. Kt. DM 38,-

Paul Thiry d'Holbach
System der Natur oder von den Gesetzen der physischen und der moralischen Welt

1978. stw 259. 704 S. DM 18,-

Magie
Die sozialwissenschaftliche Kontroverse über das Verstehen fremden Denkens

Herausgegeben von Hans G. Kippenberg und Brigitte Luchesi
Theorie-Diskussion
1978. 301 S. Kt. DM 32,-

*Übersetzt von
Angelika Schweikhart
1978. 384 S. Ln. DM 46 und
es 922. DM 10,-*

**Friedensanalysen
Für Theorie und Praxis 8
Schwerpunkt: Krieg und
Bürgerkriege der Gegenwart**

1978. es 958. DM 8,-

**Bernhard Groethuysen
Die Entstehung der
bürgerlichen Welt- und
Lebensanschauung in
Frankreich
Band 1: Das Bürgertum und
die katholische
Weltanschauung
Band 2: Die Soziallehren
der katholischen Kirche
und das Bürgertum**

*1978. stw 256. 2 Bände. 704 S.
DM 24,-*

in Vorbereitung:

Perry Anderson
Die Entstehung des
absolutistischen Staates

*Übersetzt von Gerhard Fehn
Etwa 540 S. Ln. ca. DM 72,-
und edition suhrkamp 950
(ca. Mai 1979)*

Reinhard Koselleck
Vergangene Zukunft

*Zur Semantik geschichtlicher
Zeiten
Reihe Theorie
Etwa 360 S. Kt. ca. DM 34,-
(ca. April 1979)*

Christian Meier
Die Entstehung des
Politischen bei den Griechen

*Etwa 320 S. Kt. ca. DM 32,-
(ca. September 1979)*

Christian Meier
Res publica amissa

*Eine Studie zu Verfassung
und Geschichte der späten
römischen Republik
Mit einer neuen Einleitung
Etwa 350 S. Kt. ca. DM 28,-
(ca. September 1979)*

Theorie der Kultur

**Pierre Bourdieu
Entwurf einer Theorie
der Praxis auf der
ethnologischen Grundlage
der kabylischen Gesellschaft**

*Übersetzt von Cordula Pialoux
(Erster Teil) und Bernd Schwibs
(Zweiter Teil)
1976. 498 S. Ln. DM 54,-
1978. Wiss. Sonderausgabe
Kt. DM 28,-*

**Georges Devereux
Ethnopsychoanalyse
Die komplementaristische
Methode in den Wissenschaften vom Menschen**

*Übersetzt von
Ulrike Bokelmann
Reihe Theorie
1978. 320 S. Kt. DM 40,-*

*Aus dem Amerikanischen von
Jeanette Friedeberg
Literatur der Psychoanalyse
Herausgegeben von
Alexander Mitscherlich
1978. 220 S. Kt. DM 30,–*

**Paul Parin/
Fritz Morgenthaler/
Goldy Parin-Matthèy
Fürchte deinen Nächsten
wie dich selbst**

*Psychoanalyse und Gesellschaft
am Modell der Agni in
Westafrika
1973. Wiss. Sonderausgabe
582 S. Kart. DM 20,–
und 1978. stw 235. 582 S.
DM 16,–*

**Jean Piaget/
Bärbel Inhelder
Die Entwicklung des
inneren Bildes beim Kinde**

*Übersetzt von
Annette Roellenbleck
1979. 520 S. Ln. DM 64,–
Kt. DM 48,–*

**Provokation und
Toleranz**

*Festschrift für
Alexander Mitscherlich zum
siebzigsten Geburtstag
Im Namen des
Sigmund-Freud-Instituts
Frankfurt am Main
Herausgegeben von
Rolf Klüwer,
Angela Köhler-Weisker,
Mechthild Krüger-Zeul,
Klaus Menne, Horst Vogel
1978. 529 S. Ln. DM 48,–*

**Helm Stierlin
Delegation und Familie**

*Beiträge zum Heidelberger
familientherapeutischen Modell
1978. 220 S. Kt. DM 24,–*

**Ute Volmerg
Identität und
Arbeitserfahrung**

*Eine theoretische Konzeption
zu einer Sozialpsychologie
der Arbeit
1978. es 941. DM 8,–*

in Vorbereitung:

Robert Castel
Die psychiatrische Ordnung
Das goldene Zeitalter
des Irrenwesens

*Übersetzt von Ulrich Raulff
Etwa 380 S. Lin. ca. DM 40,–
(ca. April 1979)*

S. O. Hoffmann
Charakter und Neurose
Ansätze zu einer
psychoanalytischen
Charakterologie

*Reihe Literatur der
Psychoanalyse
Etwa 320 S. Kt. DM 28,–
(ca. März 1979)*

Ernst Kris
Psychoanalytische
Kinderpsychologie

*Übersetzt von Peter Schütze
Reihe Literatur der
Psychoanalyse
Etwa 200 S. Kt. ca. DM 22,–
(ca. März 1979)*

Übersetzt von
Walter und Ernst Federn
Eingeleitet von *Edoardo Weiss*
Reihe Literatur der
Psychoanalyse
1978. 368 S. Kt. DM 30,–

Sigmund Freud
Sein Leben in Bildern und Texten

*Herausgegeben von Ernst Freud, Lucie Freud und Ilse Grubrich-Simitis
Mit einer biographischen Skizze von K. R. Eissler
Gestaltet von Willy Fleckhaus
Mit Anmerkungen, Zitat- und Bildnachweis, Namenregister*
1977. 352 S. Ln. DM 120,–

Das geschlagene Kind

*Herausgegeben von
Ray. E. Helfer und
C. Henry Kempe
Mit einer Einleitung von
Gisela Zenz*
1978. stw 247. 369 S. DM 16,–

Die gesellschaftliche Organisierung psychischen Leidens

*Zum Arbeitsfeld klinischer Psychologen
Herausgegeben von
Henrich Keupp und
Manfred Zaumseil*
1978. stw 246. 632 S. DM 18,–

Hört ihr die Kinder weinen

*Eine psychogenetische
Geschichte der Kindheit
Herausgegeben von
Lloyd de Mause*
1978. 627 S. Geb. DM 44,–

Edith Jacobson
Das Selbst und die Welt der Objekte

Übersetzt von Klaus Kennel
1978. stw 242. 266 S. DM 10,–

Edith Jacobson
Depression

*Eine vergleichende Untersuchung normaler, neurotischer und psychotisch-depressiver Zustände
Übersetzt von Heinrich Deserno
Literatur der Psychoanalyse
Herausgegeben von
Alexander Mitscherlich*
1977. 448 S. Kt. DM 30,–

Otto F. Kernberg
Borderline-Störungen und pathologischer Narzißmus

*Übersetzt von Hermann Schultz
Reihe Literatur der
Psychoanalyse*
1978. 438 S. Ln. DM 48,–

Heinz Kohut
Die Heilung des Selbst

*Übersetzt von Elke vom Scheidt
Reihe Literatur der
Psychoanalyse*
1979. 332 S. Ln. DM 34,–

Karl Menninger
Selbstzerstörung

*Psychoanalyse des Selbstmords
Übersetzt von Hilde Weller*
1978. stw 249. 526 S. DM 18,–

William G. Niederland
Der Fall Schreber

Das psychoanalytische Profil einer paranoiden Persönlichkeit

**Richard Ellmann
Odysseus in Dublin**

*Aus dem Englischen von
Claudia Dörmann
Mit Abbildungen, Plänen und
einem Register
1978. 218 S. Ln. DM 34,-*

**Ernst H. Gombrich
Meditationen über ein
Steckenpferd**

*Von den Wurzeln und
Grenzen der Kunst
Übersetzt von Lisbeth Gombrich
1978. stw 237. 304 S. und 92 S.
Abb. DM 16,-*

**Siegfried Kracauer
Jacques Offenbach und
das Paris seiner Zeit**

*Mit 27 Abbildungen
Herausgegeben von
Karsten Witte
1978. es 971. DM 10,-*

Der Streit mit Georg Lukács

*Herausgegeben von
Hans-Jürgen Schmitt
1978. es 579. DM 8,-*

**Seminar: Literatur- und
Kunstsoziologie**

*Herausgegeben von Peter Bürger
1978. stw 245. 481 S. DM 16,-*

in Vorbereitung:

Heinrich Dilly
Kunstgeschichte als
Institution

*Studien zur Geschichte
einer Disziplin
Etwa 320 S. Kt. ca. DM 32,-
(ca. April 1979)*

Erwin Panofsky
Die Renaissance der
europäischen Kunst

*Übersetzt von Horst Günther
Etwa 300 S. mit 157 Abbildungen
Ln. ca. DM 78,-
(ca. April 1979)*

Lothar Pikulik
Romantik als Ungenügen
an der Normalität

*Am Beispiel Tiecks, Hoffmanns,
Eichendorffs
Etwa 450 S. Kt. ca. DM 38,-
(ca. März 1979)*

Psychologie, Psychoanalyse

**Johannes Cremerius
Zur Theorie und Praxis der
Psychosomatischen Medizin**

1978. stw 255. 368 S. DM 14,-

**Erik H. Erikson
Gandhis Wahrheit**

*Über die Ursprünge der
militanten Gewaltlosigkeit
1978. stw 265. 550 S. DM 16,-*

**Erik H. Erikson
Lebensgeschichte und
historischer Augenblick**

*Übersetzt von Thomas Lindquist
Literatur der Psychoanalyse
Herausgegeben von
Alexander Mitscherlich
1978. 288 S. Kt. DM 28,-*

**Paul Federn
Ichpsychologie und die
Psychosen**

Alice Miller
Das Drama des begabten
Kindes und die Suche nach
dem wahren Selbst

182 S. Kt. ca. DM 20,–
(ca. März 1979)

Soziologie

Emile Durkheim
Über die Teilung der
sozialen Arbeit

Eingeleitet von Niklas Luhmann
Übersetzt von Ludwig Schmidts
Reihe Theorie
1977. 456 S. Kart. DM 36,–

Samuel N. Eisenstadt
Tradition, Wandel
und Modernität

Übersetzt von Suzanne Heintz
1979. 420 S. Ln. DM 54,–

Dieter Geulen
Das vergesellschaftete
Subjekt

Zur Grundlegung der
Sozialisationstheorie.
1977. 611 S. Kart. DM 30,–

in Vorbereitung:
Erving Goffman
Rahmen-Analyse

Ein Versuch über die
Organisation von
Alltagserfahrungen
Übersetzt von Hermann Vetter
Wiss. Sonderausgabe
620 S. Kt. ca. DM 32,–
(ca. März 1979)

Theorie der Gesellschaft

Richard J. Bernstein
Restrukturierung der
Gesellschaftstheorie

Übersetzt von
Holger Fliessbach
1979. 412 S. Ln. DM 48,–

Klaus Eder
Die Entstehung
staatlich organisierter
Gesellschaften

Ein Beitrag zu einer Theorie der
sozialen Evolution
1976. 210 S. Kt. DM 20,–

Norbert Elias
Über den Prozeß der
Zivilisation
Soziogenetische und
psychogenetische
Untersuchungen
Erster Band: Wandlungen
des Verhaltens in den
weltlichen Oberschichten
des Abendlandes

1976. stw 158. 432 S. DM 14,–

Zweiter Band: Wandlungen
der Gesellschaft

Entwurf zu einer Theorie der
Zivilisation
1976. stw 159. 500 S. DM 14,–

Michel Foucault
Wahnsinn und Gesellschaft

Eine Geschichte des Wahns im
Zeitalter der Vernunft
Übersetzt von Ulrich Koeppen
1973. stw 39. 528 S. DM 14,–

**Michel Foucault
Sexualität und Wahrheit
Band 1: Der Wille zum
Wissen**

*Übersetzt von Ulrich Raulf und
Walter Seitter
1977. 196 S. Ln. DM 24,-*

**Michel Foucault
Überwachen und Strafen
Die Geburt des Gefängnisses**

*Übersetzt von Walter Seitter
1976. 396 S. Ln. DM 56,-
1977. stw 185. DM 14,-*

**Alan Gartner/
Frank Riessman
Der aktive Konsument in
der Dienstleistungs-
gesellschaft**

*Zur politischen Ökonomie des
Tertiärsektors
Übersetzt von
Christa Kickbusch und
Gudrun Lachenmann
Mit einem Nachwort
von Bernhard Badura
1978. 352 S. Kt. DM 34,-*

**György Konrád/
Iván Szelényi
Die Intelligenz auf dem Weg
zur Klassenmacht**

*Übersetzt von
Hans-Henning Paetzke
1978. 404 S. Lin. DM 36,-*

**Benjamin Nelson
Der Ursprung der Moderne**

*Vergleichende Studien zum
Zivilisationsprozeß
Übersetzt von Michael Bischoff
Reihe Theorie
1978. 213 S. Kt. DM 30,-*

**Karl Polanyi
The Great Transformation**

*Politische und ökonomische
Ursprünge von Gesellschaften
und Wirtschaftssystemen
Übersetzt von Heinrich Jelinek
1978. stw 260. 393 S. DM 16,-*

**Elman R. Service
Ursprünge des Staates und
der Zivilisation**

*Der Prozeß der kulturellen
Evolution
Übersetzt von Holger Fliessbach
Reihe Theorie
1978. 440 S. Kt. DM 38,-*

in Vorbereitung:

**Anthony Giddens
Die Klassenstruktur
fortgeschrittener
Gesellschaften**

*Übersetzt von Cora Stephan
Etwa 400 S. Lin. ca. DM 44,-
(ca. Mai 1979)*

**Materialien zu
Norbert Elias'
Zivilisationstheorie**

*Herausgegeben von Johan
Goudsblom, Peter Gleichmann
und Hermann Korte
stw 233. Etwa 300 Seiten.
ca. DM 12,- (Januar 1979)*

**Geschichte,
Dokumentation**

**Perry Anderson
Von der Antike zum
Feudalismus
Spuren der Übergangs-
gesellschaft**

Neue Versuche über Erklären und Verstehen

Herausgegeben von
Karl-Otto Apel, Juha Manninen
und Raimo Tuomela
Theorie-Diskussion
1978. 303 Seiten. Kt. DM 32,–

John Rawls
Eine Theorie der Gerechtigkeit

Übersetzt von Hermann Vetter
Der Übersetzung liegt ein vom
Autor anläßlich der deutschen
Ausgabe revidierter Text
zugrunde
1976. 676 S. Ln. DM 78,–
und 1979. stw 271. ca. DM 18,–
(ca. Februar 1979)

Wolfgang Schadewaldt
Die Anfänge der Philosophie bei den Griechen

Die Vorsokratiker und ihre
Voraussetzungen
Tübinger Vorlesungen Band 1
1978. stw 218. 528 S. DM 18,–

Seminar: Freies Handeln und Determinismus

Herausgegeben von
Ulrich Pothast
1978. stw 257. 520 S. DM 18,–

Charles Taylor
Hegel

Übersetzt von Gerhard Fehn
772 S. Ln. DM 86,–
Kt. DM 59,–

Michael Theunissen
Sein und Schein

Die kritische Funktion der Hegelschen Logik
1978. 502 S. Ln. DM 48,–

Stephen Toulmin
Kritik der kollektiven Vernunft
Menschliches Erkennen
Erster Band

Übersetzt von Hermann Vetter
1978. 603 S. Ln. DM 68,–

in Vorbereitung:

Karl-Otto Apel
Die Erklären-Verstehen-Kontroverse in transzendentalpragmatischer Sicht

Reihe Theorie
Etwa 300 S. Kt. ca. DM 28,–
(ca. Mai 1979)

Alexandre Koyré
Von der geschlossenen Welt zum unendlichen Universum

Übersetzt von Rolf Dornbacher
Wiss. Sonderausgabe
260 S. Kt. ca. DM 14,–
(ca. März 1979)

Literaturwissenschaft, Kunstwissenschaft

Theodor W. Adorno
Philosophie der neuen Musik

1978. stw 239. 200 S. DM 8,–

Pierre Bertaux
Friedrich Hölderlin

1978. 668 S. Ln. DM 48,–

2. Der Kreis um Schlick

Im Jahre 1922 wurde Moritz *Schlick* von Kiel nach Wien berufen. Seine Wirksamkeit fügte sich gut ein in die geschichtliche Entwicklung der Wiener wissenschaftlichen Atmosphäre. Er, selbst ursprünglich Physiker, erweckte die Tradition zu neuem Leben, die von Mach und Boltzmann begonnen und von dem antimetaphysisch gerichteten Adolf Stöhr in gewissem Sinne weitergeführt worden war. (In Wien nacheinander: Mach, Boltzmann, Stöhr, Schlick; in Prag: Mach, Einstein, Ph. Frank.)

Um Schlick sammelte sich im Laufe der Jahre ein *Kreis*, der die verschiedenen Bestrebungen in der Richtung wissenschaftlicher Weltauffassung vereinigte. Durch diese Konzentration ergab sich eine fruchtbare gegenseitige Anregung. Die Mitglieder des Kreises sind, soweit Veröffentlichungen von ihnen vorliegen, in der Bibliographie [hier nicht abgedruckt; d. Hg.] genannt. Keiner von ihnen ist ein sogenannter »reiner« Philosoph, sondern alle haben auf einem wissenschaftlichen Einzelgebiet gearbeitet. Und zwar kommen sie von verschiedenen Wissenschaftszweigen und ursprünglich von verschiedenen philosophischen Einstellungen her. Im Laufe der Jahre aber trat eine zunehmende Einheitlichkeit zutage; auch dies eine Wirkung der spezifisch wissenschaftlichen Einstellung: »was sich überhaupt sagen läßt, läßt sich klar sagen« (Wittgenstein); bei Meinungsverschiedenheiten ist schließlich eine Einigung möglich, daher auch gefordert. Es hat sich immer deutlicher gezeigt, daß die nicht nur metaphysikfreie, sondern antimetaphysische Einstellung das gemeinsame Ziel aller bedeutet.

Auch die Einstellungen zu den Lebensfragen lassen, obwohl diese Fragen unter den im Kreis erörterten Themen nicht im Vordergrund stehen, eine merkwürdige Übereinstimmung erkennen. Diese Einstellungen haben eben eine engere Verwandtschaft mit der wissenschaftlichen Weltauffassung, als es auf den ersten Blick, vom rein theoretischen Gesichtspunkt aus scheinen möchte. So zeigen zum Beispiel die Bestrebungen zur Neugestaltung der wirtschaftlichen und gesellschaftlichen Verhältnisse, zur Vereinigung der Menschheit, zur Erneuerung der Schule und der Erziehung einen inneren Zusammenhang mit der wissenschaftlichen Weltauffassung; es zeigt sich, daß diese Bestrebungen von den Mitgliedern des Kreises bejaht, mit Sympathie betrachtet, von einigen auch tatkräftig gefördert werden.

Der Wiener Kreis begnügt sich nicht damit, als geschlossener Zirkel Kollektivarbeit zu leisten. Er bemüht sich auch, mit den lebendigen Bewegungen der Gegenwart Fühlung zu nehmen, soweit sie wissenschaftlicher Weltauffassung freundlich gegenüberstehen und sich von Metaphysik und Theologie abkehren. Der *Verein Ernst Mach* ist heute die Stelle, von der aus der Kreis zu einer weiteren Öffentlichkeit spricht. Dieser Verein will, wie es in seinem Programm heißt, »wissenschaftliche Weltauffassung fördern und verbreiten. Er wird Vorträge und Veröffentlichungen über den augenblicklichen Stand wissenschaftlicher Weltauffassung veranlassen, damit die Bedeutung exakter Forschung für Sozialwissenschaften und Naturwissenschaften gezeigt wird. So sollen gedankliche Werkzeuge des modernen Empirismus geformt werden, deren auch die öffentliche und private Lebensgestaltung bedarf.« Durch die Wahl seines Namens will der Verein seine Grundrichtung kennzeichnen: metaphysikfreie Wissenschaft. Damit erklärt der Verein aber nicht etwa ein programmatisches Einverständnis mit den einzelnen Lehren von Mach. Der Wiener Kreis glaubt durch seine Mitarbeit im Verein Ernst Mach eine Forderung des Tages zu erfüllen: es gilt, Denkwerkzeuge für den Alltag zu formen, für den Alltag der Gelehrten, aber auch für den Alltag aller, die an der bewußten Lebensgestaltung irgendwie mitarbeiten. Die Lebensintensität, die in den Bemühungen um eine rationale Umgestaltung der Gesellschafts- und Wirtschaftsordnung sichtbar ist, durchströmt auch die Bewegung der wissenschaftlichen Weltauffassung. Es entspricht der gegenwärtigen Situation in Wien, daß bei der Gründung des Vereines Ernst Mach im November 1928 als Vorsitzender Schlick gewählt wurde, um den sich die gemeinschaftliche Arbeit auf dem Gebiet der wissenschaftlichen Weltauffassung am stärksten konzentriert hatte.

Schlick und Ph. Frank geben gemeinsam die Sammlung »*Schriften zur wissenschaftlichen Weltauffassung*« heraus, in der bisher vorwiegend Mitglieder des Wiener Kreises vertreten sind.

II. Die Wissenschaftliche Weltauffassung

Die wissenschaftliche Weltauffassung ist nicht so sehr durch eigene Thesen charakterisiert als vielmehr durch die grundsätzliche Einstellung, die Gesichtspunkte, die Forschungsrichtung. Als

Ziel schwebt die *Einheitswissenschaft* vor. Das Bestreben geht dahin, die Leistungen der einzelnen Forscher auf den verschiedenen Wissenschaftsgebieten in Verbindung und Einklang miteinander zu bringen. Aus dieser Zielsetzung ergibt sich die Betonung der *Kollektivarbeit*; hieraus auch die Hervorhebung des intersubjektiv Erfaßbaren; hieraus entspringt das Suchen nach einem neutralen Formelsystem, einer von den Schlacken der historischen Sprachen befreiten Symbolik; hieraus auch das Suchen nach einem Gesamtsystem der Begriffe. Sauberkeit und Klarheit werden angestrebt, dunkle Fernen und unergründliche Tiefen abgelehnt. In der Wissenschaft gibt es keine »Tiefen«; überall ist Oberfläche: alles Erlebte bildet ein kompliziertes, nicht immer überschaubares, oft nur im einzelnen faßbares Netz. Alles ist dem Menschen zugänglich; und der Mensch ist das Maß aller Dinge. Hier zeigt sich Verwandtschaft mit den Sophisten, nicht mit den Platonikern; mit den Epikureern, nicht mit den Pythagoreern; mit allen, die irdisches Wesen und Diesseitigkeit vertreten. Die wissenschaftliche Weltauffassung kennt *keine unlösbaren Rätsel*. Die Klärung der traditionellen philosophischen Probleme führt dazu, daß sie teils als Scheinprobleme entlarvt, teils in empirische Probleme umgewandelt und damit dem Urteil der Erfahrungswissenschaft unterstellt werden. In dieser Klärung von Problemen und Aussagen besteht die Aufgabe der philosophischen Arbeit, nicht aber in der Aufstellung eigener »philosophischer« Aussagen. Die Methode dieser Klärung ist die der *logischen Analyse*; von ihr sagt Russell: sie ist »in Anlehnung an die kritischen Untersuchungen der Mathematiker langsam entstanden. Meines Erachtens liegt hier ein ähnlicher Fortschritt vor, wie er durch Galilei in der Physik hervorgerufen wurde: beweisbare Einzelergebnisse treten an die Stelle unbeweisbarer, auf das Ganze gehender Behauptungen, für die man sich nur auf die Einbildungskraft berufen kann.«

Diese *Methode der logischen Analyse* ist es, die den neuen Empirismus und Positivismus wesentlich von dem früheren unterscheidet, der mehr biologisch-psychologisch orientiert war. Wenn jemand behauptet: »es gibt einen Gott«, »der Urgrund der Welt ist das Unbewußte«, »es gibt eine Entelechie als leitendes Prinzip im Lebewesen«, so sagen wir ihm nicht: »was du sagst, ist falsch«; sondern wir fragen ihn: »was meinst du mit deinen Aussagen?« Und dann zeigt es sich, daß es eine scharfe Grenze gibt zwischen zwei Arten von Aussagen. Zu der einen gehören die Aussagen, wie sie in der empirischen Wissenschaft gemacht werden; ihr Sinn läßt sich feststellen durch logische Analyse, genauer: durch Rückführung auf einfachste Aussagen über empirisch Gegebenes. Die anderen Aussagen, zu denen die vorhin genannten gehören, erweisen sich als völlig bedeutungsleer, wenn man sie so nimmt, wie der Metaphysiker sie meint. Man kann sie freilich häufig in empirische Aussagen umdeuten; dann verlieren sie aber den Gefühlsgehalt, der dem Metaphysiker meist gerade wesentlich ist. Der Metaphysiker und der Theologe glauben, sich selbst mißverstehend, mit ihren Sätzen etwas auszusagen, einen Sachverhalt darzustellen. Die Analyse zeigt jedoch, daß diese Sätze nichts besagen, sondern nur Ausdruck etwa eines Lebensgefühls sind. Ein solches zum Ausdruck zu bringen kann sicherlich eine bedeutsame Aufgabe im Leben sein. Aber das adäquate Ausdrucksmittel hierfür ist die Kunst, zum Beispiel Lyrik oder Musik. Wird statt dessen das sprachliche Gewand einer Theorie gewählt, so liegt darin eine Gefahr: es wird ein theoretischer Gehalt vorgetäuscht, wo keiner besteht. Will ein Metaphysiker oder Theologe die übliche Einkleidung in Sprache beibehalten, so muß er sich selbst darüber klar sein und deutlich erkennen lassen, daß er nicht Darstellung, sondern Ausdruck gibt, nicht Theorie, Mitteilung einer Erkenntnis, sondern Dichtung oder Mythus. Wenn ein Mystiker behauptet, Erlebnisse zu haben, die über oder jenseits alle Begriffe liegen, so kann man ihm das nicht bestreiten. Aber er kann darüber nicht sprechen; denn sprechen bedeutet einfangen in Begriffe, zurückführen auf wissenschaftlich eingliederbare Tatbestände.

Von der wissenschaftlichen Weltauffassung wird die metaphysische Philosophie abgelehnt. Wie sind aber die Irrwege der Metaphysik zu erklären? Diese Frage kann von verschiedenen Gesichtspunkten aus gestellt werden: in psychologischer, in soziologischer und in logischer Hinsicht. Die Untersuchungen in psychologischer Richtung befinden sich noch im Anfangsstadium; Ansätze zu tiefergreifender Erklärung liegen vielleicht in Untersuchungen der Freudschen Psychoanalyse vor. Ebenso steht es mit soziologischen Untersuchungen; erwähnt sei die Theorie vom »ideologischen Überbau«. Hier ist noch offenes Feld für lohnende weitere Forschung.

Weiter gediehen ist die Klarlegung des *logischen Ursprungs der metaphysischen Irrwege*, besonders durch die Arbeiten von Russell und Wittgenstein. In den metaphysischen Theorien und schon in den Fragestellungen stecken zwei logische Grundfehler: eine zu enge Bindung an die Form der *traditionellen Sprachen* und eine Unklarheit über die logische Leistung des Denkens. Die gewöhnliche Sprache verwendet zum Beispiel dieselbe Wortform, das Substantiv, sowohl für Dinge (»Apfel«) wie für Eigenschaften (»Härte«), Beziehungen (»Freundschaft«), Vorgänge (»Schlaf«); dadurch verleitet sie zu einer dinghaften Auffassung funktionaler Begriffe (Hypostasierung, Substantialisierung). Es lassen sich zahlreiche ähnliche Beispiele von Irreführungen durch die Sprache angeben, die für die Philosophie ebenso verhängnisvoll geworden sind.

Der zweite Grundfehler der Metaphysik besteht in der Auffassung, das *Denken* könne entweder aus sich heraus, ohne Benutzung irgendwelchen Erfahrungsmaterials zu Erkenntnissen führen oder es könne wenigstens von gegebenen Sachverhalten aus durch Schließen zu neuen Inhalten gelangen. Die logische Untersuchung führt aber zu dem Ergebnis, daß alles Denken, alles Schließen in nichts anderem besteht als in einem Übergang von Sätzen zu anderen Sätzen, die nichts enthalten, was nicht schon in jenen steckte (tautologische Umformung). Es ist daher nicht möglich, eine Metaphysik aus »reinem Denken« zu entwickeln.

In solcher Weise wird durch die logische Analyse nicht nur die Metaphysik im eigentlichen, klassischen Sinne des Wortes überwunden, insbesondere die scholastische Metaphysik und die der Systeme des deutschen Idealismus, sondern auch die versteckte Metaphysik des Kantischen und des modernen *Apriorismus*. Die wissenschaftliche Weltauffassung kennt keine unbedingt gültige Erkenntnis aus reiner Vernunft, keine »synthetischen Urteile a priori«, wie sie der Kantischen Erkenntnistheorie und erst recht aller vor- und nachkantischen Ontologie und Metaphysik zugrunde liegen. Die Urteile der Arithmetik, der Geometrie, gewisse Grundsätze der Physik, wie sie von Kant als Beispiele apriorischer Erkenntnis genommen werden, kommen nachher zur Erörterung. Gerade in der Ablehnung der Möglichkeit synthetischer Erkenntnis a priori besteht die Grundthese des modernen Empirismus. Die wissenschaftliche Weltauffassung kennt nur Erfahrungssätze über Gegenstände aller Art und die analytischen Sätze der Logik und Mathematik.

In der Ablehnung der offenen Metaphysik und der versteckten

des Apriorismus sind alle Anhänger wissenschaftlicher Weltauffassung einig. Der Wiener Kreis aber vertritt darüber hinaus die Auffassung, daß auch die Aussagen des (kritischen) *Realismus* und *Idealismus* über Realität oder Nichtrealität der Außenwelt und des Fremdpsychischen metaphysischen Charakters sind, da sie denselben Einwänden unterliegen wie die Aussagen der alten Metaphysik: sie sind sinnlos, weil nicht verifizierbar, nicht sachhaltig. *Etwas ist »wirklich« dadurch, daß es eingeordnet wird dem Gesamtgebäude der Erfahrung.*

Die von den Metaphysikern als Erkenntnisquelle besonders betonte *Intuition* wird von der wissenschaftlichen Weltauffassung nicht etwa überhaupt abgelehnt. Wohl aber wird eine nachträgliche rationale Rechtfertigung jeder intuitiven Erkenntnis Schritt für Schritt angestrebt und gefordert. Dem Suchenden sind alle Mittel erlaubt; das Gefundene aber muß der Nachprüfung standhalten. Abgelehnt wird die Auffassung, die in der Intuition eine höherwertige, tieferdringende Erkenntnisart sieht, die über die sinnlichen Erfahrungsinhalte hinausführen könne und nicht durch die engen Fesseln begrifflichen Denkens gebunden werden dürfe.

Wir haben die *wissenschaftliche Weltauffassung* im wesentlichen durch *zwei Bestimmungen* charakterisiert. *Erstens* ist sie *empiristisch und positivistisch*: es gibt nur Erfahrungserkenntnis, die auf dem unmittelbar Gegebenen beruht. Hiermit ist die Grenze für den Inhalt legitimer Wissenschaft gezogen. *Zweitens* ist die wissenschaftliche Weltauffassung gekennzeichnet durch die Anwendung einer bestimmten Methode, nämlich der der *logischen Analyse*. Das Bestreben der wissenschaftlichen Arbeit geht dahin, das Ziel, die Einheitswissenschaft, durch Anwendung dieser logischen Analyse auf das empirische Material zu erreichen. Da der Sinn jeder Aussage der Wissenschaft sich angeben lassen muß durch Zurückführung auf eine Aussage über das Gegebene, so muß auch der Sinn eines jeden Begriffs, zu welchem Wissenschaftszweige er immer gehören mag, sich angeben lassen durch eine schrittweise Rückführung auf andere Begriffe, bis hinab zu den Begriffen niederster Stufe, die sich auf das Gegebene selbst beziehen. Wäre eine solche Analyse für alle Begriffe durchgeführt, so wären sie damit in ein Rückführungssystem, »Konstitutionssystem«, eingeordnet. Die auf das Ziel eines solchen Konstitutionssystems gerichteten Untersuchungen, die »*Konstitutionstheorie*«, bilden somit den Rahmen, in dem die logische Analyse von der wissenschaftlichen Weltauffassung angewendet wird. Die Durchführung solcher Untersuchungen zeigt sehr bald, daß die traditionelle, aristotelisch-scholastische Logik für diesen Zweck völlig unzureichend ist. Erst in der modernen symbolischen Logik (»*Logistik*«) gelingt es, die erforderliche Schärfe der Begriffsdefinitionen und Aussagen zu gewinnen und den intuitiven Schlußprozeß des gewöhnlichen Denkens zu formalisieren, das heißt in eine strenge, durch den Zeichenmechanismus automatisch kontrollierte Form zu bringen. Die Untersuchungen der Konstitutionstheorie zeigen, daß zu den niedersten Schichten des Konstitutionssystems die Begriffe eigenpsychischer Erlebnisse und Qualitäten gehören; darüber sind die physischen Gegenstände gelagert; aus diesen werden die fremdpsychischen und als letzte die Gegenstände der Sozialwissenschaften konstituiert. Die Einordnung der Begriffe der verschiedenen Wissenschaftszweige in das Konstitutionssystem ist in großen Zügen heute schon erkennbar, für die genauere Durchführung bleibt noch viel zu tun. Mit dem Nachweis der Möglichkeit und der Aufweisung der Form des Gesamtsystems der Begriffe wird zugleich der Bezug aller Aussagen auf das Gegebene und damit die Aufbauform der *Einheitswissenschaft* erkennbar.

In die wissenschaftliche Beschreibung kann nur die *Struktur* (Ordnungsform) der Objekte eingehen, nicht ihr »Wesen«. Das die Menschen in der Sprache Verbindende sind die Strukturformeln; in ihnen stellt sich der Inhalt der gemeinsamen Erkenntnis der Menschen dar. Die subjektiv erlebten Qualitäten – die Röte, die Lust – sind als solche eben nur Erlebnisse, nicht Erkenntnisse; in die physikalische Optik geht nur das ein, was auch dem Blinden grundsätzlich verständlich ist.

III. Problemgebiete

1. Grundlagen der Arithmetik

In den Arbeiten und Diskussionen des Wiener Kreises wird eine Menge verschiedener Probleme behandelt, die von verschiedenen Zweigen der Wissenschaft herstammen. Das Bestreben geht dahin, die verschiedenen Problemrichtungen zu systematischer

Vereinigung zu bringen, um dadurch die Problemsituation zu klären.

Die Grundlagenprobleme der Arithmetik sind dadurch von besonderer geschichtlicher Bedeutung für die Entwicklung der wissenschaftlichen Weltauffassung geworden, daß sie es gewesen sind, die den Anstoß zur Entwicklung einer neuen Logik gegeben haben. Nachdem die Mathematik im 18. und 19. Jahrhundert eine außerordentlich fruchtbare Entwicklung genommen hatte, bei der man mehr auf den Reichtum an neuen Ergebnissen als auf subtile Nachprüfung der begrifflichen Fundamente geachtet hatte, erwies sich schließlich diese Nachprüfung als unumgänglich, wenn nicht die Mathematik die stets gerühmte Sicherheit ihres Gebäudes verlieren sollte. Diese Nachprüfung wurde noch dringlicher, als gewisse Widersprüche, die »Paradoxien der Mengenlehre«, auftraten. Man mußte bald erkennen, daß es sich nicht etwa nur um Schwierigkeiten in einem Teilgebiet der Mathematik handelte, sondern um allgemeinlogische Widersprüche, »*Antinomien*«, die auf wesentliche Fehler in den Grundlagen der traditionellen Logik hinwiesen. Die Aufgabe der Ausscheidung dieser Widersprüche gab einen besonders starken Anstoß zur Weiterentwicklung der Logik. So trafen sich hier die Bemühungen um eine *Klärung des Zahlbegriffes* mit denen um eine interne *Reform der Logik*. Seit Leibniz und Lambert war immer wieder der Gedanke lebendig gewesen, die Wirklichkeit durch erhöhte Schärfe der Begriffe und der Schlußverfahren zu meistern und diese Schärfe durch eine der mathematischen nachgebildete Symbolik zu erreichen. Nach Boole, Venn und anderen haben besonders Frege (1884), Schröder (1890) und Peano (1895) an dieser Aufgabe gearbeitet. Auf Grund dieser Vorarbeiten konnten *Whitehead* und *Russell* (1910) ein zusammenhängendes System der Logik in symbolischer Form (»*Logistik*«) aufstellen, das nicht nur die Widersprüche der alten Logik vermied, sondern diese auch an Reichtum und praktischer Verwendbarkeit weit übertraf. Sie leiteten aus diesem logischen System die Begriffe der Arithmetik und Analysis ab, um dadurch der Mathematik ein sicheres Fundament in der Logik zu geben.

Bei diesem Versuch zur Überwindung der Grundlagenkrise der Arithmetik (und Mengenlehre) blieben jedoch gewisse Schwierigkeiten bestehen, die bis heute noch keine endgültig befriedigende Lösung gefunden haben. Gegenwärtig stehen auf diesem Gebiet drei verschiedene Richtungen einander gegenüber; neben dem »*Logizismus*« von Russell und Whitehead steht der »*Formalismus*« von Hilbert, der die Arithmetik als ein Formelspiel mit bestimmten Regeln auffaßt, und der »*Intuitionismus*« von Brouwer, nach dem die arithmetischen Erkenntnisse auf einer nicht weiter zurückführbaren Intuition der Zwei-Einheit beruhen. Die Auseinandersetzungen zwischen diesen drei Richtungen werden im Wiener Kreise mit größtem Interesse verfolgt. Wohin die Entscheidung schließlich führen wird, ist noch nicht abzusehen; jedenfalls wird in ihr zugleich auch eine Entscheidung über den Aufbau der Logik liegen; daher die Wichtigkeit dieses Problems für die wissenschaftliche Weltauffassung. Manche sind der Meinung, daß die drei Richtungen einander gar nicht so fern stehen, wie es scheint. Sie vermuten, daß wesentliche Züge der drei Richtungen sich in der weiteren Entwicklung einander annähern und, wahrscheinlich unter Verwertung der weittragenden Gedanken Wittgensteins, in der schließlichen Lösung vereinigt sein werden.

Die Auffassung vom tautologischen Charakter der Mathematik, die auf den Untersuchungen von Russell und Wittgenstein beruht, wird auch vom Wiener Kreis vertreten. Es ist zu beachten, daß diese Auffassung nicht nur zu Apriorismus und Intuitionismus im Gegensatz steht, sondern auch zu dem älteren Empirismus (zum Beispiel Mill), der Mathematik und Logik gewissermaßen experimentell-induktiv ableiten wollte.

Im Zusammenhang mit den Problemen der Arithmetik und Logik stehen auch die Untersuchungen, die über das Wesen der *axiomatischen Methode* im allgemeinen (Begriffe der Vollständigkeit, Unabhängigkeit, Monomorphie, Nichtgabelbarkeit usw.) wie auch über die Aufstellung von Axiomensystemen für bestimmte mathematische Gebiete angestellt werden.

2. Grundlagen der Physik

Ursprünglich galt das stärkste Interesse des Wiener Kreises den Problemen der Methode der Wirklichkeitswissenschaft. Angeregt durch Gedanken von Mach, Poincaré, Duhem wurden die Probleme der Bewältigung der Wirklichkeit durch wissenschaftliche Systeme, insbesondere durch *Hypothesen- und Axiomensysteme*, erörtert. Ein Axiomensystem kann zunächst, gänzlich gelöst von aller empirischen Anwendung, betrachtet werden als ein System impliziter Definitionen; damit ist gemeint: Die in den Axiomen auftretenden Begriffe werden nicht ihrem Inhalte nach, sondern nur in ihren gegenseitigen Beziehungen durch die Axiome festgelegt, gewissermaßen definiert. Bedeutung für die Wirklichkeit erlangt ein solches Axiomensystem aber erst durch Hinzufügen weiterer Definitionen, nämlich der »Zuordnungsdefinitionen«, durch die angegeben wird, welche Gegenstände der Wirklichkeit als Glieder des Axiomensystems betrachtet werden sollen. Die Entwicklung der empirischen Wissenschaft, die die Wirklichkeit mit einem möglichst einheitlichen und einfachen Netz von Begriffen und Urteilen wiedergeben will, kann nun, wie sich geschichtlich zeigt, in zweierlei Weise vor sich gehen. Die durch neue Erfahrungen erforderlichen Änderungen können entweder an den Axiomen oder an den Zuordnungsdefinitionen vorgenommen werden. Damit ist das besonders von Poincaré behandelte Problem der Konventionen berührt.

Das methodologische Problem der Anwendung von Axiomensystemen auf Wirklichkeit kommt grundsätzlich für jeden Wissenschaftszweig in Betracht. Daß die Untersuchungen bisher aber fast ausschließlich für die Physik fruchtbar geworden sind, ist zu verstehen aus dem gegenwärtigen Stadium der geschichtlichen Entwicklung der Wissenschaft, da die Physik in bezug auf Schärfe und Feinheit der Begriffsbildung den anderen Wissenschaftszweigen weit voraus ist.

Die erkenntnistheoretische Analyse der Hauptbegriffe der Naturwissenschaft hat diese Begriffe immer mehr von den *metaphysischen Beimengungen* befreit, die ihnen seit Urzeiten anhafteten. Insbesondere sind durch Helmholtz, Mach, Einstein und andere die Begriffe *Raum, Zeit, Substanz, Kausalität, Wahrscheinlichkeit* gereinigt worden. Die Lehren von absolutem Raum und absoluter Zeit sind durch die Relativitätstheorie überwunden; Raum und Zeit sind nicht mehr absolute Behälter, sondern nur noch Ordnungsgefüge der Elementarvorgänge. Die materielle Substanz ist durch Atomtheorie und Feldtheorie aufgelöst worden. Die Kausalität wurde ihres anthropomorphen Charakters einer »Einwirkung« oder »notwendigen Verknüpfung« entkleidet und auf Bedingungsbeziehung, funktionale Zuordnung, zurückgeführt. Weiterhin sind an Stelle mancher für streng gehaltener Naturgesetze statistische Gesetze getreten, ja es mehren sich im Anschluß an die Quantentheorie sogar die Zweifel an der Anwendbarkeit des

Begriffes einer streng kausalen Gesetzmäßigkeit auf die Erscheinungen in kleinsten Raumzeitgebieten. Der Wahrscheinlichkeitsbegriff wird auf den empirisch erfaßbaren Begriff der relativen Häufigkeit zurückgeführt.

Durch die Anwendung der *axiomatischen Methode* auf die genannten Probleme scheiden sich überall die empirischen Bestandteile der Wissenschaft von den bloß konventionellen, der Aussagegehalt von der Definition. Für ein synthetisches Urteil a priori bleibt da kein Platz mehr. Daß Erkenntnis der Welt möglich ist, beruht nicht darauf, daß die menschliche Vernunft dem Material ihre Form aufprägt, sondern darauf, daß das Material in einer bestimmten Weise geordnet ist. Über Art und Grad dieser Ordnung kann von vornherein nichts gewußt werden. Die Welt könnte weit stärker geordnet sein, als sie es ist; sie könnte aber auch viel weniger geordnet sein, ohne daß die Erkennbarkeit verlorengehen würde. Nur die Schritt für Schritt weiter dringende Forschung der Erfahrungswissenschaft kann uns darüber belehren, in welchem Grade die Welt gesetzmäßig ist. Die Methode der *Induktion*, der Schluß vom Gestern aufs Morgen, vom Hier aufs Dort, ist freilich nur gültig, wenn eine Gesetzmäßigkeit besteht. Aber diese Methode beruht nicht etwa auf einer apriorischen Voraussetzung dieser Gesetzmäßigkeit. Sie mag überall dort, ob genügend oder ungenügend begründet, angewendet werden, wo sie zu fruchtbaren Ergebnissen führt; Sicherheit gewährt sie nie. Aber die erkenntnistheoretische Besinnung fordert, daß einem Induktionsschluß nur insoweit Bedeutung beigelegt wird, als er empirisch nachgeprüft werden kann. Die wissenschaftliche Weltauffassung wird den Erfolg einer Forschungsarbeit nicht deshalb verwerfen, weil er mit unzulänglichen, logisch ungenügend geklärten oder empirisch ungenügend begründeten Mitteln errafft worden ist. Wohl aber wird sie stets die Nachprüfung mit durchgeklärten Hilfsmitteln erstreben und fordern, nämlich die mittelbare oder unmittelbare Rückführung auf Erlebtes.

3. Grundlagen der Geometrie

Unter den Grundlagen der Physik hat das Problem des *physikalischen Raumes* in den letzten Jahrzehnten eine besondere Bedeutung gewonnen. Die Untersuchungen von Gauß (1816), Bolyai (1823), Lobatschefskij (1835) und anderen führten zur *nichteukli-*

dischen Geometrie, zu der Erkenntnis, daß das bis dahin alleinherrschende, klassische geometrische System von Euklid nur eines unter einer unendlichen Menge logisch gleichberechtigter ist. Dadurch erhob sich die Frage, welche dieser Geometrien die des Raumes der Wirklichkeit sei. Schon Gauß wollte diese Frage durch Ausmessung der Winkelsumme eines großen Dreiecks entscheiden. Damit war die *physikalische Geometrie* zu einer empirischen Wissenschaft, zu einem Zweige der Physik geworden. Die Probleme wurden weiterhin besonders durch Riemann (1868), Helmholtz (1868) und Poincaré (1904) gefördert. Poincaré betonte besonders die Verknüpfung der physikalischen Geometrie mit allen anderen Zweigen der Physik: die Frage nach der Natur des Raumes der Wirklichkeit ist nur im Zusammenhang mit einem Gesamtsystem der Physik beantwortbar. Einstein fand dann ein solches Gesamtsystem, durch das diese Frage beantwortet wurde; und zwar im Sinne eines bestimmten nichteuklidischen Systems.

Durch die genannte Entwicklung wurde die physikalische Geometrie immer deutlicher geschieden von der rein *mathematischen Geometrie*. Diese wurde durch weitere Entwicklung der logischen Analyse schrittweise mehr und mehr formalisiert. Zunächst wurde sie arithmetisiert, das heißt gedeutet als Theorie eines bestimmten Zahlensystems. Weiterhin wurde sie axiomatisiert, das heißt dargestellt durch ein Axiomsystem, das die geometrischen Elemente (Punkte usw.) als unbestimmte Gegenstände auffaßt und nur ihre gegenseitigen Beziehungen festlegt. Und schließlich wurde die Geometrie logisiert, nämlich dargestellt als eine Theorie bestimmter Relationsstrukturen. Die Geometrie wurde so zum wichtigsten Anwendungsgebiet der axiomatischen Methode und der allgemeinen Relationstheorie. Sie gab damit den stärksten Anstoß zur Entwicklung dieser beiden Methoden, die dann für die Entwicklung der Logik selbst und damit wiederum allgemein für die wissenschaftliche Weltauffassung so bedeutungsvoll geworden sind.

Die Beziehungen zwischen mathematischer und physikalischer Geometrie führten naturgemäß auf das Problem der Anwendung von Axiomensystemen auf Wirklichkeit, das dann auch, wie erwähnt, in den allgemeineren Untersuchungen über die Grundlagen der Physik eine große Rolle spielt.

4. Grundlagenprobleme der Biologie und Psychologie

Die Biologie ist von den Metaphysikern stets mit Vorliebe als ein Sondergebiet ausgezeichnet worden. Das kam in der Lehre von einer besonderen Lebenskraft, im *Vitalismus*, zum Ausdruck. Die modernen Vertreter dieser Lehre bemühen sich, sie aus der unklaren, verschwommenen Form der Vergangenheit in eine begrifflich klare Fassung zu bringen. An Stelle der Lebenskraft treten die »Dominanten« (Reinke, 1899) oder »Entelechien« (Driesch, 1905). Da diese Begriffe nicht der Forderung nach Zurückführbarkeit auf das Gegebene genügen, so werden sie von der wissenschaftlichen Weltauffassung als metaphysisch abgelehnt. Das gleiche gilt vom sogenannten »Psychovitalismus«, der ein Eingreifen der Seele, eine »Führerrolle des Geistigen im Materiellen« lehrt. Schält man aber aus dem metaphysischen Vitalismus den empirisch faßbaren Kern heraus, so bleibt die These übrig, daß die Vorgänge in der organischen Natur nach Gesetzen verlaufen, die sich nicht auf physikalische Gesetze zurückführen lassen. Genauere Analyse zeigt nun, daß diese These gleichbedeutend ist mit der Behauptung, gewisse Gebiete der Wirklichkeit unterständen nicht einer einheitlichen und durchgreifenden Gesetzmäßigkeit.

Es ist verständlich, daß die wissenschaftliche Weltauffassung auf den Gebieten, die sich schon zu begrifflicher Schärfe entwickelt haben, für ihre Grundansichten deutlichere Bestätigungen aufweisen kann als auf anderen Gebieten: auf dem Gebiet der Physik deutlichere als auf dem der Psychologie. Die sprachlichen Formen, in denen wir noch heute auf dem Gebiet des Psychischen sprechen, sind in alter Zeit gebildet auf Grund gewisser metaphysischer Vorstellungen von der Seele. Die Begriffsbildung auf dem Gebiete der Psychologie wird vor allem erschwert durch diese Mängel der Sprache: metaphysische Belastung und logische Unstimmigkeit. Dazu kommen noch gewisse sachliche Schwierigkeiten. Die Folge ist, daß bisher die meisten in der Psychologie verwendeten Begriffe nur recht mangelhaft definiert sind; von manchen steht nicht einmal fest, ob sie sinnvoll sind oder ob sie nur durch den Sprachgebrauch als sinnvoll vorgetäuscht werden. So bleibt auf diesem Gebiet für die erkenntnistheoretische Analyse noch beinahe alles zu tun; freilich ist diese Analyse hier auch schwieriger als auf dem Gebiet des Physischen. Der Versuch der behavioristischen Psychologie, alles Psychische in dem Verhalten von Körpern, also in einer der Wahrnehmung zugänglichen Schicht, zu erfassen, steht in seiner grundsätzlichen Einstellung der wissenschaftlichen Weltauffassung nahe.

5. Grundlagen der Sozialwissenschaften

Jeder Zweig der Wissenschaft wird, wie wir es besonders bei der Physik und der Mathematik betrachtet haben, in einem früheren oder späteren Stadium seiner Entwicklung zu der Notwendigkeit einer erkenntnistheoretischen Nachprüfung seiner Grundlagen, einer logischen Analyse seiner Begriffe geführt. So auch die soziologischen Wissenschaftsgebiete, in erster Linie Geschichte und Nationalökonomie. Schon seit etwa hundert Jahren ist auf diesen Gebieten ein Prozeß der Ausscheidung metaphysischer Beimengungen im Gange. Hier ist zwar noch nicht derselbe Grad der Reinigung wie in der Physik erreicht; andererseits aber ist hier vielleicht die Reinigungsaufgabe auch weniger dringend. Wie es scheint, ist nämlich hier der metaphysische Einschuß auch in den Höhezeiten der Metaphysik und Theologie nicht sonderlich stark gewesen; vielleicht liegt das daran, daß die Begriffe diese Gebietes, wie: Krieg und Frieden, Einfuhr und Ausfuhr, der unmittelbaren Wahrnehmung noch näher stehen als solche Begriffe wie Atom und Äther. Es fällt nicht allzu schwer, solche Begriffe wie »Volksgeist« fallenzulassen und statt dessen Gruppen von Individuen bestimmter Art zum Objekt zu nehmen. Quesnay, Adam Smith, Ricardo, Comte, Marx, Menger, Walras, Müller-Lyer, um Forscher verschiedenster Richtung zu nennen, haben im Sinne empiristischer, antimetaphysischer Einstellung gewirkt. Gegenstand der Geschichte und Nationalökonomie sind Menschen, Dinge und ihre Anordnung.

IV. Rückblick und Ausblick

Aus den Arbeiten an den angeführten Problemen heraus hat die moderne wissenschaftliche Weltauffassung sich entwickelt. Wir haben gesehen, wie in der Physik das Bestreben, zunächst selbst mit unzulänglichen oder noch ungenügend geklärten wissenschaftlichen Werkzeugen handgreifliche Ergebnisse zu gewinnen, sich immer stärker auch zu methodologischen Untersuchungen gedrängt sah. So kam es zur Entwicklung der Methode der Hypothesenbildung und dann weiter zur Entwicklung der axiomatischen Methode und der logischen Analyse; damit gewann die Begriffsbildung immer größere Klarheit und Strenge. Auf dieselben methodologischen Probleme führte, wie wir gesehen haben, auch die Entwicklung der Grundlagenforschung in physikalischer Geometrie, mathematischer Geometrie und Arithmetik. Hauptsächlich aus diesen Quellen stammen die Probleme, mit denen sich die Vertreter der wissenschaftlichen Weltauffassung gegenwärtig vorzugsweise beschäftigen. Es ist verständlich, daß im Wiener Kreis die Herkunft der einzelnen von den verschiedenen Problemgebieten her noch deutlich erkennbar bleibt. Dadurch ergeben sich oft auch Unterschiede der Interessenrichtungen und Gesichtspunkte, die zu Unterschieden der Auffassung führen. Kennzeichnend ist aber, daß durch die Bemühung um präzise Formulierung, um Anwendung einer exakten logischen Sprache und Symbolik, um deutliche Unterscheidung des theoretischen Gehaltes einer These von den bloßen Begleitvorstellungen das Trennende verringert wird. Schritt für Schritt wird der Bestand an gemeinsamen Auffassungen vergrößert, die den Kern wissenschaftlicher Weltauffassung bilden, an den sich die äußeren Schichten mit stärkerer subjektiver Divergenz anschließen.

Rückblickend wird uns nun das *Wesen der neuen wissenschaftlichen Weltauffassung* im Gegensatz zur herkömmlichen Philosophie deutlich. Es werden nicht eigene »philosophische Sätze« aufgestellt, sondern nur Sätze geklärt; und zwar Sätze der empirischen Wissenschaft, wie wir es bei den verschiedenen vorhin erörterten Problemgebieten gesehen haben. Manche Vertreter der wissenschaftlichen Weltauffassung wollen, um den Gegensatz zur Systemphilosophie noch stärker zu betonen, für ihre Arbeit das Wort »Philosophie« überhaupt nicht mehr anwenden. Wie solche Untersuchungen nun auch bezeichnet werden mögen, das jedenfalls steht fest: *es gibt keine Philosophie als Grund- oder Universalwissenschaft neben oder über den verschiedenen Gebieten der einen Erfahrungswissenschaft*; es gibt keinen Weg zu inhaltlicher Erkenntnis neben dem der Erfahrung; es gibt kein Reich der Ideen, das über oder jenseits der Erfahrung stände. Dennoch bleibt die Arbeit der »philosophischen« oder »Grundlagen«-Untersuchungen im Sinne der wissenschaftlichen Weltauffassung wichtig. Denn die logische Klärung der wissenschaftlichen Begriffe, Sätze und Methoden befreit von hemmenden Vorurteilen. Die logische und erkenntnistheoretische Analyse will der wissenschaftlichen Forschung nicht etwa Einschränkungen auferlegen; im Gegenteil: sie stellt ihr einen möglichst vollständigen Bereich formaler Möglichkeiten zur Verfügung, aus dem die zu der jeweiligen Erfahrung stimmende auszuwählen ist (Beispiel: die nichteuklidischen Geometrien und die Relativitätstheorie).

Die Vertreter der wissenschaftlichen Weltauffassung stehen entschlossen auf dem Boden der einfachen menschlichen Erfahrung. Sie machen sich mit Vertrauen an die Arbeit, den metaphysischen und theologischen Schutt der Jahrtausende aus dem Wege zu räumen. Oder, wie einige meinen: nach einer metaphysischen Zwischenzeit zu einem einheitlichen diesseitigen Weltbild zurückzukehren, wie es in gewissem Sinne schon dem von Theologie freien Zauberglauben der Frühzeit zugrunde gelegen habe.

Die Zunahme metaphysischer und theologisierender Neigungen, die sich heute in vielen Bünden und Sekten, in Büchern und Zeitschriften, in Vorträgen und Universitätsvorlesungen geltend macht, scheint zu beruhen auf den heftigen sozialen und wirtschaftlichen Kämpfen der Gegenwart: die eine Gruppe der Kämpfenden, auf sozialem Gebiet das Vergangene festhaltend, pflegt auch die überkommenen, oft inhaltlich längst überwundenen Einstellungen der Metaphysik und Theologie; während die andere, der neuen Zeit zugewendet, besonders in Mitteleuropa diese Einstellungen ablehnt und sich auf den Boden der Erfahrungswissenschaft stellt. Diese Entwicklung hängt zusammen mit der des modernen Produktionsprozesses, der immer stärker maschinentechnisch ausgestaltet wird und immer weniger Raum für metaphysische Vorstellungen läßt. Sie hängt auch zusammen mit der Enttäuschung breiter Massen über die Haltung derer, die die überkommenen metaphysischen und theologischen Lehren verkünden. So kommt es, daß in vielen Ländern die Massen jetzt weit bewußter als je zuvor diese Lehren ablehnen und im Zusammenhang mit ihrer sozialistischen Einstellung einer erdnahen, empiristischen Auffassung zuneigen. In früherer Zeit war der *Materialismus* der Ausdruck für diese Auffassung; inzwischen aber hat der moderne Empirismus sich aus manchen unzulänglichen Formen herausentwickelt und in der *wissenschaftlichen Weltauffassung* eine haltbare Gestalt gewonnen.

So steht die wissenschaftliche Weltauffassung dem Leben der

Gegenwart nahe. Zwar drohen ihr sicherlich schwere Kämpfe und Anfeindungen. Trotzdem gibt es viele, die nicht verzagen, sondern, angesichts der soziologischen Lage der Gegenwart, hoffnungsfroh der weiteren Entwicklung entgegensehen. Freilich wird nicht jeder einzelne Anhänger der wissenschaftlichen Weltauffassung ein Kämpfer sein. Mancher wird, der Vereinsamung froh, auf den eisigen Firnen der Logik ein zurückgezogenes Dasein führen; mancher vielleicht sogar die Vermengung mit der Masse schmähen, die bei der Ausbreitung unvermeidliche »Trivialisierung« bedauern. Aber auch ihre Leistungen fügen sich der geschichtlichen Entwicklung ein. Wir erleben, wie der Geist wissenschaftlicher Weltauffassung in steigendem Maße die Formen persönlichen und öffentlichen Lebens, des Unterrichts, der Erziehung, der Baukunst durchdringt, die Gestaltung des wirtschaftlichen und sozialen Lebens nach rationalen Grundsätzen leiten hilft. *Die wissenschaftliche Weltauffassung dient dem Leben, und das Leben nimmt sie auf.*

Radikaler Physikalismus und »Wirkliche Welt«[1]

Einleitung: Schlicks Einwände

Logische Analyse der wissenschaftlichen Sprache hilft uns Schwierigkeiten überwinden; vor allem zeigt sie viele Probleme der Philosophie als metaphysische Scheinprobleme auf. Ein Vertreter des Wiener Kreises meinte gelegentlich, jeder von uns sei besser geeignet, metaphysische Reste beim Nachbarn als bei sich zu bemerken. Hat er recht, dann erweitern wir das *gemeinsame* Gebiet des logisierenden Empirismus, wenn wir einander helfen, solche Reste zu überwinden.

Moritz Schlick hat grundlegende Formulierungen des *radikalen Physikalismus* in seinem Aufsatz *»Über das Fundament der Erkenntnis«* nicht ohne Schärfe angegriffen. Sonst hat er im Sinne gewisser Grundgedanken des Wiener Kreises nicht ungern betont, daß es nur zwei Klassen philosophischer Probleme gäbe: die Fragen der einen Klasse beantworte grundsätzlich die Wissenschaft, die Fragen der anderen seien reine Scheinfragen – unsinnige Wortverbindungen –, und es gäbe daher überhaupt keine besonderen philosophischen Fragen, insbesondere nicht solche, *in denen die wissenschaftliche Erkenntnis selbst zum Problem erhoben würde*. In seiner letzten Arbeit aber hat er gerade über dies Problem geschrieben.

Eine systematische Kritik an *Schlicks* Ausführungen müßte eigentlich den Versuch machen, zunächst die von ihm verwendete wissenschaftliche Sprache festzulegen. Hier wollen wir uns aber

---

1 Erwiderung auf *Moritz Schlick* »Über das Fundament der Erkenntnis«, Erkenntnis IV, S. 79, und *Thilo Vogel* »Bemerkungen zur Aussagentheorie des radikalen Physikalismus«, Erkenntnis IV, S. 160. Bezug wird genommen auf *Fred Bon,* »Der Gegenstand der Psychologie«, Erkenntnis IV, S. 363.

Der im folgenden vertretene Standpunkt ist ausführlicher entwickelt in *Otto Neurath,* »Physikalismus«, Scientia 1931, »Soziologie im Physikalismus« (insbesondere: 1. Metaphysikfreier Physikalismus, 2. Einheitssprache des Physikalismus), Erkenntnis II, 1931, »Protokollsätze«, Erkenntnis III, 1932, »Einheitswissenschaft und Psychologie« in Schriftenreihe Einheitswissenschaft, Heft 1, Gerold & Co., Wien 1933.

Außerdem vergleiche man *Philipp Frank* »Das Kausalgesetz und seine Grenzen« in Schriften zur Wissenschaftlichen Weltauffassung, Bd. IV, Julius Springer, Wien 1932, ebenso die letzten Veröffentlichungen *Rudolf Carnaps;* eine kurze Zusammenfassung davon in: »Die Aufgaben der Wissenschaftslogik« in Schriftenreihe Einheitswissenschaft, Heft III, Gerold & Co., Wien 1934.

nur darauf beschränken, orientierend zu zeigen, welche Thesen *Schlicks* wir notgedrungen abweisen müssen und aus welchen Gründen; um sonst *durch positive Untersuchungen auf gemeinsamem Boden vorwärtszukommen.*

Schlick hat seine Einwände gegen den radikalen Physikalismus insbesondere auch an meinen Ausführungen über Protokollsätze und ihre Stellung in der Wissenschaft und an meiner Ablehnung einer Gegenüberstellung von »Erkenntnis« und »wirklicher Welt« exemplifiziert. Er gibt aber dem Leser kein deutliches Bild meiner Formulierungen, da er nicht ihren *physikalistischen* und *empiristischen* Charakter hervorhebt, sondern sie als »wohlbekannte« Lehre von der »Kohärenz« kennzeichnet (S. 84), wobei er überdies noch meine Anschauung der »allgemeinen« Kohärenzlehre zurechnet und zusammen mit ihr »erledigt«, während sie doch mindestens der Abart mit dem »Ökonomiestandpunkt« (S. 88) zuzurechnen ist, die *Schlick* unter Zubilligung mildernder Umstände verwirft.

Schlick selbst hat vor Jahren (»Das Wesen der Wahrheit nach der modernen Logik«, Vierteljahrsschrift für Wiss. Phil. und Soziol. 1910) gezeigt, wie die Anschauung, daß die Wahrheit in einer »Übereinstimmung des Denkens mit sich selbst« bestehe, innerhalb *idealistischer Metaphysik* ihren Platz habe. Ob nun solche Meinung von gewissen Kantianern oder von englischen Vertretern idealistischer Metaphysik vorgebracht wird, immer ist sie verzahnt mit Reflexionen über die Seele, über das Absolute oder über ähnliche »metaphysische Gegenstände«; günstigenfalls wird die Metaphysik etwas abgesondert vorgetragen.

Gerade um dieser idealistischen Metaphysik auszuweichen, bemüht sich der Physikalismus, scheinbare Realsätze (*Carnaps* »inhaltliche Redeweise«) durch Sätze über sprachliche Festsetzungen (*Carnaps* »formale Redeweise«) zu ersetzen, im übrigen aber die Realsätze der Wissenschaft zu vermehren. Er bemüht sich, die Geologie wie die Soziologie, die Mechanik wie die Biologie und ebenso die »Sätze über Sätze« in der *physikalistischen Einheitssprache* zu formulieren.

Im Sinne eines konsequenten Empirismus suchte man immer wieder auf die »Erfahrung« zurückzugreifen, was allerdings leicht zu einer Lehre von den »Erlebnissen« führt, die dann in die idealistische Metaphysik abgleitet. Um dem zu entgehen, schlug ich vor, den Terminus »Erlebnis« zu vermeiden und statt dessen den Terminus »Erlebnisaussage« zu gebrauchen. Ich zeigte, daß man die

Erlebnisaussagen (»Beobachtungssätze«, wenn sorgsam formuliert: »Protokollsätze« genannt) unter Vermeidung einer besonderen »phänomenalen Sprache« in der physikalistischen Sprache etwa so formulieren kann: »Karls Protokoll im Zeitraum um 9 Uhr 14 Minuten an einem bestimmten Ort : Karls Formulierung (»Denken«, »Satzdenken« – besser als: »Sprechdenken«, weil dieser Terminus zu sehr an spezifische Lehren der amerikanischen Behavioristen erinnert) im Zeitraum um 9 Uhr 13 Minuten war: im Zimmer war im Zeitraum um 9 Uhr 12 Minuten 59 Sekunden ein von Karl wahrgenommener Tisch.« Es wird hiermit vorgeschlagen, den Terminus »Ich«, um traditionelle Scheinprobleme zu vermeiden, bei vorsichtiger Formulierung durch die doppelte Nennung des Beobachternamens zu ersetzen, übrigens durchaus im Sinne der Kindersprache. Indem wir die Termini »hier« und »jetzt« durch Ort- und Zeitbezeichnungen grundsätzlich ersetzbar erklären, vermeiden wir eine ganze Reihe von Scheinproblemen. Von Protokollsätzen kann man mit Hilfe von Hypothesen zu Voraussagen gelangen, die letzten Endes durch Protokollsätze kontrolliert werden. Im Gegensatz zu *Schlick* vertrete ich folgende Thesen:

1. Alle Realsätze der Wissenschaft, auch jene Protokollsätze, die wir zur Kontrolle verwenden, werden aufgrund von Entschlüssen ausgewählt und können grundsätzlich geändert werden.

2. »Falsch« nennen wir einen Realsatz, den wir mit dem Gesamtgebäude der Wissenschaft nicht in Einklang bringen können; auch einen Protokollsatz können wir ablehnen, wenn wir nicht vorziehen, das Wissenschaftsgebäude zu ändern und ihn so zu einem »wahren« Satz zu machen.

3. Die Kontrolle bestimmter Realsätze besteht darin, daß wir feststellen, ob sie mit bestimmten Protokollsätzen vereinbar sind, weshalb wir die Formulierung, man vergleiche eine Aussage mit »der Wirklichkeit«, ablehnen, um so mehr, als bei uns an die Stelle »der« Wirklichkeit mehrere miteinander nicht verträgliche, in sich widerspruchslose Satzgesamtheiten treten müssen.

4. Innerhalb des radikalen Physikalismus erweisen sich Sätze, die von »nicht sagbaren«, »nicht aufschreibbaren« Dingen und Vorgängen handeln, als typische Scheinsätze.

Das sind ungefähr die 4 Hauptpunkte, denen etwa folgende Thesen *Schlicks* gegenüberzustellen sind:

1. Dem radikalen Physikalismus fehlt der *»feste Boden absoluter Gewißheit«* (S. 79, 95).

2. Dem radikalen Physikalismus fehlt ein »*eindeutiges Kriterium der Wahrheit*« (S. 87).
3. Der radikale Physikalismus spricht nicht von der »*Übereinstimmung der Erkenntnis mit der Wirklichkeit*« (S. 86).
4. Der radikale Physikalismus erkennt nicht an: »*eine echte Konstatierung kann nicht aufgeschrieben werden*« (S. 98).
Wir wollen nun der Reihe nach diese vier Punkte behandeln.

1. »Absolute Gewißheit«

Schlick preist das Bemühen all derer, die nach dem »Felsen suchen, der vor allem Bauen da ist und selber nicht wankt« (S. 79). Er knüpft damit wohl an eine heute in der Wissenschaft überwundene Anschauung an, die verschieden bewertete Horizontalschichten des Weltgebäudes annahm. »Oben« soll der Himmel sein, »unten« die Erde, die man oft selbst wieder »tragen« ließ. Wenn Theologen das Argument brachten, die Welt müsse doch einen Träger haben – nämlich Gott –, so war die Gegenfrage nicht ferne, welchen Träger denn Gott benötige. Auch *Schlick* wird wohl zugeben, daß das alles Scheinformulierungen sind.

Der modernen physikalischen Denkweise, deren Bedeutung für unsere Gesamtauffassung gerade *Schlick* besonders früh erkannte, entspricht keine Metapher, die etwa mit »oben« und »unten« operiert. Alles hängt mit allem zusammen, verhältnismäßig einfache Zusammenhänge sucht man durch noch einfachere zu ersetzen. Und dennoch sucht *Schlick* nach Sätzen, die »absolut gesichert« (S. 82), »allem Zweifel entrückt« sind (S. 89), kurzum, nach »dem absolut sicheren Erkenntnisfundament« (S. 94). *Schlick* findet, es ergebe sich ein »eigentümlicher Relativismus«, wenn man die »Protokollsätze als empirische Fakta ansehe« (S. 82), wobei offenbar durch die Bezeichnung »relativistisch« eine Argumentation für unverwendbar erklärt werden soll, ähnlich wie etwa durch die Bezeichnung »kontradiktorisch«.

Schlick sieht in den »Konstatierungen«, d. h. in den »reinen Beobachtungssätzen«, den »absolut festen, unerschütterlichen Berührungspunkt von Erkenntnis und Wirklichkeit« (S. 98). Soll das ein Satz der Logik sein, dann müßte man den Schein vermeiden, ihn als Realsatz auszusprechen. Soll's aber ein Satz der Realwissenschaften sein, dann müßte man die Termini »unerschütterlich«

oder »unzweifelhaft gelten« (S. 95) entsprechend definieren. An einer Stelle betont *Schlick* (S. 80), daß man den Terminus »ungewiß« nur mit »Sätzen«, nicht mit »Tatsachen« verbinden könne. In der präziseren Sprache werden wir den Terminus »Tatsachen« durch den Terminus »Sätze« ersetzen, so daß die von *Schlick* vorgeschlagene Unterscheidung hinfällig wird. Sie führt hinüber zu der von uns grundsätzlich abgelehnten Gegenüberstellung von »Erkenntnis« und »Wirklichkeit«.

Schlick zieht zur Erläuterung dieser Gewißheits-Termini die »analytischen Sätze« heran. Wir werden ohne weiteres zugestehen, daß die analytischen Sätze (vgl. *Carnaps* Vorschlag betreffend die Definition von »analytisch«, »kontradiktorisch«, »synthetisch«) anders behandelt werden als die Realsätze. Während wir nämlich, um überhaupt vorwärtszukommen, zwischen mehreren gleich möglichen Gruppen von Realsätzen wählen müssen und uns aufgrund eines Entschlusses entscheiden, entfällt dieser Entschluß bei jeder logischen Feststellung (daß z. B. ein Satzsystem innerhalb einer gegebenen Sprache widerspruchsfrei ist). *Diese Unterscheidung ist wesentlich.*

Aber wenn auch dieser Entschluß im Bereich der Kombinatorik entfällt, so ist deshalb die Feststellung: »dieses Satzsystem ist widerspruchsfrei« deshalb nicht unter allen Umständen *»sicherer«* als etwa irgendeine Feststellung der Optik, wenn man unter »Sicherheit« die mehr oder minder große Wahrscheinlichkeit versteht, daß wir einen Satz abändern werden. In der Logik und Mathematik haben wir es jeweils *grundsätzlich* mit *einer* Möglichkeit zu tun, in den Realwissenschaften *grundsätzlich* mit *mehreren* Möglichkeiten, die miteinander in Konkurrenz treten.

»Sicher« sind auch die Sätze der Logik und Mathematik nicht, und wenn *Schlick* meint, daß ich einen Satz erst dann verstanden habe, wenn ich weiß, ob er analytisch oder synthetisch ist (S. 96), so könnte es doch vorkommen, daß ich einen Satz heute für analytisch erklärte und morgen zu einer anderen Meinung käme, indem ich erkläre, ich hätte mich geirrt und den Satz gestern nicht verstanden; ich habe doch kein Mittel, endgültig festzustellen, ob ein Satz von mir verstanden wurde oder nicht – es liegt eine typische Scheinformulierung vor. Wenn man jemanden fragt, warum er eine mathematische oder logische Behauptung berichtigt, so wird er uns letzten Endes Protokollsätze angeben müssen, in denen es heißt, man nehme wahr, daß diese oder jene Zeichen miteinander kombiniert etwa zu einem bestimmten Ergebnis führen und nicht zu dem früher angenommenen Ergebnis.

Karl Menger hat im Sinne der hier vertretenen Auffassung sich gegen *Poincaré* gewendet, der gewisse logisch-mathematische Maßnahmen deshalb für mangelhaft erklärte, weil sie dem Verhalten eines Hirten entsprächen, der seine Herde vor Wölfen dadurch schützen wolle, daß er sie mit einem Zaun umgibt, ohne aber ganz sicher zu sein, ob er nicht vielleicht einen Wolf in den Zaun mit eingeschlossen hat. Mit Recht betont Menger (»Die neue Logik« in »Krise und Neuaufbau in den exakten Wissenschaften«, Franz Deutike, Leipzig und Wien 1933, S. 107, 119): *»Gegen das Auftreten von Widersprüchen ist der Mathematiker im allgemeinen nicht gefeit. Ob er den Wolf des Poincaréschen Vergleichs nicht in den Zaun mit der Herde eingeschlossen hat, weiß er nicht. Aber daß Poincaré aus seinem Vergleich der Mathematik einen Vorwurf drechselt, beruht ja lediglich darauf, daß er von der Mathematik eine nicht nur graduell, sondern essentiell größere Sicherheit verlangt als von anderen menschlichen Tätigkeiten.«* Ähnliche Anschauungen vertritt z. B. *Brouwer* (»Mathematik, Wissenschaft und Sprache«, Wiener Gastvorträge 1928, S. 157), der sonst keineswegs immer mit Menger übereinstimmt.

»Sicher« ist als ein Terminus innerhalb der Lehre vom menschlichen »Verhalten« zu definieren. Wenn sich Diskussionen über diese Probleme zuspitzen, sollte man z. B. vorsichtigerweise sagen: »Karl sagt folgenden mathematischen Satz: ›. . .‹ Franz erwidert darauf: ›Dieser Satz ist nicht sehr *sicher,* denn Karl hat etwas oberflächlich gerechnet.‹« Dadurch wird die Mathematik keineswegs »psychologisiert«, wohl aber dafür gesorgt, daß nicht außerlogische Termini gelegentlich wie logische behandelt werden.

Es ist eine *gemeinsame* Eigenschaft der logischen Sätze und der Realsätze, daß sie sich Satzgesamtheiten widerspruchslos einfügen lassen oder zu ihnen in Widerspruch treten können. *Schlick* behauptet zunächst, daß alle analytischen Sätze eo ipso auch »unzweifelhaft« gelten (S. 95) und daß von den Beobachtungssätzen eben dasselbe gesagt werden kann: »Beide gelten absolut« (S. 97). Und so kommt *Schlick* zu der eine strengere Formulierung gar nicht vertragenden Fassung: »Beobachtungssätze seien die einzigen synthetischen Sätze, bei denen Feststellung des Sinnes und Feststellung der Wahrheit zusammenfallen, ganz wie bei den analytischen Urteilen. Nur sei der tautologische Satz inhaltsleer, während der Beobachtungssatz uns die Befriedigung echter Wirklichkeitserkenntnis verschaffe« (S. 97). Hier wird offenbar im Rahmen der Realwissenschaften von menschlichem »Behavior« gesprochen – von lust- und unlustvollen Situationen (»Befriedigung«).

2. »Eindeutiges Kriterium der Wahrheit«

Schlick sieht einen Hauptmangel unserer Anschauung darin, daß wir grundsätzlich die *Vieldeutigkeit* der Wissenschaft anerkennen – *und zwar auf jeder Stufe*. Wenn wir die widerspruchsvollen Satzgesamtheiten abgeschaltet haben, bleiben uns immer noch mehrere gleichverwendbare Satzgesamtheiten mit differierenden Protokollsätzen übrig, die in sich widerspruchslos sind, aber einander ausschließen. Daß selbst dann, wenn wir uns über die Protokollsätze geeinigt haben, eine nicht beschränkte Zahl gleichverwendbarer Hypothesensysteme möglich ist, haben *Poincaré, Duhem* und andere ausreichend gezeigt. Diese These von der Unbestimmtheit der Hypothesensysteme haben wir auf sämtliche Sätze ausgedehnt unter Einbeziehung der grundsätzlich abänderbaren Protokollsätze. Wie dann »Einfachheit« der Verknüpfungsmöglichkeiten und anderes die Auswahl bestimmen, kann hier nicht näher erörtert werden.

Unter den miteinander konkurrierenden Satzsystemen wählen wir eins aus. Dies so ausgewählte Satzsystem ist aber *nicht logisch ausgezeichnet*. Man könnte nun resignierend annehmen, daß wenigstens die zur Wahl stehenden gleichverwendbaren Satzgesamtheiten konstant bleiben und wir nur unsere Wahl ändern. Aber selbst das trifft nicht zu, die Gesamtheiten selbst werden von uns variiert.

Die Praxis des Lebens reduziert all die Vieldeutigkeit sehr rasch. Die Eindeutigkeit der für die Tat bestimmten Pläne erzwingt Eindeutigkeit der Voraussagen. Dazu kommt: Wir sind durch die Anschauungen unserer Umgebung eingeengt. Auch hat der einzelne kaum die Kraft, *ein* System ordentlich durchzuarbeiten, geschweige denn mehrere Systeme, in denen überdies viele unpräzise Termini (»Ballungen«) auftreten, Termini, die ich durch die Art ihrer Anwendung am besten kennzeichne. Man kann im allgemeinen die Verwendbarkeit verschiedener wissenschaftlicher

Hypothesensysteme nur sehr unzulänglich ausprobieren; sowenig man etwa die Auswirkung verschiedener Eisenbahnsysteme auf unser Gesamtleben ausprobieren kann.

Wenn man bedenkt, daß in den Protokollsätzen der Name des Beobachters und Termini der Wahrnehmung auftreten, die reichlich unpräzise sind, daß fernerhin der Gehalt der Protokollsätze davon abhängt, wie diese Termini in den hierfür kompetenten Wissenschaften definiert werden, so wird die Vieldeutigkeit uns von vornherein nicht wundernehmen. Nichts ist irreführender als die auch von *Schlick* angedeutete Annahme, die Protokollsätze könnten als »schlichter Ausdruck der Tatsachen« (S. 79) aufgefaßt werden.

Gegen diese Lehre, daß zwar die Logik eindeutig, die Realwissenschaft aber vieldeutig sei (»Absolut sicher« sind beide nicht), wendet sich *Schlick* und im Anschluß an *Zilsel* in ähnlicher Weise auch *Thilo Vogel*. Daß der radikale Physikalismus »zu beliebig vielen in sich widerspruchsfreien Satzsystemen gelange, die aber unter sich unverträglich sind«, und daher *»kein eindeutiges Kriterium der Wahrheit«* kennt, nennt *Schlick* eine *»logische Unmöglichkeit«* (S. 87). Etwas ist logisch unmöglich – d. h. vorsichtiger gesprochen, ein bestimmter Satz ist widerspruchsvoll. Warum ist folgende Behauptung widerspruchsvoll: Wir können mehrere in sich widerspruchsfreie Gesamtheiten von Realsätzen formulieren; unter diesen durch von uns anerkannte Protokollsätze kontrollierten Gesamtheiten wählen wir bestimmte aufgrund *außerlogischer* Momente aus. Wo steckt der von *Schlick* behauptete »Unsinn«?

Schlicks Vorwurf beruht offenbar darauf, daß er von »der« einen Wirklichkeit redet, die nur durch eines von mehreren unzuvereinbarenden Satzsystemen beschrieben werden kann, während wir doch betonen, daß diese Formulierung innerhalb der wissenschaftlichen Sprache gar nicht vorkommt, sondern daß es sich darum handelt, unter mehreren Möglichkeiten auszuwählen.

Thilo Vogel gegenüber wäre zu bemerken, daß wir nicht beliebige Systeme von unserem Standpunkt aus zulassen, wohl aber mehr als eins. Ich glaube nicht, daß der Neuplatonismus als ein in sich widerspruchsloses System darstellbar ist, dessen Voraussagen durch von uns anerkannte Protokollsätze kontrollierbar sind. Aber »unser Standpunkt« ist dennoch nur historisch bestimmt: »Der Physikalismus ist die Form, in der *unsere Zeit* Einheitswissenschaft betreibt« (*Neurath*, »Physikalismus«, Scienta 1931, S. 303).

Trotz der ernsten Befragung *Thilo Vogels* sehe ich auch fernerhin keine Bedenken, die »Wahrheit« eines Protokollsatzes durch die Satzgesamtheit bestimmen zu lassen. *Vogel* scheint letzten Endes so etwas wie »Atomsätze« oder »Elementarsätze« der *Wittgenstein*schen Metaphysik zu wünschen, mit der ja auch *Schlicks* Metaphysik und die »absolut gewissen«, aber »nicht fixierbaren« Konstatierungen zusammenhängen dürften. Die »Atomsätze« sind auch als »Grenzbegriff« abzulehnen. Wir können zwar unseren unpräzisen Beobachtungsaussagen präzise mathematische Formulierungen zuordnen, aber die Annahme, daß man zu präzisen Elementarsätzen gelangen müßte, wenn man über genügenden Scharfsinn verfügte, führt uns zu einer Fiktion ähnlich der des *Laplace*schen Geistes – eine durchaus metaphysische Vorstellung. (Vgl. *Neurath,* »Empirische Soziologie«, Wien 1931, S. 128.) Auch hier wieder das metaphysische Bemühen, die Eindeutigkeit der »Atomsätze« oder »Konstatierungen« als die ewige eindeutige Wirklichkeit den Schwankungen menschlich-kümmerlicher Wissenschaft gegenüberzustellen.

3. »Übereinstimmung mit der Wirklichkeit«

Schlick findet »absolute Gewißheit« und »eindeutiges Kriterium der Wahrheit« in seinen Anschauungen über die Übereinstimmung der Erkenntnis mit der Wirklichkeit. Man kann die Wendung »Übereinstimmung mit der Wirklichkeit« (S. 86) nicht einmal als Metapher verwenden, da ja in sich widerspruchslose Satzgesamtheiten zur Debatte stehen, die zusammen gewissermaßen das Loch in unserem Denken ausfüllen müssen, das dadurch entstanden ist, daß wir auf »die Wirklichkeit«, auf »die wahre Welt« und andere Termini dieser Art verzichtet haben.

Gewiß haben auch wir eine Instanz, das sind die von uns anerkannten Protokollsätze; aber sie ist nicht endgültig fixiert. Wir verzichten nicht auf den Richter, aber er ist absetzbar. »Alle Realsätze können auf einen bestimmten Ausschnitt aus der Masse der Realsätze, nämlich auf Protokollsätze, zurückgeführt werden. Die Protokollsätze sind innerhalb der Satzsysteme das letzte, auf das man zurückgreift (*Neurath,* »Einheitswissenschaft und Psychologie«, Wien 1933, S. 6).

Wenn wir den Teilsatz des oben erwähnten Protokolls »im

Zimmer war ein von Karl wahrgenommener Tisch« neben dem Gesamtprotokoll in den Bestand der Wissenschaft aufnehmen, dann können wir etwa von einer »Wirklichkeitsformulierung« sprechen; hingegen von einer »Traum- oder Halluzinationsformulierung«, wenn wir zwar das Gesamtprotokoll akzeptieren, nicht aber den Teilsatz »im Zimmer war ein von Karl wahrgenommener Tisch«. Bei *Schlick* dagegen wäre ein Protokoll eine Wirklichkeitsformulierung, wenn es einen »beobachteten Tatbestand richtig wiedergibt« (S. 83). Wie *Schlick* die Einzelbegriffe definiert und eine Syntax aufbauen kann, die diesen Satz möglich macht, ist nicht ersichtlich.

Wo wir sagen, eine Satzgruppe tritt zu einer anderen in Widerspruch, möchte *Schlick* sagen, sie tritt zur Wirklichkeit in Widerspruch; was eben entweder ein Realsatz oder ein verkappter syntaktischer Satz ist. Im ersteren Falle ist nicht definiert, was es heißen soll, daß ein Satz logisch mit einem Ding übereinstimmt oder nicht. Die konsequente Durchführung des Prinzips, den einen Satz immer mit dem anderen logisch zu vergleichen, treffen wir auch dort an, wo man statt der Protokollsätze andere anerkannte Sätze als »Kontrollsätze« verwendet (*Carl G. Hempel*, »Beiträge zur logischen Analyse des Wahrscheinlichkeitsbegriffs«, Jena 1934, S. 52, in Übereinstimmung mit *Popper*). Der Verzicht, alle Voraussagen letzten Endes mit Protokollsätzen zu konfrontieren, kann wohl nicht aufrechterhalten werden, ohne die *empirische* Grundeinstellung zu gefährden. (Gleicher Meinung wohl *Carnap* in »Logische Syntax der Sprache«, Wien 1934, S. 244, 247, wo der Terminus »Protokollsätze« im Sinne unseres Vorschlages gleichbedeutend mit »präziser formulierte Beobachtungssätze« und nicht mit »Kontrollsätze« überhaupt verwendet wird.)

Im Rahmen unserer Auseinandersetzungen werden »Aussagen mit Aussagen verglichen, nicht etwa mit einer ›Wirklichkeit‹, mit ›Dingen‹« (*Otto Neurath*, Scientia 1931, S. 299). Das bedeutet nicht, daß man nicht auch andere Vergleichssätze bilden kann, in denen neben sonstigen Gegenstandsbezeichnungen auch Aussagebezeichnungen vorkommen. Man kann z. B. selbstverständlich sagen: »Die Aussage in deutscher Sprache ›dieser Stuhl hat vier Beine‹ hat mehr Wörter, als dieser Stuhl Beine hat«, wobei man diese Vergleichsaussage etwa aus zwei Aussagen ableiten kann: »Diese Aussage hat 5 Wörter«, und: »Dieser Stuhl hat vier Beine«. Ich nehme an, daß damit *Thilo Vogels* Bedenken (S. 163) beseitigt sind. Wenn man vorsichtig formuliert, kann man mit *Thilo Vogel* den scheinbaren Realsatz bilden (»inhaltliche Redeweise«): »Eine Aussage ist ebenso ein Gegenstand wie ein Stuhl«, eine Auffassung übrigens, der *Schlick* nicht allgemein zustimmen würde: »Nach dieser Auffassung wären die Protokollsätze reale Vorkommnisse in der Welt und müssen den anderen realen Prozessen, in denen der ›Aufbau der Wissenschaft‹ oder auch die Erzeugung des Wissens eines Individuums besteht, zeitlich vorangehen« (S. 81). Meint *Schlick,* daß die Protokollsätze oder seine »Konstatierungen« je etwas anderes sein könnten als reale Vorkommnisse, oder liegt der Ton nur auf dem »Vorangehen«?

Die Termini »Satz«, »Sprache« usw. müssen historisch-soziologisch definiert werden. Das hindert aber in keiner Weise den Aufbau der logischen Syntax einer Sprache. *Vogels* Anregung, man solle genauer darlegen, wenn wir von einem Satz und einer Sprache sprechen, deckt sich durchaus mit unseren Tendenzen. Der Terminus »Protokollsatz« ist von gleicher Art wie der Terminus »Stuhl« oder »Stern«. In logischer Hinsicht kann man einen Protokollsatz nur mit einem anderen Satz vergleichen; man kann aber, wie wir zeigten, einen Vergleichssatz bilden, in dem das Wort »Protokollsatz« und das Wort »Stuhl« auftreten; wir haben aber keine Möglichkeit, einen Vergleichssatz zu bilden, der in ähnlicher Weise den Protokollsatz (die Erkenntnis) mit der Wirklichkeit vergleicht. *Schlick* muß aber gerade an »der Wirklichkeit« hängen, weil er sozusagen mit den Metaphern: »Ankläger, Angeklagter, ewiger Richter« arbeitet, ohne zu bemerken, daß diese Metaphern nur zulässig wären, wenn nicht alle drei Personen durch ihn selbst repräsentiert wären, sondern ein transzendentes Überwesen die »wahren Sätze über die wirkliche Welt« garantierte. (Vgl. *Frank,* »Das Kausalgesetz und seine Grenzen«, Wien 1932, S. 258). Für *Schlick* ist das Streben nach der Erkenntnis der »wahren Welt« nicht nur »lobenswert« und »gesund«, sondern seiner Meinung nach auch »bei ›Relativisten‹ und ›Skeptikern‹ wirksam, die sich seiner gern schämen möchten« (S. 79). Wer aber der Meinung ist, daß »die ›wahre Welt‹ eine sinnlose Zusammenstellung von Schriftzeichen oder Lauten ist, für den liegt in der Weigerung, von einer ›wahren‹ Welt zu sprechen, nichts Skeptisches« (*Frank,* »Das Kausalgesetz und seine Grenzen«, Wien 1932, S. 270, 273).

So reduziert sich für uns das Streben nach Wirklichkeitserkenntnis auf das Streben, die Sätze der Wissenschaft in Übereinstimmung zu bringen mit möglichst vielen Protokollaussagen. Das ist aber *sehr viel:* hierin ist der *Empirismus* begründet. Denn wenn wir durch »Entschluß« den Protokollsätzen so großes Gewicht verleihen, daß sie über den Bestand einer Theorie letzten Endes entscheiden, so weicht unser *neuer Scientismus* trotz seiner Betonung der Logisierung nicht von dem alten Programm des Empirismus ab, das noch ergänzt wird durch den Hinweis darauf, daß auch die *Protokollsätze* physikalistische Sätze sein können. Natürlich sucht man, wo es geht, die Wissenschaft zu axiomatisieren.

Wenn aber *Vogel* (S. 163) meint, man müsse, um den Widerspruch aufzuzeigen, das System axiomatisiert haben, so übersieht er, daß man in der Praxis viel gröber verfährt und meist froh ist, irgendeinen Widerspruch oder eine größere Reihe von Übereinstimmungen aufgezeigt zu haben. Gerade die Geschichte der Physik zeigt uns, daß wir oft ganz bewußt mangelhaft verfahren. Es kommt vor, daß man zeitweilig an zwei Stellen zwei einander widersprechende Hypothesen über denselben Gegenstand in gewissem Ausmaß erfolgreich verwendet. Und doch weiß man, daß in einem vollkommeneren System nur *eine* Hypothese verwendet werden dürfte, die durchläuft. Wir begnügen uns eben mit einer mäßigen Klärung, um dann Sätze auszuschalten oder zu akzeptieren. Mit dem Sinnbegriff *Wittgensteins,* auf den *Vogel* verweist, hat unsere metaphysikfreie Betrachtung nichts zu tun. Ich sehe nicht, wie man aus dieser Unvollkommenheit die Berechtigung der »Erläuterungssätze« *Wittgensteins* ableiten kann, die man am besten als »vorsprachliche Erörterungen über Vorsprachliches« kennzeichnet, um ihren metaphysischen Charakter aufzudecken.

Bei *Schlick* wurzelt die »Wirklichkeit« in den »eigenen« Protokollsätzen. »Daß ein Mensch im allgemeinen an seinen Protokollsätzen hartnäckiger festhält als an denen eines anderen, ist eine historische Tatsache – ohne prinzipielle Bedeutung für unsere Betrachtung« (*Neurath,* »Protokollsätze«, Erkenntnis III, S. 212). Es kann sehr gut vorkommen, daß man aufgrund längerer Erfahrungen gewisse eigene Protokollsätze wenig verwendet und gewisse fremde bevorzugt. Aber es könnte jemand beschließen, nie eigene Protokollsätze aufzugeben. Daß man Protokollsätze »über fremde Protokollsätze« verwenden muß, ist selbstverständlich, aber auch sie sind abänderbar. Bei *Schlick* sind nur Beobachtungssätze sakrosankt. Er bemängelt, daß wir überhaupt keine sakrosankten Sätze haben.

Schlick meint, wenn das fremde Weltbild zu meinen Beobachtungssätzen nicht passe, werde ich es eben verwerfen und lieber die anderen als »träumende Narren« ansehen (S. 91) als die eigenen Sätze ändern. *Schlick* spricht hier von Sätzen »über die Welt« (S. 90) und übersieht, daß bei Einführung von genügend viel Hilfshypothesen auch ohne die Annahme, man habe es mit träumenden Narren zu tun, diese Sätze mit beliebigen Beobachtungssätzen in Einklang gebracht werden können. Schwierig wird die Sache eigentlich erst dann, wenn ein Karl-Protokoll vorliegt, »Karl formuliert: Karl fühlt Schmerz«, und nun muß dieser Karl sich mit der Behauptung auseinandersetzen, »es gibt keinen Karl und kein Karl-Protokoll«. Jetzt müßte man Hypothesen machen, die erklären, wieso die anderen zu dieser Formulierung gelangen können. Daß aber Karl zu der Formulierung kommt, es gibt keinen Karl, ist freilich nicht anzunehmen. Man wehrt sich dagegen, in den ungeträumten Traum der anderen verwandelt zu werden, ja man will nicht einmal nur der geträumte Traum der anderen sein. Aber diese Metaphern zeigen uns auch, wie wenig dadurch unser Versuch berührt wird, die Wissenschaft als ein möglichst geschlossenes System von Sätzen auszubauen, immer bereit, es, wenn nötig, zu verändern. Nie ist auch nur *ein* Gebiet der Wissenschaft abgeschlossen, wie dies *Schlick* meint (S. 89), alle hängen mit allen zusammen und partizipieren irgendwie an der allgemeinen Unabgeschlossenheit und Unbestimmtheit.

Bei der Betonung des »eigenen« Protokolls wird meist übersehen, daß man die eigenen Protokolle zweier Zeitpunkte nicht anders miteinander vergleicht als ein eigenes Protokoll mit einem fremden Protokoll und daß daher Robinson auch, ehe Freitag kam, all die Betrachtungen anstellen konnte, die wir oben angestellt haben. *Schlick* hofft wenigstens, die »Konstatierungen« als Wirklichkeitsersatz bevorzugt behandeln zu können, indem er ihnen eine nur »momentane« Dauer zuschreibt. Die Tendenz, durch einen ausdehnungslosen Punkt einer Schwierigkeit Herr zu werden, begegnet uns im Räumlichen bei *Descartes,* wenn er die Seele mit dem Körper an einer einzigen Stelle – der Zirbeldrüse – sich berühren läßt, oder im Zeitlichen, wenn *Büchner* den Geist für ein Produkt des Gehirns erklärt, das sich im Moment seiner Entstehung selbst wieder verzehrt. Im bewußten Gegensatz dazu habe ich in meinem Vorschlag, betreffend die Formulierung von

Protokollsätzen, den Begriff der Dauer von vornherein eingeführt, wie dies physikalistischer Betrachtung durchaus entspricht. Das sind aber Probleme der Behavioristik (Psychologie) und nicht der Wissenschaftslogik. (Vgl. *Neurath,* »Einheitswissenschaft und Psychologie«, Wien 1933, S. 17).

4. »Eine echte Konstatierung kann nicht aufgeschrieben werden«

Schlicks Bemühung, die absolut sichere Wirklichkeitserkenntnis zu retten, drängt ihn immer wieder, das Gebiet der Logik zu verlassen und in ein anderes hinüberzugleiten. Wenn wir dieses nicht zur Metaphysik rechnen wollen, müssen wir versuchen, es als einen Ausschnitt aus *Schlicks* »Behavioristik des Erkennens« aufzufassen. Gehen wir von folgender Formulierung *Schlicks* aus: »Die *psychischen* Urteilsakte erscheinen erst dann geeignet, zur Begründung der intersubjektiv gültigen Erkenntnis zu dienen, wenn sie in einen mündlichen oder schriftlichen Ausdruck, d. h. in ein *physisches* Zeichensystem, übersetzt sind.« Es ist nicht ganz klar, ob *Schlick* die Urteilsakte als Zeichenreihen auffaßt, die in eine andere Zeichenreihe übersetzt werden kann. Denn nur in diesem Falle hat es wohl einen Sinn, zu sagen, der schriftliche Ausdruck besage dasselbe oder etwas anderes als der Urteilsakt. Die von *Schlick* so stark betonte Antithese »Psychisch« – »Physisch« dient nicht eben der Klärung. Immerhin sehen wir, daß *Schlick* den Urteilsakt und den Protokollierungsakt unterscheidet. Auf welche Weise er zu den Aussagen über den Urteilsakt gelangt, ist nicht klar ersichtlich – *Schlicks* Behavioristik des Erkennens kann man etwa folgendermaßen skizzieren:

Aussage a: Im Zeitpunkt t_1	formuliert *MS* im Zustand der Erwartungsspannung: *MS* wird im Zeitpunkt t_3 blau wahrnehmen, er ist vorbereitet auf dies Ereignis.
Aussage b: Im Zeitpunkt t_2	ist *MS* im Zustand des Beobachtens.
Aussage c: Im Zeitpunkt t_3	schiebt sich zwischen Beobachtung und Protokoll die Konstatierung (ein Beobachtungssatz)

	ein: »Hier jetzt blau«, die keine Dauer hat und nicht aufgeschrieben werden kann (S. 98), gleichzeitig tritt, wenn der Beobachtungssatz (der im allgemeinen kein reiner ist – S. 92) mit der Voraussage übereinstimmt, der Befriedigungszustand des *MS* ein.
Aussage d: Im Zeitpunkt t_4	notiert *MS* den Protokollsatz: *MS* machte im Zeitpunkt t_3 die Konstatierung: »Hier jetzt blau« (äquivalent mit: »nahm blau wahr«).
Aussage e: Im Zeitpunkt t_5	macht *MS,* erfüllt von der Befriedigung echter Wirklichkeitserkenntnis, Induktionen.
Aussage f: Im Zeitpunkt t_6	formuliert *MS* im Zustand der Erwartungsspannung eine neue Voraussage usw.

Es würde uns drängen, mindestens die Aussage c grundsätzlich anders zu formulieren, nämlich: Im Zeitpunkt t_3 macht *MS* die Konstatierung »hier jetzt blau«. Das widerspräche aber der für diesen Zeitpunkt ausdrücklichen Weisung *Schlicks* (S. 97, 98): »Wenn ich die Konstatierung mache: ›hier jetzt blau‹, so ist sie *nicht* dasselbe wie der Protokollsatz: ›*MS* nahm am soundsovielten April 1934, zu der und der Zeit, an dem und dem Orte blau wahr.‹ Sondern der letzte Satz ist eine Hypothese und als solche stets mit Unsicherheit behaftet. Der letzte Satz ist äquivalent der Aussage: ›*MS* machte . . . (hier sind Ort und Zeit anzugeben) die Konstatierung, ›hier jetzt blau.‹ Und daß diese Aussage nicht mit der in ihr vorkommenden Konstatierung identisch ist, ist klar.«

Aber es wird immer schwieriger, *Schlicks* Weisungen zu befolgen, wenn er z. B. erklärt: »Eine echte Konstatierung kann nicht aufgeschrieben werden, denn sowie ich die hinweisenden Worte ›hier‹, ›jetzt‹ aufzeichne, verlieren sie ihren Sinn. Sie lassen sich auch nicht durch eine Orts- und Zeitangabe ersetzen.« Liegt hier nicht eine typische Scheinformulierung vor von der Art »es gibt Dinge, die nicht formuliert werden können«, d. h., »es gibt Sätze, die keine Sätze sind«? (Vgl. zu solchen Formulierungen *Carnaps*

Detailkritik in der »Logischen Syntax«.) Es ist dies jener Typus von Formulierungen, wie wir ihn ähnlich bei *Fred Bon* antreffen. »Der Bewußtseinsinhalt als solcher kann als das ursprünglich und unmittelbar Gegebene nur erlebt, aber nicht definiert werden« (S. 364). Und »ein Urteil wie: ›ich erlebe den und den Bewußtseinsinhalt‹ kann nicht in eine Aussage über einen physischen Tatbestand umgedeutet werden, ohne ihren eigentlichen Sinn zu verlieren« (S. 374).

Wenn wir uns aber bemühen, *Schlicks* Äußerungen womöglich nicht als metaphysische zu interpretieren, dann würden wir vorschlagen, entgegen der *Schlick*schen Vorschrift zu schreiben:
Aussage c: Im Zeitpunkt t_3 zwischen *MS* im Beobachtungszustand und *MS* im Protokollierungszustand schiebt sich ein *MS* im Konstatierungszustand ein, und *MS* konstatiert: »jetzt hier blau«.

Nun könnte man die sicherlich ungewohnte, aber immerhin physikalistisch mögliche Aussage hinzufügen, daß *MS* die Beobachtungsaussage nicht weiterverwenden kann, sondern durch eine andere Aussage ersetzt, die an Stelle der Aussage tritt, die er nie aufschreiben kann. Offen bleibt freilich die Frage, wie man zu dieser merkwürdigen Hypothese gelangt und woher man weiß, daß *MS* etwas gedacht hat, was er nicht niederschreiben konnte. Wir würden versuchen, diese eigenartige Hypothese durch Protokollsätze zu kontrollieren. Zunächst sehen wir nicht, für welche Voraussagen sie verwendbar wäre.

Schlick behauptet, daß jedesmal, wenn die Konstatierung, die also offenbar ein Satz sein muß, mit der Voraussage übereinstimme – wer das beobachtet, wird nicht einmal angedeutet –, ein Befriedigungsgefühl auftrete, das wohl eine gewisse Verwandtschaft mit dem Evidenzgefühl der traditionellen Philosophie haben dürfte. Ein konsequenter Empirist würde Versuche vorschlagen, um diese Hypothese zu kontrollieren. Vielleicht gibt es Menschen, bei denen das Befriedigungsgefühl gerade dann auftritt, wenn eine Voraussage nicht durch eine Konstatierung bestätigt wird. Wer entscheidet, wann wir den Terminus »Befriedigung echter Wirklichkeitskenntnis« anwenden wollen? *Schlick* betont, daß die Annahme, jene Befriedigung trete im selben Augenblick ein, in dem der Mensch die Konstatierung mache, »von höchster

Wichtigkeit« sei (S. 93). Mit Hilfe welcher Stoppuhren wird solche Gleichzeitigkeit festgestellt? Offenbar spitzt sich alles darauf zu, wie der Terminus »Konstatierung« gebraucht wird und welche besondere sprachliche Form die Konstatierungen haben sollen. *Schlick* betont (S. 96), daß die »hinweisenden Worte den Sinn einer gegenwärtigen Geste haben«, dann aber wieder meint er im Gegensatz dazu, »›dies da‹ hat nur Sinn *in Verbindung* mit einer Gebärde. Um also den Sinn eines solchen Beobachtungssatzes zu verstehen, muß man die Gebärde gleichzeitig ausführen, man muß irgendwie *auf die Wirklichkeit* hindeuten« (S. 97). Wenn man nicht annimmt, daß hier eine typische Verdoppelungsmetaphysik vorliegt, würden diese Sätze besagen, es gäbe Fälle, in denen man die Wortsprache mit einer Gebärdensprache verbinden müsse, ohne daß man diese kombinierten Sätze in eine reine Wortsprache übersetzen könne. Aber gibt das den Sinn der *Schlick*schen Ausführungen wieder? Und wenn *Schlick* hervorhebt, daß der spätere Protokollsatz mehr oder weniger stark von der Konstatierung abweiche, so scheint das im Widerspruch zu stehen mit der Behauptung, daß sie nur Momentancharakter habe, also wohl unbekannt bleibe. Vielleicht kann man diese Bestrebungen *Schlicks* durch Vergleich mit gewissen Formulierungen der Phänomenologen besser würdigen. Sicher ist, daß sie die wissenschaftlichen Formulierungen *nicht* verändern, also wissenschaftsfremd sind; gerade um die Wissenschaft zu fördern, kommen wir aber zusammen, schon solche »Abwehr« führt uns vom Wege etwas ab.

Sollte sich zeigen, daß man diesen Ausführungen *Schlicks* keine streng wissenschaftliche Bedeutung geben kann, so berührt dies nicht *Schlicks* wissenschaftliche Ausführungen. Es ist wohl kein Zufall, daß sich *Schlick* gerade an den bedenklichsten Stellen des von uns besprochenen Artikels teleologischer Redewendungen bedient und von der »Mission« spricht, welche die so kurzlebigen Konstatierungen zu erfüllen haben (S. 91). Es sieht so aus, als ob wir hier letzten Resten zusammenhängender Metaphysik begegnen, nach deren Wegräumung wir es wohl nur noch mit diffusen metaphysischen Elementen in unserem Wissenschaftsbetrieb zu tun hätten, abgesehen von der Fülle der Irrtümer, die wir zu beseitigen trachten.

Wenn *Schlick* fast im Sinne des west-östlichen Diwans das »Verbrennen« und »Erkennen« wie ein »Stirb und werde« mit den

Worten preist: »Diese Augenblicke der Erfüllung und des Verbrennens sind das Wesentliche. Von ihnen geht alles Licht der Erkenntnis aus. Und dies Licht ist es eigentlich, nach dessen Ursprung der Philosoph fragt, wenn er das Fundament alles Wissens sucht«, so möchte ich ganz schlicht erklären: Mag man solche Lyrik schätzen, aber wer – übrigens in Übereinstimmung mit vielen anderen Ausführungen *Schlicks* – im Dienste der Wissenschaft radikalen Physikalismus vertritt, wird *keinen Anspruch darauf erheben, in diesem Sinne ein Philosoph zu sein.*

Die neue Enzyklopädie

Die neueste Phase des Empirismus führt zu konstruktiver wissenschaftlicher Kooperation. Unter einem »Empiristen« sei ein Mensch verstanden, der aufgrund einer *umfassenden wissenschaftlichen Haltung* auf allen Gebieten der Forschung, des Argumentierens und Analysierens die gleiche Art der Kritik und des Aufbauens anwendet. Denker, die zwar auf *einem* bestimmten Fachgebiet empiristisch vertretbare Anschauungen entwickeln, sind keine umfassenden Empiristen im angedeuteten Sinne, wenn sie auf anderen Gebieten sich unkritisch verhalten, sei es, daß sie Sätze aufstellen, die an sich in Ausdrücken der empiristischen Sprache formuliert sind, aber einer strengeren Überprüfung nicht standhalten, sei es, daß sie Formulierungen vertreten, die fern von empiristischer Überprüfbarkeit vorwiegend metaphysische Spekulationen und Erwägungen umfassen. Manche Denker, wie Eddington, Jeans, Planck, die in ihren Spezialgebieten Lehren vertreten, die einer empiristischen Gesamtauffassung eingegliedert werden können, geben diese Haltung auf, wenn sie diese Grenzen überschreiten, allgemeinere Probleme behandeln und sich popularisierend an ein größeres Publikum wenden. Dies hängt aber nicht etwa damit zusammen, daß man sich als Empirist nicht jedermann verständlich machen könnte, denn innerhalb des umfassenden Empirismus gibt es alle Grade der Wissenschaftlichkeit und Popularisierung.

Die umfassende wissenschaftliche Haltung des modernen Empirismus geht auf sehr verschiedenartige, früher einander oft geradezu bekämpfende Bestrebungen zurück. Wir finden vor allem die empiristischen Einzelbestrebungen, die sich allmählich zu einem *Mosaik der Wissenschaft* zusammenfügen, ohne daß dessen Hauptzüge immer erkannt würden. Denn selbst solche Männer, die auf allen oder den meisten Gebieten, nicht nur auf einem Spezialgebiet wissenschaftlich eingestellt sind, werden sich dieser Einstellung nicht immer bewußt. Es war eine Ausnahme, daß *Leonardo da Vinci,* der sowohl scholastische Werke als moderne Forschung und Technik kannte, über empirische Einstellung, Bedeutung der Generalisation und ähnliches sich Notizen machte. Aber zu einer zusammenfassenden Schau führte ihn das nicht.

Während Leonardo – die Frage seiner Originalität steht hier nicht zur Diskussion – mit Erfahrungsaussagen zu hantieren gewohnt war und technische Entwürfe machte, die zum Teil mit seiner Praxis als Festungsbauer oder mit der allgemeinen Praxis seiner Zeit zusammenhingen, zum Teil phantasiereiche Neuschöpfungen behandelten, hat *Francis Bacon* die empiristische Idee ungemein gefördert, ohne im einzelnen empiristische Denkweise auszubauen oder auch nur immer zu schätzen: Er vermochte z. B. weder *Galilei* noch *Gilbert* nebst anderen hervorragenden Zeitgenossen zu würdigen, die von größter Bedeutung für den wissenschaftlichen Fortschritt waren. Seine Beispiele für die Induktion sind sehr unzureichend, seine Klassifikation der Wissenschaften ungenügend. Und dennoch trug er die Fahne des Empirismus mit Erfolg voran und übte historisch einen eigenartigen Einfluß aus. Es sei nur darauf verwiesen, daß die französischen Enzyklopädisten ihn sehr schätzten und sich seine Klassifikation der Wissenschaften zu eigen machten.

Wir sehen, wie der Gedanke, daß es eine bestimmte Art des Wissenschaftsbetriebes gebe, die man als *Empiristische Forschungsweise* bezeichnen mag, sich allmählich allgemein durchsetzt. Es entwickelte sich immer allgemeiner eine gewisse Ablehnung philosophisch-theologischer Denkweise, auch bei denen, die mit traditionellen Auffassungen ihren Frieden zu machen suchten.

Man begreift, daß schließlich der Wunsch lebendig wurde, das *empiristische Verfahren* als solches systematisch zu untersuchen. Eine lange Reihe von Arbeiten beginnt, die mehr oder weniger an *John Stuart Mill* anknüpft. Es sei an die »Principles of Science« von *Jevons,* an die »Grammar of Science« von *Pearson* und ähnliche Schriften erinnert, die in der Gegenwart ihre Nachfolger gefunden haben, etwa in der »Introduction to Logic and Scientific Method« von *Morris R. Cohen* und *Ernest Nagel*. Mill, Jevons, Pearson waren alle drei sozialwissenschaftlich sehr interessiert und haben das empiristische Verfahren ohne Unterschied auf alle Fragen anzuwenden sich bemüht.

Aber alle diese Bestrebungen zielten nicht darauf ab, den Schatz unserer Einsicht als ein Ganzes überschaubar zu machen. Diese Neigung finden wir in der Vorgeschichte der modernen Denkentwicklung, vor allem bei den Scholastikern vertreten. *Thomas von Aquin* und andere führende Scholastiker konnten mit Hilfe theologischer Betrachtungsweise Himmel und Erde, Jenseits und

Diesseits und alle Teile des Diesseits zusammenzubinden versuchen. Die umfassende Schau der Scholastik treffen wir etwas abgeschwächt wieder bei den führenden Rationalisten an, die wie *Descartes* und *Leibniz* am Ausbau der Einzelwissenschaften mitwirkten. Das Streben nach logischer Ableitung, das wir bei den Scholastikern antreffen, ist bei Leibniz in durchaus moderner Weise wieder lebendig geworden. Er ist der große Vorläufer der Logistik geworden. Der Empirismus steht aber all solchen Zusammenfassungen nicht günstig gegenüber, aller Rationalismus a priori erscheint ihm verdächtig. Der große spekulative Metaphysiker *Hegel* versuchte eine Zusammenfassung im alten Sinne, die von Gott bis zu den physikalischen Gesetzen reichen sollte. Seine »Enzyklopädie« zeigt, wie voll von unempiristischen Betrachtungen sein Denken ist, wie gering die Rolle ist, die empiristischer Kritik zukommt, und wie schwach auch der Sinn für formale Logik entwickelt ist.

Aber wir sehen auch das Bemühen, zu einer Zusammenfassung auf empiristischer Grundlage zu kommen: die *Französische Enzyklopädie* suchte das gesamte Wissen ihrer Zeit zusammenzufasen. *Diderot* und *d'Alembert* waren bemüht, sich gegen »DAS« System der Wissenschaft als Leitidee zu wehren, auch gegen eine zu starke Verwendung der Klassifikation der Wissenschaften, die aber um der Organisation willen unvermeidlich schien. Die antisystematische Haltung *Condillacs* ist zu spüren, aber auch die empiristische Neigung eines *Voltaire,* der nicht nur zusammen mit seiner mathematischen Freundin Madame *Du Chatelet* Newton in Frankreich bekannt machte, sondern selbst viele, zum Teil nicht unwichtige, Experimente ausführte. Ein Polyhistor half dem anderen beim Aufbau der Enzyklopädie, aber eine Zusammenfassung im engeren Sinne fehlte. Eine *empiristische Zusammenschau* versuchte *Comte,* und später, vor allem durch den Darwinismus beeinflußt, *Spencer*. Sowohl Comte als Spencer waren stark soziologisch interessiert, wenn auch Comte von der Mathematik und Physik herkam. Spencer hatte die Bearbeitung der physikalischen Abteilungen seines gewaltigen enzyklopädischen Werkes aufgeschoben, so daß es ein biologisch-soziologischer Torso blieb. Dies sei deshalb hervorgehoben, weil vielfach die Meinung verbreitet ist, das Streben nach der Zusammenfassung der Wissenschaften sei vorwiegend durch Physiker und Mathematiker inauguriert worden. Auch *Wundts* Bestrebungen könnten hier erwähnt werden.

Diese Versuche, eine empiristische Zusammenschau aufzubauen, entbehren der Logik als eines erfolgreichen wissenschaftlichen Instruments. Logische Konstruktion galt im ganzen als Rationalismus, Rationalismus als eine Form aprioristischer Metaphysik. Innerhalb der Wissenschaften selbst hatte sich aber wissenschaftslogische Analyse Schritt für Schritt ausgebildet, wir sehen, wie *Brewster, John Herschel* und andere sich darüber klarzuwerden suchten, daß weit voneinander abweichende Hypothesen in gewissen Elementen des Kalküls und der Anwendung auf die Erfahrung übereinstimmen könnten, so die Ideen eines *Poincaré, Duhem, Abel Rey, Enriques,* insbesondere aber die eines *Ernst Mach* vorbereitend; seine Analyse der überlieferten physikalischen Grundbegriffe führte zu Betrachtungen, die durch modernste Forschungen als fruchtbar erwiesen wurden, nicht nur sofern Mach ein Anreger und Vorläufer *Einsteins* war. Obgleich Mach selbst die Einheit der Wissenschaft proklamierte und eine Einheitssprache ersehnte, die es einem ermöglicht, von einer Wissenschaft in die andere hinüberzugehen, ohne die Sprache zu wechseln, hat er die modernen Hilfsmittel nicht herangezogen, welche die Wissenschaften strenger miteinander zu verknüpfen sowie die Stellung von Logik und Mathematik zu präzisieren gestatten. Was Mill darüber gesagt hatte, befriedigte auch Empiristen nicht.

Von einer neuen Seite her kamen fruchtbare Anregungen. Die Versuche, die Grundlagen der Geometrie sowie der Mathematik überhaupt genauer festzulegen, führten einerseits zu Problemen der Physik, andererseits zu solchen der Logik. Sofern die Geometrie als physikalische Disziplin aufgefaßt wurde, kam man etwa zur Frage, ob man nicht die Raumkrümmung durch Nachmessung feststellen könne, sofern man sie als mathematische Disziplin auffaßte, kam man zu logischen Verallgemeinerungen verschiedenster Art, man betrachtete etwa auch nicht-archimedische Größensysteme als logische Möglichkeiten. Dabei wurde es immer deutlicher, daß man nicht im vorhinein wissen konnte, welche der logischen Möglichkeiten sich vielleicht physikalisch verwerten lassen. Zwischen den abliegendsten Problemen der Mathematik und der physikalischen Forschung ergab sich eine nicht vorausgesehene Affinität. Logiker und Mathematiker entwickelten eine neue Atmosphäre. Es seien nur ein paar Namen, wie *Gauss, Bolyai, Lobatschefskij, Helmholtz, Riemann, Minkoski,* dann *Frege, Peano, Schröder, Peirce, Russell* genannt, deren Gedankengänge mittelbar auf immer mehr Vertreter aller Disziplinen Einfluß bekommen. Die beiden zuletzt erwähnten verknüpften bereits empiristisches und logisches Interesse aufs engste miteinander, und wie *John Dewey,* der für Logik besonderes Interesse zeigt, in Amerika einen Kreis von Denkern in empiristischem Sinne beeinflußte, wirkte *Moritz Schlick* als Mittelpunkt eines Zirkels, der den *logischen Empirismus* in Mitteleuropa entwickelte. Insbesondere den Vertretern des »Wiener Kreises« wurde es klar, die nähere Analyse der wissenschaftlichen Sprache führe dazu, daß man einerseits tautologische Verknüpfungen untersuche, andererseits empiristisch kontrollierbare Aussagen, hingegen gebe es *kein besonderes Gebiet philosophischer Aussagen.* Ein Teil der Mitglieder des Wiener Kreises konzentrierte seine Aufmerksamkeit auf die Kritik von Aussagen und wollte die besondere Aufgabe formulieren, man solle keine Behauptungen aufstellen, sondern sich darum bemühen, Unklarheiten aus der Welt zu schaffen und im Falle eines philosophischen Konfliktes streitende Parteien aufzufordern, sich auf die Regeln zu besinnen, nach denen sie die Worte und Ausdrücke ihrer Sprache verwenden. Demgegenüber kann man darauf verweisen, daß diese Technik der Kritik sicherlich zweckmäßig sei, daß es aber vielleicht nicht unbedenklich sei, sie sozusagen vom wissenschaftlichen Betrieb ablösen zu wollen. Gar leicht fühlt sich der Kritiker dem Kritisierten überlegen, der mit Problemen ringt, die sich ihm aus der Arbeit des Tages ergeben; man sollte sich in weitgehendem Maße mit dieser wissenschaftlichen Einstellung identifizieren, um vielleicht, wenn man genügend in die Probleme eingedrungen ist, ihm logische Hilfe zu leisten oder die allgemeineren Konsequenzen irgendwelcher Untersuchungen aufzeigen zu können. So hat Schlick als Physiker die Leistungen von Einstein frühzeitig würdigen können, so wie Frank, Hahn und andere innerhalb ihrer Wissenschaften strenge Analyse anwendeten und zu zeigen suchten, wie sich die so erworbene Haltung allgemeiner anwenden lasse. Die erwähnte vorwiegend krtisierende Grundeinstellung, die uns manchmal auch bei den holländischen Signifikern begegnet, ist anregend, bedarf aber gewissermaßen immer eines sozusagen »mangelhaften« Objekts, auf das sie anzuwenden ist. Man kann aber diesem Bemühen auch eine andere, mehr konstruktive Wendung geben, wenn man mit der Anschauung, neben den wissenschaftlichen Sätzen keine anderen anzuerkennen, Ernst macht und die möglichst umfassende, einheitliche und durchsichtige Darstellung der Gesamtheit der Wissenschaften fordert, das heißt das Programm der *Einheitswissenschaft* (Unified Science, Science Unitaire) durchzuführen sucht. Dann bemüht man sich um den Fortschritt der Gesamtwissenschaft, so wie sich jeder Einzelwissenschaftler um den der Einzelwissenschaft bemüht, und sucht Hilfsmittel anzugeben, die dabei dienlich sein können. So kann man die *umfassende wissenschaftliche Haltung* realisieren, das *Mosaik der Wissenschaft* ganz bewußt als Ganzes betrachten und ausbauen, die *empiristische Forschungsweise* nicht nur als allgemeines Ideal propagieren, sondern auch das *empiristische Verfahren* in seiner Konkretheit darstellen. Die wissenschaftslogische Analyse kann nun in der *Wissenschaftslogik* (wie *Carnap* diese Disziplin, die ihm so viel verdankt, zu nennen vorgeschlagen hat) das Handwerkszeug des wissenschaftlichen Alltags ausbilden, mit Hilfe dessen man *Querverbindungen* von Wissenschaft zu Wissenschaft herstellen und, wo immer es möglich ist, *Systematisierungen* (insbesondere auch Axiomatisierungen) durchführen kann. Man muß freilich den Fehler vermeiden, »DAS« System als Modell der Wissenschaft antizipieren zu wollen. Man kann von der *Enzyklopädie als Modell* ausgehen und nun zusehen, wieviel man an Verknüpfung und logischer Konstruktion, Eliminierung von Widersprüchen und Unklarheiten erreichen kann. Die *Zusammenschau des logischen Empirismus* wird so zu einer Aufgabe des Tages.

Zieht man die Konsequenzen aus dem Programm, eine Einheitswissenschaft des Empirismus aufzubauen, so muß die Vereinigung der Arbeit von Wissenschaftlern verschiedenster Fächer ins Auge gefaßt werden. Eine neue Kooperation wird nun möglich, die der verwandt ist, wie wir sie innerhalb der Fachwissenschaften seit langem kennen. Biologen können sich untereinander über ihre Forschungsergebnisse ebensogut fruchtbar unterhalten wie Geologen oder die Erforscher kosmischer Strahlen, so verschieden ihre Hypothesen und Theorien auch sein mögen. Sie sind darin von den Philosophen unterschieden, deren verschiedene Schulen sich gegeneinander abschließen. Eine Phänomenologie kann sich schwer mit spekulativen Idealisten unterhalten und beide wieder schwer mit einem kritischen Idealisten. Die Idee der Einheitswissenschaft tritt daher nicht in Konkurrenz mit dem Programm irgendeiner philosophischen Schule, sondern teilt nur mit, daß man Wissenschaft in sehr umfassender Weise treiben wolle, dabei werden Vertreter aller Wissenschaften mittun können, Geologen,

Biologen, Physiker, Soziologen, Mathematiker und Logiker, aber auch alle die, welche sich um wissenschaftliche Haltung im ganzen bemühen, ohne Vertreter einer bestimmten Wissenschaft zu sein; es wird auch Freunde der wissenschaftlichen Gesamtauffassung geben, die ihr wichtige Dienste leisten werden, ohne daß sie gerade auf Einzelgebieten erfolgreich sein müßten. Der konkrete Ausdruck solcher Zusammenarbeit ist die neue *Internationale Enzyklopädie der Einheitswissenschaft,* die bei der University of Chicago Press erscheint. Sie wird zeigen, wieviel an Gemeinsamkeit auf dem Boden der Wissenschaft heute schon möglich ist. Es ist keineswegs so, daß alle Mitarbeiter sozusagen gemeinsame programmatische Sätze anzuerkennen bereit sind. Die Enzyklopädie ist vielmehr eine Plattform, die es ermöglicht festzustellen, wieweit tatsächlich Kooperation möglich ist. So werden Beiträge von Wissenschaftlern in diese Enzyklopädie aufgenommen werden, die außerhalb der Enzyklopädie prinzipielle Anschauungen vertreten, die von manchen, die an der Organisation dieser Enzyklopädie mitwirken, nicht geteilt werden können. Die Mitarbeiter der Enzyklopädie bilden eben keine neue philosophische Sekte, sondern eine wissenschaftliche Arbeitsgemeinschaft, deren Leistungsfähigkeit nicht durch antizipierende Programme, sondern durch ihre Ergebnisse gekennzeichnet wird. Es wird innerhalb der Enzyklopädie grundsätzlich jede Anschauungsweise zur Debatte gestellt werden, insofern ist die Enzyklopädie selbst Ausdruck einer zwar konstruktiven, dabei aber doch unbeschränkt kritischen wissenschaftlichen Haltung.

Die Enzyklopädie wird aus einzelnen Arbeiten bestehen, die durch Meinungsaustausch der Mitarbeiter in möglichst nahe Beziehungen gebracht werden sollen. Die Terminologie, das heißt die gesamte Ausdruckweise, soll, soweit dies ohne Pedanterie möglich ist, vereinheitlicht werden. Die Erfahrung zeigt, daß gewisse Terminologien mehr als andere den Anlaß zu Scheinproblemen geben können und daß es manchmal nicht unzweckmäßig ist, Termini, die mit schillernden Bedeutungen überlastet sind, aufzugeben und nicht bloß neu zu definieren. Aber diese und andere Bemühungen um Zusammenhang und Vereinheitlichung haben ihre Grenze. Man kommt schließlich durch kein Mittel über die augenblickliche Situation der Wissenschaft hinweg, ohne eben neue wissenschaftliche Arbeit zu leisten. Man kann nicht eine »tabula rasa« als Ausgangssituation sich vorstellen, um dann

Schritt für Schritt klare Formulierungen aufzubauen, vielmehr muß man die vorhandene Fülle der Wissenschaft als Grundlage der Arbeit betrachten, indem man gewisse Aussagen ausschaltet, andere hinzufügt, diese und jene neu interpretiert oder in ungewohnter Weise verknüpft. Aber man kann nicht allgemeine Regeln der Kritik aufstellen, aufgrund deren man nun darangehen könnte, Auffassungen zu klären. Die Geschichte der Wissenschaften zeigt uns, daß sehr fruchtbare Lehren zunächst etwas unklar und fremdartig formuliert werden; wollte man sogleich mit der ganzen Schärfe der Kritik einsetzen, so könnte mancher vordringende Denker unsicher gemacht und in seiner Entfaltung gestört werden. Daraus, daß man keine allgemeinen Regeln der Kritik aufstellen kann, folgt aber nicht etwa, daß nun jeder einen Freibrief bekommt, unklare und unempiristische Gedankengänge zu verfolgen. Die wissenschaftlichen Erfolge zeigen, welche Wege sich bewähren. Diese Einstellung erklärt die große Vorsicht, mit welcher man innerhalb des wissenschaftlichen Empirismus philosophischer Spekulation und metaphysischer Erkenntnistheorie gegenübertritt, die nicht von der Wissenschaft ausgehen, sondern sozusagen von einer »Überwissenschaft« aus Kritik üben und Einsicht gewinnen wollen.

Von den Systemphilosophen scheint der wissenschaftliche Fortschritt immer weniger gefördert zu werden. Anfänglich war die Philosophie so umfassend, daß sie alle wissenschaftlichen Disziplinen in sich vereinigte. Die sind nun alle abgespalten worden, zunächst die Physik, schließlich auch die Soziologie und Psychologie mit Rechts- und Morallehre. Die so nebeneinander bestehenden Wissenschaften kann man nun wieder zusammenzufügen und im Rahmen des logischen Empirismus zur Einheitswissenschaft zu verknüpfen suchen.

In einer kritisch-historischen Geschichte des menschlichen Denkens, die Wissenschaft ebenso wie Philosophie umfassen müßte, könnte man die Bedeutung der vielen kleinen Schritte der Wissenschaftler und die der Ideen der Philosophen für die Entwicklung der Gesamtwissenschaft untersuchen. Dabei wird sich zeigen, daß gewisse Elemente des Rationalismus bedeutsam werden, wenn sie ihres aprioristischen Charakters entkleidet werden. Die konstruktive Kraft des Rationalismus, verbunden mit der Sicherung, welche der Empirismus gibt, ist sehr bedeutsam und die Verknüpfung von beidem, der »Empirische Rationalismus«, (Rationalisme

Experimental) fällt schließlich mit dem »Logischen Empirismus« zusammen, so daß beide Termini als Synonyma verwendet werden können. Die neue Enzyklopädie wird deutlich erkennen lassen, daß der oft hervorgehobene Gegensatz »Rationalismus« – »Empirismus« durch eine neue Art wissenschaftlicher Synthese überwunden werden kann.

Die Internationale Enzyklopädie der Einheitswissenschaft hat nicht den Zweck, Einzelfakten zu vermitteln, sie will vielmehr in Ergänzung der vorhandenen großen Enzyklopädien das logische Rahmenwerk der modernen Wissenschaft aufzeigen. Details werden erörtert, um die Verwendung des wissenschaftlichen Handwerkszeugs zu zeigen. Die Enzyklopädie wird aus einzelnen systematisch aufgebauten Heften zusammengesetzt sein, ein Generalindex wird die Enzyklopädie als Nachschlagewerk verwendbar machen, außerdem wird jede größere Gruppe von Heften einen Sonderindex bekommen. Die ersten zwanzig Hefte, die 1938 und 1939 erscheinen, bringen die Einleitungen der nächsten Bände. Sie werden unter dem Titel »Foundations of the Unity of Science« als selbständiges Ganzes zusammengefaßt. Die Enzyklopädie wird wie eine »Zwiebel« aufgebaut werden. Um diesen Kern von zwei Bänden wird sich eine erste Schale weiterer Bände legen, die wieder ein in sich geschlossenes Ganzes bilden sollen. In ihnen wird die Systematisierung der Einzeldisziplinen behandelt werden, auch die Klassifikation der Wissenschaften und verwandte Probleme. Da es die Aufgabe dieser Enzyklopädie ist, den Zustand der Wissenschaft darzustellen und nicht eine Ausgleichung zu antizipieren, die noch nicht besteht, sollen in dieser Schale divergierende bedeutsame Auffassungen zu Wort kommen, die über einen gegebenen Fragenkomplex bestehen. Der Leser der Enzyklopädie wird so über bestehende Schwierigkeiten und Differenzen durch Vertreter der voneinander abweichenden Lehren selbst kurz informiert werden. Es soll ihm durch die Gesamtdarstellung keine Meinung aufgezwungen werden. Ebenso sollen offene Fragen als solche erkennbar gemacht werden. Erfahrungsmäßig sind im allgemeinen Bücher dogmatischer als die Autoren selbst, dies soll in der Enzyklopädie möglichst vermieden werden.

Ein Blick auf das Inhaltsverzeichnis der ersten beiden Bände zeigt, daß die Enzyklopädie besonderen Wert darauf legt, alles, was mit wissenschaftlicher Sprache, mit Formulierungsweise, Kalkül, Logik usw. zusammenhängt, zu behandeln. Da die Eigenart der modernen Wissenschaftslogik sich gerade auf dem Gebiete der historisch-kritischen Analyse gezeigt hat, soll der Geschichte der Wissenschaften besondere Aufmerksamkeit gewidmet werden, ebenso aber auch der Soziologie der Wissenschaften. Allzu leicht entwickelt sich die Vorstellung, daß die Wissenschaft selbst eine Art absoluter Position einnehme, während sie eine historische Erscheinung wie jede andere ist, deren Abhängigkeit von gesellschaftlichen Umständen nicht deutlich genug zum Bewußtsein gebracht werden kann. Einige Artikel sind dazu bestimmt, das Handwerkszeug modernen wissenschaftlichen Denkens im allgemeinen zu zeigen, andere den Aufbau einzelner Disziplinen, schließlich soll auch die Entwicklung des modernen logischen Empirismus aufgezeigt werden, das Ineinandergreifen all der Elemente, welche heute dazu beitragen, den wissenschaftlichen Empirismus als eine besondere Bewegung erscheinen zu lassen. Die »Unity of Science Movement« hat in den internationalen Kongressen für Einheit der Wissenschaft ihren Ausdruck gefunden und wird durch diese Enzyklopädie zeigen, daß es sich nicht nur um fruchtbare kritische Analyse handelt, sondern auch um Schaffung einer wissenschaftlichen Kooperation, die dazu führt, daß Vertreter verschiedenster Wissenszweige miteinander ständig in Kontakt kommen und an einem gemeinsamen Werk tätig sind. Dabei wird immer wieder betont, daß jeder Mitarbeiter nur für den von ihm gelieferten Beitrag verantwortlich ist, nicht etwa für die Gesamtenzyklopädie.

Da die Enzyklopädie die Mitarbeiter auf kein gemeinsames Programm verpflichtet, muß der Leser die Vereinheitlichung und Verknüpfung in sich selbst vollziehen. Wenn er sich gefördert fühlt in der Fähigkeit, wissenschaftliche Kritik überall grundsätzlich anzuwenden, hat die Enzyklopädie eine wichtige Aufgabe erfüllt. Wie arm wäre die Gemeinsamkeit eines Programms! Es würde durch das »logische Produkt« der einzelnen Anschauungen gebildet, ein Produkt übrigens, das immer wieder in Frage gestellt würde und zu zahllosen Kontroversen Anlaß gäbe, so hingegen stellt die Enzyklopädie die »logische Summe« der gerade noch vereinbaren Anschauungen dar. Nicht was allen gemeinsam ist, wird bedeutsam für den Leser der Enzyklopädie, sondern das Ganze der Einheitswissenschaft, repräsentiert durch die Enzyklopädie.

Ob solche empiristische Zusammenschau jene Befriedigung auslösen kann, die von philosophischen Systemen für so viele ausgeht, ist eine offene Frage. Sicherlich werden viele junge Menschen, denen die Wissenschaften in ihrer Vereinzelung kalt und fern erscheinen, durch die Möglichkeit, alles miteinander verknüpfen zu können, durch die Einheitswissenschaft angezogen werden, auch mag der Wunsch nach Vielseitigkeit, der viel häufiger ist, als manchmal zugegeben wird, hier eine planmäßige Betätigung finden können. Dadurch, daß in dieser Enzyklopädie Kunstgeschichte ebenso wie Krystallographie, Pädagogik ebenso wie Technik, Rechtslehre ebenso wie Mechanik behandelt werden, wird von vornherein der Anschauung entgegengewirkt, daß der logische Empirismus eine Sache der Physiker und Mathematiker sei. Die Grundidee, daß man keine endgültig feste Basis, kein System vor sich hat, daß man immer forschend sich bemühen muß und die unerwartetsten Überraschungen bei späterer Nachprüfung viel verwendeter Grundanschauungen erleben kann, ist für die Einstellung kennzeichnend, die man als *Enzyklopädismus* bezeichnen mag. Er ist der Anschauung entgegengesetzt, die irgendwelche ausgezeichnete Lehren und Sätze zum Ausgangspunkt nimmt und die Wissenschaft gewissermaßen als etwas Gegebenes betrachtet, das man sukzessive entdecke, wie ein fremdes Land; wir können nicht mit einer gegebenen »Grenze« unseres Strebens rechnen, können weder »verifizieren« noch »falsifizieren«, sondern immer nur zwischen mehreren Satzgesamtheiten wählen, wobei für die eine gewisse Momente sprechen mögen, für eine andere gewisse andere, ohne daß wir aber einen Weg sehen würden, eine Art »Indexziffer« aufzustellen, die es uns ermöglichte, die Anschauungen linear anzuordnen und nun aufgrund eines Kalküls die Entscheidung zu treffen, welche Anschauung wir vorziehen wollen. Dieser Skeptizismus muß aber nicht lähmend und hemmend wirken, denn er führt uns ja letzten Endes zur groben Alltagserfahrung zurück, die wir bald so, bald so zum Aufbau der Wissenschaften verwenden können. Von unseren Alltagsformulierungen werden wir als Empiristen immer wieder ausgehen, mit ihrer Hilfe werden wir als Empiristen immer wieder unsere Theorien und Hypothesen überprüfen. *Diese groben Sätze mit ihren vielen Unbestimmtheiten sind der Ausgangspunkt und der Endpunkt all unserer Wissenschaft.*

Soweit der wissenschaftliche Empirismus die wissenschaftliche Gesamthaltung pflegt, führt er uns dazu, die Einflüsse persönlicher Neigungen und Abneigungen zurückzudrängen, die Überbetonungen und Verschleierungen abzuweisen, die uns überall begegnen. Dabei wissen wir aber sehr gut, daß auch diese wissenschaftliche Haltung selbst wieder als Glied unseres gesamten persönlichen und gesellschaftlichen Lebens aufgefaßt werden muß und daß wir keinen Punkt haben außerhalb unserer selbst, von dem aus wir alles, uns selbst eingeschlossen, betrachten könnten. Wer aber dies um jeden Preis begehrt, kann vom Empirismus keine Erfüllung erhoffen. Was Wissenschaft uns bieten kann, zeigt sie uns selbst vor allem dort, wo sie in ihrem ganzen Umfang übersichtlich vorgeführt wird, wie in der Enzyklopädie der Einheitswissenschaft.

Pseudorationalismus der Falsifikation

Poppers »Logik der Forschung« (vgl. Erkenntnis V, S. 267, 290) bringt viele bemerkenswerte Ausführungen, deren Bedeutung für die Wissenschaftslogik *Carnap* bereits gewürdigt hat. Aber *Popper* versperrt sich den Weg zu voller Würdigung der Forschungspraxis und Forschungsgeschichte, denen doch eigentlich sein Buch gewidmet ist, durch eine bestimmte Form des *Pseudorationalismus*. Er macht nämlich nicht die *Mehrdeutigkeit* der Realwissenschaften zur Grundlage seiner Betrachtungen, sondern strebt, gewissermaßen in Anlehnung an den Laplaceschen Geist, nach einem einzigen ausgezeichneten System von Sätzen, als dem Paradigma aller Realwissenschaften.

Man kann ohne viele Vorerörterungen in die Debatte eintreten, weil *Popper* erfreulicherweise gewisse Grundgedanken verfolgt, die insbesondere in Verbindung mit dem Physikalismus innerhalb des Wiener Kreises entwickelt wurden, um die Metaphysik der »Endgültigkeit« zu überwinden. Die Grundgedanken, denen sich *Poppers* Haltung im ganzen nähert, sind ungefähr: Wenn wir die Realwissenschaften als Massen von Sätzen logisch analysieren, gehen wir davon aus, daß wir alle Realsätze, die ähnlich denen der Physik aufgebaut werden, unter Umständen auch »Protokollsätze« ändern können. Bei den Bemühungen, widerspruchslose Satzmassen zu erhalten, scheiden wir bestimmte Sätze aus, ändern andere ab, ohne aber dabei von absoluten »Atomsätzen« oder anderen endgültigen Elementen ausgehen zu können.

I. Poppers Modelle

Obgleich *Popper* im ganzen ähnliche Anschauungen vertritt und so gewissen Irrtümern entgeht, verwendet er doch andererseits gewissermaßen als Modelle der Realwissenschaften gut überblickbare, aus sauberen Sätzen aufgebaute Theorien. Durch die Form seiner »Basissätze« wird bestimmt, was als empirischer, das heißt als »falsifizier*barer*«, Satz gelten soll (S. 47). Die Theorien werden nach ihm durch *vorher* bis auf weiteres anerkannte Basissätze überprüft (S. 64). Sie werden abgelehnt, wenn diese Basissätze,

»eine falsifizierende Hypothese bewähren« (S. 47, 231). Die *Falsifizierung* ist dann die Grundlage aller weiteren Betrachtungen *Poppers*. Seine Gedanken kreisen dabei beständig um ein bestimmtes Ideal, das er zwar nicht als erfüllbar bezeichnet, aber sozusagen als Modell verwendet, wenn er sich klarmachen will, was es heißt, daß ein empirisch-wissenschaftliches System an »*der*« Erfahrung scheitert (S. 13). Dazu wäre nach ihm eine Theorie geeignet, »durch welche ›unsere besondere Welt‹, ›Die Welt unserer Erfahrungswirklichkeit‹ mit größter für eine theoretische Wissenschaft erreichbarer Genauigkeit ausgezeichnet wäre. ›Unsere Welt‹ wäre mit theoretischen Mitteln beschrieben: die und nur die Vorgänge und Ereignisklassen wären als erlaubt gekennzeichnet, die wir tatsächlich auffinden.« (S 68, II.) Die Annäherung an dieses Generalsystem spielt in den Betrachtungen *Poppers*, wie wir sehen werden, immer wieder eine gewisse Rolle.

2. Enzyklopädien als Modelle

Demgegenüber bemühen wir uns, Modelle zu verwenden, die den Gedanken an ein Ideal dieser Art gar nicht erst aufkommen lassen. Wir gehen von Satzmassen aus, die nur teilweise systematisch zusammenhängen, die wir auch nur teilweise überschauen. Theorien stehen neben Einzelmitteilungen. Während der Forscher mit Hilfe eines Teiles dieser Satzmassen arbeitet, werden von Dritten Ergänzungen hinzugefügt, die er grundsätzlich anzunehmen bereit ist, ohne die logischen Konsequenzen dieses Entschlusses ganz zu übersehen. Die Sätze der Satzmassen, mit denen man wirklich arbeitet, verwenden viele unbestimmte Termini, so daß »Systeme« immer nur als Abstraktionen herausgehoben werden können. Die Sätze sind bald enger, bald lockerer miteinander verknüpft. Die gesamte Verknotung ist nicht durchschaubar, während man systematische Ableitungen an bestimmten Stellen versucht. Diese Situation läßt den Gedanken an einen »unendlichen Regreß« gar nicht erst aufkommen, während ihn *Popper* in bestimmtem Zusammenhang besonders ablehnen muß (S. 19). Wenn man sagen will, daß *Popper* von *Modell-Systemen* ausgeht, könnte man sagen, daß wir dagegen von *Modell-Enzyklopädien* ausgehen, womit von vornherein ausgedrückt würde, daß man nicht *Systeme von sauberen Sätzen* als Basis der Betrachtung unterstellt.

3. Keine generelle Methode der »Induktion« und der »Kontrolle«

Wir glauben der Forschungsarbeit am meisten gerecht zu werden, wenn wir bei unserer Modellkonstruktion von der Annahme ausgehen, daß *immer die ganze* Satzmasse und *alle Methoden* zur Diskussion stehen können.

Von einem Empiristen verlangen wir freilich, daß er nur Enzyklopädien akzeptiere, innerhalb deren die Prognosen mit Protokollsätzen übereinstimmen müssen, wobei wir durch unsere Arbeit auch dazu geführt werden können, die Form der Protokollsätze etwas zu verändern. Während aber die Form der Protokollsätze vorher einigermaßen festliegen mag, sind die für eine bestimmte Enzyklopädie kennzeichnenden einzelnen Protokollsätze, die als Kontrollsätze fungieren, nicht *vorher* ausgezeichnet. Man stellt sich zweckmäßigerweise bei der Modellbetrachtung vor, daß man eben eine von den verschiedenen Enzyklopädien, die wir für widerspruchsfrei ansehen, bei wissenschaftlicher Arbeit zu verwenden gedenke. Indem man auf diese Weise eine bestimmte Enzyklopädie akzeptiert, hat man bestimmte Theorien, Hypothesen, Prognosen und deren Kontrollsätze mit akzeptiert.

Mannigfache Momente bestimmen den methodisch vorgehenden Forscher bei unserer Modellauswahl. *Wir bestreiten, daß sich die von einem Forscher bevorzugte Enzyklopädie mit Hilfe einer generell skizzierbaren Methode logisch aussondern läßt. Damit bestreiten wir nicht nur, daß es für die Realwissenschaften generelle Methoden der »Induktion« geben könne, sondern ebenso auch, daß es generelle Methoden der »Kontrolle« geben könne – gerade die Möglichkeit solcher genereller Methoden der »Kontrolle« vertritt aber Popper.* Bei unserer Betrachtungsweise gehören »Induktion« und »Kontrolle« weit enger zusammen als bei *Popper*. Wenn wir aber auch die Modellvorstellung, die Wissenschaft sei ein geschlossenes System mit solchen generellen Methoden, ablehnen, so sind wir dennoch durchaus der Ansicht, daß jede Darstellung der wissenschaftlichen Forschung sich bemühen müßte, die im einzelnen angewendeten Methoden möglichst *explizit* darzustellen und vor allem jede Ausgestaltung theoretischer Systeme innerhalb einer Enzyklopädie entsprechend zu würdigen. Vielleicht ergibt es sich, daß gewisse Gedankengänge *Poppers,* die auf größte Allgemeinheit Anspruch erheben, innerhalb eines engeren Rahmens, wie wir ihn hier andeuten, für spezielle Forschungsprobleme besonderen Wert haben. *Popper* selbst scheint bei seinen Angriffen auf die Arbeiten *Reichenbachs* ganz zu übersehen, daß sie trotz ihrer Tendenz, eine generelle Theorie der Induktion aufzustellen, innerhalb eines begrenzteren Raumes für die wissenschaftliche Forschung offenbar wertvoll sind.

4. Erschütterung neben Bewährung

Während *Popper* die »Induktion«, diese »unbegründete Antizipation« (S. 208), nicht einmal in ihren speziellen Formen logisch systematisch behandeln will, sucht er die *Falsifizierung* – obgleich er zugeben muß, daß sie nicht präzise durchführbar ist – als *generelle Methode* logisch möglichst streng zu kennzeichnen, um von da aus die gesamte Logik der Forschung einheitlich zu fundieren (S. 197).

Wo *Popper* an die Stelle der »Verifikation« die »Bewährung« einer Theorie treten läßt, lassen wir an die Stelle der »Falsifizierung« die *Erschütterung* einer Theorie treten, da der Forscher bei der Auswahl einer bestimmten Enzyklopädie (vor allem meist gekennzeichnet durch bestimmte, recht allgemeine Theorien, die in anderen zur Wahl stehenden Enzyklopädien fehlen) nicht ohne weiteres durch irgendwelche negativen Ergebnisse eine Theorie opfert, sondern in vielfacher Weise überlegt, was ihm die Enzyklopädie, die er mit dieser Theorie aufgibt, in Zukunft noch hätte leisten können. Negative Ergebnisse können sein Vertrauen gegenüber einer Enzyklopädie erschüttern, aber nicht sozusagen »automatisch«, indem er bestimmte Regeln verwendet, auf Null reduzieren.

Wir können uns ganz gut denken, daß eine nach *Popper* als »bewährt« zu bezeichnende falsifizierende Hypothese von einem erfolgreichen Forscher beiseite geschoben wird, weil er sie aufgrund sehr allgemeiner ernster Überlegungen für ein Hemmnis der Wissenschaftsentwicklung hält, die schon zeigen werde, wie dieser Einwand zu widerlegen sei. Mag solcher Entschluß auch schwerfallen, durch *Poppers* Grundtendenz immer Ausschnitte als falsifizierende Größen und nicht die gesamte Enzyklopädie im Auge zu haben, wird er jedenfalls nicht unterstützt.

Popper steht, wenn eine überlieferte Gesamtanschauung bedroht wird, sozusagen grundsätzlich auf seiten der Angreifer. Es wäre sehr interessant, zu zeigen, welcher Art die Abwehrbewegungen der Praktiker in solchen Fällen sind. Die Praktiker der Forschung sind es ja, die vor allem durch solche Wandlung zunächst empfindlich gestört werden. *Popper* dagegen sieht den Hauptwiderstand nicht in solchen Praktikern und deren allgemeinen Erwägungen, sondern in den *Konventionalisten* (S. 13, 41, 42, 43 und sonst). Dabei zeichnet er einen Typus des Konventionalismus, der vielleicht unter Schulphilosophen diskutiert wird, vielleicht gelegentlich unter philosophierenden Theoretikern auftritt, aber wohl kaum für Männer der Forschungspraxis kennzeichnend ist. Das müßte an Hand der Geschichte der Realwissenschaften diskutiert werden.

Was einen vorsichtigen Forscher veranlassen kann, eine Enzyklopädie mit bestimmten Theorien anzunehmen, kann man auch nicht durch *Poppers* »Einfachheit« (S. 87) generell festlegen, so wertvoll seine Ausführungen über diesen Gegenstand im übrigen sein mögen (S. 78 f.). Die unbedingte Bevorzugung der Falsifizierung läßt sich im Rahmen einer Forschungslehre nicht erfolgreich durchhalten. Wir stellen die *Erschütterung* neben die *Bewährung* und bemühen uns, jede in ihrer Art möglichst explizit von Fall zu Fall darzustellen.

5. Unbestimmte Existenzsätze – legitim

Da *Popper* vom »modus tollens« der klassischen Logik als seinem Paradigma ausgeht (S. 13), bezeichnet er »universelle singuläre Sätze« (das sind die »unbestimmten Existenzssätze«) als »metaphysische«, das heißt nicht-empirische Sätze, weil sie nicht falsifizierbar seien (S. 33). Wir sehen aber, wie segensreich sie in der Geschichte der Wissenschaften sind, und wir können eine Forschungslehre entwerfen, in der sie eine legitime Rolle spielen.

Um sein Paradigma möglichst ungehemmt anwenden zu können, schlägt *Popper* vor, die »Naturgesetze« nicht als Sätze von bloß »numerischer«, sondern immer als Sätze von »spezifischer« Allgemeinheit aufzufassen. Wir würden meinen, daß eine Forschungslehre ihre Methoden so tolerant formulieren müßte, daß sie ebensogut Forschern Genüge leisten kann, die aus besonderer

Vorsicht alle Gesetze nur für ein beschränktes Gebiet aufstellen bzw. die Welt als endlich behandeln (was *Popper* sogar selbst erwähnt), wie Forschern, die aus irgendwelchem Anlaß gerade Formulierungen spezifischer Allgemeinheit, wie sie *Popper* im Auge hat, vorziehen. In der Astronomie, in der Geologie, in der Soziologie und in vielen anderen Disziplinen, in denen das von *Popper* überbetonte Experiment eine geringe Rolle spielt, sind solche unbestimmten Existenzsätze als einseitig entscheidbare Prognosen Bestandteil normaler Forschung – seltener natürlich innerhalb der Optik oder Akustik. Wenn wir etwa sagen, an einem zukünftigen Tage werde an einer bestimmten Stelle ein Komet zu beobachten sein, so haben wir »eine nur *einseitig entscheidbare* Aussage vor uns. Ist nämlich die Aussage wahr, so wird einmal der Tag kommen, an dem wir sie als wahr entscheiden können, ist sie aber nicht wahr, so wird nie der Tag kommen, an dem wir sie als unwahr entscheiden können« (*Reichenbach,* Erkenntnis I, S. 168). Wie bedeutsam kann es sein, daß ein Forscher z. B. eine bestimmte Gegend des Himmels ständig durchsucht, weil durch eine Bestätigung seiner Prognose, es werde dort ein Komet wiederkehren, eine vielleicht sehr kühne Theorie neuerlich bewährt würde, während für sie keine Falsifizierung im Sinne *Poppers* in absehbarer Zeit möglich scheint. So wie *Popper* diese »universellen singulären Sätze« zur Metaphysik rechnet, neigt er auch dazu, Modelle, die nicht unmittelbar zur »Falsifizierung« führen, »metaphysischen Regionen« zuzuzählen (S. 206). *Popper* rechnet z. B. die ältere Korpuskulartheorie des Lichts zu den »metaphysischen Ideen«, während wir ein Modell, welches z. B. in vager Weise bloß zeigt, daß gewisse Korrelationen, z. B. der Lichterscheinungen, die wir aus unserer Enzyklopädie ohne besondere theoretische Verknüpfung kennen, dem Typus nach aus gewissen allgemeineren Voraussetzungen, z. B. einer Korpuskulartheorie, abgeleitet werden können, durchaus der Reihe der *wissenschaftlichen* Modelle zurechnen würden. Befinden sich doch unserer Anschauung nach zwischen diesen unbestimmteren Modellen und den bestimmteren unserer Wissenschaft zahllose Zwischenstufen. Denn wir kennen ja den Schnitt nicht, der die »falsifizierbaren« Theorien von den »unfalsifizierbaren« trennen soll. Wir suchen nur die »Bewährungen« und »Erschütterungen«, so weit es geht, explizit zu erörtern.

6. Realwissenschaften ohne Experimente

Popper genügt es nicht, daß die Sätze der Realwissenschaften der Form nach *potentiell* überprüfbar (ob diese Form genau präzisierbar ist, bleibe dabei dahingestellt), also für unsere Auffassung »unmetaphysisch« sind (vgl. insbesondere *Carnap*), sondern er betont überstark, daß sie auch *aktuell* überprüfbar sein sollen. Das ist ein Vorschlag zur Einengung, den wir für die Forschungslehre nicht empfehlenswert finden. »Jeder empirisch-wissenschaftliche Satz muß durch Angabe der Versuchsanordnung und dergleichen in einer Form vorgelegt werden, daß jeder, der die Technik des betreffenden Gebietes beherrscht, imstande ist, ihn nachzuprüfen« (S. 57). Die Überbetonung der »Falsifizierung« drängt *Popper* auch dazu, die Forschungspraxis allzusehr unter dem Gesichtspunkt zu sehen, daß »der Experimentator durch den Theoretiker vor ganz bestimmte Fragen gestellt wird und durch seine Experimente für diese Fragen und nur für sie eine Entscheidung zu erzwingen sucht« (S. 63). Materialsammlungen (Himmelsphotos usw.), Reisetagebücher (sehr lehrreich gerade für diese Probleme etwa das Tagebuch, das *Darwin* während seiner Weltreise führte) müssen natürlich von gewissen theoretischen Einstellungen ausgehen, damit überhaupt unter den möglichen Sätzen gewählt werden kann, aber diese theoretischen Einstellungen sind nicht mit jenen scharfen Fragestellungen der Theorie identisch, die bei *Popper* die »Falsifizierung« gewissermaßen erzwingen sollen. Er spricht recht wegwerfend von jener »sagenhaften Methode des Fortschreitens von Beobachtung und Experiment zur Theorie (eine Methode, mit der noch immer manche Wissenschaften zu arbeiten versuchen, der Meinung, es sei das die Methode der experimentellen Physik)« (S. 208). Wieviel ethnographisches Material muß oft gesammelt werden, ehe man zu einer Theorie kommt, und wie oft wird in der Physik eine Gruppe von Vorgängen systematisch beschrieben, ehe man sie einordnen kann. Ich erinnere an die umfangreiche Literatur über den »Magnetismus der Drehung« in den zwanziger Jahren des 19. Jahrhunderts. Man verfügte über genaue Daten, aufgrund deren man prognostizieren konnte, wie sich z. B. eine Magnetnadel bewegen werde, wenn man eine Kupferscheibe dreht, ohne daß von einer Eingliederung dieser Formulierungen in eine allgemeinere Theorie die Rede war. Wie viel von dem umfangreichen Beobachtungsmaterial, das im

Kampf gegen das von *Popper* erwähnte elektrische Elementarquantum angesammelt wurde, wird man vielleicht später theoretisch eingliedern können; vorläufig werden eine Menge von Beobachtungsaussagen, die der Lehre vom Elementarquantum zu widersprechen scheinen, nicht als wesentliche »Erschütterungen« aufgefaßt, weil man eben die »Bewährungen« der Lehre vom Elementarquantum für sehr bedeutsam ansieht. *Popper* dagegen möchte kräftige Entscheidungen auch kräftig begründet sehen. Das ist wohl eine Grundtendenz vieler pseudorationalistischer Bestrebungen, die vielleicht aus der »Psychologie des Entschlusses« erklärt werden müßten. Menschen, welche *eine* bestimmte Handlung aufgrund *eines* Entschlusses durchführen, begnügen sich oft nicht damit, solchen Entschluß nach Abwägung vieler Einzelmomente ausgeführt zu haben, sie möchten, wenn sie schon keine »transzendente« Billigung bekommen können, wenigstens eine *eindeutige* logische Ableitung als Rechtfertigung anführen können. Während wir bei unserer Einstellung zuweilen zwischen der Entscheidung schwanken, ob wir etwas als schwere Erschütterung ansehen oder zunächst als Forscher zur Tagesordnung übergehen sollen, deuten *Poppers* Formulierungen offenbar auf eine absolutere Haltung hin: »Fällt eine Entscheidung negativ aus, werden Folgerungen *falsifiziert,* so trifft ihre Falsifizierung auch das System, aus dem sie deduziert wurden« (S. 6) – als ob es ein System gäbe, welches man so sauber herauszuschälen vermöchte, daß man in dieser Weise vorgehen könnte. Begreiflich, daß *Popper* bei solcher Haltung auch die Verwendbarkeit des Begriffes »Falsifizierbarkeitsgrad« (S. 73) für die Analyse der Forschungsarbeit überschätzen muß. Aus dieser ganzen Haltung heraus erklärt sich wohl, weshalb *Popper*, trotz aller Warnungen *Duhems,* so gern vom »experimentum crucis« spricht (S. 181, 206, auch S. 173 ff.): »Wir betrachten also im allgemeinen eine (methodisch entsprechend gesicherte) intersubjektiv nachprüfbare Falsifikation als endgültig; darin eben drückt sich die Asymmetrie zwischen Verifikation und Falsifikation der Theorien aus. Diese Verhältnisse tragen in eigentümlicher Weise zum Annäherungscharakter der Wissenschaftsentwicklung bei« (S. 199). Wir haben schon oben diesen »Annäherungscharakter« als bedenklich bezeichnet und werden auf ihn noch zu sprechen kommen. *Popper* meint z. B., daß »okkulte Effekte« deshalb nicht ernst zu nehmen seien, weil sie nicht jederzeit reproduzierbar seien (S. 17). Darauf wäre zu erwidern, daß es eine Menge nicht reproduzierbarer, aber wohl beglaubigter Effekte gibt, die theoretisch gut verankert sind und sehr ernst genommen werden. Hingegen lassen die »okkulten« Forschungen keinen rechten Fortschritt erkennen (worauf *Frank* gelegentlich hingewiesen hat); sie sind oft durch Schwindel zustande gekommen usw. Das sind aber Argumente, die nicht aus der Überbetonung des Experiments abgeleitet sind, wie sie *Popper* liebt. Wir können uns das Modell einer Wissenschaftsentwicklung skizzieren, die *überhaupt kein Experiment kennt,* etwa in Anlehnung an das Höhlengleichnis *Platos,* der von den an die Wand geschmiedeten Gefangenen erzählt, die so trefflich Schatten und Stimmen zu prognostizieren wußten, obgleich ihnen jede Möglichkeit des Experiments genommen war. In keiner Weise soll die Bedeutung der experimentellen Methode gering geachtet werden, es soll nur der Gedanke abgewiesen werden, als ob die experimentelle Methode für die Wissenschaft so ausschlaggebend sei, wie man nach *Poppers* Einzelbemerkungen und seiner gesamten Falsifizierungslehre annehmen müßte.

Es ist Aufgabe dieses Aufsatzes, bestimmte Gedankengänge *Poppers* abzuwehren, die den alten philosophischen Absolutismus in neuer Gestalt bringen, nicht aber Einzelerörterungen durchzuführen, sonst wäre es im Zusammenhang mit dieser Überbetonung der reproduzierbaren Effekte reizvoll, auf jene Bemerkungen zur Quantenmechanik einzugehen, die zwischen »Messung« und »Aussonderung« (S. 174) unterscheiden. Wir wollen hier auch nicht auf die Diskussion der Wahrscheinlichkeitsprobleme bei *Popper* eingehen (dazu haben sich *Carnap, Hempel, Reichenbach* bereits geäußert), obgleich sie in seinem Buche eine erhebliche Rolle spielen, denn die Grundauffassung wird dadurch nicht geändert. Es scheint aber, daß auch hier *Popper* durch die Fragestellung sich das Eingehen auf gewisse Probleme der Forschung erschwert (S. 137 f.).

7. Protokollsätze und Physikalismus

Wir sehen die der empirischen Forschung nicht angepaßte Haltung von *Poppers* Buch als eine Konsequenz davon an, daß er sich für das *System* als Paradigma entschieden hat, das aus sauberen Sätzen aufgebaut ist und daher die Anwendung des »modus tollens« nahelegt. Diese Sympathie für Sauberkeit scheint auch mitzuspielen, wenn *Popper* unseren Vorschlag, in der Modell-Enzyklopädie *»Protokollsätze«* als Kontrollsätze zu verwenden, entschieden ablehnt. Die Protokollsätze – in vereinfachter Form: »Karls Protokoll: (Im Zimmer ist ein von Karl wahrgenommener Tisch)« – entstanden durch das Bemühen, eine besondere »Erlebnissprache« (»phänomenale Sprache«) zu vermeiden und mit der Einheitssprache des Physikalismus das Auslangen zu finden. Es ist auch wichtig, daß man auf diese Weise sofort sieht, das Grundmaterial der Wissenschaften seien komplexe, wenig saubere Sätze – *»Ballungen«*. *Popper* irrt, wenn er meint, diese Protokollsätze seien als Elementarsätze gemeint gewesen (S. 8). *Sie sind in dieser Form geradezu ein Protest gegen die Elementarsätze.* (*Carnap*, der den Vorschlägen *Poppers* in diesem Punkt entgegenkommt, gebraucht den Terminus »Protokollsätze« in einem etwas anderen Sinne, als es von mir geschehen ist.)

Sind Protokollsätze letzten Endes die Kontrollsätze der Modell-Enzyklopädie (das bedeutet ja nicht, daß man immer auf sie zurückgreifen wird), dann hat man keinen Anlaß, von mehr oder minder komplexen Kontrollsätzen zu sprechen (S. 79, 80). *Popper* meint merkwürdigerweise: »Merkwürdigerweise tritt der Versuch, Sätze durch Protokollsätze zu sichern – bei logischen Sätzen würde man ihn wohl als Psychologismus bezeichnen –, bei empirischen Sätzen unter dem Namen ›Physikalismus‹ auf« (S. 56). Wobei er übersieht, daß er selbst die Protokollsätze als mögliche, wenn auch wenig geeignete Basissätze ansieht (S. 61). Die Protokollsätze sind den logischen Sätzen gegenüber sachfremd, während sie durchaus Sätze der Realwissenschaften sind, so daß die Konfrontierung mit anderen Realsätzen von vornherein ihnen eine Bedeutung sichert, die sie gegenüber Sätzen der Logik nicht haben.

Die Protokollsätze haben in der von uns vorgeschlagenen Form den Vorteil, daß man sie aufrechterhalten kann, ob man nun den Ausdruck innerhalb der Klammer – als selbständigen Satz betrachtet – annimmt oder ablehnt. Akzeptiert man das Protokoll – Ablehnung eines Protokolls kommt nicht oft in Frage – und dazu auch den isoliert formulierten Klammerausdruck, dann kann man das Protokoll als »Wirklichkeitsaussage« kennzeichnen, lehnt man dagegen den isoliert formulierten Klammerausdruck ab, dann können wir das Protokoll etwa als »Halluzinationsaussage« bezeichnen. *Popper* meint, es sei »ein weit verbreitetes Vorurteil, daß der Satz ›Ich sehe, daß der Tisch hier weiß ist‹ gegenüber dem Satz ›Der Tisch hier ist weiß‹ irgendwelche erkenntnistheoretischen Vorzüge aufweist« (S. 66). Für uns haben solche Protokollsätze den Vorteil *größerer Stabilität*. Man kann den Satz: »Die Menschen sahen im 16. Jahrhundert feurige Schwerter am Himmel« beibehalten, während man den Satz »Am Himmel waren feurige Schwerter« schon streichen würde. Gerade die Kontinuität der Formulierungen spielt aber eine große Rolle bei der Wahl von Modell-Enzyklopädien. Solche Kontinuität beruht zum Teil auf ständiger Verwendung der quaternio terminorum, was auch jeder Sauberkeit widerspricht, aber die Verbindung von Volk zu Volk, von Zeitalter zu Zeitalter, von Forscher zu Forscher möglich macht (das sind Probleme, wie sie z. B. *Ajdukiewicz* erörtert). Wenn ein Primitiver sagt: »Der Fluß strömt durch das Tal«, dann definiert er sicher die Termini anders als der Europäer, der den Satz weiterverwendet. Gegenüber solcher Unsauberkeit spielt die Unsauberkeit der Protokollsätze eine geringfügige Rolle, wenn man auch zugeben muß, daß die Sätze der theoretischen Physik – freilich nur, solange man sie nicht als Mittel verwendet, Prognosen zu formulieren, die durch Protokollsätze kontrolliert werden – den Eindruck großer Sauberkeit erwecken.

Wir glauben nicht, daß *Popper* mit seinem Versuch »beobachtbar« als einen »undefinierten, durch den Sprachgebrauch hinreichend präzisierten *Grundbegriff*« einzuführen (S. 60) und mit den Termini »makroskopisch« usw. zu operieren, der Schwierigkeiten Herr werden kann, die sich ergeben, wenn man etwa von der Forschungsarbeit der experimentellen Physiker zu jener der Soziologen und Psychologen übergehen will.

8. Ältere erfolgreiche Theorien nicht immer Annäherungen an spätere

Um ein Modell der Forschungsgeschichte entwerfen zu können, das ihre charakteristischen Wandlungen wiedergibt, muß man nicht die Änderung von Protokollsätzen in Rechnung stellen. Hingegen ist es wesentlich, daß der Bestand an erfolgreichen Prognosen sich ändert. Wenn die Theorie I die Gruppe guter Prognosen A liefert und die Theorie II die Gruppe guter Prognosen A+B, dann würden wir die Theorie II erfolgreicher nennen und sagen, daß der Prognosenbestand A eine Annäherung an den Prognosenbestand B bedeutet, das bedeutet aber keineswegs, daß die Grundsätze der Theorie I eine Annäherung an die Grundsätze der erfolgreicheren Theorie II sein müssen. Logisch ist das ohne weiteres klar, aber diese Annäherung ist nicht einmal immer *historisch* gegeben. Wir meinen es auf die pseudorationalistische Grundhaltung *Poppers* zurückführen zu können, wenn er ausführt: »Bewährte Theorien können nur von allgemeineren, d. h. von solchen besser überprüfbaren Theorien überholt werden, die *die bereits früher bewährten zumindestens in Annäherung enthalten*« (S. 205, auch S. 199). Der von *Popper* mehrfach erwähnte *Duhem* zeigt sehr schön, wie wenig die verschiedenen Stadien der Gravitationstheorie als Annäherungen« an die jeweils folgenden Stadien aufgefaßt werden können.

Mag *Popper* auch erklären, daß die Wissenschaft »nicht in stetem Fortschritt einem Zustand der Endgültigkeit zustrebt« (S. 207), so deutet die oben angeführte Stelle wohl darauf hin, daß er diese Reihe von Theorien im Auge hat, wenn er von dem »Glauben« spricht, »daß es Gesetzmäßigkeiten gibt, die wir entschleiern, entdecken können« (vgl. S. 186, 188). Diese Wendungen passen alle zu der von uns gekennzeichneten Grundtendenz, die an mehr als einer Stelle ausdrücklich entwickelt wird. Wenn wir unter mehreren »Enzyklopädien« die Wahl treffen wollen, können wir uns ständig der Einheitssprache des Physikalismus bedienen, ohne diese ins Metaphysische abgleitende Terminologie verwenden zu müssen, die letzten Endes den Terminus »wirkliche Welt« auf Umwegen wieder einführt.

9. Pseudorationalismus und Philosophie

Historisch ist diese pseudorationalistische Tendenz *Poppers* als eine Art metaphysischer Restbestand aus der Entwicklung der »Philosophie« aufzufassen, denn aus der Analyse metaphysikfrei betriebener Realwissenschaften kann diese Anschauungsweise nicht entnommen werden. Zu dieser historischen Annahme würde es passen, daß *Popper* für eine besondere »Erkenntnistheorie« neben der Wissenschaftslogik und den Realwissenschaften eintritt. Vielleicht erklärt sich aus dieser Verwandtschaft mit gewissen metaphysischen Tendenzen, daß *Popper* sich *Kant* und anderen Metaphysikern gegenüber wesentlich freundlicher verhält als gegenüber der Gruppe von Denkern, die er – freilich ohne sie durch Angabe eines Lehrsystems oder Aufzählung der Namen genügend zu kennzeichnen – als »die« Positivisten bezeichnet. »Der *Positivist* wünscht nicht, daß es außer den Problemen der ›positiven‹ Erfahrungswissenschaften noch ›sinnvolle‹ Probleme geben soll, die eine philosophische Wissenschaft, etwa eine Erkenntnistheorie oder eine Methodenlehre zu behandeln hätte. Er möchte in den sogenannten philosophischen Problemen ›Scheinprobleme‹ sehen. Immer wieder tritt eine ›ganz neue‹ Richtung auf, die die philosophischen Probleme endgültig als Scheinprobleme entlarvt und dem philosophischen Unsinn die sinnvolle Erfahrungswissenschaft gegenüberstellt; und immer wieder versucht die verachtete ›Schulphilosophie‹, den Vertretern dieser ›positivistischen‹ Richtungen klarzumachen, daß das Problem der Philosophie die Untersuchung eben jener Erfahrung ist, die der jeweilige Positivismus ohne Bedenken als gegeben ansieht« (S. 21). Dieses Plädoyer zugunsten der Schulphilosophie läßt wohl erwarten, daß später einmal gezeigt werde, welche wichtige Rolle sie als Lehrerin des wissenschaftlichen Empirismus zu spielen berufen ist, der sich ja gerade grundsätzlich um die Elimination der »Scheinprobleme« bemüht. Der Pseudorationalismus in der Grundanschauung *Poppers* würde uns am ehesten verständlich machen, weshalb er sich zur Schulphilosophie und ihrem Absolutismus hingezogen fühlen könnte, während doch sein Buch so vieles von jener analysierenden Technik enthält, die gerade vom Wiener Kreis vertreten wird. Hier ging es nicht um eine Gesamtdarstellung von *Poppers* Anschauungen, sondern um eine Kritik an dem *Absolutismus der Falsifikation,* der in so manchem ein Gegenstück ist zu dem von *Popper* bekämpften *Absolutismus der Verifikation*. Gerade dieses Buch, das dem wissenschaftlichen Empirismus des Wiener Kreises nahesteht, zeigt doch wieder einmal recht deutlich, daß der Weg zur Wissenschaft noch lange nicht frei ist von gewissen Resten kompakter Metaphysik, die nur durch gemeinsame Arbeit überwunden werden können.

Empirische Soziologie

Einleitung

Es ist heute in der deutschen Literatur üblich, neben der *naturwissenschaftlichen* eine ganz andere wissenschaftliche Erkenntnis anzunehmen, die man *geisteswissenschaftliche* zu nennen pflegt. Die These, auf der diese Trennung beruht, läßt sich im Rahmen *wissenschaftlicher Weltauffassung* nicht auf Aussagen über empirisch formulierbare Tatbestände zurückführen, sie ist sinnleer – ist *Metaphysik*.

Meist wird der Unterschied darin erblickt, daß die Naturwissenschaften »*nur*« *Ordnung* der empirischen Tatbestände zur Aufgabe haben, während die Geisteswissenschaften darüber hinaus auf *Verstehen* gegründet sind. Wenn man den Begriff des »Verstehens« wissenschaftlich analysiert, erweist sich alles daran, was man einem anderen durch Worte übermitteln kann, als eine Aussage über Ordnung, durchaus wie bei den Naturwissenschaften.

Die sogenannten Geisteswissenschaften unterscheiden sich wohl nur dadurch von den anderen Realwissenschaften, daß wir größeres Interesse an ihren Gegenständen zu nehmen pflegen. Es wäre Aufgabe einer besonderen Untersuchung, diese emotionellen Elemente herauszuschälen und so die Bedingungen aufzuzeigen, die zum Betrieb der Metaphysik auf diesem Gebiete führen. Dies ist nicht Aufgabe dieses Buches.

Hier wird nun all das abgelehnt, was als »Verstehen«, »Sinngebung«, »Wertbezogenheit« usw. auftritt, die Darstellungsweise, wie sie etwa *Dilthey, Rickert* und andere mit Erfolg verbreitet haben, so daß man sie sogar mehr oder minder abgeschwächt bei Gelehrten antrifft, die der wissenschaftlichen Weltauffassung und der ihr eingegliederten Soziologie in vielem nahestehen. Hier wird jeder Versuch abgelehnt, die theologische Trennung: Stein, Tier, Mensch in verfeinerter philosophischer Fassung anzunehmen, ebenso jeder Versuch, mehrere Formen des »Seins« oder mehrere Formen der »Kausalität«, eine besondere »teleologische«, »normende« oder sonstwie der physikalischen gegenübertretende Betrachtungsweise einzuführen. Es entfallen Begriffe wie »Volksgeist«, »Geist eines Zeitalters«, »geistige Vorgänge« usw.

Hier soll vielmehr versucht werden anzudeuten, in welcher

Weise man »Nationalökonomie« und »Geschichte« als »Ethnologie unseres Zeitalters« beziehungsweise die »Soziologie« betreiben kann wie irgendeine andere Realwissenschaft. Jede wissenschaftliche Aussage ist eine Aussage über eine gesetzmäßige Ordnung empirischer Tatbestände. Alle wissenschaftlichen Aussagen sind miteinander verknüpfbar und bilden einen einheitlichen Bereich, der nur Aussagen über beobachtbare Tatbestände umfaßt. Für ihn wird hier der Name *Einheitswissenschaft* vorgeschlagen. Will man betonen, daß auf diese Weise eigentlich alles zu Physik wird, so mag man von *Physikalismus* sprechen.

Damit wird auch ausgesagt, daß die Einheitswissenschaft allen Wissenschaften jeweils dasselbe Schicksal bereitet wie der Physik. Muß die Physik die mechanistische Auffassung aufgeben, dann wird diese Auffassung, soweit auf letzte Elemente zurückgegriffen wird, überall aufgegeben; muß die Physik sich die Tatbestände auf neue Art ordnen, dann gilt das, soweit auf die letzten Elemente zurückgegriffen wird, für alle Realwissenschaften. Alle Einwände gegen die physikalische Interpretation soziologischer Aussagen, die darauf verweisen, daß »sogar« die Physik den »Mechanismus« aufgegeben habe, *treffen die These des Physikalismus nicht,* der bloß die physikalische Natur der Einheitswissenschaft betont, dagegen *die Art, wie Physik betrieben wird, offenläßt;* wesentlich ist, daß sie nur auf *eine* Art betrieben wird, daß es nur *eine* Art von Objekten gibt, mögen sie wie immer formuliert werden als räumlich-zeitlich genau bestimmbare Atome oder jetzt als Koppelungen von Ort- und Geschwindigkeitsstreuungen.

Die Bereitwilligkeit, alle Wissenschaften einheitlich zu behandeln, tritt uns immer wieder entgegen, doch haben sich bisher in Literatur und Unterricht diejenigen als stärker erwiesen, welche einen Dualismus, ja Pluralismus vertreten. Physiker haben sich als Anhänger dualistischer Anschauungsweise bekannt. Für den Gedanken einer einheitlichen Wissenschaft sprach von den Vertretern der exakten Wissenschaften in letzter Zeit mit aller Schärfe *Mises* (Berlin) in seiner Festrede »Über das naturwissenschaftliche Weltbild der Gegenwart«.

Der hier vertretene *Physikalismus* betont mit allem Nachdruck, daß mit den physikalischen Aussagen über räumlich-zeitliche Ordnung nur dann Aussagen über soziologische Tatbestände verbunden werden können, wenn sie ebenfalls als Aussagen über räumlich-zeitliche Ordnung auftreten. Räumlich-zeitliche Gebilde entsprechen dem, was man als »Materie« zu bezeichnen pflegte; der Physikalismus lehrt, daß die Einheitswissenschaft in diesem Sinne von materiellen Gebilden handelt, genauer gesagt von *räumlich-zeitlicher Ordnung*. Der Physikalismus vertritt im Rahmen einer *Einheitswissenschaft auf materialistischer Basis* eine *Soziologie auf materialistischer Basis – Empirische Soziologie –* als Realwissenschaft neben allen anderen Realwissenschaften.

Der Physikalismus, der sich von aller Metaphysik frei zu halten sucht und im Sinne eines strengen Empirismus nur darüber etwas aussagen will, was er irgendwie auf *Beobachtungsaussagen* zurückführen kann, steht aller Metaphysik ablehnend gegenüber, gleichgültig, ob sie nun als Sonderdisziplin *Philosophie* auftritt oder sich hinter der Fassade der Wissenschaft versteckt. Es kann vorkommen, daß sich manche als Anhänger der Wissenschaft proklamieren, die auf diese Weise die letzten Reste der Metaphysik in der heute vorliegenden Form der Einzeldisziplinen erhalten und damit sich der vollen Befreiung von aller Metaphysik widersetzen. Doch kann im einen oder anderen Falle eine Gruppe von Denkern mit einem Rest von Metaphysik das ihre dazu beitragen, daß Metaphysik im ganzen beseitigt wird. Die *konkrete Situation* muß immer wieder neu beurteilt und analysiert werden. Der empirische Kampf zwischen Metaphysik und Antimetaphysik zeigt wie so mancher andere Kampf in der Menschheitsgeschichte, von denen er nicht zu trennen ist, keine klaren Linien. Um ihm im Sinne dieser Darstellung gerecht zu werden, müßte eine Sonderanalyse konkreter Gegenwart vorgenommen werden. Hier können nur die Hauptlinien der »Wissenschaft« gezeichnet werden.

Im Sinne der Einheitswissenschaft gibt es keine »Aussagen an sich«, auch die Aussagen der Gelehrten sind räumlich-zeitliche Gebilde im Rahmen der Soziologie. Dies gilt auch von den Aussagen der Soziologen, was am Schluß dieser Darstellung mit allen daraus folgenden Konsequenzen gezeigt wird: Soziologische Aussagen sind soziologisch zu behandeln.

I. Soziologie auf materialistischer Basis

Der Marxismus hat die theologische und idealistische Spekulation aus der Geschichtsbetrachtung beseitigt, er hat die Analyse der Gegenwart und die utopistische Konstruktion derart verbunden, daß die gesamte Gesellschaftsordnung eines Zeitalters als geschichtliches Gebilde auftritt und bestimmte, durch die Zeitverhältnisse bedingte Gesetze aufweist (jede Gesellschaftsordnung hat z. B. »ihr« Bevölkerungsgesetz). Die Ableitung der Lebenslagenverteilung aus gegebenen Bedingungen führt zur Ableitung einer neuen Ordnung, die aus der alten hervorgeht. Geschichte, Nationalökonomie werden zu einem untrennbaren Gebilde verknüpft, zur Soziologie.

Für den Marxismus gibt es kein Schema der kapitalistischen Wirtschaftsordnung, das im Sinne des ökonomischen Tableau eines *Quesnay* Produktion und Reproduktion in gleichbleibendem Ablauf vorführen könnte. Krisen sind nicht »zufällige« Störungen, durch Sonnenflecken *(Jevons)* oder andere äußere Umstände hervorgerufen, Krisen sind Bestandteil dieser Ordnung, ebenso aber auch die unvermeidliche proletarische Revolution. Wer daher Soziologie treibt, wer den Ablauf gesellschaftlicher Vorgänge konkret beschreiben will, kann nicht »friedliche« Vorgänge von »gewaltsamen« absondern, wie dies so viele Nationalökonomen, vor allem aber auch viele Soziologen tun (z. B. *Max Weber*). Ob eine Ordnung zum Tausch oder zum Raub führt, ob sie zur kapitalistischen Produktion, zur Gewerkschaftsbildung oder aber zum Krieg und zur Revolution führt, kann nicht von vornherein durch Grenzlinien einer Disziplin bestimmt werden.

In diesem umfassenden Sinne untersucht die Soziologie Menschen, die im Reizzusammenhang stehen. Es ist eine interne Frage, ob man die gesamte Menschendecke ins Auge fassen muß, um zu guten Voraussagen zu kommen, oder ob man einzelne Völker herausheben kann. Wissenschaftlich voraussagbar und kontrollierbar ist alles, was als *räumlich-zeitliches* Gebilde durch allgemeinverständliche Zeichen wiedergegeben werden kann. Die Soziologie hat es mit menschlichem Verhalten, das heißt mit räumlich-zeitlichen Vorgängen, zu tun. Die Soziologie ist für den Physikalismus wie jede Realwissenschaft ein Teil des physikalischen Gebäudes.

Durch diese Formulierung wird völlig klar, daß alle Aussagen über »Geistiges«, das einem »Materiellen« gegenübersteht, wie wir schon oben andeuteten, nur den Sinn haben kann, daß gewisse räumlich-zeitliche Gebilde, die man mit dem Menschen verbunden antrifft, anderen räumlich-zeitlichen Gebilden gegenüberstehen. Alle Aussagen über verschiedene Kausalitäten der unbelebten, der belebten, der sozialen Vorgänge sind sinnleer. Der Physikalismus tritt so das Erbe des Materialismus an. Während der Materialismus bisher unter einer gewissen Vernachlässigung durch die logisch fortgeschrittensten Denker litt, wird er nun plötzlich von den besten Logikern unserer Zeit weitergeführt. Da man unter »Materialismus« vielfach jene zufällige Form dieses Denkens versteht, die mit metaphysischen und unklaren Äußerungen beladen im 19. Jahrhundert sich entfaltete, ist's eindeutiger, von *Physikalismus* zu sprechen und von der *materialistischen Basis* (vgl. *Carnap, Der logische Aufbau der Welt*).

Wenn man sich dieser Terminologie bedient, spricht man von *Einheitswissenschaft auf materialistischer Basis* und von *Soziologie auf materialistischer Basis* und deutet damit an, daß man die Spekulationen über das Wesen der Materie und über die Materie, die »hinter« den räumlich-zeitlichen Gebilden des Physikalismus stecken soll, ablehnt. Diese Vorsicht wird wohl in absehbarer Zeit überflüssig werden, und man wird ruhig von *materialistischer Einheitswissenschaft* und *materialistischer Soziologie* sprechen und die moderne Richtung des *Physikalismus* als die moderne geschichtliche Form des *Materialismus* ansehen. Schließlich ist für den »Materialismus« mit all seinen Mängeln immer kennzeichnend, daß er nur auf materielle Vorgänge sich stützt, wobei er die »Materie« sicherlich nicht korrekt formuliert hat. Aber die Materialisten heben sich in dieser Richtung turmhoch über all jene empor, die von »Ideen«, vom »Geist«, von der »Seele« als besonderen Wesenheiten sprachen. Durch die Beschreibung räumlich-zeitlicher Vorgänge wird auch alle Psychologie, alle Nationalökonomie, alle Geschichte erfaßt, das heißt die Grundtendenz des alten Materialismus wird voll befriedigt, ja in noch höherem Maße als von den früheren schiefen Formulierungen. Es ist nun nicht mehr der »Geist« ein »Produkt« der »Materie«, sondern man kann »Geist« oder »geistige Vorgänge« nicht einmal mehr sinnvoll formulieren, an ihre Stelle treten *primär* Formulierungen, in die *nur* räumlich-zeitliche Beziehungen eingehen, die auf Kontrollaussagen beruhen. Die Frage »Materie« oder »Geist« wird dadurch gelöst, daß die Lehre vom »Geist« verschwindet und nur die Lehre von der »Materie«, nur die *Physik* übrigbleibt. *Alles, was an Realwissenschaften gegeben ist, kann nur Physik sein*. Wie jeweils die räumlich-zeitliche Ordnung gebaut ist, ob eine andere Ordnung an ihre Stelle tritt, ist eine Frage des Tages, es ist aber für jeden Vertreter wissenschaftlicher Weltauffassung außer Streit, daß nur eine Art von Physik da ist, deren Grundbeziehungen durch die »Beobachtungsaussagen« kontrolliert werden. Es gibt aber nicht eine »Beobachtung« als besonderes »Bewußtseinsphänomen«, sondern im Rahmen der umfassenden Physik gibt es räumlich-zeitliche Gehirn-, Nerven- oder Kehlkopfvorgänge, Gebärdenvorgänge, die an die Stelle des alten »Bewußtseins« treten, mit dessen Wesen sich vor allem der Kantianismus auseinandersetzt. Für die *Nur-Physiker* hat derlei überhaupt keinen Sinn. Der Betrieb solcher idealistischer Disziplinen liefert keinen Beitrag zu den Voraussagen der Realwissenschaften, ist *leer*, ist *Metaphysik*. Das Wort »materialistisch« drückt aus, daß nur räumlich-zeitliche Ordnung, nur räumlich-zeitliche Gebilde behandelt werden und sonst *nichts*. *Jeder soll aus diesem Wort gleich erkennen, daß es sich um eine Ablehnung theologisierender oder idealistischer Philosophie handelt*. Das kann nicht deutlich genug gesagt werden, zumal manche Vertreter positivistischer Philosophie, ja selbst Vertreter der wissenschaftlichen Weltauffassung manchmal die Neigung zeigen, die »metaphysischen« Bestandteile des Materialismus überscharf anzuprangern und wohl gar in »paritätischer Weise« metaphysische Bestandteile der materialistischen wie der idealistischen Denkweise ablehnen. Der Leser bekommt dabei leicht den Eindruck, als ob für den Materialismus die metaphysischen Aussagen über das Wesen der Materie als eines hinter den materiellen Vorgängen stehenden Objekts wesentlich wären. Dabei stehen diese metaphysischen Aussagen über Materie ganz am *Rande* der materialistischen Gesamtströmung, die gegen Theologie und idealistische, subjektivistische Philosophie anrennt, *während die idealistische Metaphysik im Mittelpunkt der idealistischen Auffassung steht, ihr Fundament, ihr Hauptinhalt ist,* wodurch theologische Reste, vielleicht im Interesse gewisser Gemütsbefriedigungen, bewahrt und neubelebt werden.

Das geschärfte Auge sieht recht deutlich, daß die, welche mit besonderer Intensität nach metaphysischen Bestandteilen in den Äußerungen materialistisch gerichteter Denker fischen, dies oft weniger deshalb tun, um der rein physikalischen Einheitswissenschaft zu dienen, als vielmehr um irgendwie ihre eigenen idealistischen Anschauungen zu decken oder mindestens durch scheinbar gleichartige Behandlung den Idealisten nicht zu wehe zu tun, die heute tonangebend sind. Die idealistische Metaphysik zu beseitigen ist mit eine Aufgabe des Physikalismus. Wenn die Anhänger der physikalischen Einheitswissenschaft nach metaphysischen Resten in modernen naturwissenschaftlichen Schriften suchen, so deshalb, um der Physik im weitesten Maße zu dienen, um *nur räumlich-zeitliche* Gebilde zuzulassen und alles andere als sinnleer zu erweisen.

Die Begründer und entschlossensten Vertreter des Marxismus haben den Terminus »Materialismus« gerne angewendet. Das Wort drückt sicher gut aus, daß nur räumlich-zeitliche Vorgänge in den Realwissenschaften zur Erörterung stehen, das, was man »physikalische« Tatbestände nennt.

Mancher wird noch vorsichtiger von »Einheitswissenschaft auf physischer Basis«, von »Soziologie auf physischer Basis« sprechen (vgl. *Carnap, Der logische Aufbau der Welt*). Bezeichnet man dagegen solche Denkweise als »positivistische«, so besteht die Gefahr, daß die idealistischen Tendenzen der historisch gegebenen Positivisten und Empiriokritizisten im »Positivismus« mit gemeint sein können. Das scheint aber in der gegenwärtigen Periode bedenklicher als alle Mißverständnisse, die mit dem Terminus »Materialismus« in Kauf genommen werden müssen. Die Scheu vor diesem Ausdruck, die Neigung, über Materialismus absprechend sich zu äußern, ist offenbar historisch zu erklären. Die kirchliche Verdammung wirkt nach; dazu kommt, daß im Augenblick die herrschenden Mächte den Materialismus ablehnen und er vielen als Sache der Revolutionäre gilt. Da werden denn die Erkenntniskritiker gegenüber den Mängeln der historisch überlieferten Materialisten empfindlicher als sonst. Man pflegt über groteske Auswüchse hemmungsloser Metaphysik, die vom »Zero« *(Oken)* bis zum »Nichts« *(Heidegger)* reichen, mit mehr Achtung zu sprechen als über die von kräftigem Empirismus erfüllten Bestrebungen der Materialisten. Im Augenblick müssen sich die Vertreter wissenschaftlicher Weltauffassung mehr mit idealistisch und spiritualistisch gefärbter Metaphysik als mit Einzelirrtümern der Materialisten herumschlagen.

Uns bringt der Physikalismus, die Einheitswissenschaft auf materialistischer Basis, »die« Ordnung, das heißt das *geschlossene System von Gesetzen, das man durch Beobachtung kontrollieren* kann. Ob dies Werkzeug unserer Zeit einmal durch ein anderes ersetzt werden kann, ob einmal die räumlich-zeitliche Verknüpfung einer anderen weichen wird, ist ohne Belang. Entscheidend bleibt, daß für die Einheitswissenschaft, ob sie nun dieser oder jener Form der Verknüpfung sich bedient, immer nur das als »wirklich« gilt, was nicht im Widerspruch zur Gesamtheit der Aussagen steht und jederzeit auf »Kontrollaussagen« zurückgeführt werden kann. Die Einheitswissenschaft bemüht sich, alle gesetzmäßigen Beziehungen zwischen Dingen aufzudecken, mit einer weiteren Frage nach dem »Wesen der Dinge« hat sie nichts zu tun. Es ist der Standpunkt *Addisons* (bei *Paley*). *»Wir kennen Wasser hinlänglich, wenn wir es zum Sieden und zum Frieren bringen, wenn wir es verdunsten und abkühlen, es in beliebiger Masse und Richtung laufen und springen lassen können, ohne eigentlich zu wissen, was Wasser ist.«*

Wobei aber der moderne Mensch sagen würde, die Frage: »Was ist eigentlich Wasser?« über jene Beziehungen hinaus ist sinnleer, ist Metaphysik. Scheinantworten auf Scheinfragen scheiden aus.

Die Soziologie auf materialistischer Basis spricht daher nur von Verknüpfungen der Menschen untereinander und mit ihrer Umwelt. Sie kennt nur dies Verhalten der Menschen, das man wissenschaftlich beobachten, »photographieren« kann. »Einfühlung« ist keine wissenschaftliche Methode, ebensowenig ein besonderes »Verstehen«, ein besonderer »geisteswissenschaftlicher Aspekt«. Alle solche Wendungen stammen aus metaphysischer Denkweise sowie aus dem Bestreben, das »Fremdpsychische« irgendwie unmittelbar der Untersuchung zu unterwerfen, statt es als Konstruktion einzuführen, die durch einen Inbegriff von Verhaltensweisen gekennzeichnet ist.

All diese Bestrebungen gehen historisch auf das Bemühen zurück, dem Menschen eine Sonderstellung unter allen anderen Wesen einzuräumen. So wie er früher ein allen anderen Gebilden vorgezogenes Wesen himmlischer Art war, soll er jetzt wenigstens auf besondere Art erkannt werden.

Die Soziologie behandelt den Menschen nicht anders als die anderen Realwissenschaften, Tiere, Pflanzen, Steine. Sie kennt nur eine Lehre vom »Verhalten« im weitesten Sinne. Sie ist »Sozialbehaviorismus«. Ohne die zufälligen Ergebnisse des Behaviorismus *(Watson)* annehmen zu müssen, steht sie grundsätzlich auf dem Standpunkt der konsequenten Behavioristen, die bisher nur in USA und UdSSR – hier infolge der sozialen Umwälzungen ohne grundsätzliche Hemmungen – Fuß fassen konnten. In Deutschland ist die Abneigung gegen die behavioristische Einstellung besonders kräftig entwickelt. Hier widersetzt man sich der »naturalistischen«, das heißt wissenschaftlichen Soziologie. *Vierkandt* (*Die Überwindung des Positivismus in der deutschen Soziolo-*

gie. Jb. Soziologie 2) formuliert das gelegentlich: »*Es ist ein Neuer Idealismus auf allen Gebieten erwacht, der in den führenden Kreisen des geistigen Lebens den Positivismus und Naturalismus wachsend zurückgedrängt hat und noch zurückdrängt. Unter den deutschen Soziologen hat als erster Othmar Spann dem Positivismus den Krieg erklärt. Eine ganze Reihe deutscher Soziologen, wie Hans Freyer, Theodor Litt, Spranger, Ernst Troeltsch, der Verfasser und andere haben sich zu dem gleichen, dem Positivismus entgegenstehenden Standpunkt bekannt.*«

Der Kampf zwischen den metaphysischen und den wissenschaftlichen Soziologen ist unausbleiblich, er spielt sich vor dem Hintergrunde weit gewaltigerer sozialer Kämpfe ab, die sich in diesem Kampfe widerspiegeln.

So wie die wissenschaftliche Soziologie der üblichen Psychologie sich widersetzen *muß*, die nicht alles auf physikalische Aussagen zurückführt, sondern mit »Erleben« und ähnlichen Betätigungen operiert, muß sie sich auch dem Eindringen jener biologischen Bestrebungen widersetzen, die heute als »Neovitalismus« recht beliebt sind. Eine Soziologie auf materialistischer Basis kennt keine wirksamen Gebilde, die unräumlich, unzeitlich auftreten. Die biologischen Gebilde mögen – was anzunehmen kein Grund vorliegt – derart eigenartig sein, daß jedes Atom in einem biologischen Gebilde anders geformt sei als ein Atom eines leblosen Körpers; solange es sich in beiden Fällen um räumlich-zeitliche Gebilde handelt, die beschrieben werden, ist der Bereich der Einheitswissenschaft auf materialistischer Basis nicht verlassen, auch nicht, wenn diese Atome im Sinne der modernen Physik durch Koppelungen von Orts- und Geschwindigkeitsstreuungen ersetzt werden. Immer handelt es sich um Aussagen über kontrollierbare Vorgänge. Auch wenn man die räumlich-zeitliche Struktur durch eine andere ebenso kontrollierbare ersetzen müßte, wäre die wissenschaftliche Basis unserer Zeit erhalten.

Der Soziologe hat es mit all diesen fernabliegenden Dingen überhaupt nicht zu tun. Ihn gehen die Ergebnisse der modernen Physik wenig an. Mag das Atom wie immer gebaut sein, mit oder ohne Streuung, die Handlungsweise der Menschen wird wohl nicht von der *Mikrostruktur* abhängen. Es kann die Labilität des menschlichen Verhaltens bei exakter Atomstruktur gegeben sein, es kann präzise Voraussagbarkeit des menschlichen Verhaltens mit Streuung im Mikrobereich vereinigt werden. Daß Physiker die neuesten physikalischen Feststellungen dazu verwenden, um die Lehre von »Seele« und »Leib« im Sinne verschwommener Metaphysik zu erneuern, die Probleme der »Willensfreiheit« wieder einmal neu anzuschneiden, erklärt sich aus dem überall merkbaren Bestreben, idealistischen Reflexionen einen Haken zu verschaffen, an dem man sie anhängen kann. Der Soziologe hat sich mit der Frage der »Willensfreiheit«, die eine Scheinfrage ist, nicht weiter auseinanderzusetzen, weil er bei streng wissenschaftlichem Verfahren gar nicht zu ihr hingelangt. Er stellt fest, daß man das Verhalten einer Gruppe aus dem Verhalten einzelner Individuen ableiten kann oder daß man es nicht kann. Er untersucht, ob man statistische Feststellungen mit Erfolg für Voraussagen verwenden kann. Wo man voraussagen kann, ist erfolgreiche Realwissenschaft möglich. Manchmal wird man feststellen können, daß eine soziologische Lageänderung eintreten wird, ohne daß man die Richtung der Änderung kennt, wie man die Lageänderung eines auf der Spitze tanzenden Kegels voraussagen kann, ohne angeben zu können, nach welcher Seite er fallen werde. Labilitätserscheinungen, statistische Erscheinungen sind der Soziologie ebenso vertraut wie der Physik, und andere Beziehungen als solche zwischen räumlich-zeitlichen Gebilden gibt es für die wissenschaftliche Voraussage nicht.

Sicherlich unterscheidet der Soziologe zwischen Menschen, die uns über ihr »Schwanken« berichten, und solchen, die auf einen Reiz prompt reagieren! Er unterscheidet Fälle, in denen komplizierte Reizzusammenhänge einen Menschen bewegen, von denen, in welchen er sich verhält wie ein Stein, der von einem Berg hinuntergeworfen wird. Aber ob nun der Soziologe im Sinne des Behaviorismus Voraussagen über einfache oder komplizierte Verhaltungsweisen macht, er hat nichts mit einer »Persönlichkeit« zu tun, die »hinter« all den Verhaltungsweisen steckt, nichts mit einem »Willen«, weder mit einem freien noch mit einem unfreien, er kennt keine »Ziele« und ähnliche Traumgebilde einer absterbenden Theologie. Der Mensch, der durch die Erde *(Schwerefeld)*, durch einen Hieb oder durch einen Zuruf in Bewegung versetzt wird, wird jedesmal durch einen *physikalischen Vorgang* als physikalisches Gebilde in Bewegung versetzt. Der Physikalismus zeigt *nichts anderes!*

Die Soziologie kann nur die Gewohnheiten der Menschen und das Verhalten ihrer Umgebung in einem Zeitpunkt feststellen, um daraus ihr Verhalten und ihre Umgebung im nächsten abzuleiten.

Es fragt sich, wieweit die einzelnen Menschengruppen als isolierte Gruppen ihre Wandlungen durchmachen, wieweit dagegen andere Gruppen, eventuell alle Gruppen und die Umwelt, mit in Rechnung gestellt werden müssen.

Räumlich-zeitliche Vorgänge, einschließlich der gesprochenen und geschriebenen Worte – mitgerechnet die im Sinne der Behavioristen zu sich selbst gesprochenen Worte, soweit sie hypothetisch eingefügt werden können –, sind Gegenstand der wissenschaftlichen Soziologie. *Die lebendige Gegenwartsform solcher Soziologie ist der Marxismus.* Man kann sich das Wesen der Soziologie auf materialistischer Basis am besten durch Analyse der materialistischen Geschichtsauffassung klarmachen, ohne daß man deshalb auf alle Einzelheiten des Marxismus eingehen muß. Im folgenden wird der Versuch gemacht, die Grundzüge materialistischer Soziologie darzustellen, die im großen und ganzen den Anforderungen entspricht, welche wissenschaftliche Weltauffassung an eine Theorie stellen kann.

Die Soziologie ist eine Realwissenschaft, wie die Astronomie, die Völker sind Sternhaufen vergleichbar, die untereinander engere Verknüpfung aufweisen als zu anderen Sternhaufen. Jedes Volk hat seine Besonderheit, aber es gibt auch viele typische Völkerschicksale. Man kann die Soziologie auch der Biologie vergleichen, sofern sie die Fauna der Erde und einzelner Erdteile untersucht. Wenn man will, ist die Soziologie einer Biologie vergleichbar, die nur *ein* Tierindividuum zur Verfügung hat und nun aus Gesetzen über die Arme Gesetze über die Beine ableiten müßte, aus Gesetzen über das vierjährige Tier solche über das sechsjährige, wobei aber Erfahrungen über Wandlungen auch schon gesetzmäßige Veränderungen der Gesetze gelehrt haben. Auch der Technologie kann man die Soziologie an die Seite stellen. Aber die Technologie hat's besser, sie hat viele Maschinen desselben Typus, und jede Maschine pflegt ununterbrochen denselben Gang zu haben. Aber im großen und ganzen sind Astronomie, Biologie, Technologie, Soziologie durchaus einer Art. Ein aus Lebewesen gebildeter Block könnte als Stern kreisen. Seine Form, seine Struktur würde vielleicht durch die Lehre von den Korallen klargestellt, während seine Bahn astronomisch bestimmt würde. Wenn wir freilich bis zu den letzten uns zugänglichen Gesetzen vordringen, wird nur noch von Atomen und ähnlichen Gebilden die Rede sein.

Der Technologe kann Experimente in fast unbegrenztem Maße machen, da hat es der Biologe schon schlechter, besonders wenn es sich um Faunen handelt. Erst recht gehemmt ist der Soziologe, die meisten Experimente liefert ihm die Weltgeschichte mit ihren gewaltigen Wandlungen, Kriegen und Revolutionen. Der Soziologe hat darin manche Verwandtschaft mit dem, der die Pathologie des menschlichen Gehirns untersuchen will und auch warten muß, bis bestimmte Veränderungen »von selbst« einmal eintreten. Aber viele Experimente könnte er auch dann nicht machen, wenn ihn nichts an Eingriffen hinderte. Aber kann der Astronom mit seinen einfachen Formeln Experimente machen? Macht er Experimente in kleinem Maßstab, so kann nicht alles wiedergegeben werden, was in großem zu sehen ist. Er gleicht darin dem Meteorologen oder Geologen. Es gibt eine experimentelle Geologie (vgl. *A. Daubrée*), aber was der Geologe in seinem Laboratorium an kleinen Schichten und anderen Gebilden versucht, kann nur unter gewissen Einschränkungen auf große Dimensionen und große Drucke übertragen werden. Die Astronomie und Geologie können immer wieder auf Experimente an den Objekten hinweisen, aus denen sich ihre Großgebilde aufbauen. Schließlich besteht ein Gebirge aus kleinen Steinen; aber in diesem Sinne hat es auch die Soziologie nicht schlecht. Ihre Großgebilde bestehen aus einzelnen Lebewesen, Menschen und anderen Tieren. Deren Verhalten unter dem Einfluß von Reizen untersucht der »Behaviorismus« als Teil der Biologie (vgl. *Pawlow u. a.*). Freilich, der Mond kann wie ein vergrößerter Stein behandelt werden, ein Volk im allgemeinen nicht wie ein vergrößerter Mensch; obgleich in mancher Beziehung sogar das gilt.

Die Soziologie hat es also mit durch Reize verbundenen biologischen Gruppen zu tun, in mancher Hinsicht nur mit einer einzigen Gruppe. Sie hat bestimmte Gesetzmäßigkeiten festzustellen, sei es durch Betrachtung der unzerlegten Gruppen, sei es durch Zurückführung der Gruppenveränderungen auf Veränderungen der Einzelelemente, aus denen die Gruppe besteht. Sie wird wie alle Realwissenschaften fallweise sich der Ergebnisse aller anderen Realwissenschaften zu bedienen haben, der empirischen Mechanik ebenso wie der empirischen Biologie, der empirischen Technologie. Ihre »Gesetze«, und bezögen sie sich auf umfassende Prozesse, die Liquidierung historisch bedeutsamer Labilitäten und ähnliches, sind von derselben Art wie die »Gesetze« der anderen Realwissenschaften. Die Theorie der Bewegung wird auf Sterne und irdische Steine, mit denen sich die empirische Mechanik beschäftigt, in gleicher Weise angewendet. Letzten Endes gibt es nur *eine* Theorie, mit deren Hilfe kompliziertere und weniger komplizierte Vorgänge vorausgesagt werden können. Die Einheitswissenschaft ist nichts anderes als *Physik* im weitesten Sinne des Wortes, Theorie der räumlich-zeitlichen Vorgänge – *Physikalismus*.

Die Theorie wird aufgrund des *Entschlusses* angewendet, mit der Aussage zu operieren: Vorgänge wiederholen sich, Veränderungen in einem Raumgebiet können ohne wesentlichen Einfluß auf Vorgänge in einem anderen Raumgebiet bleiben, man kann aus einer Teilkonstellation eine andere Teilkonstellation von Gebilden ableiten.

Die Soziologie, die Nationalökonomie, die Geschichte berichten über die Abhängigkeit bestimmter empirisch feststellbarer Größen von anderen Größen. Sie suchen sich bestimmte Größen aus, die ihr besonderes Interesse in Anspruch nehmen. Das tun aber auch die Physiker und Chemiker, die Biologen. Aus welchen Gründen die Auswahl der Fragestellungen erfolgt, ist für den Inhalt der Beantwortung völlig belanglos. Nahrungsmittelchemie ist genauso Chemie wie allgemeine Chemie, und wenn jemand sich nur auf das Problem der Oxydation beschränkt, weil er sie z. B. für das Wichtigste hält, was es gibt, so ist damit sein Aussagensystem in keiner Weise wissenschaftlich geschwächt.

Eine schier endlose Debatte ist über die »Wertfreiheit« der Sozialwissenschaft begonnen worden. Man sprach davon, daß man von einem »Wertgesichtspunkt« *(Weber)* ausgehe, wenn man untersucht, wie irgendeine Einrichtung auf den Reichtum wirke. Reichsein ist letzten Endes durch bestimmte Reaktionen von Individuen gekennzeichnet, durch »Behagen« und derlei mehr. Wenn man bestimmte Reizzusammenhänge als gegeben annimmt, ist die Menge an Reizmitteln, die durch eine Kombination produziert wird, sogar rein logisch ableitbar. Gegenstand der Nationalökonomie ist es z. B. festzustellen, ob durch freien Marktverkehr unter bestimmten Bedingungen eine bessere Versorgung aller Beteiligten erzielt wird oder durch planmäßige Organisation der Produktion und Verteilung. Ob nun Brot oder Metall für Menschen Reichtum bedeute; sobald man eine bestimmte Ausgangssituation und bestimmte Verschiebungsregeln annimmt, kann man zeigen, daß die einen Regeln die Menschen reicher machen als andere.

In welcher anderen Realwissenschaft fällt es dem Erkenntnistheoretiker ein, darüber zu debattieren, ob »Wertfreiheit« für die Wissenschaft wesentlich ist oder nicht? Man sucht nach den Bedingungen für Voraussagen, und damit ist die Fragestellung längst gegeben. Man wird versucht, die vielfach gekünstelten methodologischen Erörterungen der Nationalökonomen, Historiker und Soziologen auf eine Art schlechtes Gewissen zurückzuführen. Viele spüren gewissermaßen, daß sie allerlei berücksichtigen, was gar nicht hereingehört; und nun soll die methodologische Betrachtung den Fehlgang entschuldigen.

Ein Teil der methodologischen Erörterungen erklärt sich auch daraus, daß sehr viele jüngere Forscher nicht den Mut aufbringen, sich ins frische Wasser zu stürzen und zu schwimmen, sondern zunächst darangehen, sich mit den überkommenen Formulierungen lang und breit auseinanderzusetzen. Die moderne Physik mußte vorwärtseilen, ohne immer wieder mit der Scholastik zu polemisieren. Durch logische Analyse kann man den meisten Wirrwarr gar nicht in Ordnung bringen, sei es, daß z. B. in der soziologischen Fragestellung schon die »Einfühlung«, »Wertsetzung« oder sonst etwas dieser Art mit enthalten ist, sei es, daß in der Nationalökonomie gewisse Konstruktionen der Geldlehre substantialisiert und dann auf die Naturalrechnung übertragen werden. Dies geschieht z. B. deutlich in der Grenznutzenlehre, deren Analyse weit verwickelter und mühevoller ist als die Schaffung einer neuen Lehre von unten auf. Wenn man darangeht, eine zusammenhängende Theorie, in der von Anfang an alle Formulierungen schief sind, in Ordnung zu bringen, ist nach den ersten Korrekturen kaum mehr etwas vom Gesamtgebäude übrig. Das sich klarzumachen ist für die Technik wissenschaftlicher Reformarbeit wichtig.

Bedenklich ist's, den Bereich der Fragestellung in der Soziologie, Nationalökonomie, Geschichte gleich zu Beginn abzugrenzen. Das kann nur Sache rückblickender Betrachtung sein, die das Ergebnis der Wissenschaft analysiert. Es fehlt vielen Forschern auf diesen Gebieten die Naivität, welche etwa die Geologen kennzeichnet. Wenn man ein geologisches Werk aufschlägt, bemerkt man etwa, wie der echte Realwissenschaftler unbekümmert alles an realen Kenntnissen herbeiholt, was er benötigt, um einen bestimmten Vorgang abzuleiten. Der Geologe benutzt »Gesetze« aller Art, grenzt sein Gebiet nicht in der Weise ab, daß er etwa nur der Erde angehörige oder nur unbelebte Elemente einbezöge, er wird Erdhügel ebenso bereitwillig aus Meteoritenfällen wie aus Korallenstöcken ableiten und wird alte Waffen als Leitfossile behandeln.

Der Sozialwissenschaftler kann in Anlehnung an solches Verhalten je nach Bedarf die Sonnenflecken zur Erklärung periodischer Krisen heranziehen oder das Funktionieren menschlicher Gruppen, die bei konstantem Reizverhalten periodische Vorgänge einleiten. Was in einem konkreten Falle mehr wissenschaftlichen Ertrag liefert, kann nicht von vornherein durch systematische Definitionen bestimmt werden. Wesentlich ist, daß die sozialen Verhältnisse als räumlich-zeitliche Vorgänge aus anderen räumlich-zeitlichen Vorgängen abgeleitet und mit Kontrollaussagen verglichen werden.

Eine so auf materialistischer Basis betriebene Soziologie spricht von »Völkern«, »Stämmen«, »Klassen«, »Staaten«, so wie die Geologie von gewissen zusammenhängenden Gebilden, von Inseln, Drusen, Höhlen und anderem. Die Soziologie kann z. B. sagen: ein Volk wurde in zwei Teile »zerrissen«. Sie kann vom Schicksal eines Stammes sprechen, obgleich die Individuen, die ihn bilden, wechseln, wie ja der Zellbestand eines bestimmten tierischen Körpers wechselt. Aber man kann leichter von »demselben Elefanten« wie von »demselben Stamm« wissenschaftlich erfolgreich sprechen. Der Elefant kann sich nicht durch Anwachsen von Gliedern vergrößern, er kann nicht mit einem anderen Elefanten zusammenwachsen.

Man kann in der Soziologie von den Lebensformen eines bestimmten Volkes sprechen, man kann sehen, daß z. B. Menschen unter bestimmten gleichbleibenden Umständen immer wieder die gleichen Bauwerke aufführen. Aber es könnte auch vorkommen, daß die Bauwerke sich wenig verändern, während das Volk völlig ausgetauscht wurde. Es ist denkbar, daß z. B. Japaner die Weißen verdrängen, aber ihre Spitäler, Postanstalten, Eisenbahnen weiter bauen, wie es die Weißen zuvor getan haben.

Wenn der Geologe bei Untersuchung eines Gebirges zwei gegeneinander geneigte Schichtenkombinationen ganz gleicher Zusammensetzung antrifft, dazwischen eine Schicht anderer Art, wird er zu der Vermutung kommen, daß die ehedem geschlossene

Schichtenformation von der dazwischenliegenden Masse emporgehoben und auseinandergerissen wurde. Das bedeutet nicht, daß diese Mittelmasse späteren Ursprungs sein müßte, es kann sich geradezu um das Emporsteigen ältester Gesteinsmassen handeln. Es ist nicht nur ein Gleichnis, wenn wir der Gesteinsdecke die Menschendecke gegenüberstellen, innerhalb derer wir Formationen, Schichtungen, Verwerfungen und ähnliches zu beobachten vermögen.

Wenn wir Gewohnheiten in einem starren Bündel bei einem Volke antreffen, die mit seiner Lebensweise technisch kaum verbunden sind, und bei einem anderen entfernt liegenden Volk das gleiche starre Bündel von Gewohnheiten, die mit der übrigen Lebensweise auch nur locker zusammenhängen, während dazwischen gänzlich anders geartete Lebensformen auftreten, dann ist die Vermutung naheliegend, daß die zuerst erwähnten beiden Völker ehedem vereinigt waren, daß später ein drittes Volk sich dazwischenschob oder daß sonst eine entscheidende Veränderung in dem Mittelraum vor sich ging. Es kann die nun dazwischen auftretende Lebensform jünger sein als die Randform, sie kann auch älter sein; es ist aber jedenfalls sehr wahrscheinlich, daß sie zeitlich später an dieser Stelle aufgetreten ist.

Die Menschendecke, welche die Erde überspannt, wird so von uns geschichtlich angeordnet, die Änderung des Webemusters wird uns wie in einem Film vorgeführt, den wir Geschichtsablauf nennen mögen. Kriege und Bündnisse bewirken Umschichtungen, Übertragung bestimmter Kulturfärbungen; stellenweise sehen wir Einzelpersonen im Verlauf der Ereignisse herausgehoben, dann wieder spielen Einzelpersonen eine geringe Rolle, Bauernhof liegt neben Bauernhof, Ackerbau und Viehzucht werden durch Jahrhunderte ohne wesentliche Änderung betrieben. Kein Hof unterscheidet sich merklich vom anderen. Wer sich wesentlich anders verhält als die Nachbarn, wer aktiver, passiver ist, gilt als Narr und wird beiseite geschoben. An anderen Stellen ist der Betriebsame ein mächtiger Reiz für alle anderen, sie ändern ihr Leben nach ihm. Wovon hängt beides ab? Was für Konsequenzen haben die Änderungen?

Zunächst aber begnügen wir uns damit, das räumlich-zeitliche Gefüge der Menschen auf der Erde darzustellen. Wir klassifizieren das Muster des Gewebes aufgrund überkommener Begriffe, die wir, der Ableitung von Zusammenhängen anpassend, während der Arbeit abändern. Wir sehen bei einem groben Überblick, daß es Gebiete gibt, in denen Maschinen in großer Menge verwendet werden, Gebiete, die auch Kriegsschiffe, Giftgase im Kriege kennen. Es sind dies ungefähr die Gebiete des christlichen Kults, die Gebiete des weißen Mannes. Doch werden wir festhalten, daß in Japan der gelbe Mann mit Shintoismus und Buddhismus sitzt und ebenfalls Maschinen verwendet, Kriegsschiffe baut, Giftgase bereithält, um Krieg führen zu können. Ebenso sehen wir, daß die arktischen Menschen bestimmte Eß- und Wohngewohnheiten haben, bestimmte Annahmen über ein Jenseits aussprechen, in ganz bestimmter Weise auf Jagd und Fischfang gehen. In ähnlicher Weise gibt es einen diesem arktischen Kulturgürtel entsprechenden südlichen Gürtel, der Stämme in Südafrika, Australien, Südamerika umfaßt, wo wir auch wieder verhältnismäßig starre Bündel von Gewohnheiten antreffen. Ebenso gibt es Gebiete mit »Mutterrecht«, die vor allem auch Ackerbau in bestimmter Weise treiben, andere, in denen offenbar Ackerbau eine geringere Rolle spielt, in denen »Vaterrecht« auftritt. Man kann Gebiete des Schildes, Gebiete des Bogens unterscheiden, kann Bogeneigentümlichkeiten herausheben, wie dies *Ratzel* in sehr systematischer Weise zu tun begonnen hat.

Daß ein enger Parallelismus zwischen Christentum und Maschine besteht, ist offensichtlich, ebenso, daß gewisse fetischistische Kulte dort fehlen oder nur schwach vorhanden sind, wo Farbige die Maschine übernommen haben. Man sieht, daß »Mutterrecht« vorzugsweise bei Ackerbauvölkern vorkommt, aber auch bei Nichtackerbauvölkern treffen wir es an. Auch eine oberflächliche Kenntnis menschlichen Zusammenlebens zeigt uns, daß Kulte, daß Sitten, daß Zeremonien übertragen werden können. Wenn wir einen jagenden Australneger antreffen, der ungefähr so lebt wie seine Nachbarn, kann es uns passieren, daß er das Vaterunser aufsagt und das Zeichen des Kreuzes macht. Wir werden nicht mit Unrecht vermuten, daß dieser Primitive durch einen Missionar mit dem Gewohnheitsgefüge der Christen in Berührung gekommen ist. Seine neuen Betgewohnheiten sind mit seinen Produktionsgewohnheiten nicht technisch verbunden. Hingegen scheint die Gewohnheit, Giftgase im Kriege zu verwenden, mit der Gewohnheit, Maschinen zu bedienen und Mathematik zu betreiben, wesentlich enger verknüpft zu sein.

Um die Gefüge gegeneinander abgrenzen, um engere und fernere Reizverknüpfung aufweisen zu können, muß man über die

Kohärenz der Gewohnheiten im klaren sein, man muß den Mechanismus kennen, der menschliche Verbände erhält. Die Lehre vom Verhalten der Menschen in Verbänden gibt uns über die Bildung von kleineren und größeren Gefügen, über die Verdichtungsstellen und ähnliches Aufschluß.

Jeder »Staat« ist als Teil der Menschendecke ein Gefüge von Bürgern, Richtern, Soldaten, Polizisten, Beamten, Gefängnissen, Schulen, Wohnbauten, Straßen usw. Reizzusammenhänge bestimmter Art sind gegeben, bestimmte Bücher sind »Gesetzessammlungen«. Wenn Krieg erklärt wird, rufen Zeichengruppen fernwohnende Staatsbürger herbei. Welcher Art solche Gefüge sein können, wie sie funktionieren, hat die soziologische Staatslehre zu untersuchen. Wenn man den »Staat« als System von Gewohnheiten betrachtet und nun die Befehle als physische Phänomene untersucht, welche bei der Verknüpfung der Gewohnheiten verwendet werden, mag sich die Aufgabe ergeben, zuzusehen, welche Regeln miteinander in Widerspruch stehen, welche nicht, wie man Regeln miteinander verbindet. Eine Aufgabe, wie sie der Eisenbahnbeamte, der Arzt sich auch stellen kann. Aber die Analyse der logischen Verknüpfung von Regeln des Eisenbahn- oder Spitalbetriebes hilft uns nicht den Bahnbetrieb, den Spitalbetrieb wissenschaftlich einrichten. Dazu ist vor allem nötig, die Konsequenzen der Maßnahmen zu studieren und die reale Verträglichkeit von Maßnahmen zu untersuchen.

Ob ein von der Soziologie begrifflich abgegrenztes Gefüge wissenschaftlich verwendbar ist, zeigt der Erfolg der Prognosen. Wenn man z. B. das Gefüge der modernen Wirtschaft um 1800 betrachtet, kann man unter Umständen voraussagen, daß die Feudalordnung, daß die Ordnung des Absolutismus mit seiner Bürokratie Formen der Vergangenheit sind. Man kann zeigen, wie der Ausbau der Industrie zu erwarten sei, die Beseitigung der Hemmungen im einzelnen. Und konkrete Situationen kennzeichnend, ließe sich darauf verweisen, daß ein Staat, wie Frankreich, in dem die Bauern Herrenland weggenommen haben, in dem die herrschenden Gruppen des Adels vertrieben wurden, mit allen Mitteln kämpfen werde, damit die durchgeführten Veränderungen nicht wieder rückgängig gemacht werden, und daß darüber hinaus die Gewohnheiten der europäischen Völker gestört würden. Das allgemeine Aufgebot eines befreiten Volkes nötige den Gegner zu ähnlichem Verhalten mit all seinen

Konsequenzen. Dadurch, daß die Araber zum organisierten Ritterkampf übergingen, waren ein Jahrtausend vor der Französischen Revolution die anderen Völker, soweit sie dazu imstande waren, gezwungen, sich auf Ritterabwehr einzurichten, was zum Teil durch Aufstellung eigener Ritterheere möglich wurde. In gleicher Weise mußten die Preußen gegen das allgemeine Aufgebot der Französischen Revolutionsarmee die allgemeine Wehrpflicht einführen.

Es hängt von den gegebenen Dokumenten ab, wieweit man das Auftreten solcher gewaltigen Umwälzungen aus geübten Reizen nach Größe und Art abzuleiten vermag. Klar ist uns schon auf dieser Stufe der Betrachtung, daß das Schicksal ganzer Völkergruppen aus dem Vorschicksal in gewissem Maße ableitbar ist, ohne daß man auf das Verhalten einzelner Persönlichkeiten, einzelner »Führer« zurückgreifen müßte. Es gibt natürlich Einzelheiten in der »Verbrüderlichung« Europas, die eng mit Napoleon verbunden sind, aber die großen entscheidenden Linien sind auch ohne solche Detailanalyse erkennbar. Es ist eine wohl auch nur aus magischen und theologischen Restgewohnheiten erklärbare Meinung, es könne das Schicksal ganzer Völkermassen wesentlich davon abhängig sein, wie gewissermaßen unabhängig von dem Schicksal der anderen sich ein bestimmtes Individuum verhält. Diese Meinung ist sehr verbreitet. Ihr gibt z. B. ein scharfsinniger Forscher, wie *Poincaré (Wissenschaft und Methode)* scharf Ausdruck: »*Der größte Zufall ist die Geburt eines großen Mannes. Nur durch Zufall sind sich zwei Geschlechtszellen verschiedenen Geschlechts begegnet, deren jede gerade diejenigen geheimnisvollen Elemente enthielt, deren gegenseitige Einwirkung das Genie hervorbringen mußte. Niemand zweifelt daran, daß solche Elemente sehr selten sind und daß ihre Vereinigung noch seltener ist. Wie leicht hätte das Spermatozoid, das die Elemente in sich trug, von seiner Bahn nur wenig abgelenkt werden können! Eine Ablenkung von einem Zehntel Millimeter hätte genügt, und Napoleon wäre nicht geboren, und die Schicksale eines Kontinents wären andere gewesen. Kein Beispiel kann besser den eigentlichen Charakter des Zufalls erkennen lassen.*« Daß Poincaré hier die sehr verbreitete Auffassung vom Genie vertritt, wird aus dem Weiteren klar: »*Wenn sich Massen versammeln, so hängen ihre Entschließungen nicht mehr vom Zufall ab, denn sie sind nicht voneinander unabhängig, und sie wirken aufeinander ein. Es treten vielfache Ursachen in Wirksamkeit, durch welche die Menschen verwirrt und nach rechts oder links gezogen werden; aber es gibt etwas, das dabei nicht zerstört wird: das ist die Gewohnheit der großen Massen, einem Leithammel zu folgen. Das bleibt stets unverändert.«*

Solche von bestimmter Geschichtsauffassung zeugende Anschauungsweise ist unter Physikern gar nicht selten. Man hofft gar nicht, viel voraussagen zu können, weil der unbestimmte Faktor »Leithammel« unberechenbar ist und daher »keine Resultante aus einem Parallelogramm der Leithammel« berechnet werden könne. Gerade das Beispiel der »Leithammel« hätte *Poincaré* warnen können, denn über Schafe sind wir doch ganz gut orientiert, wir wissen im Durchschnitt, wie sich Herden mit Leithammeln verhalten. Und gerade der »Leithammel« zeigt recht deutlich, daß er ersetzbar ist, ohne daß das Durchschnittsschicksal der Herde wesentlich sich ändert, wenn man Fraß, Zeugung, Stallschutz und anderes in Rechnung stellt. Der Physiker, der sich darauf festlegt, die Schicksale einer bestimmten Flaumfeder oder eines tanzenden Teilchens der *Brown*schen Bewegung zu prophezeien, würde auch wenig Freude erleben. Um aber auf besagten Hammel zurückzukommen. Es fragt sich, inwieweit das Verhalten des Hammels Funktion der Herde, inwieweit abhängig von Reizen der Umgebung ist, so daß eine Gruppe von Hammeln, die zu Leithammeln verwendbar sind, selbst wieder um ein feststellbares Mittel pendelt, wenn Reizversuche gemacht werden. Aber diese Auffassung selbst ist gleich wie die andere Ausdruck einer bestimmten Anschauungsweise, die ebensowenig durch isolierte Einzelexperimente überprüft werden kann wie physikalische und andere Theorien. *Poincaré* meint, wie andere Denker, die von physikalischen Betrachtungen herkommen, was man aus seinen Äußerungen über den Napoleon-Leithammel und das Schicksal der Europa-Herde sehen kann, daß man über soziologische und historische Dinge leichthin sprechen und Beispiele bringen könne, weil es auf diesen Gebieten ja keine strengen Formeln und Gesetze gebe. Es steht aber gerade umgekehrt: Weil man auf dem Gebiete der Soziologie sehr komplizierte und zahlreiche Verknüpfungen auf einmal überschauen muß, ohne die vereinfachenden Hilfsmittel langgestreckter präziser Deduktionen und zusammenfassender Formeln mit präzisen Größen zur Verfügung zu haben, wird von jedem, der über Soziologie spricht, mehr Augenmaß verlangt als von einem Physiker. Es ist weit leichter für einen gedanklich geschulten Soziologen, physikalische Beispiele sinnvoll anzubringen, als für einen physikalisch-mathematisch geschulten Menschen, sich soziologisch-historischer Beispiele zu bedienen.

Der Soziologe wie jeder andere Realwissenschaftler bemüht sich zunächst darum, Gesetzmäßigkeiten festzustellen, um dann durch deren Verknüpfung vorliegende Einzelprobleme zu lösen. Will er das Schicksal Europas im Jahre 1850 aus dem Schicksal Europas im Jahre 1800 ableiten, so wird er vor allem eine Beschreibung der Massensituationen zu geben suchen und sich bemühen, eine Relation herzustellen, die ihm die Prognose gestattet, ohne auf den Einzelzufall rekurrieren zu müssen. Es wäre ja grundsätzlich denkbar, daß das ganze System ebenso unberechenbar wäre wie das Leben eines bestimmten Menschen, daß z. B. der Übergang der Feudalordnung und des bürokratischen Absolutismus in die Ordnung des bürgerlichen Kapitalismus ebenso unberechenbar wäre wie das Ende Napoleons, wenn man ihn etwa als kleinen Leutnant in Toulon zur Untersuchung bekommen hätte. Aber wir wissen, daß die Soziologie das Schicksal Europas wesentlich besser zu berechnen vermag und mindestens nachträglich wesentliche Zusammenhänge aufdeckt und *nicht* aufs Individuum, *nicht* auf Genies als Leithammel rekurriert.

Wir müssen eben in der Soziologie Gefüge ins Auge fassen, Gefüge, die sich aus Menschen mit bestimmten Gewohnheiten zusammensetzen, Gefüge, die unabhängig von den wechselnden Individuen erfahrungsgemäß eine bestimmte Struktur zeigen. Die typischen Gewohnheitsgruppen hervorzuheben, miteinander in Verbindung zu bringen wird so zur Aufgabe der Soziologie.

Will der Soziologe die Fülle der Veränderungen bewältigen, so muß er Gesetze zu formulieren trachten. Andererseits ist er immer wieder genötigt, sich an die konkreten Vorgänge zu halten, an ihre Besonderheiten. Er kann von »sozialen Gesetzen« sprechen, die für bestimmte Formationen gelten mögen, so wie man von den Gesetzen des Löwen, den Gesetzen der Ameise sprechen mag. Aber allgemein soziologische Gesetze gibt es sicherlich nur wenige, im allgemeinen muß man auf Gesetze des individuellen Verhaltens und anderes zurückgreifen. Die Gesetze der Maschinen werden auch auf die Gesetze der Physik zurückgeführt, nur daß man meist die Gesetze der Physik bereits kennt, wenn man zu den Gesetzen der Maschinen übergeht, während in der Soziologie oft recht komplizierte Sozialmaschinen im Gang gegeben sind, deren Gesetze man festzustellen trachtet, um *dann* die Reduktion auf Gesetze der Elementarbeziehungen durchzuführen – soweit es überhaupt möglich ist. Aber, wie nun auch der Forschungsprozeß im einzelnen verläuft, es steht die »Menschendecke« zur Diskussion, ihr Aufbau aus Gruppen von Menschen mit ihren verschiedenen Gewohnheiten, die sich geändert haben oder »extrapoliert« werden, sei es, daß bestimmte Menschengruppen selbst ihre Betätigung ausgestalten, sei es, daß andere Menschengruppen durch Gewohnheiten »infiziert« werden, indem sie die einen verlieren und andere annehmen.

Es ist hier nicht der Ort, bestimmte soziologische Theorien um ihrer selbst willen zu vertreten. Es genügt, exemplifizierend zu zeigen, wie etwa moderne Soziologie auf materialistischer Basis im Rahmen der Einheitswissenschaft als Schwester der anderen Realwissenschaften bereits vorliegt und ausgebaut werden kann. Die Beziehungen mögen später einmal anders dargestellt werden, jedenfalls aber wird es sich durchgängig um räumlich-zeitliche Vorgänge handeln, die untersucht werden. Und an dieser Stelle scheiden sich die Menschen. Für die einen gibt diese Art des Wissenschaftsbetriebs die Gewähr dafür, daß Erfolg erzielt wird, während die anderen darin das Aufgeben aller heiligen Überlieferung erblicken, den Verzicht auf jene Tiefen, aus denen ihrer Anschauung nach die Erleuchtung kommt. Wer Soziologie auf materialistischer Basis vertritt, vertraut der Wissenschaft als einer Lebensgewohnheit, die in derselben Ebene wie alle anderen Gewohnheiten mit dem zu tun hat, was uns die Erfahrung zeigt. Alles liegt letzten Endes in einer Ebene der Erfahrung, in einer Ebene der Wissenschaft, in einer Ebene des Tuns. Es gibt eine *empirische Soziologie* wie andere empirische Wissenschaften.

II. Extrapolation

Damit wir in der Soziologie eine Gruppe von einer anderen unterscheiden können, muß sie durch andere Gewohnheiten oder mindestens durch engere Reizverknüpfung der Individuen abtrennbar sein. *Eine* Gruppe von Menschen ist miteinander verbunden, dann kommt eine Lücke – zwischen gewissen Menschen fehlt dauernde Reizverknüpfung –, eine *andere* Gruppe ist unter sich verbunden. Meist ist räumliche Trennung mit Verschiedenheit der Gewohnheiten verbunden. Gruppen, die Krieg miteinander führten, hatten meist verschiedene Lebensgewohnheiten. Erst die moderne Entwicklung hat dazu geführt, daß immer häufiger Staaten miteinander Krieg führen, deren Einwohner ungefähr die gleichen Gewohnheiten haben.

Durch Übertragungen der Gewohnheiten von Menschen zu Menschen ergeben sich sehr gleichartig gestaltete Gruppen. Gewohnheiten älterer Menschen werden auf jüngere oder sonstwie hinzukommende Menschen übertragen. Man kennzeichnet einen bestimmten Menschenverband durch die Gewohnheiten, die ihm eigen sind. Meist sind diese Gewohnheiten miteinander derart verbunden, daß man nicht eine aufheben kann, ohne auch andere aufzulösen. Die Gewohnheiten wurden bei primitiven Völkern vor allem anläßlich der Jünglingsweihen, aber auch sonst, in besonders feierlicher Weise zum Teil durch Furchterregung beigebracht oder mindestens stabilisiert. Die Magie dient vielfach der Stabilisierung von Gewohnheiten. Tradition ist an sich bedeutsam!

Die Übertragung, die Entstehung sozialer Gewohnheiten zu studieren ist von großer Bedeutung für alle Soziologen. Im allgemeinen werden wir wohl nur mit der Übertragung von Gewohnheiten auf dem Umwege über »Reize« zu rechnen haben. Es scheint, daß innerhalb der immerhin eng begrenzten Zeit menschlichen Daseins auf der Erde wesentliche Änderungen der Erbmasse, die soziologisch bedeutsam sind, nicht stattgefunden haben. Im Gegenteil, der Mensch scheint in seiner Erbmasse wesentlich stabil zu sein. Gewohnheiten der Vergangenheit werden durch Reize übertragen, welche die ältere Generation auf die jüngere ausübt, wobei diese Reize auch von der durch die ältere Generation geänderten Umwelt ausgehen.

Um die wesentlichsten soziologischen Differenzen menschlicher Gruppen zu erörtern, bedarf man, wie es scheint, im allgemeinen nicht einmal einer besonderen Berücksichtigung differenter Anlagen verschiedener Völker. Jedenfalls kommt man mit der Berücksichtigung der Umweltverhältnisse bereits sehr weit. Aber, ob nun die biologischen Differenzen der Erbmassen soziologisch belangreich sind oder nicht, in beiden Fällen handelt es sich um durchaus räumlich-zeitliche Vorgänge, die für die Darstellung der geschichtlichen oder organisatorischen Zusammenhänge verwendet werden. Um zu erklären, wie aus Jägern Ackerbauer wurden, braucht man offenbar keine Änderung der Erbmasse anzunehmen, man braucht offenbar auch nie mit einem »Seelenzyklus« zu rechnen, der materialistisch als autonome Änderung der Reizempfindlichkeit biologischer Gebilde zu beschreiben wäre. Der historisch bekannte Mensch hat seine Augen, seine Ohren kaum entwickelt, eher hat er sie geschwächt, muß er sich doch gegen äußere Eindrücke unempfindlich machen. Will er besser sehen, verwendet er gekrümmte Gläser, will er schwimmen, steigt er in ein Schiff und sorgt nicht für das Wachsen von Schwimmhäuten. Man hat ihn ja deshalb nicht mit Unrecht ein Prothesentier genannt.

Man muß freilich Änderungen der Erbmasse durch Alkoholismus, Syphilis usw. in Rechnung stellen, doch dürften solche Wandlungen den Strukturcharakter einer menschlichen Organisation kaum beeinflussen. Das Auftreten der Wirtschaftskrisen, die Entfaltung des Rationalismus ist auch bei konstanter Erbmasse strukturell ableitbar. Natürlich müssen Erbmassenänderungen überall dort berücksichtigt werden, wo feinere Untersuchungen angestellt werden. Aber im Mittelpunkt der Soziologie steht die Entstehung von Gewohnheiten, ihre Ausdehnung auf andere Lebensgebiete sowie die Verknüpfung gewisser Gewohnheiten, vor allem, soweit sie die Lebenslage beeinflussen.

Die sukzessive Änderung der Gewohnheiten kann plötzliche gesellschaftliche Veränderungen zur Folge haben. Es gibt labile soziologische Zustände, die plötzliche Änderungen ermöglichen. Im ganzen halten sich nämlich Lebensordnungen sehr lange, wenn gewisse Verhaltungsweisen im einzelnen bereits umgestaltet sind, der Koloß steht dann nur noch auf tönernen Füßen. Die Französische Revolution war ausgiebig vorbereitet. Die Bürgerlichen haben längst in Wissenschaft, Kunst, Verwaltung die eigentliche Arbeit geleistet, die Bauern waren längst unzufrieden, die Monarchie war längst machtlos. Aber niemand wußte das so recht. Als die Stände einberufen wurden, glaubte man, daß sie wie ehedem ein bestimmtes Gleichgewichtsverhältnis aufweisen würden; die Ereignisse zeigten, daß auf Grund sukzessiver Änderungen der Bürgerstand allein die Nation zu repräsentieren vermochte, daß neben ihm alles verschwand. Die Fassade stürzte plötzlich ein. Die Verteilung des Grundbesitzes erfolgte sprunghaft. Und nun mußten alte Gewohnheiten mit neuer Umwelt verbunden werden. In der neuen Lebensordnung blieben von den alten Gewohnheiten die meisten erhalten, nur änderten sie ihre soziale Funktion.

Wir müssen in der Soziologie mit solchen Labilitätszuständen rechnen, deren Liquidierung man übrigens bis zu einem gewissen Grade voraussagen kann. Freilich, das Voraussagen auf soziologischem Gebiet hat seine Grenzen, worüber gesondert zu sprechen wäre.

Die Lehre von den sozialen Gewohnheiten steht so im Vordergrund soziologischer Betrachtung. Die Zauberer konnten einen Stamm dadurch stärken, daß sie neue Gewohnheiten fixierten, daß sie auftretende Einzelveränderungen systematisch ausbreiten halfen. Daß man Gewohnheiten durch Verknüpfung mit bestimmten Reizen stabilisieren, hemmen, fördern kann, ist sehr wesentlich. Wenn einer Gewohnheit der Stempel der Gefährlichkeit aufgedrückt wird, kann sie durch lange Zeit unterlassen werden, obgleich sie durchaus lebensfördernd wäre. Das Wort »tabu«, mit einer Gewohnheit verbunden, kann bestimmten Stämmen diese Gewohnheit verekeln. Es handelt sich dabei oft um komplizierte Verknüpfungen von Reizen mit Gewohnheiten.

Wenn man einem Kinde eine weiße Maus dadurch verekelt, daß jedesmal, wenn es diese Maus anrührt, plötzlicher Lärm ertönt, wird es, sobald diese Maus erscheint, zurückfahren. Aber nicht nur, wenn die ihm vertraute Maus erscheint, wenn überhaupt irgendeine kommt. Der Schreck wird sogar durch ein Kaninchen erregt werden können, auch durch einen Pelz; selbst Wollfäden können bereits Unruhe erzeugen. Beglückend wirken unbelebte eckige Holzstücke, die nach solchen Schreckversuchen angeblich besonders gern zur Hand genommen werden (Kompensation).

Was ist geschehen? Das Kind hat seine Gewohnheit »extrapoliert«, über den ursprünglichen Bereich hinaus ausgedehnt. Es hat die Furcht vor einer weißen Maus auf andere Mäuse, auf Kaninchen, auf Pelze übertragen. Es könnte aber auch eine andere Extrapolation eintreten. Das Kind könnte z. B. alle weißen Dinge zu scheuen beginnen, eine rote Maus streicheln, aber ein weißes Klötzchen fürchten. Es könnte ein kluges Kind, den Experimentiervorgang erspähend, jedesmal, wenn ein erwachsener experimentierender Behaviorist das Zimmer betritt, schreien, denn es extrapoliert: Lärm – Behaviorist. Da kann es dann passieren, daß dies Kind, wenn kein Erwachsener im Zimmer ist, alles unbefangen anfaßt, auch die glühende Herdplatte, da es Furcht nur beim Eintritt Erwachsener empfindet, welche ihm seine Maus »verzaubert« haben. Daß es sich vor einigen Tagen, als der experimentierende Behaviorist im Zimmer war, die Hände verbrannte, schob es extrapolierend auf den Behavioristen und nicht auf die Glut der Platte.

Das Kind wird offenbar nicht durch eine ganz bestimmte Reizgruppe beeinflußt, sondern es genügen Teilreize. Uns interessiert dabei soziologisch weniger, welche Nebenumstände die Verekelung bewirken, als auf welchen Bereich die Verekelung ausgedehnt werden kann. Ob »Weißgehalt« oder »Fellgehalt« Anlaß zur »Extrapolation« gibt, sich vor etwas zu fürchten. Es kann natürlich auch eine gleichzeitige »Extrapolation« nach mehreren Richtungen stattfinden und durch die Verekelung der weißen Maus sowohl eine Verekelung aller Dinge mit »Weißgehalt« als auch aller Dinge mit »Fellgehalt« erfolgen.

An die Stelle des vom Behavioristen erzeugten Lärms tritt allmählich das »Wort«: »dies ist eklig«, »dies ist gefährlich«, »dies ist verboten«, und dennoch wird die Verekelung erfolgen. Soziologisch bedeutet das die Macht der »Lehre«. Der Lehrer kann durch Extrapolationen verschiedenster Art die Gewohnheiten der Menschen verändern. Das hat freilich eine naheliegende Grenze an den bereits erworbenen Gewohnheiten. Wenn wir soziologisch die Veränderungen von Gewohnheiten betrachten, muß man die Änderung der Gewohnheiten bei den Lehrern ebenfalls soziologisch ableiten, so daß man es nicht mit experimentell »neben« den vorhandenen Vorgängen auftretenden Eingriffen zu tun hat, sondern mit Änderung ganzer Gewohnheitssysteme, innerhalb deren es die Gewohnheiten der »Lehrer« gibt, der Zauberer, der Priester, der Hygieniker, der Politiker, der Romanschriftsteller usw.

Die Änderung der Extrapolationssysteme selbst ist daher, wie wir sehen, von vielen Einzelvorgängen abhängig und nur selbst soziologisch ableitbar. Die Extrapolationen der Zauberzeit pflegen wir von den Extrapolationen, die wir für technisch erfolgreich halten, abzutrennen, letzteren geben wir den Namen *Induktionen*. Wenn der primitive Mensch sich vor »verzauberten« Gegenständen fürchtet, so ist das ein Verhalten dem analog, das uns veranlaßt, uns vor »elektrisch geladenen« oder »infektiösen« Gegenständen zu fürchten.

Wir wiesen schon darauf hin, daß Gewohnheiten beharren. Sie beharren selbst dann, wenn man ihren Ursprung sich genau zum Bewußtsein bringt. Wenn jemand genau weiß, daß sein Ekel vor Pferdefleisch nur daher stammt, daß seine Vorväter es bei Opfermahlzeiten bevorzugt haben und deshalb das Pferdefleischessen von der Kirche als heidnisch verfolgt wurde, so ist damit der Ekel *nicht* ohne weiteres beseitigt. Bei ihm wird eine Abschwächung des Ekels möglicherweise eintreten, aber er kann das Kind, das er beeinflußt, ohne Ekel vor dem Pferdefleisch erziehen. Doch sein Einfluß ist nicht isoliert wirksam, durch die ganze Elterngeneration wird die ganze Kindergeneration erzogen, und es ist daher meist ein sehr langsamer Prozeß, durch Aufklärung historischer Art Vorurteile zu überwinden. Wenn durch Not die Menschen in Massen gezwungen würden, Pferdefleisch zu essen und solches Tun womöglich zu glorifizieren, dann verschwände solch ein Ekel am raschesten als Massenphänomen.

Unser Leben ist, wie ein kurzer Überblick jedem zeigt, voll von solchen Gewohnheiten, die ohne technische Begründung nur auf Tradition beruhen. Wie vieles wird gedankenlos, wie vieles absichtlich von älteren Menschen auf jüngere übertragen, vom Nachbarn auf den Nachbarn. Ein System, von Gewohnheiten innig verfilzt, kennzeichnet unser Dasein. Daß grundsätzlich solche Gewohnheiten unter Umständen rasch beseitigt werden können, zeigen gewisse Suggestionsexperimente, zeigen gewisse Erfolge der Psychoanalytiker, die schwer gehemmte Menschen befreien können.

Wir sind heute noch gar nicht so weit, unsere Gewohnheiten zu rubrizieren. Ein Katalog der Gewohnheiten müßte uns darüber aufklären, was wir überhaupt zu untersuchen haben. Man müßte sich bemühen, unmittelbar technisch begründete Gewohnheiten von traditionellen Gewohnheiten zu trennen, von denen viele uns lieb und wert sind, auch wenn wir sehen, daß wir sie technisch nicht benötigen. Es hat für den Soziologen nicht allzuviel Sinn, sich einen gewohnheitsfreien sozialen Apparat vorzustellen, weil ein sozialer Apparat nur auf Gewohnheiten aufgebaut werden kann. Wohl aber hat es einen guten Sinn, sich vom Behavioristen darüber unterrichten zu lassen, wie fest Gewohnheiten sitzen, wovon sie abhängen, wie sie geändert werden können. Der Soziologe, der die soziale Abhängigkeit des Gewohnheitswandels durchschaut, wird nicht ohne Verwunderung sehen, wie mancher kritisch geschulte Behaviorist, z. B. *Watson,* bei der realen Verwendung seiner Forschungsergebnisse leicht ins Utopistische und in die Anschauung verfällt, man müsse *nur* eine bestimmte Art der Erziehung ändern, um alles Leben wesentlich ändern zu können.

Wobei die Frage nicht ausreichend erörtert wird, wer denn die Menschen ändert, durch welche die Lehrer bestellt werden, nicht die Frage, wer diese Lehrer plötzlich ändert.

Wir pflegen die Ablösbarkeit von Gewohnheiten erst dann richtig zu begreifen, bis wir sie überwunden haben. Was uns im Augenblick als zum »Wesen der menschlichen Natur« gehörig erscheint, kann in späteren Zeiten als durchaus variabel erkannt werden. Es ist ein Verdienst aller Experimentatoren, daß sie sich darum mühen, festzustellen, was wir an unmittelbar gegebenen Reaktionen besitzen, was hingegen durch die soziale Umwelt, durch die übrige Umwelt allmählich geschaffen wird. Der Rekurs auf den »natürlichen« Menschen ist ausdrücklich oder stillschweigend ungemein verbreitet. Die Lehre, daß die wesentlichsten Gewohnheiten variabel sind, trägt daher für viele durchaus revolutionären Charakter. Damit hängt es auch zusammen, wenn dem Behaviorismus gerade von traditionellen Kreisen eine Abneigung entgegengebracht wird, die durch die offensichtlich vorhandene Unzulänglichkeit seiner gegenwärtigen Formulierung nicht allein begründbar ist.

Die Lebenswirklichkeit verhindert jeden, sich mit allen Gewohnheiten »auseinanderzusetzen«. Die törichten Kleiderregeln der weißen Menschen sind offensichtlich fest eingewurzelt und werden nur langsam sich ändern. Wer als einzelner gerade mit dieser Einzelheit den Kampf aufnimmt, schaltet sich im übrigen Leben meist aus. Und so helfen die, welche sich gegen solche Gewohnheiten bewußt auflehnen, aber nicht persönliche Unannehmlichkeiten riskieren wollen, ihrerseits den Bestand zu bewahren. Selbst große soziale Umwälzungen, die auf kurze Zeit gewisse plötzliche Änderungen erzeugen, wirken sich nur langsam aus, die überlieferten Gewohnheiten erweisen sich als sehr zäh.

Die Gewohnheit, riesige Tempel für die Gottheit, für die Toten zu bauen, bleibt auch dann bestehen, wenn man weder um die Gottheit noch um die Toten sich viel kümmert. Die Monumentalität vieler Verwaltungsbauten, vieler Museen, ja sogar Wohnhausbauten ist wohl aus dem Beharren der Gewohnheit zu erklären, die man aus dem Gebiet sinnvoller Beeinflussung der Gottheit ins Gebiet der bloßen Sitte gebracht hat. Was ehedem Furcht einflößte, ist nun »imposant«. Wir sehen, daß z. B. in USSR, wo doch die soziale Umwälzung besonders weit gediehen ist, die Masse überlieferter Gewohnheiten, einschließlich der Erhaltung der traditionellen Monumentalität, sehr erheblich ist. Und man hat Grund zur Annahme, daß das mehr oder minder überall so sein wird, falls nicht einmal eine besondere Technik der plötzlichen Änderung der Gewohnheiten erfunden und infolge bestimmter sozialer Umstände sogar angewendet wird. Das Studium der Gewohnheitsübertragung und -änderung ist von größter Wichtigkeit für soziologische Analyse. Vor allem aber liefert es uns Unterlagen für eine Begriffsbildung, wie sie einer Soziologie auf materialistischer Basis entspricht.

Auch die Tiere extrapolieren, aber verhältnismäßig grob. Sie reagieren z. B. nicht auf Rechnungen. Man kann einem Pferd nicht beibringen, daß es einem kombinierten Zuruf folgend erst zehn Schritte vorwärts, dann fünf rechts macht, ein anderes Mal dagegen fünf Schritte vorwärts, dann zwei Schritte links, ein drittes Mal fünf Kopfnickungen nach vorne und zwei nach links (vgl. *Maday,* Über rechnende Pferde). Der Mensch kann ungemein viel Gewohnheiten extrapolieren, er kann die Extrapolation an die sonderbarsten Eigentümlichkeiten anheften. Kleine Zeichen an einem Gegenstand können ihm den Gegenstand sehr verschieden verleiden oder zum Erreger höchster Andacht machen. Es ist wohl schwer, einem Tier dadurch unbedingte Sicherheit bei einem Kampf zu geben, ihm alle Furcht zu nehmen, daß man ihm den Knochen seines toten Vaters umhängt. Beim Menschen gelingt das.

Es ist klar, daß weitgehende Extrapolation wichtig werden kann. Man saugt aus einer Wunde den Span aus, aber auch wenn kein Span zu sehen ist, saugt man; er zeigt sich vielleicht später. Schließlich wird immer gesaugt. Ein »hypothetischer Span« wird angenommen, würden wir in der Sprache moderner Wissenschaft sagen. Dies Saugen auf alle Fälle wird sich aber z. B. auch dann bewähren, wenn Schlangengift in einer Wunde ist. So kann das Saugen überhaupt sich nützlich erweisen. Manchmal vielleicht auch schädlich. Aber die *Differentialdiagnose der Extrapolationswirkungen* ist eine schwierige Sache und wird meist erst nach Jahrhunderten vorgenommen, bis man die Urgewohnheitsbildung gar nicht mehr wiederherstellen kann. Ähnlich ist's wohl mit dem Aufschneiden der Haut. Oft kann man Eiter oder anderes herauslassen, was Schmerz erzeugt und lähmt. Es ist leicht verständlich, daß die Extrapolation des Hautaufschneidens eintritt. So wie wir prophylaktisch impfen, schneiden manche Völker prophylaktisch die Haut auf, sie »tätowieren« sich. Die Schwäche der Jugend mag wie die Schwäche der Krankheit so beseitigt werden. Bei den Feierlichkeiten, die den Jüngling zum Mann »machen«, werden Einschnitte vorgenommen, welche die Krankheit, »Jugend« genannt, entfernen (vgl. *Gräbner*). Die Beschneidung kann als Verknüpfung solcher Gewohnheiten mit gewissen aufs Sexuelle bezogenen Gewohnheiten aufgefaßt werden.

Auf diese Weise erhalten wir ein System von Gewohnheiten mit ihren reichhaltigen Extrapolationen. Die Methode der Kontrolle ist verschieden ausgebildet. Wir wissen, wie schwer es ist, die Wirkungen von gesellschaftlich auftretenden Gewohnheiten zu kontrollieren. Wie soll man kontrollieren, welche Wirkung allgemeine Nacktkultur hat, wenn man sie nicht bereits in erheblichem Umfang einführt? Denn es ist für ein Kind ein Unterschied, ob es häufig große Massen nackt sieht oder etwa nur einen kleinen Kreis auch sonst vielleicht etwas absonderlicher Menschen. Es steht in gewissem Sinne immer die *Gesamtheit der Gewohnheiten* zur Debatte, die untereinander oft recht mannigfaltig verbunden sind, teils durch ihre technischen Auswirkungen, teils durch die Reize, die sie ausüben. Wenn die Menschen z. B. nicht mehr durch die Kleidung erotische Reize ausüben, werden sie vielleicht zu Musik, Gesang, Sportleistungen und anderem als Ersatz übergehen. Ganze Industrien könnten auf diesem Boden entstehen, bis man vielleicht herausfindet, daß auch diese Reaktionen durch gewisse hygienische Maßnahmen planmäßig ersetzt werden können. Wobei offen bleibt, ob nicht Planmäßigkeit zunächst selbst als unangenehmer Reiz empfunden wird und Unplanmäßigkeit in erhöhtem Maße als Kompensation benötigt wird, und es wenig hilft, dies einzusehen, wenn man eben schon diese Gewohnheit in Massen übernommen hat: an Unplanmäßigkeit als solcher Vergnügen zu empfinden.

Das deutet die Fülle der Probleme an, die sich an die Gesamtheit der Gewohnheiten und ihre Veränderungen knüpfen können. Daraus, daß Gewohnheiten auf der Frühstufe extrapoliert werden, folgt nicht, daß sie weniger lebensfördernd sein müssen als Gewohnheiten, die aus der Zeit der systematischen Kontrolle stammen. Der Zauberer der Primitiven, welcher das Aufschneiden extrapolierte und tadellose Trepanationen durchführte, hat vielleicht mehr gehirnkranken Menschen geholfen als der Chirurg zu Beginn des 19. Jahrhunderts, dem diese Gewohnheit fremd geworden war und der daher nicht wagte, die Hirnschale wie eine Kokosnuß zu bearbeiten, um böse Säfte herauszulassen. Die Extrapolation, Warzen wie kleine Tiere durch Zuspruch zu zähmen, hat man lange für abwegig gehalten, man nannte sie Aberglauben. Jetzt ist die Suggestionstherapie auch auf Warzen anwendbar und ein Teil der modernen medizinischen Technik. Wir nennen alle angeblich wirksamen Gewohnheiten der Primitiven, die wir ablehnen, »Magie«, die dagegen, welche wir annehmen, »Technik« oder »moderne Sitte«. Sobald der Soziologe das alles zu durchschauen beginnt, wird er die Lebensordnung aus Gewohnheiten der Einzelmenschen aufzubauen sich bemühen. Er wird die Ursprungszeit der Gewohnheiten festzustellen suchen. Manchmal gelingt ihm das, wie dem Geologen, indem er die begleitende Schichte bestimmen kann. Bisweilen müssen Hypothesen gemacht werden, die sich manchmal auf Experimente stützen, die mit Gewohnheitsbildung heute noch gemacht werden können. Wir wissen, daß ein Teil der Menschen z. B. die Gewohnheit hat, einem Nichtarzt bei Krankheitsfällen prinzipiell mehr zu vertrauen als einem Arzt, einem Nichtjuristen mehr als einem Juristen. Ist das eine grundsätzliche Einstellung gegen den »Fachmann«, der sich sogar manche Verulkung gefallen lassen muß *(Lichnowsky),* oder ist das anders zu erklären? Weit wahrscheinlicher ist es, daß es sich hier um eine Gewohnheit aus einer Zeit handelt, als die Vertreter der alten Magie der modernen Medizin gegenübertraten. Es gab Leute, die an dem nicht mehr anerkannten Fachmann der Vergangenheit gegenüber dem Fachmann der modernen Zeit festhielten. Das alte Weib im Gebirge, der alte Bauer, der Schmied, das waren eben die Bewahrer der alten Heilgewohnheiten. Und heute noch gibt es Reste davon, wie jeder Kurpfuscherprozeß beweist, vor allem aber der Umstand, daß manche Kurpfuscher, weit davon entfernt, ärztliche Vorbildung vorzutäuschen, sich mit Erfolg rühmen, keine zu haben, wohl gar eine privat oder sogar offiziell erworbene verheimlichen. Die Gewohnheit, zu Kurpfuschern zu gehen, wird nicht aus den Gegenwartsverhältnissen erklärt, sondern aus vergangenen Zuständen abgeleitet, deren Extrapolationen durch die Generationen hindurch übertragen wurden.

Es spricht vieles dafür, daß man durch geschichtliche Analyse der Gewohnheiten vieles über die Möglichkeiten, das Leben zu ändern, erfahren kann, aber auch darüber, was hemmend sich bemerkbar macht. Eine zweite Frage ist, wie hängen die in einem Zeitalter vorgefundenen Gewohnheiten reizmäßig zusammen, wie verhält sich z. B. der der Kurpfuscherei ergebene Mensch im übrigen Leben? Es kann sich z. B. zeigen, daß er ein ausgezeichneter Kartellgründer, ein ausgezeichneter Gewerkschaftsführer sein kann. Vielleicht wird er einer sonst ausgeführten fehlerhaften Operation entgehen, vielleicht einmal durch eine falsche Heilbehandlung früher enden als ein anderer. Andere Gewohnheiten wieder greifen ins Leben stärker ein. Ein frommer Jude, der an den Gewohnheiten der Väter uneingeschränkt festhalten will, muß entweder mit Gesinnungsfreunden zusammen sehr arm bleiben oder aber sehr reich sein. Im normalen Geschäftsbetrieb, der z. B. auf die Samstagruhe keine Rücksicht nimmt, ist er unmöglich. Frage des Soziologen: welche Gewohnheiten sind mit einem bestimmten Zustand der Lebensordnung vereinbar, wenn sie vereinzelt auftreten, welche, wenn sie gruppenweise auftreten?

Als die Menschen mit ihrer stark entwickelten Fähigkeit Gewohnheiten, und zwar auch aufgrund kleiner Formdifferenzen der Schall- und Augenreize, kräftig extrapolierten, waren sie bald vielen anderen Tieren wesentlich überlegen, am wenigsten zunächst den mikroskopischen Feinden. Es ist eine Aufgabe für sich, die eigenartige Umgestaltung des Zentralnervensystems zu erklären, die solches Verhalten ermöglicht. Die Menschen erwarben Gewohnheiten, sie übertrugen sie. Das konnten sie aber nur, weil die Männchen miteinander enger verknüpft waren als mit den Weibchen. Die Kontinuität des Zusammenlebens bei den Säugetieren wird durch die Eifersucht immer wieder gesprengt. Die Brunstzeit macht aller Gemeinschaft ein Ende. Mann gegen Mann, Sohn gegen Vater. Gleichgültig, ob das nun im Einzelkampf oder im Massenkampf wie bei den Robben vor sich geht: die jeweils kräftigsten Männer holen sich ihre Weibchen, die Kleinen werden beiseite geschoben, ebenso aber die Greise, die weinend ihr Schicksal ertragen. *Darwin, Freud* und viele andere haben sich mit der Frage beschäftigt, auf welche Weise die Söhne abgehalten wurden, die Väter regelmäßig zu töten. *Schurtz* hat besonders die Frage der Männerbünde untersucht, das Entstehen von Männergemeinschaften, die unverändert durch die Geschlechtserlebnisse ihrer Mitglieder weiterbestehen.

Ohne auf die Frage einzugehen, wieweit diese Problemstellungen im einzelnen berechtigt sind, wieweit die gegebenen Antworten allgemein zutreffen, ob es sich dabei um primitive Vorgänge handelt oder um spätere Bildungen, ist doch klar, daß dies die Methode ist, um das Zusammenleben der Menschen aufzuhellen, sowohl was die Reizzusammenhänge als auch was die technischen Auswirkungen der Gewohnheiten anlangt, die mittelbar wieder auf die Reize einen Einfluß ausüben.

Die Extrapolation erklärt uns, auf welche Weise menschliche Gruppen ihr Leben wesentlich ändern können. Aber es genügt die Extrapolation offenbar nicht, da sie ja nach allen möglichen Richtungen vor sich gehen kann. Solange keine systematische Kontrolle besteht, wird es lebensfördernde und lebensschädigende Extrapolationen nebeneinander geben. Bis zu einem gewissen Grade tritt nun Selektion ein, und zwar sowohl innerhalb einer Gruppe als zwischen den Gruppen. Selektion zwingt entweder die neue Gewohnheit auf oder läßt die zugrunde gehen, welche die neue Gewohnheit nicht annehmen.

Man muß also das Auftreten neuer Gewohnheiten nicht auf besondere Empfindsamkeit der Menschen zurückführen, erst recht nicht auf wachsende Erfindungskraft. Wir können alles viel leichter ableiten, wenn wir die Extrapolationen möglichst unbemerkt entstanden denken, bis sie dann durch Selektion besonders begünstigt werden, damit zugleich eine Reihe anderer damit zusammenhängender Gewohnheiten begünstigend. Wie kann man sich die Entstehung des Ackerbaus in diesem Rahmen erklären? Die Sammler und Jäger bringen Früchte nach Hause. Es werden daheim Knollenstücke, später auch Körner weggeworfen. Auf Abfallhaufen entsteht neues Leben. Man gewöhnt sich daran, Abfallhaufen als »Felder« systematisch zu behandeln. Die Gewohnheit des Knollen- und später Körnerwegwerfens wird zum Ackerbau. Der Mann jagt, die Frau, durch Schwangerschaft und Aufzucht räumlich gehemmt, bestellt das Feld. Die Tochter übernimmt das Feld der Mutter. Zu einem guten Acker gehören wird wichtig. Die Zugehörigkeit zu einer bestimmten Acker-, das heißt Frauengruppe kennzeichnet den einzelnen. Das »Mutterreich« entsteht.

Diese Extrapolation macht vielleicht einen Stamm den anderen überlegen, die noch beim Sammeln und Jagen sind. Sieg besteht in der Ausbreitung der erworbenen Gewohnheit, die in gewissem Sinne fixiert »Magie« ist. Übernahme der »Magie« und Übernahme der Produktionsordnung sind identisch. Sobald Zauberer den Völkern solche Gewohnheiten zum Bewußtsein bringen, verbreiten sie nicht nur Schrecken und Furcht, sondern auch Zuversicht und Hoffnung. Es ist klar, daß manche Gewohnheiten ungemein stark die Überlegenheit von Gruppen fördern, etwa die Gewohnheit, Ekel vor toten Tieren und Menschen zu empfinden; Infektion wird so oft vermieden. Die Differenzierung des Ekels, der Furcht macht uns moderne Menschen primitiven Völkern überlegen. Wir dosieren die Vorsicht vor Maschinen und passen sie dem Erfolg an.

Gerade solche Gewohnheiten, die weder positiv noch negativ viel bedeuten, können sich sehr lange halten, z. B. der Ekel vor Kröten, deren glänzende Goldaugen die Menschen entzücken würden, wenn sie nicht den Ekel früh auf den Weg bekämen. Aber auch in der Biologie wird damit gerechnet, daß Organe, die weder nützen noch schaden, in Relikten sich lange halten können. (Ansatz des Tierohrs beim Menschen.)

Wir haben schon oben erwähnt, daß der Selektionsprozeß in einem späteren Stadium zuungunsten der Magie ausfällt. Die Zauberei wird für viele Zauberer Selbstzweck, wie heute die Wissenschaft für viele Gelehrte. Während aber der Ausbau der Wissenschaft nicht die Lebenstüchtigkeit hemmt, wenn er auch manchmal Zeit verbraucht, die anderswo fehlt, kann das Überwuchern der Magie alle weitere Ausgestaltung der Lebenstechnik verhindern. Nur gelegentlich kann man den Zauberern ihre offenkundige Unfähigkeit nachweisen und sie entfernen. Das bringt aber noch lange keine neue Gewohnheit herbei, sondern nur einen neuen Zauberer, wie wir dies etwa bis in die neueste Zeit in China beobachten können, wo der Monarch oder seine wichtigsten Diener für Ungemach jeder Art persönlich haftbar gemacht wurden. Freiwilliger Tod der Schuldigen befriedigte alle und war mit die Bedingung dafür, daß die Lebensordnung nicht geändert werden mußte. Sie war ja nicht schuld am Leid.

Die magische Periode hat die bedeutsame Eigentümlichkeit, überhaupt Gewohnheitssysteme von besonderem Umfang und vielfältiger Bindung zu erzeugen. Einhaltung des bestimmten Zeitablaufs, bestimmter genau angebbarer Zeremonien, ganz bestimmter Wortfolgen ist, wie schon erwähnt, Vorläufer für die Einhaltung bestimmter Zeitabläufe, bestimmter technischer Maßnahmen, bestimmter wissenschaftlicher Vorarbeiten in der modernen Zeit. Seit Jahrtausenden haben sich die Menschen an Präzision, an kollektive Disziplin gewöhnt, die über militärische und im europäischen Mittelalter über kirchliche Organisationen bis zur Gegenwart herüberreichen. Bald haben diese, bald jene Gruppen die Disziplin und Ordnung aufgewiesen, welche ehedem der vom Magier geleitete Volksstamm bei den großen technisch-hygienisch zu deutenden Festen an den Tag legte. *Die römische Legion, das katholische Kloster sind so die Bewahrer jener Urordnung, welche uns heute in der Fabrik, in der Stadtorganisation und in vielem anderen als technisch bedeutsam entgegentritt.*

Aber der Weg der Extrapolation ist nicht so einfach gewesen. Die Selektion war nicht immer der Ausdehnung der Extrapolationen günstig. Stämme mit einer Unsumme von Extrapolationen, mit komplizierten Systemen von Gewohnheiten, die jede Änderung unmöglich machen, können schließlich Stämmen gegenüber unterliegen, die weit weniger extrapolieren, aber mehr kontrollieren oder zu Extrapolationen gelangten, welche das Leben wirksamer gestalten. *Die Revolution der unmagischen Gruppen gegen die magischen Gruppen setzt ein.* Die Kontrolle der Zusammenhänge wird Regel, das heißt die *Technik;* eine neue Art von Extrapolationen beginnt, die auf Beobachtungen aufgebaut werden. Es gibt nun Techniker neben den Priestern, die an die Stelle der alten Zauberer treten. Aus der Magie wird, worauf wir eingangs hinwiesen, zum Teil Theologie, die früher ebenso eine Nebenerscheinung war, wie es nunmehr die Magie wird. Nicht mehr einzelne Handgriffe stehen für die Priester im Mittelpunkt, sondern der Gehorsam gegenüber dem König, die Form des Zusammenlebens, das Eigentum, der Geldzins. Furcht und Schrecken knüpfen sich an bestimmtes soziales Verhalten, ja an bloße Gesinnung an.

Die nächste Revolution sucht auch diese Furcht zu überwinden, die vor allem eine Furcht vor Göttern und Teufeln, vor dem Jenseits ist. Epikur und die Epikureer begannen solche Furcht zu bekämpfen. In der modernen Zeit hat dieser Kampf stärksten Erfolg. Es ist die *Revolution der Gesellschaftstechniker gegen die theologisch gestützten Gruppen der Vergangenheit*. Nun kommt es zum Wettbewerb der Extrapolationen, der Gewohnheiten. Es setzt sich in der modernen Zeit durch, wer über bessere Waffen, über besseren Ackerbau, über bessere Organisation verfügt. Magie und Theologie treten hinter Physik und Gesellschaftstechnik immer mehr zurück. Den Krieg führen Politiker, Ingenieur, General; der

Priester gibt höchstens den Segen dazu, der Soldat trägt neben Waffen ein Amulett. Aber von dem vorhandenen Energievorrat konsumieren die Priester weniger als ehedem. Der Kirchenbetrieb ist eine Nebenerscheinung geworden. Das Schießen nimmt im Krieg wesentlich mehr Zeit in Anspruch als Gebete und Amulettanwendung. Anders in primitiven Zeiten: da kann die Gesamtheit der von uns heute als unwirksam angesehenen Verrichtungen im Rahmen magischer Zeremonien wesentlich die Zeit übertreffen, die den Kämpfen gewidmet war. Zuerst siegt in Menschheitsproportionen gerechnet: der Magier über den Noch-nicht-Magier, dann der Theologe über den Magier und nun der Gelehrte über den Theologen. Wer aber wird über den Gelehrten siegen?

Die christlichen Franken, welche mit den unchristlichen Sachsen zusammenstießen, waren nicht nur militärisch überlegen, sondern auch lebensmäßig. Das Christentum hatte viele soziale Gewohnheiten, es konnte Menschen verschiedenster Lebensweise verbinden, da es nur ganz bestimmte Zeremonien, vor allem solche des Kults vorschrieb, im übrigen aber der technischen Entfaltung freie Bahn ließ. Man war nicht an zahllose Tagessitten gebunden. Die Christen waren mit revolutionierenden Gewohnheiten sozialer Art ausgestattet. Sie waren gesellschaftstechnisch weit überlegen, aber auch technisch überhaupt, da sie bereits systematischen Ackerbau kannten, der nicht mehr von Fruchtbarkeitsriten getragen war. Die wenigen Regenprozessionen und ähnliche Reste der Zauberzeit ergänzten nur die reine Technik, während sie früher ein wesentlicher Teil zielbewußten Wirkens waren.

In ähnlicher Weise können wir jetzt die Verdrängung des Christentums begreifen. Die Produktionsbedingungen treiben zu internationaler Verknüpfung. Bündnisse christlicher und unchristlicher Staaten sind unumgänglich. Kooperation auf der ganzen Linie, um Handel zu treiben, zu kolonisieren, um zu kämpfen, ist naheliegend. Menschen- und Menschengruppen, die christlich waren, sind im Mittelalter die Träger der damals stärksten Internationalität. Auf dem Boden christlicher Gemeinschaft konnte man Menschen verbinden, Kreuzzüge organisieren, Tempelritter in Palästina mit Verpflegung aus Frankreich versehen. Expansion durch Verbreitung des Christentums bedeutete Zuwachs an Macht. Der päpstliche Legat war seinen ganzen Gewohnheiten nach der berufene Vermittler, der berufene internationale Organisator. Anders seit der Renaissance. Die moderne Technik läßt den religiösen Einfluß zurücktreten, vor allem aber wird die moderne Gesellschaft von der Theologie in ähnlicher Weise befreit wie ehemals das Leben des Alltags von der Magie. Der päpstliche Legat ist nicht mehr *der* internationale Mensch. Der moderne internationale Mensch ist ein Diplomat, der möglichst wenig Hemmungen hat, wenn er mit Japanern, Indern usw. unterhandeln muß. Nicht nur die Tagesgebräuche müssen ihm gleichgültig sein, nein auch die religiöse Einstellung der Partner. Mit Christentum kann man nur noch gewisse Staatengruppen verbinden, internationale Verbindung verlangt nach absoluter religiöser Toleranz. Wer als Unternehmer Arbeiter sucht, ist geschwächt, wenn er sich auf fromme Katholiken beschränken will. Wer als calvinischer Bankmann nur calvinische Kunden oder Gläubiger sucht, ist schwer geschädigt. Wem das gleichgültig ist, der ist überlegen. Durch Selektion, abgesehen von anderen Momenten, wird die religiöse Einstellung verdrängt.

Da die Menschen Gewohnheiten übertragen, Extrapolationen in weitgehendem Maße vornehmen, wächst der Bestand an Resten vergangener Epochen. Überlagerungen finden statt. Man muß immer wieder im Inventar die Produktion und den Verbrauch deutlich genug von den nicht oder wenig wirksamen Extrapolationen trennen. In der Literatur tritt uns einerseits ältester Bestand, aber auch allerneuster in weit stärkerem Abstand als im Leben gegenüber, einst wie jetzt. Verknüpfung von Erfindungen verschiedener Herkunft bedeutet Überlegenheit. Wer frei erfindet, siegt im Krieg, lebt besser als der, welcher bei alten Gewohnheiten verharrt.

Die Gebiete, wo sich Wirtschaftsformen mischen, sind besonders erfolgreich im Leben. Die »Altkulturen« Ägyptens, Mesopotamiens, Indiens, Chinas, Amerikas gehören hierher. Metallbearbeitung, Töpferei, kompliziertere Werkzeuge werden angewendet. Was eine Handwerkergruppe erdenkt, verwendet die andere. Die Bindungen früherer Perioden, magische Extrapolationen werden zurückgedrängt, wo die freiere Betätigung Erfolg verheißt. Innerhalb großer Gebiete mit umfassender Organisation, z. B. gelegentlich der Errichtung von Dämmen, werden Stämme verschiedener Herkunft vereinigt, ihre Erfindungen und Künste miteinander verbunden, die nicht an diese Ausübung technischer Maßnahmen geknüpften Extrapolationen einschließlich der Wortverbindungen treten in den Hintergrund. Staatsordnung wird entscheidend. Sie begünstigt die Entwicklung des Priestertums, der heiligen, später profanen Schrift. Religiöse Bindung wird Ausdruck sozialer Bindung.

Völker, die über diese Struktur verfügen, sind den kleinen Stämmen mit Sonderkulten und magischer Bindung alles Technischen überlegen. Im Wettbewerb der Völker siegen die Völker mit den besseren militärischen Mitteln, mit den besseren Produktionsmitteln, mit den besseren Produktionsgewohnheiten und mit weitgehender Extrapolation. Wie diese aber aus den soziologischen Bedingungen unserer Zeit entstehen, untersucht die Soziologie, deren wichtigste Grundlagen wir nun gekennzeichnet haben. Fern von allen metaphysischen Realitäten, sprechen wir zunächst von Gewohnheiten, ihrer Extrapolation und Selektion. Aber wir müssen auch untersuchen, wie diese Gewohnheiten miteinander kombiniert sich zueinander verhalten, welche Gewohnheiten mit welchen anderen *reizmäßig*, welche *technisch* verbunden sind. Die Frage nach der *Kohärenz* der Gewohnheiten wird für den Ausbau der Soziologie entscheidend. Wir sehen, daß viele Soziologen zwar der Reizkohärenz erhebliche Aufmerksamkeit zuwenden, aber gerade die gesellschaftstechnische Kohärenz vernachlässigen, das heißt die Untersuchungen darüber, wie z. B. der Bestand gewisser Einrichtungen Krisen erzeugt, Massennot und damit bestimmte Verhaltungsweisen. Die Analyse der Zusammenhänge, durch welche diese Vorgänge erklärt werden können, hat es weniger mit den Reizen zu tun als mit den Konsequenzen des Verhaltens. Die schematische nationalökonomische Analyse wird hier für jede soziologische Untersuchung ausschlaggebend. Hat die Lehre von der Extrapolation den Behavioristen viel zu verdanken – die manchmal sogar Theologen sein können, wie die Erfahrung der Ethnologie zeigt –, so die Lehre von der Kohärenz den Nationalökonomen.

III. Kohärenz

Als wir die Menschendecke der Erde untersuchten, zeigte es sich, daß gewisse Gewohnheiten und ihre Verbindung uns als Leitfossilien dienten. Traf man starre Bündel von Gewohnheiten an zwei getrennten Stellen an, konnte man frühere Verbundenheit erschließen. Freilich nicht ohne weiteres. Denn es können doch

Gewohnheiten gleicher Art an verschiedenen Stellen der Erde sich gebildet haben. Wenn irgendwo ein Stamm mit Steinen nach Fischen wirft und an einer anderen Stelle tut ein anderer Stamm das gleiche, so werden wir noch nicht auf alte Verbindung schließen. Auch dann nicht, wenn mehrere Gewohnheiten in beiden Fällen auftreten, falls solche Gewohnheiten *technisch* zusammengehören. Daß Fischfang und Bootfahren gemeinsam auftritt, wird uns auch nicht wundern.

Anders aber, wenn die Gewohnheiten, die miteinander verbunden sind, nicht auf solche Weise technisch verknüpft sind, wenn Gewohnheiten an zwei Stellen auftreten, die durch Selektion nicht ausgeschieden worden sein können. Es würde z. B. auffallen, wenn zwei Stämme Bogen mit gleicher Form des Querschnitts haben, obgleich es viele, viele andere Möglichkeiten gibt, wenn Schilde in gewisser Richtung gleich sind und ähnliches mehr. Sicherlich sind auch diese Gewohnheiten, einmal infolge bestimmter Reize, verbunden aufgetreten. Ihre Verbundenheit ist vielleicht einmal technisch begründet gewesen, es kann auch bloßer »Zufall« vorliegen, aber in der weiteren Zukunft ist ihre *Kohärenz* nur noch eine historische. Gerade *nur* historische Kohärenz von Gewohnheiten gibt reichen Aufschluß über die Geschichte der Völker.

Das Gewebe der Gewohnheiten, das heute Menschengruppen in sich und untereinander verbindet, in seinem geschichtlichen Ablauf aufzuzeigen, ist für die Soziologie sehr wichtig. Hier ruhen die wichtigsten Erkenntnisse, mit Hilfe deren man Änderungen in Angriff nimmt. Wie wenig erweist sich (siehe oben) als »zur Natur des Menschen gehörig«, wieviel dagegen ist durch Extrapolation entstanden, durch Selektion bewahrt oder beseitigt worden. Innerhalb einer gewissen Breite uns zugänglicher Variation hat es einen guten Sinn, zu fragen, welchen Einfluß bestimmte Gewohnheiten auf Glück und Unglück haben. Viele Gewohnheiten kann man kaum voneinander trennen, andere wieder kann man mit anderen fast unbeschränkt kombinieren.

Ein Boxchampion kann ein begeisterter Markensammler sein, ein erfolgreicher Kanzelredner ein Säufer, ein feiner Diplomat ein grober Haustyrann, es kann jemand sich vor der Zahl 13 und vor dem Freitag fürchten und dennoch ausgezeichnete Medikamente verfertigen. Selbst innerhalb ganzer Gruppen können bestimmte Gewohnheiten verhältnismäßig unabhängig von anderen sein. Die technisch sehr leistungsfähigen Japaner z. B. heiraten nicht gerne Mädchen, die dem »Pferdejahrgang« angehören. Dadurch wird das Volk nicht wesentlich geschwächt. Daß ein paar Mädchen dieses Jahrgangs sich über den Durchschnitt hinaus umbringen, ist sozial ohne Belang. Aber als Symptom kann man diese Tatsache wichtig finden. So ist auch ein ausgebildeter Antisemitismus meist mehr Anzeichen für eine gewisse Art des sozialen Lebens, aber gesellschaftstechnisch nur von mäßigem Belang, außer wenn er als Massenerscheinung mit großen Konsequenzen auftritt, wie in Spanien um 1500.

Besonders die Gewohnheit, gewisse Aussagen zu formulieren und feierlich zu wiederholen, ist wesentlich unabhängig vom Gesamtleben. Menschen, welche z. B. andauernd von Nächstenliebe sprechen und die Hingabe an Gott und an den Nebenmenschen preisen, können erfahrungsgemäß ohne erhebliche Hemmung Krieg führen. In Gebieten, deren Bewohner viel zur Kirche gehen, in denen die Lehren der katholischen Kirche eifrig wiederholt werden, fremde Aussagenkomplexe kaum auftreten, kann die Zahl der unehelichen Geburten höher sein als in irgendeinem anderen Gebiet. Hingegen pflegt zwischen der Erbteilung und der geringen Zahl der Kinder ein engerer Zusammenhang zu bestehen. Geburtenregelung ist in Gebieten mit agrarischer Erbteilung besonders entwickelt.

Von Aussagen, die man kulthaft wiederholt, ohne daß sie deshalb eng mit bestimmtem gesellschaftstechnischem Verhalten verknüpft sein müßten, sind jene zu trennen, die als technische Theorie eine Rolle spielen. Der Betrieb der höheren Mathematik ist nicht durch bloß historische Umstände kohärent mit dem Betrieb des Maschinenbaus. Man kann die Gewohnheit junger Menschen, sich an höherer Mathematik fern von aller Verwendung zu begeistern, soziologisch kaum abtrennen von der Gewohnheit, Maschinen zu bauen. Die soziologischen Theorien werden immer mehr zu Theorien, welche praktisch kohärent mit sozialer Arbeit werden. Viele soziologische Anschauungen haben nur als Fahne, als Schiboleth gewirkt, sie ließen erkennen, an wessen Seite jemand kämpft. Es gab moderne Politiker, die ihre entscheidenden Maßnahmen ohne Verwendung soziologischer Theorien aufgrund überlieferter Gewohnheiten trafen. Man denke an *Bismarcks* Junkertraditionen, an seine Treue zum angestammten Herrscherhause, an sein Ressentiment gegen die Bürger und vieles andere. Das war sehr maßgebend für seine Handlungsweise, aber nicht eine Theorie über die soziale Entwicklung der nächsten Zeit. Er kämpfte mit der Arbeiterbewegung wie etwa mit Schmugglergruppen, die man übrigens auch nur schwer unterdrücken kann, selbst wenn man alle Maßnahmen sehr systematisch ausbaut. Er verband geringe Einsicht in die Zukunft der sozialen Wandlung mit großem diplomatischem und kombinatorischem Geschick.

Als Gegenstück etwa *Lenin,* der in allen wesentlichen Angelegenheiten sich durch soziale Prognosen leiten ließ, wobei es für die hier in Betracht kommende Fragestellung ohne Belang ist, ob die Stützung durch die Theorie immer logisch ausreichend ist. Entscheidend ist die Rolle der Theorie für die Lebensgestaltung. Der Marxismus ist wesentlich kohärent mit der russischen Gesellschaftstechnik, ist ein Teil von ihr; in gewissem Umfang hat er wohl gewissermaßen kultischen Charakter, wie aber schließlich Wissenschaft überhaupt. Ob kleine festgefügte politische Stoßgruppen in der Zeit des Absolutismus möglich und erfolgreich sein können, wird von *Lenin* durchaus technisch analysiert und nicht durch Hinweis auf Heroismus, Martyrium oder ähnliches emotionell begründet. Daß logisch korrekte wissenschaftliche Haltung ihrerseits mit emotioneller Einstellung verbunden ist, zeigt die Geschichte aber immer wieder.

Kurzum, wir sehen, wie zu den Gewohnheiten, die mit anderen zusammenhängen, auch die Formulierungen soziologischer Theorien gehören. Von den Formulierungen der Zauberer führt eine kontinuierliche Linie zu den Formulierungen der Soziologen. Extrapolationen hier, Extrapolationen dort, aber bei den Zauberern weniger systematische Kontrolle als bei den modernen Soziologen, die, soweit sie nicht Einheitswissenschaftler sind, den Rest mangelnder Kontrollierbarkeit ins Metaphysische hineinschieben. Wieweit eine Lehre in Reizkohärenz zu anderen Gewohnheiten steht, wieweit in gesellschaftstechnischer Kohärenz, kann man nicht immer genau angeben, doch ist es zweckmäßig, wenigstens die Extremfälle vor Augen zu haben.

Wenn man dauernd mit seinen Toten beisammen lebt, kommt man leichter zum Ahnenkult, als wenn man sie verlassen muß, um in die Ferne zu ziehen. Wenn die Ackerbaugewohnheit auftritt, ist Seßhaftigkeit und Totenkult naheliegend. Aber die Seßhaftigkeit ist mit der Ackerbaugewohnheit enger verknüpft als der Totenkult. Das stabile Dorf führt zum inneren Frieden, und der innere Frieden ist mit der Ackerbautätigkeit enger verbunden als der

Totenkult. Die Dörfergemeinschaft, die zuerst die Blutrache
überwand, konnte eher große Dammbauten durchführen als die,
welche bei der Blutrache blieb. Aufhebung der Blutrache und
Großwasserwirtschaft sind technisch kohärent. Es ist nicht möglich, daß ein Blutrachemissionar in einem blutrachefreien Lande
erfolgreich die Blutrache verkündet und die Großwasserwirtschaft bestehen bleibt. Aber mit der Landwirtschaft bestimmter
Stufe ist Expansion im allgemeinen wenig kohärent. Nur unter
ganz bestimmten Umständen kommen Bauernvölker dazu, Land
zu erobern. Wenn sie es tun, dann schaffen sie meist Abbilder ihrer
Heimat. Sie übertragen die bisherigen Gewohnheiten auf den
Zuwachs. Das Kolonialgebiet wird ähnlich behandelt wie das
Mutterland. Die Seßhaftigkeit steht im Mittelpunkt, Stadtgründungen mit Bauernland herum liegen nahe. Die Entwicklung des
Jägertotemismus, der sich in Städten forterhält, kann hier nicht
weiter erörtert werden.

Anders die Kohärenzen bei Nomadenvölkern. Sie ziehen von
Ort zu Ort. Können unter Umständen Dörfer seßhafter Bauern
überfallen und ausrauben, nachdem man alles getötet hat. Begreiflich, daß eine Horde, die sich an Ausrauben gewöhnt hat, diese
bequeme Gewohnheit ausgestaltet, sich nach neuen Beraubungsmöglichkeiten umsieht. Dörfer, die ganz ausgemordet und ganz
ausgeraubt wurden, sind für immer erledigt. Wenn aber zufällig
ein paar Menschen in den Wald geflohen waren, das Dorf nur
teilweise zerstört war, findet die Nomadenhorde nach ein paar
Jahren wieder beraubbares Gebiet vor. Naheliegend, daß die
Gewohnheit entsteht, mit Maß zu morden und mit Maß zu zerstören. Die Nomadenhorden töten im weiteren Verlauf nur noch die
waffenfähigen Männer und lassen Saatgut zurück. Allmählich
entsteht so eine Symbiose zwischen raubenden Nomaden und
frondenden Bauern. Zurückgebliebene Kontrollorgane bewachen
den Betrieb, der möglicherweise systematisch gepflegt reicheren
Ertrag als früher abwerfen kann. Die Biene im Bienenstock wird
zwar beraubt und produziert dennoch für sich und die anderen
mehr als die wilde Biene. Aus Raub wird Tribut, aus Tribut wird
Steuer, aus der Symbiose von Bauern und Nomaden offenbar so
manches Staatsgebilde, das reinen Bauerngemeinschaften ebenso
überlegen sein kann wie reinen Nomadengemeinschaften. Was
anfänglich Zwang ist, wird später geachtete Gewohnheit. Der
Räuberfürst wird zum Gottersatz, der kontrollierende Aufseher

wird zum patriarchalischen Magnaten. Das Feudalsystem spiegelt sich in der Götterlehre wieder. Die herrschende Klasse taucht im Himmel wieder auf, die Beherrschten sterben ohne Fortdauer nach dem Tode oder wandern mit einem kleinen blassen Seelchen hinab zu den Schatten. Kohärenz einer bestimmten Produktionsweise und einer bestimmten sozialen Struktur sowie einer bestimmten Religionslehre, verbunden mit bestimmtem Kult.

Das Tragen von Edelsteinen ist zunächst kohärent mit einer Lebensform, die auf Zauberei aufgebaut ist. Wenn die Zauberzeit vorüber ist, bleibt die Freude am Edelstein, die später durch Freude an buntem Glas ersetzt werden kann. Wie viele soziale Einrichtungen sind solchem Glasschmuck verwandt. Wie sinnlos ist es, sie als lebensfördernd aus der gegenwärtigen Situation abzuleiten, statt sie historisch zurückzuführen auf eine Zeit, wo sie als Extrapolation einer wirksamen Gewohnheit auftauchten.

Die Bücher, die man schreibt, die Märchen, die man erzählt, gehören mit zu den Gewohnheiten des Lebens. Sie sind kohärent mit den Gewohnheiten des Produktionsprozesses, der entscheidend ist für das Dasein der Menschen. Wenn in einer Naturalwirtschaft, wie sie das Mittelalter kannte, weite Gebiete sich gegen Arabereinfälle schützen wollen, bedürfen sie, wie wir erwähnten, der Ritter. Ritter werden in naturalwirtschaftlicher Zeit vor allem durch Lieferung von Pferden, Rüstungen usw. aus einem ihnen reservierten Gebiet erhalten. Der Ritter mit seinen Hintersassen ist eine Art kleiner König. Wie wird er in Abhängigkeit von der Zentralgewalt gehalten? Durch den Eid. Für die Zeit der Naturalwirtschaft bedeutet daher Eidtreue: theologische Weltanschauung und was damit zusammenhängt, z. B. kirchliches Zinsverbot, Sicherung der Großorganisation. Alle Nutznießer dieser theologischen Ordnung werden sie stützen, selbst dann, wenn sie gelegentlich den Eid brechen.

Anders, wenn neue Methoden der Zentralisation entstehen, wenn Regenten durch Geld ihre Beamten an sich ketten. Treubruch bewirkt Entzug der Gage. Aber in der Anfangszeit des modernen Staates wird die Wandlung der Organisation, die Ablösung von Kirche und Kaiser durch die Territorialfürsten religiös vollzogen. Luthertum ist kohärent mit Abfall mächtiger Territorialfürsten, die gehorsame Untertanen brauchen. Das Luthertum deutet das Christentum so, daß Gott einen bösen Fürsten schon selber strafen werde; es sei nicht Sache des einzelnen, sich zu widersetzen und zum Richter aufzuwerfen, ja ein lutherischer Untertan habe dem katholischen Fürsten zu gehorchen.

Ebenso wie das Luthertum historisch den aufstrebenden Territorialfürsten kohärent ist, welche, ältere religiöse Gewohnheit beibehaltend, die Säkularisation der Kirchengüter mit gutem Gewissen vornehmen, ist der Calvinismus aufstrebenden selbständigen Stadtgemeinden kohärent, überhaupt demokratisch gesinnten Kaufherrn, Unternehmern, Grundbesitzern, die der neuen Zeit angehörend auf Kolonialerwerb und Handelsgewinn ausgehen. Unter »Luthertum«, unter »Calvinismus« sind hier immer Menschen mit bestimmten Kultgewohnheiten, bestimmten Sprech- und Schreibgewohnheiten gemeint. Menschen, die ihre Monarchen bekämpfen wollen, neigen dazu, eine Lehre zu verkünden, daß man Monarchen absetzen dürfe, Territorialfürsten, welche ihren Monarchen ablehnen wollen, hören gerne, daß er der Vertreter des Antichrist ist. Man kann »Christ« sich nennen und erklären, daß man für alles vor Gott verantwortlich ist, was in der Gemeinde geschieht – daraus ergibt sich ein Satz, der den einzelnen »berechtigt«, gegen Bischof und König aufzutreten. Man kann die Annahme dieser Sprechgewohnheiten zu einem Teil durch Selektion erklären. Es konkurrieren in schweizerischen, französischen, englischen Städten calvinistische, lutherische, katholische und sonstige Theologen miteinander, ebenso in Deutschland. Je nach der Situation der Menschen, je nach ihren sonstigen Gewohnheiten nehmen sie die eine oder die andere Lehre an oder biegen eine schon angenommene Lehre um, soweit sie überhaupt auf Übereinstimmung von Lehre und Leben Gewicht legen.

Dies ist etwa die Auffassung, welche der *Max Webers* durchaus entgegensteht. Die »Wirkung« der Lehre einzelner Priester wird dabei sehr gering veranschlagt, während bei *Weber*, wenn man seine Anschauung ins materialistische Gewand zwingt, etwa behauptet würde, daß die Worte und Schriften der Theologen die Gewohnheiten eines Zeitalters wandeln, wobei die Frage offenbleibt, warum diese Lehren und Schriften selbst gerade dort wachsen. Aber die Annahme bestimmter Lehrmeinungen muß nicht durch Ähnlichkeit von Lehre und Leben bestimmt sein, manchmal genügt die Tatsache, daß der politische Gegner eine Anschauung vertritt, um diese Anschauung selbst zum Gegenstand eines Angriffs zu machen.

Daß oft die Lehre in weitem Ausmaß die Lebensform widerspiegelt, ist begreiflich. Man kann aber nicht alle Lehren als solche Widerspiegelungen deuten und muß grundsätzlich die historisch-soziologische Ableitung versuchen. Daß die Feudalordnung und die Hierarchie des Mittelalters in der Himmelslehre des Mittelalters wiederkehrten, mit ihrem Gott und der Hierarchie der Engel, ist wohl klar. Die obersten Denkbegriffe sind die Träger göttlichen Wesens, die Allgemeinbegriffe daher die eigentliche Wirklichkeit. Dem tritt allmählich das freie Individuum entgegen. Verlangt es theoretische Anerkennung, ist der Nominalismus nicht fernliegend, der dem Einzelwesen volle Wirklichkeit zuschreibt und die Allgemeinbegriffe zu Schemen macht, den modernen Empirismus vorbereitend (vgl. *Otto Bauer, Das Weltbild des Kapitalismus*). Der historische Zusammenhang kann aber dazu führen, daß die Vertreter einer bestimmten Lehre mit Menschengruppen dauernd zusammenwirken, die das zerstören, was in dieser Lehre vertreten wird – der Papst verband sich mit dem Türken; es kann eine neue Lehre angenommen werden, weil sie von denen vertreten wird, die als Helfer nahen.

Aber ob nun Sprechgewohnheiten mit Einrichtungen zusammenhängen oder Einrichtungen mit Einrichtungen, Marktpreise einer Ware mit Preisen einer anderen, immer handelt es sich um materialistische Beziehungen *einer* Art. *Wir haben nur eine soziologische Gegenstandsgesamtheit, so wie wir nur eine physikalische Gesamtheit haben.*

Innerhalb unserer Gesellschaftsordnung hängt der Fleischpreis mit dem Häutepreis zusammen. Fleisch kann billig sein, weil man Häute auf dem Markt verwerten kann. Würde der Häutepreis plötzlich fallen, weil man Leder chemisch billigst herstellen könnte, so würde die Fleischproduktion wesentlich teurer kommen, der Fleischgenuß vielleicht wesentlich reduziert werden. Das würde wieder Vegetarianern Erfolge sichern, die sich in vielem auswirken dürften. Freilich sind solche Ketten nicht eindimensional, es sind ganze Kettenpanzer, die wir zu überblicken uns bemühen.

Eine Mischung technischer und Reizkohärenz liegt bei allen Bevölkerungsproblemen vor. Bis zu einem gewissen Grade hängt die Aufzucht mit dem Nahrungsspielraum zusammen. Aber wir sehen, daß gerade arme Bevölkerungsgruppen viele Kinder bekommen, zum Teil, weil sie weniger rationalisierende Gewohnheiten haben, weniger Selbstbeherrschung, überhaupt weniger Anlaß, ihre Eigentumsverhältnisse in Ordnung zu halten. Umgekehrt sehen wir, daß gerade wohlhabende Kreise die Geburtenregelung zuerst eingeführt haben. Von ihnen hat sie erst die Arbeiterklasse übernommen. Die religiösen und metaphysischen Neigungen herrschender Klassen sind offenbar von geringem Einfluß auf die Geburtenregelung, wie ja andererseits die höchsten Unehelichkeitsziffern sich in Gebieten finden, wo der Katholizismus unbestritten herrscht. Wir kommen viel weiter, wenn wir die sozialen Bedingungen der Geburtenzahlen untersuchen und die Bevölkerungsvermehrung als Glied der gesamten Gesellschafts- und Wirtschaftsordnung begreifen. Man kann nicht für alle Zeiten und Völker ein einheitliches Bevölkerungsgesetz aufstellen, wie dies *Malthus* versucht hat. Wir sehen vielmehr, daß jeder soziale Typus auch seine besondere Bevölkerungsbewegung aufweist. Die Gewohnheiten des Geschlechts- und Familienlebens sind nicht immer aus der zeitgenössischen Produktionsweise ableitbar, sondern oft nur unter Berücksichtigung der Produktionsverhältnisse einer vorhergehenden Periode. Immerhin ist die Bevölkerungsbewegung auch als Bedingung der Produktion, als Bedingung der Gesellschaftsordnung von entscheidender Bedeutung.

Die technische Verknüpfung ist wesentlich eindeutiger als die durch Reize vermittelte. Treffen wir auf einen Maler, der sonnige Bilder malt in einer Gegend, die neblig ist, so wird man aufgrund vieler Analogien sein Verhalten als Kompensation zu deuten geneigt sein; was das Leben ihm versagt, schafft er sich in der Kunst. Treffen wir aber den gleichen Maler in einer sonnigen Landschaft, dann wird man aufgrund vieler Analogien die Bilder als Spiegelungen der Wirklichkeit ansehen. Eine geschärfte Analyse wird ein Bild, das als Kompensation gemalt wird, vielleicht von einem trennen, das aufgrund assoziativen Verhaltens zustande kommt. Ob Maler sonnige oder nichtsonnige Bilder in nebligen Gegenden malen, ist schwerer voraussagbar als die Tatsache, daß Mathematik mit Technik verbunden ist.

Technische Kohärenz: Überproduktionskrisen sind eng verbunden mit einer bestimmten Form der Marktwirtschaft, der Kreditgewährung, der Preisbildung. In Gebieten frühen Ackerbaues, frühen Handwerkes, wenig entwickelten Außenhandels gibt es so etwas überhaupt nicht. Der Mechanismus der miteinander verbundenen menschlichen Tätigkeiten führt in diesen Gebieten nicht zu Überproduktionskrisen. Man kann solche Konsequenzen aus den zusammenwirkenden Einrichtungen in ähnlicher Weise ableiten wie das Funktionieren einer Maschine: eine Windmühle kann nicht explodieren, das ist den Dampfmaschinen vorbehalten. Wenn wir z. B. kapitalistische Wirtschaftsordnung bei Christen und bei Shintoisten untersuchen – sie liefert in gleicher Weise industrielle Reservearmee, Krisen usw.; genauso wie Giftgas gleicher chemischer Zusammensetzung tödlich wirkt, ob es nun von Christen oder von Shintoisten gegen ihre Feinde verwendet wird.

Gewohnheiten, die ehedem kausal verknüpft waren, sind heute möglicherweise nur noch historisch verknüpft. Hohe Stiefel und hinaufgeklappte lange Rockschöße sind mit dem Reiter wesentlich enger verbunden als Frack und Halbschuhe mit dem modernen Tänzer. Diese zwei kommen aus anderen Sphären her, haben sich nur zufällig als zeremonielle Gegenstände gefunden. Der technische Apparat einer Lebensordnung weist eine ungemein enge kausale Verknüpfung seiner Teile auf. Das bedeutet nicht, daß er schwer geändert wird; im Gegenteil, die planmäßig geformten jungen technischen Verknüpfungen können verhältnismäßig rasch abgeändert werden. Gerade alte überkommene Gewohnheiten, die mit anderen Gewohnheiten in oft unübersehbarer Reizverknüpfung sind, lassen sich weit schwerer beseitigen.

Zwischen philosophischen Formulierungen und bestimmter gesellschaftlicher Einstellung besteht nicht immer nahe Reizverknüpfung. So treffen wir z. B. den Epikureismus bei den verschiedensten Gesellschaftsklassen an. Es ist nicht so, daß eine bestimmte Gruppe von Menschen mit bestimmten Reaktionsweisen, ja nur mit bestimmter Klassenhaltung dauernd dieselbe philosophische Lehre durch die Zeiten hin vertritt. Man muß sich hüten, bestimmte philosophische Anschauungen mit bestimmten individuellen oder soziologischen Typen allzu eng zu verbinden. Man muß, wie erwähnt, jede Verknüpfung vor allem auch historisch abzuleiten suchen: weil aus irgendeinem Grunde eine Partei unepikureisch ist, kann dies für die Gegenpartei der Anlaß sein, gleichgültig, wie sie sonst eingestellt sein mag, dem Epikureismus sich zuzuwenden, wenn es irgend geht. So tritt der Epikureismus, der Empirismus, der Materialismus, die Skepsis einmal bei Aristokraten auf, die sich von der Kirche frei machen wollen, die herrschen wollen, dann bei den Bürgern, als sie in der Kirche ihren

Feind sehen, und jetzt bei den Arbeitermassen. Wenn wir im Zeitalter der Technik eine empiristische Philosophie sehen, kann man sie nicht ohne weiteres dem Produktionsprozeß zuweisen, denn die Abhängigkeit von der gesamten sozialen Struktur ist entscheidend. Es kann gerade in einem Zeitalter der Technik die Sehnsucht nach Befreiung von der Technik lebendig sein, so wie das Zunehmen des Wanderns als Kompensation auftreten kann. Aber abgesehen von diesen Kontrastmöglichkeiten ist eine bestimmte Anschauungsweise Symbol für eine bestimmte Gruppe. Da die Vertreter der Kirche meist auf Seite der herrschenden Klassen stehen, wird der, welcher gegen die herrschenden Klassen kämpft, dazu gedrängt, auch die Kirche zu bekämpfen, und daher antikirchliche Neigungen bei sich und bei anderen begünstigen; wer sonst vielleicht seine Abweichungen von den kirchlichen Gebräuchen unterdrückt hätte, wird sie nun betonen.

Aber selbst die wissenschaftliche Forschung ist in manchen Teilen vorwiegend Fahne einer bestimmten Richtung. Das gilt heute für die Forschungen über Soziologie, Biologie, über die Grundlagen der Wissenschaft selbst. Der Zwiespalt in der russischen sozialistischen Bewegung vor dem Kriege kam zum Teil in der Form philosophischer Auseinandersetzungen zum Ausdruck. Dabei war aber den wichtigsten Wortführern klar, daß die Anfeindung gewisser Behauptungen den Kampf gegen eine bestimmte Gesamthaltung in sich schloß, die mit gewissen politischen Konsequenzen mehr oder minder eng zusammenhing; sei es, daß diese Einstellung logisch zu gewissen Konsequenzen führte, welche den politischen Konsequenzen der anderen Richtung widersprachen, sei es, daß diese Gesamteinstellung historisch die Annäherung an eine politische Gruppe bedeutete, mit der die anderen im Kampfe lagen. Das wissenschaftliche Werkzeug ist nicht so eindeutig, wie man vielfach annimmt. Wenn jemand, ohne daß die unmittelbare Notwendigkeit gegeben ist, Umformungen vornimmt, welche Koalition mit früheren Gegnern erleichtert, so wird ein scharfsichtiger und erfahrener Politiker vielleicht in der philosophischen Wandlung die Vorbereitung der politischen Wandlung vorahnen. *Lenins* heftige Angriffe gegen die Philosophie *Bogdanows* (1906) erklären sich aus der politischen Grundstimmung *Lenins,* aus der heraus er sich gegen jede Form idealistischer Abweichungen zur Wehr setzte. Er sah in der Transformation des Marxismus im Sinne des Empiriokritizismus eine Anbiederung an die mystizistisch gerichteten Intellektuellen, deren »Idealismus« ihm verdächtig war. (Vgl. *W. I. Lenin, Materialismus und Empiriokritizismus. Kritische Bemerkungen über eine reaktionäre Philosophie.*)

Auftreten bestimmter Lehrmeinungen, Pflege oder Hemmung ihrer Vertreter ist daher in bestimmten Zeitpunkten oft wesentlich soziologisch-politisch zu verstehen und nicht aus dem Produktionsprozeß direkt. Es liegt da anders als etwa bei der Technologie, die sich ihre Mechanik schafft. Schon die Entstehung der modernen Astronomie ist uns nur verständlich, wenn wir mancherlei Zwischenstufen ins Auge fassen, denn die astronomische Forschung ist nur locker mit Schiffahrt und anderem verknüpft, weit enger mit Theologie und moderner Neigung zur geordneten Wissenschaft überhaupt.

Staaten, Völker, Altersgruppen, Religionsgemeinschaften, das sind alles Komplexe, die aus den Einzelelementen, den Individuen gebildet werden. Solche zusammengesetzten Gruppen weisen gewisse gesetzmäßige Zusammenhänge auf, sie haben eine bestimmte Physiognomie. Dabei sind die einzelnen Eigenschaften dieser Komplexe nicht unabhängig voneinander, sondern stehen miteinander in Verbindung.

Wenn sich die Physiognomie ändert, gibt es gewisse Zusammenhänge, die innerhalb bestimmter Räume und innerhalb bestimmter Zeiten mit großer Wahrscheinlichkeit erwartet werden können. Nimmt z. B. die Zahl der Betrugsfälle innerhalb eines größeren Zeitraumes zu, während gleichzeitig die Mordfälle abnehmen, so kann man mit großer Wahrscheinlichkeit annehmen, daß dies Gebiet wohlhabender geworden ist, an Religiosität eingebüßt hat, sinkende Analphabetenziffer, steigende Selbstmordziffer aufweist. Man kann die Kovariation zweier Variabeln in recht brauchbare Formeln einfangen *(Niceforo)*.

Nicht jede Gruppierung, die uns aus irgendwelchen praktischen Gründen interessieren mag, muß soziologisch bedeutsam sein. Man kann im Interesse eines Lexikons die Zahl der Menschen, deren Name mit P anfängt, zusammenstellen, ohne daß dieser Menschengruppe noch irgendein zweites Merkmal eigen sein müßte. Die wissenschaftliche Untersuchung hat aber gezeigt, daß die Abgrenzung der »Gesellschaftsklassen«, die politisch eine wachsende Rolle spielt, soziologisch sich vertreten läßt. Eine »Anthropologie der nichtbesitzenden Klassen« *(Niceforo)* bringt biologisch bemerkenswertes Material.

Wenn man solche Verknüpfungen von Eigenschaften festgestellt hat, vermag man manches vorauszusagen. Aber es ist klar, daß gerade bedeutsame Wandlungen so nicht im vorhinein erfaßt werden. Die Vergleiche der Gesamtkomplexe geben uns keine Möglichkeit, Revolutionen anzukündigen, wenn sie nicht eine übliche Erscheinung sind. Man muß die neue Erscheinung abwarten, um dann für sie wieder neue Gesetzmäßigkeiten zu finden. Die Bemühungen der weitergehenden Analyse zielen darauf ab, beide Gesetzmäßigkeiten sozusagen aus *einer* Formel abzuleiten.

Wenn man z. B. sieht, daß mit fortschreitender Industrialisierung, mit fortschreitender Bildung die Geburtenziffer abnimmt, die Sterblichkeit abnimmt, die Zahl der Selbstmorde wächst, die Religiosität abnimmt, so fragt es sich sehr, ob man ohne weiteres prophezeien kann. Es wäre z. B. denkbar, daß die Zahl der Selbstmorde zunimmt, weil die Religiosität abnimmt. Menschen, die ein gequältes Dasein führen, machen ihm ein Ende, wenn sie nicht mehr die Höllenstrafe fürchten. Wenn aber die Religion sehr zurückgegangen ist, die Selbstmordneigung sich ganz ausgewirkt hat, dann könnte infolge der wachsenden Wohlhabenheit, der wachsenden Lebensbeherrschung die Selbstmordziffer so lange sinken, bis etwa unausrottbare Qualen als Selbstmordmotiv übrigbleiben, wobei freilich wieder die Möglichkeit besteht, daß durch Suggestion und andere Mittel Leidfreiheit erzeugt wird, die die Selbstmordziffer herabsetzt. Auch können unter geänderten Umständen neue Bedingungen für Selbstmorde auftreten, Unvollkommenheiten, von denen man sonst wenig Notiz nahm, können ungemein hervorgehoben werden, neue Reaktionen, die Selbstmorde zur Folge haben.

Die Frage, welche statistischen Größen voneinander abhängig sind, und in welcher Weise, durchdringt die gesamte Soziologie. Hier wird deutlich, daß eine Trennung in vergleichende Geschichtsbetrachtung, vergleichende Politik, Nationalökonomie, Anthropogeographie usw. unmöglich ist.

Es hat wenig Sinn zu fragen, wie etwa eine kapitalistische Wirtschaft verläuft, in der es keine Krisen gibt, wenn man die Krise als notwendiges Ergebnis sieht. Es hat keinen Sinn, zu fragen, wie eine kapitalistische Wirtschaft aussieht, die ohne Kriege, ohne Kolonialexpansion gedacht ist, wenn man Gründe zu der Annahme hat, daß die Kriege, daß die Kolonialexpansion Ausfluß dieser Wirtschaftsform sind. Man kann natürlich eine *andere* Wirtschaftsform ausdenken, in der diese Konsequenzen nicht auftreten. Da wir aber die Struktur der Lebensordnung ungenügend durchschauen, ist die Schaffung solcher utopistischer Konstruktionen von sehr begrenztem Erkenntniswert.

Die Größen, welche die Soziologie verwendet, um das theoretische Schema zu konstruieren, mit Hilfe dessen konkrete Voraussagen gemacht werden sollen, hängen einerseits von dem Interesse ab, das man bestimmten Dingen entgegenbringt, dann aber auch von der Möglichkeit, gesetzmäßige Zusammenhänge mit Hilfe bestimmter Elemente zu erhalten. Man faßt Erscheinungen unter einem Oberbegriff zusammen, wenn man von ihnen irgendwelche gemeinsame Aussagen machen kann.

Wir können von der Durchschnittslebenslage eines Volkes sprechen, wir können aber auch die Lebenslage der einzelnen Klassen ins Auge fassen, je nachdem, was uns besonders interessiert, je nachdem, was wir an Gesetzen zu erarbeiten hoffen. Die Menge des Fleischkonsums, des Kinobesuches, der Analphabeten einer bestimmten Klasse kann festgestellt werden, der Brustumfang, die Sterblichkeit, die Geburtlichkeit. Man kann die Menschen nach ihrer kirchlichen Zugehörigkeit gruppieren, nach ihrer Intensität der Einhaltung kirchlicher Gebote und nun zusehen, wie sich Größen der Lebenslage dazu verhalten. Man kann z. B. zu zeigen versuchen, daß eine sehr weitgehende mathematisch gut formulierbare Abhängigkeit zwischen Durchschnittseinkommen einer Gruppe und der dazugehörigen Säuglingssterblichkeit besteht. Dabei ist jeweils festzustellen, ob es sich um bloße Anhäufung gleichgerichteter Veränderungen handelt, die in gleicher Weise bei allen Personen unabhängig von der sozialen Struktur auftreten, oder ob die sozialen Bedingungen wesentlich sind. Wenn unter dem Einfluß der Wärme der Pulsschlag aller Menschen sich beschleunigt, liegt keine soziale Erscheinung vor, denn diese Tatsache kann an jedem einzelnen Menschen für sich beobachtet werden. Selbst die Bildung eines Durchschnittswertes macht diese Erscheinung zu keiner sozialen. Wohl aber wäre es eine soziale Erscheinung, wenn die Menschen unter dem Einfluß der Sonne bestimmte Einrichtungen träfen, die z. B. die einen gegen die Sonne mehr schützten als die anderen.

Wenn man eine soziale Ordnung kennzeichnen will, kann man z. B. die Zahl der Hungernden auf Hundert der Bevölkerung bestimmen. Aber es ist nicht von vornherein klar, daß jede Bezeichnung, die wir haben, z. B. »Hungernde«, auch schon wissenschaftlich verwendbar ist, um soziale Ordnungen zu kennzeichnen. Es ist z. B. sehr fraglich, ob es eine Definition für »Genie« gibt, derart, daß die Häufigkeit der Genies in einem Volke mit einer bestimmten Zeit, der Lebenshaltung dieses Volkes, seiner Struktur usw. verbunden erscheint. *Zilsel* hat durch seine Untersuchungen sehr wahrscheinlich gemacht, daß es gar keinen »objektiven« Geniebegriff gibt, daß vielmehr jemand Genie genannt wird, wenn ihm bestimmte soziale Gruppen einen Erfolg zurechnen. Daher kommt es auch, daß, wenn jemand als Feldherrngenie gilt, er mit einem Musikgenie keine andere Eigenschaft gemeinsam haben muß als die, anerkannt zu werden. Wenn eine an sich sehr komplizierte, mit großen Leistungen verbundene Tätigkeit nicht öffentlich anerkannt wird, heißt, wer sie ausübt, nicht »Genie«. Durch die Zahl der »Genies« werden mehr die Beurteiler als die Beurteilten gekennzeichnet. Ob viele oder wenig Genies auftreten, hängt vor allem davon ab, welche Kreise in ihren Schriften die Genies propagieren. Man sieht z. B., daß die Zahl der Genies eines Lebensgebietes wesentlich davon abhängt, wer zu einer bestimmten Zeit den Ton angibt. Ob man daneben vielleicht einen wissenschaftlichen Geniebegriff aufstellen kann, der Feldherrn- und Musikgenie auf einen Nenner bringt, bleibe unerörtert. Es scheint sich ähnlich mit den »Geisteskranken« zu verhalten. Was ein »Geisteskranker« ist, scheint innerhalb eines gewissen Rahmens mit durch soziale Beurteilung festgestellt zu werden. Es ist nicht selbstverständlich, daß man von jeder begrifflich abgrenzbaren Gruppe sinnvoll Merkmale aussagen kann. Es wäre mißlich, wenn man sagte, die Sterblichkeit einer Bevölkerung habe sich erhöht, wenn sich nur ihr Altersaufbau verschoben hat. Sterben in einem Jahr von 1000 Menschen mehr als in einem anderen, gibt es aber im ersten Jahr mehr Säuglinge und Greise, im letzteren mehr Männer in den mittleren Jahren, die an sich wenig sterben, so wäre es sehr verfehlt, nach den »Ursachen« solcher höherer Sterblichkeit in der Umwelt zu suchen.

Man wird in so einem Falle nicht eine einzige Sterblichkeitsziffer angeben können, sondern ein ganzes Sterblichkeitsrelief. Ähnlich steht es mit dem Konsum einer Bevölkerung. Es kann der Durchschnittskonsum konstant geblieben sein und dabei die fürchterlichste Hungersnot einen Teil der Bevölkerung heimsuchen.

Nicht der Durchschnittskonsum wird uns Aufschluß über soziale Verschiebungen und soziale Zusammenhänge geben, sondern das Konsumrelief, das einmal mehr gleichmäßig, einmal mit Bergen und Tälern auftritt, einmal hoch, einmal niedrig liegt.

Kurzum, man muß bereits eine ungefähre Theorie haben, um überhaupt richtig Fragen an die Beobachtungen stellen, um erfolgreich statistische Daten verbinden zu können.

IV. Gesellschaftsstruktur

Wir haben die Soziologie als Lehre von konkreten menschlichen Verhaltungsweisen aufgezeigt und haben das Schicksal der Menschendecke in den Mittelpunkt der Betrachtung gerückt, wie wir etwa in der Geologie das Schicksal der mineralischen Erdhülle in den Mittelpunkt der Betrachtung rücken. Wir sahen, daß die Menschendecke aufgebaut ist auf der Ausbreitung bestimmter Verhaltungsweisen – Extrapolationen –, daß wesentlich die Art und Weise ist, wie einzelne Teile der Menschendecke miteinander und mit leblosen Adnexen verknüpft sind – Kohärenz. Wir müssen nun noch genauer das Funktionieren des Gesamtgefüges ins Auge fassen, die Produktion von Lust- und Unlustgebilden. Wir müssen die *»Gesellschaftsstruktur«* und ihre Verknüpfungen begrifflich formulieren, um so ein Begriffssystem zu erhalten, das sich mit dem anderer Realwissenschaften gut verträgt.

Wenn man in diesem Zusammenhange die Soziologie etwa der Biologie an die Seite stellt und von »Organen der Gesellschaft« spricht, so mag so eine Analogie einer ersten Orientierung dienen. Um von vornherein vor mißbräuchlicher Analogie zu warnen, sei auf Denker verwiesen, welche durch eine ins einzelne gehende Analogie die soziologische Einsicht zu fördern hofften. Dies hat z. B. *Schäffle* getan, der die Machtorgane der quergestreiften willkürlichen Muskeln, die kommerziellen Organe den glatten unwillkürlichen Muskeln entsprechen läßt. Man ist versucht, zu fragen, was wohl dem Schnurrbart in dem Gebäude des staatlichen Gebildes entsprechen dürfte. Daß die Analogie Lebewesen-Gesellschaft nicht irgendeiner vitalistischen Ideologie entspringen muß, ergibt sich daraus, daß wir oben die Soziologie mit ihrer Gesellschaft in gleicher Weise der Biologie mit *einem* Tier wie der Technologie mit *einer* Maschine an die Seite stellten. Die Teile der

Maschine verhalten sich zueinander ähnlich wie die Teile eines Tieres, wie die Teile einer Gesellschaft. Für den, der das Tier wie eine Art Maschine ansieht, ist es ungefährlich, die Gesellschaft wie ein Tier, das heißt wie eine Maschine zu betrachten.

Alle Realwissenschaften sind letzten Endes *Physik* im weitesten Sinne. *Quetelet* spricht von »Sozialer Physik«, wenn er seinen Durchschnittsmenschen ableitet und nun festzustellen sucht, wie gewisse Veränderungen sozialer Größen miteinander zusammenhängen, z. B. die Veränderung der Kriminalität mit der Veränderung der Lebensmittelpreise. Man könnte von Physik der Gesellschaft ebenso sprechen wie von Physik der Maschine.

Um die allgemeine Physik, um die Physik der Sterne, die Physik der Gebirge, die Physik der Lufthülle, die soziale Physik streng aufbauen zu können, muß man alles Metaphysische ausschalten. Die Beseitigung des Metaphysischen allein genügt aber nicht, es könnten dabei Bruchstücke herauskommen, die nicht zusammenpassen, es könnten Lücken bleiben, die ausgefüllt werden müssen. Und wenn selbst mehrere in sich gut aufgebaute metaphysikfreie Disziplinen vorliegen, ist es nicht immer möglich, sie zu verbinden, weil die Begriffe nicht aufeinander abgestimmt sind. Es muß ein *Begriffsystem* geschaffen werden, das die Möglichkeit gibt, die Begriffe pyramidenförmig auseinander abzuleiten (vgl. *Carnap*, Konstitutionssystem). Die Begriffe bewähren sich, wenn die mit ihrer Hilfe gebildeten Gesetze zu Voraussagen führen, die durch Formulierungen der Daten kontrolliert werden können. Auch der Zusammenschluß der Geschichte, der Nationalökonomie und anderer Sozialwissenschaften setzt voraus, daß eine Gruppe von Begriffen gebildet wird, die miteinander in Einklang stehen.

Es ist nicht ohne Reiz, zu verfolgen, wie die Metaphysik aus verschiedenen Disziplinen schrittweise verdrängt wird. Es ist z. B. der absolute Raum, die Voraussetzung der absoluten Bewegung, letzten Endes als »sensorium dei« *(Newton)* verständlich; seine Beseitigung bedeutet daher auch eine Abkehr von theologischen Restbeständen (vgl. *Philipp Frank, Theologische Bestandteile der modernen Wissenschaft*).

In ähnlicher Weise begegnen uns theologische Restbestände auch in Betrachtungen über soziale Gebilde, z. B. in der Staatslehre, worauf der selbst nicht ganz metaphysikfreie *Kelsen* nachdrücklich hingewiesen hat. Wenn ein Begriff theologischen Ursprungs ist, muß er nicht notwendig metaphysischer Art sein; es empfiehlt sich aber, ihn besonders genau zu analysieren, um metaphysische Bestandteile aufzufinden. Es kann manchmal solche historische Betrachtungsweise auch zu strengerer Begriffsbildung Anlaß geben, wenn man mit der metaphysikfreien Formulierung begonnen hat; ohne noch so weit damit gelangt zu sein, daß man befreit von den Massen der Tradition die Begriffe handhaben kann.

Gerade »Geschichte« und »Nationalökonomie« zeigen, wie verschieden zwei Disziplinen gerichtet sein können, weshalb es auch nach Entfernung aller Metaphysik schwer ist, sie miteinander zu verbinden. In der einen werden räumlich-zeitliche Vorgänge möglichst genau in ihrer »zufälligen« Form beschrieben, während die andere möglichst viele Gesetze zu formulieren bemüht ist. Aber die reine Beschreibung historischer Vorgänge in einer wissenschaftlich durchgebildeten Disziplin ist entweder Ausgang oder Ende der auf Gesetze bezüglichen Formulierungen. Für die Wissenschaft geht der Weg vom Einmaligen zum Einmaligen über die den Vorgängen angepaßten Gesetze.

Es ist nun aber wieder nicht so, daß die »Geschichte« als reine Protokollierung neben und vor der Theorie möglich ist. Man kann nicht alles aufnehmen, man muß auswählen, weglassen, muß gruppieren. Wenn man die Gesellschaftsstruktur von Völkern in ihrem Ablauf erfassen will, bedarf man bereits einer, wenn auch unbestimmten, Vorstellung davon, was als »Gesellschaftsstruktur« herausgehoben werden soll, welche Teile gesellschaftlichen Lebens miteinander zusammenhängen.

Berichte von Missionaren über Naturvölker sind oft schwer zu verwenden, weil die zur Kennzeichnung des Beobachteten verwendeten Begriffe vieles bereits färben, weil das, was für eine theologisch nicht beeinflußte Theorie wichtig ist, nicht protokolliert wurde. Der Bericht eines solchen Missionars ist bereits selbst eine theoretische Leistung. Man muß gewissermaßen die Produkte fremder Theorien aufdröseln, um die so erhaltenen Bruchstücke neu zusammenzufügen und, so gut es geht, zu ergänzen.

Es kann freilich zuweilen gerade die theologische Einstellung manches besonders genau registrieren, was untheologischer Forschung erst in einem späteren Stadium wichtig erscheint. Gerade christliche Missionare haben in den letzten Jahren wichtige ethnologische, durchaus metaphysikfreie Leistungen vollbracht.

Kurzum, auch hier, wie sonst in den Realwissenschaften, kann man Tatsachenfeststellung und Theorienbildung nicht voneinander trennen. Geschichte und Nationalökonomie kommen zusammen und bilden, wie wir andeuteten, mit anderen Teildisziplinen die Soziologie als Realwissenschaft. Sie hat es mit Reizverbänden von Menschen zu tun, deren Struktur sie untersucht. Wir haben oben die Extrapolation der Gewohnheiten behandelt, ihre Selektion durch die Umwelt, wir haben von der Kohärenz der Gewohnheiten gesprochen und dabei mehrfach die technische Verknüpfung erwähnt, die für die *Strukturbetrachtung* im Mittelpunkt steht. Die Gesellschaftsstruktur muß als Ganzes untersucht werden, sie wächst auf einem bestimmten Boden und hat ihre bestimmte Physiologie, ihren bestimmten Mechanismus. Die Analyse des Mechanismus ist bis zu einem gewissen Grade abtrennbar. Sie führt zu einer Verwaltungslehre, zu einer umfassenden Lehre von der Gesellschaftstechnik, deren einer Teil die Nationalökonomie ist, die in ihrer gegebenen Form sich mit der bürgerlich-kapitalistischen Ordnung und mit anderen Ordnungen als deren Vorstufen beschäftigt. Die Lehre von der Gesellschaftsstruktur bemüht sich vor allem, die *Kombinationen* gewisser sozialer Elemente zu untersuchen, wobei die Änderung der Reizart zunächst unwesentlich ist.

Das menschliche Gefüge, der jeweils untersuchte Reizverband, erscheint eingebettet in einen *Lebensboden,* von ihm beeinflußt, ihn beeinflussend. Die Gesamtheit der Gewohnheiten, ihre Abänderung, ob es sich um Änderungen der Gewohnheiten selbst oder um Kombination handelt, wollen wir als *Lebensordnung* im allgemeinsten Sinne bezeichnen, die Versorgung der Menschen aber mit Wohnung, Nahrung; Kleidung usw. als *Lebenslage.* Der Lebensboden erscheint als Reiz, der auf die Lebensordnung ausgeübt wird, so daß sie sich ändert. Ein Jägervolk, an die Küste verschlagen, wird den Fischfang beginnen. Die Verknüpfung der Menschen wird sich ändern, ihre Lebensordnung. Umgekehrt kann man auch die Lebensordnung eines Verbandes als Ursache bestimmter Veränderungen ansehen, hier soll unter Lebensordnung immer der konkrete Verband selbst verstanden werden. Die Lebenslage wieder ist gewissermaßen der Reiz, welchen die Lebensordnung in Verbindung mit dem Lebensboden schafft. Es können bei gleichem Lebensboden verschiedene Lebensordnungen wesentlich verschiedene Reize erzeugen. Die Lebenslage ist dann deutlich abhängig von der Lebensordnung. Was bedeutet die Lebensordnung für den Menschen, das ist die gesellschaftstechnische Frage, um die sich die Soziologie gruppiert, soweit sie aus gestaltendem Leben hervorgeht. Die Analogie zur Technologie oder Biologie ist deutlich. Die *Leistungen* einer Maschine, die *Leistungen* eines Tieres in Hinblick auf Änderung der Kraftanwendung entsprechen ungefähr der *Lebenslage* in der Soziologie, wobei aber die Lebenslage selbst wieder in den Lebensboden eingeht.

Die Einstellung der wissenschaftlichen Fragestellung auf die Lebenslage dient heute nicht nur der Schaffung eines Ausschnittes aus der Gesamtheit soziologischer Problemstellung, sondern ist wesentlich für die Begriffsbildung selbst, für das, was man stärker oder weniger stark beobachtet. Die Sozialökonomie, die Sozialhygiene und viele andere Sonderzweige lassen sich abtrennen, als Lehren über Kausalverknüpfungen, die für die Gesellschaftstechnik wesentlich sind. Es werden eben nicht beliebige Gewohnheiten untersucht, sondern vorzugsweise Gewohnheiten, die bedeutsam für die Lebenslage sein dürften.

»Gewohnheiten« sind biologische Tatbestände, nur verknüpft sind sie sozial bedeutsam. Hingegen sind »Lebensordnung«, »Lebensboden«, »Lebenslage« soziologische Begriffe, mit denen wir durchaus empiristisch hantieren können. Wieweit man sie zur weiteren Analyse erfolgreich verwenden kann, ist eine innere Frage des soziologischen Betriebes und kann hier nicht entschieden werden. Es war nur wichtig, zu zeigen, daß die empiristische Behandlung der Soziologie nicht etwa eine Ausschaltung der altüberkommenen Fragestellungen nach »Arm« und »Reich« bedeuten müsse, nach »Lebensglück« und »Lebensleid«. Das sind durchaus empiristisch formulierbare Tatbestände.

Wir verwenden hier »Gesellschaft«, »gesellschaftlich«, um irgendwelche Reizverbände damit zu kennzeichnen. Es wird also z. B. der von *Tönnies* so stark betonte Unterschied von »Gesellschaft« und »Gemeinschaft« hier nicht angewendet. »Gesellschaft« hat hier in keiner Richtung eine prägnante Bedeutung, dieser Name bezeichnet hier nur kleinere oder größere in Raum und Zeit ausgedehnte Reizverbände.

Die Gesellschaft erscheint als ein durch die Bedingungen der Umwelt, zu denen ihre eigenen Teile mit gehören, bewegtes Gebilde. Die Wandlungen der Umwelt bewirken Änderungen der Gesellschaft. Die würden, selbst wenn die Umwelt konstant bliebe, auf sie so entscheidend einwirken, daß unvermeidlich neue

Gewohnheiten entstehen. Dieser Prozeß der ständigen Umgestaltung drückt sich auch in den wissenschaftlichen Formulierungen aus, in den Aussagen, die innerhalb einer gegebenen Gesellschaft auftreten. Der Prozeß der ständigen Wandlung der Gesellschaft und der damit zusammenhängenden Aussagen über Gesellschaft und alles übrige ist von der Soziologie auf materialistischer Basis in seiner Konkretheit darzustellen.

Gewohnheiten treten in einer Gesellschaft auf, werden extrapoliert, eingeschränkt, beseitigt. Gewohnheiten hängen mit anderen Gewohnheiten zusammen, die technischen Bedingungen der einen stören oder fördern die technischen Bedingungen der anderen. Extrapolation, Selektion, Kohärenz kennzeichnen im großen und ganzen das Leben der Gewohnheiten. Ein wesentlicher Teil der Soziologie beruht darauf, die sozialen Bedingungen der Gewohnheiten zu untersuchen, festzustellen, was man wissen muß, um Gewohnheiten voraussagen zu können. Man muß das System der jeweils ausgeübten Gewohnheiten überschauen, um herauszubekommen, wie sie einander verändern, stärken oder schwächen.

Die Soziologie kann aber auf diese Weise nicht die Auswirkungen der Gewohnheiten auf das Dasein der Gesellschaft analysieren. Wenn wir wissen, welche Gewohnheiten gegeben sind, so bleibt noch die Frage, was bedeutet für diese Menschen die Kombination der Gewohnheiten, abgesehen von dem Einfluß auf die Verhaltungsweise. Wenn z. B. eine Gesellschaft die Gewohnheit hat, mit einer zweiten zu tauschen, und zwar derart, daß Gold und Silber nach den astrologischen Himmelszahlen getauscht werden, was bedeutet das für diese Menschen hinsichtlich der Versorgung mit Gold und Silber? Wie sieht die Versorgung dagegen aus, wenn sie Gold und Silber entsprechend den aufgewendeten Arbeitsmengen tauschen?

Man kann ein ganzes System von Fragen entwerfen, bei dem es nur auf die *Kombination* der Gewohnheiten, nicht auf deren Änderung ankommt. Man muß freilich immer im Auge behalten, daß in der Praxis des Lebens die Änderung des Verhaltens durch jede Kombination in kleinerem oder größerem Umfange erfolgt. Jede Kombination von Gewohnheiten selbst bedeutet einen gesellschaftlichen Reiz. Aber diese Änderungen kann man jeweils in Rechnung stellen und dennoch den technischen Mechanismus der nach bestimmten Gewohnheiten handelnden Menschen auf seine Wirkungen hin untersuchen. In gewissem Sinne behandeln wir die Gesellschaft wie eine Maschine, deren Teile durch Reize in Bewegung gehalten werden, wobei wir zunächst meist außer acht lassen, daß die Reize selbst gewissen Änderungen unterliegen. Wenn ein großes Angebot von Getreide auf dem Markt erscheint, ändern sich alle Preise, ändert sich die Verteilung der Einkommen, es ändern sich aber auch die Verhaltungsweisen der Menschen. Wenn z. B. die Getreidepreise fallen, fällt meist auch die Zahl der Diebstähle und anderer Vergehen gegen die herrschende Ordnung. Aber davon abgesehen ist der Mechanismus der Getreidepreisbildung selbst ausreichend gut beschreibbar.

Man kann auch zunächst den Gesamtzusammenhang sehen, ohne ihn im einzelnen analysiert zu haben. Es macht einen deutlichen Unterschied aus, ob man Veränderungen in der Versorgung der Menschen auf Änderung ihres Gewohnheitssystems zurückführt oder aber auf Änderungen der Umwelt – des »Lebensbodens«. Wachsende Getreideernte erzeugt etwa sinkende Getreidepreise und damit bessere Versorgung aller. Wir können aber auch in gewissen Fällen beobachten: Krise bei den Landwirten, Zurückhaltung des Getreides usw. Große Getreideernte hat dann das Ergebnis: stärkeres Hungern einzelner Gruppen, nirgends Verbesserung der Lebenshaltung. Das kann nun über *Kombination* oder aber über *Reaktionsänderung* geleitet werden.

Der Nationalökonom *Wieser* z. B. dachte daran, eine Art negativer Werteinstellung anzunehmen. Die Tatsache, daß eine größere Getreidemenge unter gewissen Umständen eine kleinere Geldmenge einbringt als eine kleinere, wollte er nicht gesellschaftlich ableiten, sondern im Sinne der von ihm vertretenen Grenznutzenlehre reizmäßig. Eine auf Strukturbeziehungen eingestellte Betrachtungsweise begreift bald, daß folgender Fall möglich ist, ohne eine solche Reizveränderung anzusetzen: 5 Mengen erzielen auf dem Markt den Stückpreis 7, Erlös: 35, 6 Mengen den Stückpreis 6, Erlös: 36, 7 Mengen den Stückpreis 5, Erlös: 35 Geldmengen. Bei 7 Mengen bricht die Krise herein. Die Verkäufer bremsen Produktion und Verkauf, Konkurse und ihre Folgen sind dann innerhalb unserer Wirtschaftsordnung unausbleiblich. Wenn wir untersuchen, innerhalb welchen Gesellschaftsgefüges – *bei konstanten* Reaktionsweisen der Menschen – sich die Absatzmöglichkeiten, die Verteilung usw. ändert, befinden wir uns in der Analyse einer rein logischen Verknüpfung; es ist typische Nationalökonomie, die sich um den Lebensboden in diesem

Zusammenhang nicht kümmert. Die weitere Frage ist freilich, welcher Lebensboden eine bestimmte Verknüpfungsweise, die wir logisch analysieren können, bedingt. Da bedarf es der Betrachtung des *Lebensbodens* als eines besonderen Gesamtreizes.

Man kann soziologische Betrachtungen damit beginnen, daß man eine Gruppe innerhalb ihrer Umgebung beschreibt, innerhalb der Wälder und Flüsse, Sümpfe und Bakterien, Werkzeuge und Häuser, die sie eben zur Verfügung hat. Klima, geographische Verhältnisse, kurzum alles, was für das Verhalten von Bedeutung ist, gehört zum *Lebensboden* eines Volkes. Natürlich kann das Volk den Lebensboden ändern, die Venetianer änderten das Klima der adriatischen Ostküste durch Abholzen der Wälder, die Holländer änderten durch Deichbauten die Menge fruchtbaren Landes. Krankheiten erregende Sümpfe veranlassen menschliche Gruppen, auf die Berge zu wandern; an anderen Stellen der Erde wieder lockt die Talsohle zum Verweilen ein, die Berge bleiben menschenfrei. Pflanzengeographie, Tiergeographie, Anthropogeographie sind einer Art. *Ratzel,* der der Anthropogeographie allgemeine Anerkennung verschafft hat, betont, daß eine Reihe von biogeographischen Begriffen ohne weiteres auf den Menschen angewendet werden können. Wesentlich ist, daß die menschlichen Gruppen größer werden als Tiergruppen, daß die Kontinuität des Daseins größer ist, die Anpassungsfähigkeit durch besondere Hilfsmittel gesteigert. *Ratzel* ist voll von streng wissenschaftlichen Darstellungen, immer wieder bespricht er das Verhalten der menschlichen Gruppen. Daneben auftretende metaphysisch anmutende Wendungen spielen bei ihm keine entscheidende Rolle. (*»Völker und Staaten sind Aggregatorganismen, die erst durch die Wirkungen geistiger und sittlicher Mächte den höchsten Organismen nicht bloß ähnlich, sondern weit überlegen werden.«*) *Anthropogeographie ist der modernen Zeit so früh vertraut, daß Hegel z. B. seine Philosophie der Geschichte mit den »geographischen Grundlagen« beginnt.*

Von modernen Soziologen war es vor allem *Buckle,* der die anthropogeographischen Bedingungen ungemein betonte, freilich so geringen Sinn für die Organisationsprobleme hatte, daß er Produktion und Verbrauch nicht als Funktionen sozialer Struktur erkannte, sondern nur als einfachste quantitative Relationen. Bemerkenswert ist etwa die Stelle: *»Wenn ein Volk gerade ebensoviel verzehrt, als es besitzt, so wird nichts übrigbleiben, also kein Kapital* angehäuft werden und keine Mittel vorhanden sein, die unbeschäftigten Klassen zu unterhalten. Wenn aber die Produktion größer ist als die Konsumtion, so entsteht ein Überschuß, der nach bekannten Gesetzen sich selbst vermehrt und am Ende ein Fonds wird, aus welchem unmittelbar oder entfernt alle erhalten werden, die das Vermögen, von dem sie leben, nicht erzeugen.« In ähnlich primitiver Weise hat dieser sonst so bedeutende Denker andere Organisationsverknüpfungen behandelt: »Im allgemeinen können wir sagen, nachdem die Erzeugung und Ansammlung von Reichtum einmal ordentlich begonnen hat, wird er sich unter zwei Klassen verteilen, eine, die arbeitet, und eine, die nicht arbeitet, und diese wird die gescheitere, jene die zahlreichere sein.« Und nun wird vorschnell geschlossen: »Von allen physischen Einflüssen, wodurch die Zunahme der arbeitenden Klasse bewirkt wird, ist der Einfluß der Nahrungsmittel der wirksamste und allgemeinste. Wenn zwei Länder, die sonst in jeder Hinsicht gleich sind, nur hierin sich unterscheiden, daß in dem einen die gewöhnlichen Nahrungsmittel billig, in dem anderen teuer und spärlich vorhanden sind, so wird die Bevölkerung in dem ersten notwendig schneller zunehmen als in dem letzteren. Deshalb ist eine Untersuchung über die physischen Gesetze, von denen in den verschiedenen Ländern die Nahrungsmittel abhängen, für unseren gegenwärtigen Zweck von der größten Wichtigkeit, und glücklicherweise ist dies eine Frage, worauf wir bei dem gegenwärtigen Stande der Chemie und Physiologie eine bestimmte und entscheidende Antwort geben können. Die Bevölkerung selbst steigt und fällt ohne Zweifel mit dem Vorrat der Nahrung.« Auf solche Weise leitet *Buckle* die ewige Unterjochung der in den Tropen lebenden Inder ab und manches andere, ohne das Funktionieren der Organisation im einzelnen ausreichend zu verfolgen; sicherlich erfüllt von dem Bemühen, eine Soziologie auf materialistischer Basis zu schaffen (wobei übrigens unwissenschaftliche Erörterungen über Kulturfortschritt, Pflicht usw. nicht fehlen), aber mit allzu einseitiger Beschränkung auf die geographischen Bedingungen, die physikalischen und chemischen Voraussetzungen des Lebens. Aber die geographischen Bedingungen, die von der modernen Geopolitik sehr betont werden, sind nicht entscheidend für das Leben der Gesellschaft, wesentlich ist vor allem die auch bei konstanten geographischen Bedingungen wechselnde Struktur ihres eigenen Aufbaues. Wenn gewisse Bedingungen da sind, können weitgehende Wandlungen dieser Struktur vor sich gehen, Armut und Reichtum können anders verteilt werden, Sklaverei kann verschwinden. Der Mensch wird immer unabhängiger vom

Boden, auf dem er lebt. Er kann überall Wärme und Kälte erzeugen, er kann überall Lebensbedingungen so variieren, sich ihnen auch persönlich so anpassen, daß die geographischen Bedingungen eine immer geringere Rolle spielen. Sumpfgegenden verscheuchen die Menschen nicht mehr, sondern reizen sie, Abwehrmaßnahmen zu ergreifen. Wenn früher ein Mensch und ein Sumpf zusammenkamen, verschwand der Mensch, jetzt der Sumpf.

Aber das Reagieren des Menschen durch Abwehrmaßnahmen ist ebenfalls berechenbar, nur merkt man dem Ergebnis der Abwehrtätigkeit immer weniger an, wie der Ausgangspunkt geographisch beschaffen war. Getreidefelder, die auf ursprünglich fruchtbarem Boden wachsen, sind denen gleich, die auf künstlich bearbeitetem Boden entstehen. Die gesamte Sozialstruktur einer Gesellschaft, ihre Lebensordnung ist eingebettet in den gesamten Kausalablauf, ist einerseits als Reiz, andererseits als Reaktion anzusehen. Die in bestimmter Weise miteinander verbundenen Menschen treten in Verbindung mit Wald, Straßen, Werkzeugen, Häusern in bestimmten Mengen und Anordnungen auf. Frage: welche Lebenslagen werden beim Bestehen der einen, welche Lebenslagen beim Bestehen einer anderen Lebensordnung aus dem Lebensboden herausgewirtschaftet?

So wie man in der Berufsprüfung einem jungen Mann allerlei Hebel, Schrauben usw. vorlegt und ihm die Aufgabe stellt, eine Konstellation zu finden, die Hubleistungen ermöglicht, so kann man bei gegebenem Lebensboden die Frage stellen, welche Lebenslagenleistung eine Lebensordnung erzeugen kann. Die jeweils erzeugte Lebenslage wird selbst zu einem Stück Lebensboden, mit dem weiterhin gerechnet werden muß. Man kann z. B. zusehen, wie sich die Lebenslagen bestimmter Gruppen unter dem Einfluß einer bestimmten Lebensordnung gestalten.

Wir haben schon im vorhergehenden gesehen, daß die Abhängigkeit der Gruppenschicksale vom Lebensboden nur in der Frühzeit einfach bestimmt werden kann. Menschen irgendwelcher Abstammung in eine bestimmte Gegend gebracht, dürften ungefähr gleiches Schicksal gehabt haben. Anders aber, wenn die einzelnen Stämme verschiedene Gewohnheiten ausgebildet haben. Wie ein Lebensboden auf einen Stamm wirkt, hängt dann wesentlich von seiner *Lebensordnung* ab, von der Gesamtheit seiner tatsächlich ausgeübten Gewohnheiten, von seinem Verhaltungssystem.

Um den geschichtlichen Verlauf ableiten zu können, genügt es nicht mehr, den Lebensboden zu kennen, zu wissen, welche Stellen für Bewegung, welche für Ruhe günstig sind, man muß vor allem auch die Lebensordnung kennen, muß wissen, daß Not in einer fruchtbaren Gegend eintreten kann, wenn die Lebensordnung es unmöglich macht, daß sich alle satt essen. Wer von vornherein annimmt, daß die Menschenschicksale vor allem vom Lebensboden oder von biologischen Verhältnissen, die zum Lebensboden zählen, abhängen, versperrt sich den Weg zu den wichtigsten soziologischen Erkenntnissen.

Ein typisches Beispiel hierfür ist *Malthus,* der, wie wir sahen, den Nachweis zu führen suchte, daß die Not der Menschen unvermeidbar sei, weil die Vermehrung der Menschen wesentlich rascher vor sich gehe als die Vermehrung der Nahrungsmittel. Und wie nun auch die Menschen sich verhalten mögen, immer werde es zu diesem unvermeidlichen Konflikt zwischen Nahrungsmenge und Menschenmenge kommen. Ganz anders die Haltung der Kritiker, insbesondere der Marxisten, *Malthus* gegenüber. Sie suchten zu zeigen, daß nicht die geographischen, nicht die biologischen Verhältnisse die Not bedingen, sondern die Struktur der Lebensordnung. Die Bevölkerungsvermehrung und die Sterblichkeit, die Entstehung eines Geburtenüberschusses, eines Geburtendefizits sind in diesem Sinne nicht allgemeine Gesetze, von denen man ausgeht, es sind Gesetze, die innerhalb zeitlich und räumlich bestimmter Grenzen gelten, den Eigenschaften einer bestimmten Tierart vergleichbar, nicht den biologischen Grundeigenschaften belebter Zellen überhaupt. Jedes Zeitalter, jede Lebensordnung hat *ihr* Bevölkerungsgesetz. Es muß nun konkret nachgesehen werden, wie sich die Bevölkerungsvermehrung in den einzelnen Ländern und Klassen abspielt, wie die Fortpflanzung von anderen Umständen abhängt, mit welchen Verhaltungsweisen die Fortpflanzungsweise kohärent ist.

Die Analyse der Lebensordnung regt bereits zu abstrakteren Betrachtungen an, regt dazu an, sich Schemata zu machen, an ihnen Veränderungen vorzunehmen und nun auch zu überlegen, was diese Veränderungen wohl für Wirkungen auslösen werden. Bei gegebenem Lebensboden, bei gegebenen Menschen hat es einen gewissen Sinn, zu fragen, was für Schicksale erleben diese Menschen nun, wenn die Lebensordnung A, was für Schicksale, wenn die Lebensordnung B in Funktion tritt. Es ist klar, daß diese

Veränderung der Lebensordnung nicht so weit gehen darf, daß die Annahme, die Ausgangsmenschen hätten gleiche Reizreaktionen, unsinnig wird.

Es hat einen guten Sinn, sich über die zentrale Organisation dadurch ins klare zu kommen, daß man sich eine schwere Last denkt, die einmal von 5 Menschen nach rechts, von 5 Menschen nach links gezerrt wird, so daß sie am selben Ort verharrt, während in einem anderen Falle die Last von allen zehn nach einer Richtung rasch vorwärtsgezogen wird. Man kann festzustellen suchen, was eine Lebensordnung einer anderen überlegen macht, das heißt welche von beiden das Leben beglückt, die Dauer des Lebens verlängert. Ein Ameisenhaufen ist einem Bienenstock insofern überlegen, als die Ameisen ihre Wohnungen aus beliebigem Material in beliebiger Weise bauen können, während die Bienen auf Wachs und eine bestimmte Form ihrer Zellen angewiesen sind.

Vergleichen wir die Lebensordnung der Ameise mit der Lebensordnung der Menschen. Die weitgehende Arbeitsteilung im Ameisenhaufen beruht zum Teil auf wesentlicher Reduktion der Gewohnheiten einzelner Teilgruppen, ohne wesentliche Steigerung anderer Gewohnheiten. Die Arbeiterinnen sind reduzierte Ameisen. Im allgemeinen sind diese Ameisen nicht imstande, innerhalb gegebener Ordnung diese Funktion zu wechseln, was beim Menschen regelmäßig vorkommt. Die Erwerbung neuer Gewohnheiten spielt bei den Ameisen eine geringe Rolle, ihre Akkumulierung und Weitergabe ist wesentlich erschwert. Anders beim Menschen, er vermag ungemein viele Gewohnheiten anzunehmen und bei unveränderter Erbmasse Gewohnheiten zu steigern. Wie konstant erscheint die Viehzucht der Ameisen neben jener der Menschen.

Wenn wir das Zusammenwirken vieler Individuen mit bestimmten Gewohnheiten untersuchen, schaffen wir uns ein Organisationsschema. Wir können Bedingungen als gegeben annehmen und nun fragen, wie wirken die Reize ein, welche Reaktionen sind zu erwarten. Wir können auch die Reaktionen als gegebene Größen behandeln und uns einfach fragen, wie funktionieren die miteinander verknüpften menschlichen Handlungen, wie tragen sie zur Broterzeugung bei und ähnliches mehr. Wir sind dann im Bereich der logischen Verknüpfungen. Ob die vorausgesetzten Gesetzmäßigkeiten richtig waren, können wir nach Durchführung beliebiger logischer Ableitungen vielfach an den wirklichen

Abläufen kontrollieren. Gäbe es experimentelle Soziologie, würden wir entsprechend modifizierte Menschen in bestimmter Lebensordnung ein paar Jahre funktionieren lassen. Der Mangel, nicht experimentieren zu können, ist, wie wir an anderer Stelle hervorheben, der Geologie ebenfalls eigen und hat nichts mit dem Umstand zu tun, daß die Soziologie von Lebewesen handelt.

Vor allem die Nationalökonomen haben die Organisationsschemata weit ausgebaut, insbesondere unter dem Einfluß der Geldrechnung, deren Zahlen man irgendwie als Spiegelbilder soziologischer Verhältnisse ansah. Viele Denker neigen offenbar dazu, die Zahlen der Geldrechnung soziologischen Größen eineindeutig zuzuordnen. Größere Gewinne sollten größeren Reichtum andeuten, das Sinken der Gewinne beim Verkauf, daß der Bedarf gesunken sei oder daß die Gesamtwirtschaft eine Verteilung der produktiven Kräfte aufweise, welche die Versorgung herabsetze, und derlei mehr. In Wirklichkeit sind die Zahlen der Geldrechnung eine Sache für sich. Sie gestatten keine eineindeutige Zuordnung zu soziologischen Phänomenen, auch nicht zu Höhen der Lebenslage. Man hat, veranlaßt durch die Zahlen der Geldrechnung, als Spiegelbild der Geldrechnung, eine Wertrechnung konstruiert, mit Hilfe deren man Preisbildung und Preisbewegung abzuleiten versuchte. Man konstruierte Wertgebilde, ganze Werthügel, um die Methoden der Mathematik anwenden zu können. Manchmal ist diese Methode sehr scharfsinnig ausgebaut, nur daß sie dort versagt, wo sie zur Ableitung komplizierter Beziehungen führen sollte: bei der Krise. *Pareto* z. B., einer der Wortführer dieser mathematischen Richtung ist im Bereich der Preislehre durchaus exakt und voll mathematischen Geistes, wenn er aber von den Krisen spricht, wird er poetisch, Wellenberg und Wellental kennzeichnen den Rhythmus des Wirtschaftslebens.

Insbesondere die österreichische Wertlehre hat in dieser Richtung viel gearbeitet. Weder ihre österreichischen noch auch ihre außerösterreichischen Vertreter vermochten die Zusammenhänge zwischen kapitalistischer Wirtschaftsordnung und Krisen aufzuklären, was *Sismondi, Marx* und andere mit weit mehr Erfolg zum Teil in mathematischer Form versucht hatten.

Die Schemata der Nationalökonomen gehen immer von bestimmten Verhalten der zusammen arbeitenden Menschen aus. Man kann die Veränderungen des Verhaltens gesondert untersuchen, um dann festzustellen, wie diese Veränderungen den Aufbau des Wirtschaftslebens beeinflussen. Dabei müssen wir all die zahllosen Wortreize nicht vergessen, die aus früheren Perioden übriggeblieben sind und, wenn die Bedingungen gegeben sind, sehr lange wirksam bleiben können. Nicht als ob sie in ihrer Stärke und Menge unabhängig wären vom jeweiligen Zeitalter. Aber in der Art ihrer Auswirkung sind sie nicht von ihm bestimmt. Wenn Menschen eines Zeitalters der Theologie in die Arme getrieben werden, so wenden sie sich an eine schon vorhandene Theologie und frischen noch halblebendige theologische Gewohnheiten wieder auf. Diese Gewohnheiten sind nicht ableitbar aus dem Zeitzustand, wohl aber kann man die Tatsache ableiten, daß sie wieder in Kraft treten. Manche Furchterscheinungen treten heute auf, weil vor Jahrtausenden Menschen Furcht vor einem bestimmten Ding hegten. Die Arbeitsteilung und Organisation, in ihrem Funktionieren klar erörterbar, wenn einmal die Struktur mit den Elementen gegeben ist, sind letzten Endes voll von solchen Restbeständen. Wir können daher nicht von einem »Menschen an sich« ausgehen, sondern nur von den historisch geformten Menschen, die in ganz bestimmten historisch gegebenen Verknüpfungen auftreten. Dann freilich setzt die rein schematische Ableitung ein.

Das Schema, welches uns weiterbringt, geht von einem bestimmten Lebensboden aus, skizziert die Lebensordnung und sieht nun zu, wie die Lebenslage sich gestaltet, die wesentlich für die weiteren Wandlungen ist. Zu Beginn des 19. Jahrhunderts in England sehen wir ungeheure Not, Elend unter den Arbeitern, Kinderarbeit, gleichzeitig aber Zunahme des Reichtums einzelner, Zunahme der technischen Leistungsfähigkeit. Der Lebensboden ist offenbar nicht die Ursache der niedrigen Lebenslagen einzelner, ja nicht einmal eine einfache Lebensordnung der Art, daß die reichen Leute den Armen eben alles wegessen, ihren Luxus durch Arbeit herstellen lassen, die sonst den breiten Massen Wohnung und Nahrung schaffen würde. Nein, die Dinge liegen wesentlich komplizierter. Die Lebensordnung ist so beschaffen, daß ein Teil der Bevölkerung, der arbeitslos ist, einen Druck auf die anderen Arbeitenden ausübt, so daß sie bereit sind, unter ungünstigen Bedingungen für die Reichen zu arbeiten (Lehre von der industriellen Reservearmee). Diese Lebensordnung ist nicht dadurch entstanden, daß man diese Verteilung der Lebenslagen voraussah; im Gegenteil, die Vertreter des Fabriksystems hatten erhofft, daß die gesteigerte Produktivität der Maschine die Menschen frei und glücklich machen würde.

Man dachte noch immer an den Ausspruch des *Aristoteles*, die Knechtschaft würde schwinden, wenn die Weberschiffchen von selber gingen. Nun gingen sie fast von selbst, und die Knechtschaft zu Beginn des 19. Jahrhunderts war wesentlich schlimmer als im 18. Das Zusammenwirken einer Reihe von Einrichtungen hatte diesen Effekt. Rechnungsmäßig läßt sich zeigen, daß unter Zugrundelegung des gleichen Lebensbodens bei gleicher Produktivität der Maschinen und planmäßiger Verteilung der Produkte die Reichen so leben könnten, wie sie lebten, und dennoch die Armen besser leben könnten als bisher. Es ist aber ziemlich klar, daß, wenn planmäßig eine solche Regelung der Produktion erfolgte, ein solcher Plan nicht allgemeine Billigung fände. Planmäßigkeit und gleichmäßigere Verteilung der Lebenslagen hängen eng zusammen.

Die Soziologie fragt nun, wie denn in der Wirklichkeit die Lebenslagenverteilung sich ändern werde, welche Veränderungen die Lebensordnung erfahren werde, welche Bevölkerungsklassen dabei mitwirken, welche sich zur Wehr setzen würden, was für Wirkungen eine geänderte Lebensordnung haben werde.

Es hat einen guten Sinn, in der Lehre von den Lebensordnungen die Fälle zu unterscheiden, in denen man Veränderungen von Gewohnheiten durch Kombination von Gewohnheiten voraussagt, und Fälle, in denen die Gewohnheiten als unveränderlich angenommen werden und bloß der Effekt ihres Zusammenwirkens bestimmt wird. Die theoretische Nationalökonomie hat es vor allem mit diesen Problemen zu tun. Angenommen, eine bestimmte Art von Tausch, von Verzinsung, Privateigentum an Produktionsmitteln usw. sei gegeben, eine bestimmte Verschiebung wird vorgenommen, was hat sie für Folgen?

Anders, wenn z. B. durch solche Verschiebungen eine Situation sich ergibt, aus der Änderung der Gewohnheit folgt (z. B. Revolution), d. h. Änderung der Lebensordnung überhaupt, so daß die Frage, was geschehe, wenn sich ohne Änderung der Lebensordnung die erste Änderung ereignen sollte, ihren Sinn verliert; man muß eben feststellen, welche Größen voneinander abhängen, welche dagegen unabhängig variiert werden können.

Wir haben immer wieder erwähnt, daß durch bestimmte Lebensordnungen bei gegebenem Lebensboden andere Lebenslagen bedingt sind als durch andere Lebensordnungen. Wir können nach den Lebenslagen fragen, weil uns dies Objekt interessiert, ohne daß wir annehmen müßten, daß dies Objekt zu weiteren gesetzmäßigen Verknüpfungen Anlaß geben muß. Ein Beispiel: Wir könnten eine Dampfmaschine als ein Ding betrachten, das Glanzlichter erzeugt, und es könnte uns interessieren, die einzelnen Dampfmaschinentypen daraufhin zu untersuchen, welche bei gegebenem Standort und gegebenem Einfallswinkel der Sonne mehr Glanzlichterflächen aufweisen. Aber die Menge der so festgestellten Glanzlichter, obgleich sie durchaus eine empirische Größe ist, kommt in der weiteren Maschinenrechnung nicht vor. So steht es aber nicht mit der Lebenslage. Die Lebenslage ist auch als bestimmender Faktor wesentlich.

Wenn wir wissen wollen, wie eine bestimmte Einrichtung sich auswirken wird, ist's wesentlich zu fragen, welchen Einfluß sie auf die Lebenslage ausübt. Auch Einrichtungen, die keine Änderung der Lebenslagen erzeugen, können sich schwerer oder leichter durchsetzen, können verschiedenste Wirkungen haben. Aber die Wirkung: Änderung der Lebenslage, ist von erheblicher Bedeutung. Ja, unsere ganze soziologische Terminologie ist bewußt oder unbewußt darauf abgestellt, Lebenslagenänderungen beschreiben zu können. Die Auswahl dessen, was man überhaupt heraushebt, deutet auf Lebenslage hin. Auch der theologische Mensch interessiert sich für die Lebenslage, und sei es für die Lebenslage im Himmel und in der Hölle.

Lebenslage ist der Inbegriff all der Umstände, die verhältnismäßig unmittelbar die Verhaltungsweise eines Menschen, seinen Schmerz, seine Freude bedingen. Wohnung, Nahrung, Kleidung, Gesundheitspflege, Bücher, Theater, freundliche menschliche Umgebung, all das gehört zur Lebenslage, auch die Menge der Malariakeime, die bedrohlich einwirken. Sie ist die Bedingung jenes Verhaltens, das wir als Lebensstimmung kennzeichnen. Wir sprechen von einer schlechteren Lebenslage, wenn die Stimmung eines Menschen durch solche Lebenslage im allgemeinen herabgedrückt wird. Das setzt freilich voraus, daß man Lebensstimmungen in eine Reihe bringen kann, daß man von mehr oder minder glücklichem Ausdruck eines Menschen zu sprechen sich getraut, daß man sogar die Verhaltungsweisen zweier Menschen in diesem Sinne zu vergleichen wagt.

Ob man von der Lebenslage eines ganzen Volkes, einer ganzen Klasse sprechen kann, lassen wir zunächst dahingestellt. Es ist jedenfalls durchaus legitim, von der Lebenslage eines einzelnen Menschen zu sprechen. Man kann innerhalb gewisser Grenzen sicher sagen, daß die Lebenslage in diesem Falle schlechter ist als in jenem. Wir gehen eben davon aus, daß in einem Fall ein Mensch in einem schmutzigen, engen Loch hungernd und weinend sitzt, in einem anderen derselbe Mensch in einer hellen Villa vergnüglich essend freundlich lächelt. Wir werden sagen, daß im ersten Falle die Lebenslage ungünstiger ist als in letzterem. Die Wirkungen des Hungers lassen sich sozialhygienisch, sozialökonomisch und organisatorisch untersuchen (vgl. z. B. *Sorokin*).

Man kann nun darangehen, die Lebenslagen verschiedener Menschen aufgrund objektiv angebbarer Merkmale miteinander zu vergleichen. Man kann so in jedem Zeitabschnitt ein *Lebenslagenrelief* aufstellen, das sich ändert. Zunächst ist das Lebenslagenrelief derart, daß jedes Individuum besonders behandelt wird. Man kann aber auch verwandte Gruppen zusammenfassen und eine Art Durchschnitt herstellen; etwa Bevölkerungsklassen auf ihre Lebenslage hin untersuchen. Es hat unter Umständen einen guten Sinn, zu sagen, daß die Lebenslage der Handwerker in bestimmten Zeiten des Mittelalters sich gegenüber der Lebenslage der Bauern verbessert hat.

Wollte man diese Probleme genauer behandeln, muß man eine Skala der Lebenslagen aufstellen, welche der mineralogischen Härteskala zu vergleichen wäre. Wieweit es einen Sinn hat, alle Lebenslagen mit Hilfe *einer* Skala zu ordnen, ob man nicht je nach Zeit und Situation verschiedene Skalen verwendet, ist eine andere Frage.

Jedenfalls kann man nun innerhalb eines gegebenen Bereiches angeben, welche Gruppen ihre Lebenslage infolge einer Gesamtwandlung verbessert, welche sie verschlechtert haben. Verbesserung der Lebenslage, Verschlechterung der Lebenslage sind aber nicht nur ein Ergebnis sozialer Betrachtung, sondern auch ein treibender Faktor. Es hat einen Sinn, zu sagen, wenn die Lebenslage einer Gruppe unter bestimmten Bedingungen sich verschlechtert, dann wird diese Gruppe sich in einer vorher angebbaren Weise verhalten. Man spricht wohl davon, daß diese Gruppe unter einem bestimmten »Druck« steht. *Oppenheimer* hat gelegentlich in Analogie zur Meteorologie gemeint, man könne schlechthin die Behauptung aufstellen, jede soziale Gruppe bewege sich von einer sozialen Stelle höheren Druckes zu einer sozialen Stelle niedrigeren Druckes, weiche ihm gewissermaßen aus.

Diese Betrachtungsweise drückt sich in vielen wissenschaftlichen Untersuchungen zur Auswanderungsfrage aus. Wenn man starke Auswanderung in einer Gegend beobachtet, fragt man sich: ist schlechter Lohn, politische Verfolgung oder anderes die Ursache? Ver sacrum der Römer bedeutet Abwanderung aus Gebieten dichter Bevölkerung in neues Land. Innerhalb der kapitalistischen Wirtschaftsordnung wird mit dieser Bewegung infolge wechselnden Druckes regelmäßig gerechnet.

Thünen stellt in seinem isolierten Staat die Bodenverwendung um eine Stadt herum dar. Im innersten Kreis wird Gemüse angebaut, es folgt die Forstwirtschaft – so nahe der Stadt wegen der hohen Transportkosten –, dann reiht sich die intensive und schließlich die extensive Landwirtschaft an. Alles unter der Voraussetzung einer bestimmten Marktwirtschaft und einer bestimmten Preisbildung, d. h. einer bestimmten Druckverteilung.

Innerhalb einer bestimmten Ordnung kann die Angabe des Druckes zu Schlüssen führen, man kann aber aus dem Druck auch das Verhalten gegenüber der Ordnung selbst ableiten. So z. B. kann eine Erhöhung des Druckes, kann die wachsende Erkenntnis von der Unentrinnbarkeit des Druckes innerhalb einer gegebenen Ordnung die *Beseitigung der Ordnung* selbst durch einen Teil der Beteiligten oder durch alle Beteiligten zur Folge haben. Die Revolutionstheorien bedienen sich häufig solcher Betrachtungsweise. Es läßt sich zeigen, daß freie kapitalistische Wirtschaft zu beliebig verlängerter Arbeitszeit und beliebig heruntergedrücktem Lohn führen kann, daß aber die Gegenbewegungen, welche dadurch ausgelöst werden, solche Vorgänge einschränken, begrenzen. Auch Historiker, welche keine besondere Theorie zu vertreten behaupten, zeigen durch die Auswahl des Berichteten, daß sie die Lebenslage für geschichtlich wichtig halten.

Die Soziologie muß als ausgebildete Organisationslehre gerade der Lebensordnung ihr besonderes Augenmerk zuwenden, die Entstehung bestimmter Lebensordnungen untersuchen und nun zusehen, wie in ihnen der vorhandene Lebensboden benützt wird.

Was man alles vom Lebensboden mit in Rechnung stellt, in welcher Weise man die Lebensordnung beschreibt, was man noch zur Lebenslage rechnet, kennzeichnet bereits die Art der Forschung, die heute Nationalökonomie genannt wird. Ihre Begriffe sind im allgemeinen auf die kapitalistische Wirtschaftsordnung abgestellt, während man einer übergeordneten Betrachtung bedarf, die alle Arten von Wirtschaftsordnungen zu erfassen vermag, so daß die gegenwärtige Nationalökonomie als eine Variation erscheint, zur Darstellung einer bestimmten historischen Periode geeignet.

Soweit Soziologie die *Gesellschaftsstruktur* und ihren Mechanismus in den Mittelpunkt der Betrachtung rückt, wird sie vor allem von der Nationalökonomie befruchtet, durch die umfangreiche Beziehungen festgestellt wurden. Aber im weiteren Verlauf wird die gesamte Verwaltung ähnlich analysiert werden, ist doch grundsätzlich zwischen den Konsequenzen der Verwaltungsmaßnahmen und der Marktmaßnahmen kein Unterschied, gehen sie ja sogar, wie vor allem die Kriegswirtschaft und jetzt die Wirtschaft der USSR zeigt, ineinander über. Die Jurisprudenz wird im Rahmen einer untheologischen, unmetaphysischen Gesellschaftsauffassung zu einer Lehre von den Auswirkungen bestimmter Maßnahmen, die zur Regelung der Ordnung eingeführt sind. Die Lehre von der Gesellschaftsstruktur ist wesentlich für jeden Gesellschaftstechniker, das heißt für jeden, der mitwirkend in einer planmäßigen Organisation an allen Gestaltungen beteiligt ist. Die Prognose der kommenden Gesellschaftsstruktur, die Prognose des Funktionierens einer gegebenen Gesellschaftsstruktur steht dann im Mittelpunkt planmäßiger Lebensweise.

V. Soziologische Prognose

Wir haben schon einmal angedeutet, daß soziologische Prognosen ihre besonderen *Grenzen* haben. Dies Problem wollen wir an der Prognose über das weitere Schicksal soziologischen Forschens erörtern. Wenn wir soziologische Forschungsarbeit betreiben, liegt es nahe, daß wir uns ihre Chancen klarzumachen suchen, indem wir die soziologische Forschung selbst als soziales Phänomen betrachten. Auch wenn wir die »reine wissenschaftliche Wahrheit« suchen, das heißt räumlich-zeitliche Ordnung, die kontrollierbare Voraussagen ermöglicht, so sind wir dennoch immer von Umweltbedingungen abhängig.

Der Betrieb der Soziologie, der Betrieb der Mathematik, der Biologie sind Handlungen wie andere. Wissenschaftliche Forschungsrichtungen sind daher gesellschaftlich niemals neutral, wenn sie auch nicht immer im Mittelpunkt sozialer Kämpfe stehen. Wie einst die Astronomie, dann die Biologie Objekte des Ärgernisses waren, so ist dies heute die Soziologie. Aber abgesehen von dieser gesellschaftlichen Eigentümlichkeit ist die Soziologie ein Werkzeug, ein Mittel des Voraussagens, und wir müssen sie auf ihre Leistungsfähigkeit hin betrachten.

Viele verfahren so, daß sie von der »Idealprognose« ausgehen, vom *Laplace*schen Geist, der, alle Anfangsbedingungen und alle Formeln kennend, alles vorauszusagen vermag. Solche Fiktion ist bereits Metaphysik. Denn hierbei kommen offenbar Annahmen vor, die grundsätzlich keiner empirischen Nachprüfung unterliegen. In Wirklichkeit hat man es mit bald mehr, bald weniger gut voraussagbaren Teilzusammenhängen zu tun, in manchen Fällen kann man über Individuen nichts aussagen, wohl aber über Gruppen der Individuen. Alles läuft darauf hinaus, den Bereich der »Gesetze«, der »Ordnung« möglichst auszudehnen, ohne daß man einen Idealzustand als Maßstab oder Ziel vor sich haben könnte.

Wenn wir voraussagen wollen, was Völker, Staaten, Organisationen tun werden, können wir nicht auf die letzten physikalischen Elemente zurückgehen, wir müssen uns damit begnügen, gewisse grobe Tatbestände komplexer Art ins Auge zu fassen. Und da beginnen bereits die Schwierigkeiten. Selbst, wenn es gelänge, das Funktionieren einer bestimmten Gesellschaftsstruktur zu überblicken, indem wir zunächst von der Änderung der Reizreaktionen absehen, so macht es erhebliche Schwierigkeiten, diese nun nachträglich einzubeziehen.

Wie soll man dort gut prognostizieren, wo für uns z. B. assoziative und kontrastierende Äußerungen als »Streuung« möglich sind: Maler in nebligen Gegenden können, wie erwähnt, neblige oder gerade der Nebligkeit wegen sonnige Bilder malen. Was von beidem sie tun werden, kann man ohne weitgehende Kenntnis ihrer Eigenschaften oft nicht vorher bestimmen. Anders, wenn es sich um technische Verknüpfungen handelt, die sind der Prognose bedeutend leichter zugänglich. Aber auch da können sich Schwierigkeiten ergeben, weil durch größere technische Wandlungen das Gesamtverhalten menschlicher Gruppen sich gewissen Reizen gegenüber wesentlich ändern kann. Und da ist's denn wieder schwer, prophezeiend der großen Fülle möglicher Veränderungen gerecht zu werden. Will man sich ausmalen, was alles für Veränderungen eintreten werden, so muß man von der jetzigen Einstellung ausgehen. Es kann aber sein, daß die Zukunft durch Menschen anderer Gewohnheiten, anderer Blickpunkte bestimmt sein wird, deren man sich vorausschauend meist erst dann bemächtigen kann, sobald sie in erheblichem Ausmaß bereits vorliegen. Was heute Keim ist, erkennt man oft erst in einem späteren Zeitpunkt, wenn man die weitere Entfaltung mitgemacht hat.

Der *Laplace*sche Geist gibt eine molekulare Prognose. Er kennt nur Konstellationen von Elementen, die er aus anderen Konstellationen ableitet. Der Soziologe dagegen kann nicht auf die einfachsten Elemente zurückgreifen. Er muß mit Gebilden wie: Maschinen, Straßen usw. rechnen. Wenn nun z. B. die Prognose eine neue Maschinenform ergeben soll, müßte der Prognostizierende diese Maschinenform ungefähr beschreiben können. Dazu imstande sein heißt die Erfindung heute schon wenigstens im Prinzipiellen vorwegnehmen. Prognostizieren, was *Einstein* für Berechnungen machen werde, hieße selbst *Einstein* sein. Wir können nicht auf dem Wege der Molekularbeschreibung die Gesamtveränderungen beschreiben, welche als *Einstein*sche Berechnungen uns vorliegen; wir können nur zeigen, daß unsere strenge soziologische Darstellung nichts enthält, was nicht grundsätzlich molekular beschrieben werden könnte. Hier ist eine wesentliche Grenze aller soziologischen Prognosen gegeben. Es ist die Grenze der persönlichen Erfindungskraft gegenüber der Erfindungschance der jeweils beschriebenen Gruppe.

Eine ähnliche Schranke entsteht dadurch, daß die Möglichkeit, bestimmte keimhafte Elemente zu beobachten, daß die Neigung, auf bestimmte Probleme zu achten, sich ihrer bewußt zu werden, von den jeweiligen Gewohnheiten eines Zeitalters oder der Gruppe abhängt, die gerade den Forschungsbetrieb organisiert. Wenn wir aufgrund eines umfassenden Hypothesensystems dazu gelangen, die enge Verknüpftheit von Sprechformulierungen und Produktionsprozeß, Lebensgestaltung überhaupt zu behaupten, dann müssen wir diese Behauptung auch auf die hier gemachten und andere Darlegungen über soziale Zukunft anwenden. Es ist die Chance der Erkenntnis in jedem Zeitalter begrenzt. Es muß sich die Gesamtlebensform der menschlichen Gesellschaft ändern, damit als Teilstücke bestimmte Erfindungen, Bücher und ähnliches auftreten können. Wie soll man heute schon die Lehren der Zukunft kennen, ohne daß diejenigen sozialen Bedingungen gegeben sind, die kohärent mit jenen Lehren sind? Große Umwälzungen unserer gesamten Anschauungsweise kann man nur dann voraussagen, wenn man sie selbst schaffen kann; und das vermag man nur, wenn große Umwälzungen unseres gesamten Lebens vor sich gehen. Aus dieser Eingliederung der eigenen Aussagen in den Bereich des Sozialen ergibt sich, daß man immer erst dann zu weitreichenden Voraussagen ausholen kann, wenn man wenigstens die Anfänge der neuen Form, der neuen Denkweise überschaut.

Aber noch eine andere Grenze ist den soziologischen Voraussagen gesetzt. Sie sind als Produkt eines Zeitalters auch Mitbedingungen für das, was ausgesagt wird. Durch das Voraussagen einer Sonnenfinsternis wird die Finsternis nicht beeinflußt; wohl aber durch das Voraussagen der Marktlage das Kommen einer Hausse auf der Börse; durch die Behauptung, daß die Revolution eintreffen werde, das Kommen einer Revolution. Der bejahende, der verneinende Prophet sind durch ihre Prognosen Akteure geworden, wobei nicht einmal gesagt ist, daß ihre Prognosen immer verstärkenden Charakter haben müssen; es kann auch vorkommen, daß sie geradezu lähmend einwirken. Der korrekte Rechner muß das sofort mit berücksichtigen. Man muß die weitverzweigten Prognosenarbeiten, die von vielen gleichzeitig durchgeführt werden, und ihre soziale Eingliederung immer mitbedenken, was immerhin manche Prognose weiter erschwert. Die Zunahme einer bestimmten Prognosentype gehört mit zu den Bedingungen der Wandlungen, die wir erwarten. Da aber Prognosen als Faktoren keine übergroße Rolle spielen, ist der Fehler dieser Vernachlässigung meist nicht allzugroß.

Die Abhängigkeit der sozialen Abläufe von den Prognosen spielt eine geringere Rolle für uns als die Abhängigkeit der Prognosen von den sozialen Abläufen. Wir sehen, daß die Chance, gewisse Erkenntnisse zu erringen, abhängig ist von gewissen sozialen Wandlungen. Wer anstrebt, daß eine bestimmte Forschungsrichtung von Hunderten in einsinnig gerichteter Kooperation eingehalten wird, was für Erringung bestimmter Einsichten, für Schaffung bestimmter Denkweisen Voraussetzung sein mag, kann oft nur dann auf Erfolg rechnen, wenn *bestimmte soziale Umgestaltungen* sich bereits anbahnen.

All das zusammen führt zu einer innigen Verknüpfung von Theorie und Praxis. »Theorie« ist eben auch nur eine Form der Praxis, ein Ausschnitt aus ihr. Wer Späne braucht, muß das Holzhacken erwarten oder mit betreiben. Dazu kommt, daß soziologische Einsicht in gegenwärtige Zusammenhänge im allgemeinen der am besten errungt, der enger mit der sozialen Struktur der Gegenwart verbunden ist. Auch in der Physik übt die enge Verbindung mit der technischen Praxis einen Anreiz aus. Noch mehr gilt das von der Soziologie. Der Gelehrte ist ein Element wie jedes andere.

Die Annahme, daß die Gelehrten außerhalb des sozialen Geschehens eine Art sozialer Exterritorialität genießen, ist vor allem ein Produkt jener Zeit, die den Gelehrten als Priesterersatz eine Art Ausnahmestellung zuzubilligen geneigt war, die bereit war, wissenschaftliche Gutachten als Grundlage politischer Maßnahmen zu verwenden; aber nicht so sehr deshalb, weil die Politiker wissenschaftlich sein wollten, sondern weil sie wußten, wie sehr die Gelehrten letzten Endes Politiker sind.

Die Soziologie auf materialistischer Basis, welche alle Menschen in gleicher Weise als Glieder sozialer Abläufe umfaßt, kennt nur Menschengruppen mit bestimmten Gewohnheiten. Dazu zählt auch die Gewohnheit des Bücherschreibens, des Vorträgehaltens, des Forschens, des Experimentierens. Und ob diese Menschengruppen Aussagesysteme aufstellen, die gut kontrollierbare Voraussagen liefern oder nicht, hängt nicht so sehr vom privaten Wunsch dieser Forscher ab als vielmehr von der sozialen Lage, in der sich die Gruppe befindet, von der diese Forschung gefördert oder geduldet wird. Wissenschaftliche Denkweise, die herrschenden Klassen unbequem ist, wird auf alle Art diskreditiert. Übt man sonst gegenüber Gelehrten Schonung, so ist man gegenüber denen, die Unliebsames vertreten, schonungslos. Meist geschieht dies so, daß die Exekutoren der Klasseninteressen auch noch ein »reines Gewissen« haben.

Strengste wissenschaftliche Selbstbesinnung zeigt uns also, daß die Voraussagen, die wir machen, notwendig in manchem unbestimmt bleiben müssen. Schon das Hypothesensystem, das wir aufstellen, ist nicht nur auf *eine* Art möglich. Mehr als ein System von Sätzen genügt den Bedingungen, widerspruchslos und mit den Beobachtungsaussagen vereinbar zu sein. Dazu kommt, daß wir wissen, welche Angaben uns fehlen, ganz abgesehen von der Unsicherheit, die jeder Induktion von vornherein anhaftet. *Die Induktion selbst beruht auf Entschluß,* aber wenn wir uns zu ihr entschlossen haben, fehlen uns immer noch viele Bestimmungsstücke.

Alle unsere Voraussagen können so mehrere Formen annehmen, jede soziologische Gleichung hat mehrere reelle Wurzeln. In der Praxis wird die Zahl der Voraussagen zunächst dadurch reduziert, daß man nicht einmal imstande ist, alle möglichen Systeme durchzurechnen, alle möglichen Bedingungen einzutragen. Man begnügt sich mit einigen wichtig scheinenden Möglichkeiten. Dazu kommt, daß gemeinsame planmäßige Tat nur möglich ist, wenn die Beteiligten gemeinsame Voraussagen machen. Gemeinsamer größerer Irrtum einer Gruppe liefert oft besseres Ergebnis als einander bekämpfende kleinere Irrtümer isolierter Einzelgänger. Gemeinsame Tat drängt zu einheitlicher Wissenschaft.

Das Schwanken hat im Leben so ernste Folgen, daß nicht wenige Zeitalter besondere Vorkehrungen hatten, das Schwanken abzukürzen: Omina, Astrologie, priesterliche Auskunft und ähnliches mehr. Der *Pseudorationalismus* neigt dazu, alles für berechenbar zu halten, während die strenge Wissenschaft dazu kommt, die Mehrdeutigkeit ihrer Systeme zuzugeben und die Einheitlichkeit des Lebens anderen Faktoren zu überlassen, vor allem der *Gemeinsamkeit der Beschlüsse,* die sich in der Praxis notgedrungen auch auf die wissenschaftliche Arbeitsweise und vieles andere erstreckt. So hängt die Forschungsrichtung eines Zeitalters wesentlich davon ab, wie der Schulunterricht eingerichtet ist, wie die Mittel eines Staatsbudgets verteilt, wie insbesondere das Schulbudget aufgebaut wird.

Die Soziologie verbessert ihre Voraussagen, sie kann im ganzen immer mehr erfolgreich voraussagen. Das besagt aber nicht, daß in jedem Teilgebiet die Möglichkeit der Voraussage wachsen muß. Es könnte z. B. durch Übergang von einer Konkurrenz- zu einer Planwirtschaft die Voraussagengruppe geschwächt werden, die ungefähr dem entspricht, was heute exakte Nationalökonomie treibt. Wenn der Markt verschwindet, verliert z. B. die Konjunkturlehre ihre Basis. Sie hat kein Objekt, auf das sie angewendet werden kann; dafür werden sozialstatistische Reihen, wie sie etwa *Niceforo* behandelt, in ihre Rechte treten. Wenn es keine Krisenschwankungen mehr zu berechnen gibt, dann gibt es die Möglichkeit, viel entscheidendere umfassendere Vorgänge zu berechnen.

Die gelegentlich auftretende Vorstellung, als ob etwa die »Nationalökonomie« mit der »Konjunkturlehre« immer mehr ausgebaut, immer bessere Erfolge erzielen werde, ist unrichtig, ohne daß deshalb die Annahme, daß man im ganzen immer mehr werde voraussagen können, unrichtig wird. Der Ausbau der Konjunkturlehre z. B. stößt schon an die eine Schranke, daß bei Ausbau der zentralistischen kapitalistischen Organisationen die Aussagen der Konjunkturforschung selbst wesentliche Variationen des Verhaltens der Trusts und Kartelle bedingen müssen. Je mehr Kartelle, je mehr Trusts, das heißt, je mehr organisierter Kapitalismus, um so weniger Chance, Konjunkturen im einzelnen voraussagen zu können, wenn man auch im ganzen das Schicksal der Wirtschaftsordnung, der Versorgung der Menschen voraussagen kann.

Schließlich und endlich wird die Chance, richtige Voraussagen zu machen, auch davon abhängen, auf welche Fragestellungen man sein Interesse konzentriert; wer die Bewegung der Sterne prophezeien will, hat mehr Erfolgschancen als der, welcher sich mit der Prognose der einzelnen menschlichen Lebensläufe beschäftigt.

Dadurch, daß unsere Zeit stärkeres Interesse für Massenschicksale hat als andere Epochen, ist die wissenschaftliche Haltung von vornherein günstig beeinflußt. Wer das Lebensschicksal eines einzelnen Menschen voraussagen will, wird zu unwissenschaftlichen Voraussagen geradezu gedrängt: zur Astrologie, zur Mantik. Die Annahme der Lösbarkeit der Aufgabe steht im Widerspruch zu den gegebenen Kenntnissen.

Wenn man auch zugeben kann, daß gewisse Eigentümlichkeiten von Anfang an das Leben eines Menschen wesentlich mit bestimmen, das meiste, was er erlebt, ist umweltbedingt. Es ist nicht leicht, den Lebenslauf eines einzelnen Menschen, z. B. Napoleons, auch nur schrittweise zu prophezeien; sind doch Labilitätserscheinungen regelmäßig vorhanden, so daß ein Minimum der Änderung in den Anfangsbedingungen unverhältnismäßig große Änderung des Lebenslaufes bedeutet. Wir wiesen darauf hin, daß *Poincaré* und andere Voraussagen über das Leben Napoleons als typische Aufgabe geschichtlichen Forschens ansehen, während sich erfolgreiche Historiker mehr für die Herde interessieren, in der Napoleon auftauchte.

Wenn man nämlich das Schicksal ganzer Gruppen behandelt,

treten Streuungserscheinungen auf. Man kann das Verhalten einer Gruppe annähernd voraussagen, wo man ratlos dem Schicksal des Individuums gegenübersteht. Ein Hirt kann aus langer Erfahrung wissen, daß 1 % seiner Herde dem Leithammel nicht folgt und er daher Hunde in größerer Zahl benötigt. Es können immer dieselben Schafe sein, die ausbrechen. Vielleicht haben sie auch noch andere Eigenschaften gemeinsam. Es können auch jedesmal andere Schafe sein, die zum Ausbrechen neigen, aber immer in ungefähr gleicher Menge. Wenn nun der Hirte damit rechnet, daß auch in Hinkunft die Zahl der Schafe, die nicht dem Leithammel folgen, ungefähr 1 % sein werde, so macht er eine Induktion, die ebenso sicher oder unsicher ist, wie wenn er über ein gleichmäßig sich verhaltendes Einzelobjekt eine Voraussage macht. Die Aussage über eine bestimmte Gruppe muß nicht sicherer sein. Entschluß zur Induktion da und dort. Wohl aber ist ein wissenschaftlicher Fortschritt erzielt, wenn an die Stelle der früheren Fehlaussagen über das Verhalten von Einzeltieren nunmehr zutreffende Aussagen über das Verhalten der Gruppe treten.

Wenn man der Anschauung ist, daß die Lebenslage der Menschen, ihr Glück und Unglück, wesentlich abhängig ist von der sozialen Lebensgestaltung, vom Erfolg oder Mißerfolg der Gruppe, der ein Einzelner angehört, dann ist dadurch, daß man planmäßig über Gruppen voraussagt, ein wesentlicher Zuwachs an Wissenschaftlichkeit gewonnen. Ein Arbeiter, der sein Lebensschicksal wesentlich durch Arbeitszeit, Urlaubsmöglichkeiten, Bildungschancen, Einkommen bedingt erkennt, weiß, daß es sich dann verbessert, wenn die Gesamtheit der Arbeiter ihr Schicksal verbessert. Daß er allein emporkommt, die anderen aber unten bleiben, ist sehr unwahrscheinlich. *Die Solidarität des Schicksals führt zur Solidarität des Verhaltens, führt zur Pflege wissenschaftlicher Soziologie, die den Massen sagt, was ihnen die Zukunft bringt.*

Da Enttäuschung der Massen denen, welche die Zukunft berufsmäßig verkünden, übel angerechnet wird, ist jeder, der die Prognose sozialer Veränderungen sehr ernst nimmt, darauf aus, möglichst richtig und vorsichtig zu prophezeien. Er hat ein Interesse daran, die wichtigsten Schranken der Voraussagen von vornherein bekanntzugeben, so daß Zuversicht und Vorsicht gleichzeitig verkündet werden, eine Atmosphäre, die wissenschaftlicher Forschung sehr günstig ist. Es liegt auf der Hand, daß der Erfolg sozialer Voraussagen wesentlich davon abhängt, daß wissenschaftliche Struktur der Aussagen gewahrt bleibt.

Gruppen, die an der Verbesserung des Arbeiterschicksals nicht interessiert sind, sich sogar durch diese Verbesserung für gefährdet halten, werden wissenschaftliche Soziologie als Mittel guter Voraussagen nicht eben immer begrüßen oder mindestens die Neigung zeigen, sich zwiespältig zu verhalten. Die Metaphysik ermöglicht es, gewisse soziologische Zusammenhänge zu verschleiern. Metaphysik ermöglicht die Anlehnung an die den Kirchen nahestehenden Gruppen, mit denen die heute herrschenden Klassen in erheblichem Umfange zusammenarbeiten. Das alles bedingt, daß der öffentliche Forschungs- und Unterrichtsapparat heute nicht sonderlich intensiv der Soziologie auf materialistischer Basis zur Verfügung steht und Metaphysik hier immer breiteren Raum erhält. So kommt es, daß die soziologischen Voraussagen auch dadurch gehemmt werden, daß Grenzen rein sozialer Art den wissenschaftlichen Erfolg lähmen. Begreiflich, daß die, welche die Beseitigung der jetzigen Ordnung anstreben, die neue Ordnung auch als Hort der Wissenschaft ansehen lernen, insbesondere als Hort der wissenschaftlichen unmetaphysischen Soziologie. Begreiflich, daß die Menschengruppen, welche praktisch an der Umgestaltung der herrschenden Ordnung arbeiten, daß die sozialistisch gerichteten Arbeitermassen der Soziologie auf materialistischer Basis verständnisvoll gegenüberstehen und sich ihrer bedienen, ohne daß sie im einzelnen die Aussagen überschauen müßten. Der Marxismus als modernste Soziologie auf materialistischer Basis (das heißt letzten Endes der Physikalismus – die modernste Form des Materialismus) ist daher aufs engste mit der Arbeiterbewegung verbunden.

Die taktisch-strategische Bedeutung der »Klasse« als einer Masse von Menschen, die dem Produktionsprozeß, der Gesellschaftsstruktur ähnlich gegenüberstehen, tritt uns in den Theorien entgegen, welche solchen Massen angepaßt sind. Wenn die Arbeitermassen eine wissenschaftliche Soziologie würdigen können, so die, welche sich mit ihnen selbst, mit ihrer Organisation beschäftigt, ihr Schicksal als Gesamtheit voraussagt. Diese Bereitwilligkeit der Massen, sich als organisierbare Einheit zu sehen, ist für die Ausgestaltung einer Lehre von solchen Massengruppen günstig. Es zeigt sich nun, daß solche Lehre nicht nur dem Tagesbedürfnis dient, sondern darüber hinaus sich als Mittel geschichtlicher Analyse aufs beste bewährt. Man kann besser prognostizieren, von heute auf morgen, von gestern auf heute, wenn man Klassenschicksale ins Auge faßt. Man kann dadurch, daß man die Schicksale und Struktur der Klassen in Rußland um 1900 gut untersucht, den Mechanismus der damals sich vorbereitenden Revolution voraussagen. Man sieht innerhalb der Fabrikarbeiterschaft z. B. einen besonders großen Prozentsatz der revolutionär bedeutsamen Großbetriebsarbeiter, man sieht eine nur schwache traditionelle Bourgeoisie, man sieht Kleinbauernmassen, denen die Wegnahme von Großgrundbesitz vor Augen schwebt, stark von Fremden durchsetzte Klassen der Verwaltung und Armeeleitung. Man sieht eine revolutionäre Intelligenz, deren Jugend die Freiheit erstrebt. Durch Kennzeichnung der Klassensituation, in Verbindung mit Kennzeichnung anderer Bedingungen, konnte man vieles ableiten, was uns dann im geschichtlichen Ablauf konkret gegenübertrat. Es ist eine *konkrete* Frage der wissenschaftlichen Forschung, ob Geschichte als Darstellung der Klassenkämpfe erfolgreich getrieben werden kann.

Man kann die Schicksale eines Landes besser voraussagen, wenn man eine Klassenanalyse gibt (vgl. z. B. *Marx* in *Der 18. Brumaire des Louis Bonaparte*), als wenn man die diplomatischen, militärischen und dynastischen Chancen abwägt, mit der Treue zum angestammten Herrscherhause und ähnlichen Begriffen wissenschaftlich rechnet. Der Ethiker, der Soziologe, der von den Formulierungen der Menschen über die Regeln ihres Tuns (bewußte Motivation) ausgeht, ist – selbst wenn er Metaphysik vermeidet – von vornherein wissenschaftlich dem Forscher unterlegen, der *Handlungen* aus *Situationen* ableitet, z. B. aus Klassenlagen. So erweist sich innerhalb der Soziologie auf materialistischer Basis, das heißt innerhalb der Soziologie, die überhaupt neben anderen Realwissenschaften ebenbürtig in Frage kommt, der »historische Materialismus« als Speziallehre, mit besonderen konkreten Thesen über bestimmte Zusammenhänge als fruchtbar, wenn geschichtliche Prognosen gemacht werden müssen.

Am weitesten kommen wir mit Prognosen, die sich auf Organisation, Produktionsverhältnisse, Klassen und ähnliches beziehen. Dann kann man die Frage stellen: Wenn man im groben die Veränderungen der Gesellschafts- und Wirtschaftsordnung voraussagen kann, welche Änderungen gehen damit im einzelnen einher in Religionsaussagen, Kunstformen, Rechtsbüchern usw., in Gerichtsbetrieb, Verwaltungsbetrieb usw. Der »historische

Materialismus« würde z. B. über USSR, wo jetzt die raschesten Wandlungen im Gange sind, seine Voraussagen auf der gegenwärtigen Klassengliederung zu begründen suchen. Er würde feststellen, daß vor allem die Industriearbeiter und die Arbeitsbauern entscheidend sind, daß die »Kulaken« zurückgedrängt werden, daß die Gruppen der »neuen Bourgeoisie« wohl keine große Rolle spielen werden. Aber wieweit nun dies sozialistische Durchorganisieren im einzelnen gelingen oder mißlingen mag, das vorauszusagen ist schon schwierig, schwierig, die Chancen der internationalen Situation zu bestimmen. Aber *wenn* man zu Aussagen kommt, dann aufgrund marxistischer Analysen, wie sie hier angedeutet wurden, nicht aufgrund jener Art der Reflexion, wie sie etwa durch *Dostojewski* gekennzeichnet werde: »*Die Beziehung des Volkes zum Zaren, als zu seinem Vater, ist die einzige felsenfeste Grundlage, auf der jede Reform bei uns geschaffen und aufgebaut werden kann.*« Er spricht von einer »ewigen«, immerwährenden und niemals oder wenigstens lange noch nicht sich verändernden Kraft. Und wie schwach erwies sich diese Idee. Schon vor dem Weltkriege grollte es unter den Bauern: »Wald und Wiese für den Bauern« war eine oft zu hörende Parole. Das ist wesentlich stabiler als die Idee des Zaren. Die Idee des Zaren kann durch die Idee *Lenins,* durch irgendeine andere Idee ersetzt werden, die Parole »Wald und Wiese für den Bauern« ist mit dem Lebensprozeß enger verbunden. Die Worte, die vom Zaren erzählen, können verhältnismäßig leicht beseitigt werden, die Handlungen, die sich auf den Erwerb von Wald und Wiese beziehen, sind ständig im Gange.

Eine Wandlung der Gesellschaftsordnung erfolgt, wenn die Produktionsweise sich ändert, wenn die Klassenschichtung sich ändert, und all das tritt ein, wenn bestimmte Reize auf die *Gruppen* ausgeübt werden. Man mag im einzelnen solche Zusammenhänge verschieden beurteilen, entscheidend ist, daß sie ungefähr dieser Art sind. Man kann vom Standpunkt wissenschaftlicher Forschung aus nicht von der »Mission eines Volkes« sprechen, die »Welt zu erlösen«. Die Auffassung, daß etwas siegt, weil es »gut« oder weil es »wahr« ist, geht auf theologische Grundanschauungen zurück, auf die Anschauung, daß Gott dem »Guten«, dem »Wahren« den Sieg verleiht. So meinte *Dostojewski,* das russische Volk habe die Mission, die Welt zu erlösen, so wie *Fichte* die Meinung hatte, diese Mission komme dem deutschen Volke zu. Derselbe *Dostojewski,* der voll Menschlichkeit keinem Menschen die volle Schurkerei auflastet, keinem die volle Güte zuerkennt, jeden als Mischung zeigt, jeden als armen Sünder vorführt, derselbe *Dostojewski* gibt *einem* Volke die *volle Güte,* gibt der sozialistischen Revolution alles an Bösem, was er auf seiner Palette hat. Für *Dostojewski* wird so der Krieg etwas Heiliges, etwas Erfrischendes. Er sieht in kühner Vision, daß die Russen Konstantinopel erobern, alle Slawen vereinigen, die ganze Welt erlösen werden, welche den Zaren als ewigen Vater anerkennen müsse. Das alles erwartet er nicht aufgrund einer Analyse der Machtverhältnisse, der Gesellschaftsgliederung, des Produktionsprozesses, sondern aufgrund einer Bewertung theologisierender Art.

Dostojewski ist damit der Ausdruck für den Gegenpol, welcher der materialistischen Soziologie gegenübersteht. Nur sprechen viele ihre Grundeinstellung nicht so klar und deutlich aus. Um daher die soziologischen Theorien auf ihre Fähigkeit hin überprüfen zu können, ob man sie für Prognosen erfolgreich verwenden kann, muß man erst ihnen allen die gleiche materialistische Form geben. Ist dies geschehen, dann muß man die Theorien über soziale Abläufe, so gut es geht, schematisch darstellen, muß die allgemeinen Zusammenhänge formulieren und zeigen, von welchen Grundanschauungen überhaupt ausgegangen wird. Dann ist es Zeit herauszuheben, was statistisch, was organisatorisch behandelt werden kann, wo Eindeutigkeit innerhalb bestimmter Grenzen gegeben erscheint, wo dagegen die Mehrdeutigkeit in einem relevanten Ausmaß zunächst nicht überwindbar scheint. Haben wir uns so den wissenschaftlichen Gehalt vorhandener Arbeiten auf dem Gebiete der »Geschichte« und »Nationalökonomie«, auf dem Gebiet der sie vereinigenden »Soziologie« vor Augen geführt, dann können wir uns die Frage vorlegen, was kann nun durch systematische Forschung am ehesten befördert werden, welche Probleme werden wohl durch die soziale Lage besonders bevorzugt werden. Und damit sind wir überhaupt dabei, die Prognose für das Prognostizieren zu entwerfen.

Wir müssen zusehen, welche Änderungen unseres Prognosenwerkzeugs im Gange sind, welche Verbesserungen wir zu erwarten haben, was wir sofort für die Verbesserung des Werkzeugs tun können. Wenn wir von der Mitwirkung an der sozialen Umgestaltung absehen, welche für die schließliche Ausbreitung und erfolgreiche Betätigung wissenschaftlicher Soziologie unerläßlich ist, ist es vor allem die *Anwendung* der neuesten Erfolge *wissenschaftlicher*

Weltauffassung mit ihrem Physikalismus und der durch sie bedingten Analyse auf *soziologische Untersuchungen*. Die Analyse des Wissenschaftsbetriebs, wie sie *Carnap, Frank, Russell, Schlick, Wittgenstein* und andere zum Teil im Anschluß an *Mach* vertreten, gestattet eine Anwendung auch auf soziologisches Gebiet. Hier ist nicht die Länge der möglichen Deduktionen, nicht die Subtilität der Analyse das wesentliche, sondern weit mehr, daß man überhaupt feststellt, was an Begriffen und Aussagen als Teil einer Realwissenschaft in Frage kommt, was nicht; wie die oft unbestimmten Formulierungen prinzipiell aussehen müßten. Natürlich kann solche Analyse *nicht von außen her* gemacht werden, sie bedarf konkreter Analyse der Realität unter Zugrundelegung der schärferen begrifflichen Mittel, die uns nun zu Gebote stehen.

Es entspricht dem Sinne dieser Gesamtdarstellung, wenn wir nunmehr auch fragen, welche Chance dafür besteht, daß die soziologischen Forscher, welche auf materialistischem Boden stehen, sich mit den Forschern finden, welche, vor allem von der Physik und Mathematik herkommend, einen entschlossenen Kampf gegen Metaphysik und Theologie führen. Man würde zunächst meinen, daß die Prognose hier nicht schwerfallen dürfte. Man sieht aber bald, daß die Situation verwickelt ist. Die Denker, die der Soziologie heute am wissenschaftlichsten gegenüberstehen, sind meist gleichzeitig die, welche durch Tagesarbeit in Politik und Verwaltung stark beansprucht werden. Sie sind genötigt, sich im praktischen Prognostizieren zu üben, aber bekommen wenig Neigung, schärfere logische Formulierungen aufzusuchen. Dazu bedarf es eines umfassenden logischen Apparates, wie ihn etwa die mitteleuropäischen Universitäten zur Verfügung hätten, die aber im ganzen metaphysische Neigungen haben. In USSR, wo die materialistische Soziologie am stärksten gepflegt und durch konkrete Forschung die Soziologie als Realwissenschaft mächtig gefördert wird, führt vielleicht die Opposition gegen eine Reihe bürgerlich gerichteter Anschauungsweisen des Westens dazu, daß gerade die Logisierung nicht sehr im Vordergrund steht.

Die Pflege der Logistik und eines durchlogisierten Empirismus treffen wir im übrigen Europa und in USA an. Hier wird aber die logisch-empiristische Richtung, der auch diese Veröffentlichung angehört, hauptsächlich von Männern vertreten, die sich, wenn »Geschichte« oder »Nationalökonomie« in Frage stehen, nicht sehr um wissenschaftliche Präzision bemühen. *Bertrand Russell*

z. B., der doch für die Antimetaphysik mehr geleistet hat als viele andere Gegner überkommener Weltanschauung, spricht in völlig unzulänglicher Weise über Soziologie; Lob und Tadel gehen wesentlich in die Argumentation ein; Ratschläge, deren Realisierbarkeit er nicht untersucht, werden gegeben. Das Schicksal der Völker scheint von ihrer Einsicht und dem guten Willen einiger Führer abzuhängen. Der Sozialismus z. B. wird nach *Russell* durch »Lehre« verbreitet, seine Realisierung hängt nach *Russell* davon ab, ob man die Aufklärung der Jugend gut organisiert. Dabei hält er mit abfälligen Äußerungen über den Marxismus nicht zurück, der doch andererseits die heute entfaltetste Form wissenschaftlicher Soziologie im Sinne moderner wissenschaftlicher Weltauffassung ist. Während *Russell* so sich und den ihm näherstehenden Denkern den Weg zur Analyse wissenschaftlicher Soziologie – er ist übrigens, was bei einem Vertreter wissenschaftlicher Weltauffassung weiter nicht wunder nimmt, Sozialist – verrammelt, erschwert er den Marxisten, sich mit seinen Lehren vertrauensvoll zu beschäftigen. Alte Erfahrungen haben gezeigt, daß zwischen den verschiedenen Lebensgebieten eines Menschen oft ein Analogiezusammenhang besteht. Ist ein Mann wie *Russell* eines so kräftigen Antimarxismus fähig, dann vermuten manche Marxisten von vornherein, daß auch in seinen anderen Lehren, wenn auch versteckt, Antimarxismus verborgen sei, was letzten Endes Metaphysik bedeuten könne.

Und doch wird die moderne *wissenschaftliche Weltauffassung*, wie sie von *Russell* bis *Einstein* vertreten wird, auch in den Sozialwissenschaften sich durchsetzen. Die verschiedenen Ströme wissenschaftlicher Einstellung werden sich vereinigen, und der der wissenschaftlichen Weltauffassung, wie sie vom durchlogisierten Empirismus vertreten wird, dürfte von nicht geringer Bedeutung sein. Doch muß man freilich zugeben, daß viele führende Vertreter wissenschaftlicher Weltauffassung, die sich von *Russell*schen Attacken auf den Marxismus fernhalten, dennoch, entweder gar nicht oder bisher nur unzulänglich, mit den Grundlagen der Soziologie, der Geschichte, der Nationalökonomie beschäftigen. Gewiß ist ihre Analyse auf Wissenschaft überhaupt gerichtet; was für die Physik im engeren Sinne gilt, gilt mutatis mutandis für die Soziologie. Aber immerhin gibt es eine Reihe spezieller Probleme, die einer Sonderbehandlung harren. Auch ist es etwas anderes, ob man die Grundlinien metaphysikfreier Begriffsbildung zeigt oder die wissenschaftliche Praxis kritisch befruchtet. Während Physik, Mathematik mindestens exemplifikativ bei ihnen zur Diskussion stehen, werden Geschichte, Nationalökonomie, Soziologie arg vernachlässigt.

Nun ist damit zu rechnen, daß einzelne jüngere Vertreter dieser Richtung die neuen Erkenntnisse für die Soziologie nutzen werden, was um so leichter möglich ist, als die Vertreter der wissenschaftlichen Weltauffassung in der Mehrzahl überkommener Ordnung überhaupt kritisch gegenüberstehen, indem sie den Pflichtbegriff in seiner Absolutheit antasten und auch sonst der metaphysischen Haltung der herrschenden Gruppen keine Nahrung geben. Andererseits aber ist gerade in Mittel- und Westeuropa die Macht der herrschenden Klassen so stark, daß eine breitere Erörterung materialistischer Soziologie hier an Hochschulen und anderen öffentlichen Instituten schwerlich zu erwarten ist. Es werden also, solange die jetzigen Machtverhältnisse beharren, außerhalb Rußlands nur einzelne diese Begriffsanalyse, vor allem innerhalb des Marxismus, in Angriff nehmen können, die eigentlich des Zusammenwirkens einer Forschergeneration bedarf.

Dazu kommt noch, daß die entschlossensten Vertreter materialistischer Soziologie gerade den logisierenden Bestrebungen bisher wenig Interesse abzugewinnen scheinen. Teils neigen sie einem vergröberten Materialismus zu, wie ihn das 18. und 19. Jahrhundert kannte, teils geben sie sich aktivistischen Stimmungen hin, die manchmal geradezu vitalistischen Charakter tragen, so wie ja auch die Beschäftigung mit *Hegel* vor allem um seiner »Dialektik« willen – in Rußland unter dem Einfluß *Lenins* – nicht gerade immer zum durchlogisierten Empirismus führt, der wohl die entfaltetste Form der Realwissenschaft darstellt. So wie der ungenügend durchgearbeitete Materialismus bei vielen Vertretern moderner Soziologie auf materialistischer Basis auftritt, treten umgekehrt bei Vertretern des Empiriokritiszismus, bei Machianern, Positivisten usw. zuweilen idealistische Neigungen auf. *Lenin* hat in seinem oben erwähnten Buch gegen den Empiriokritizismus, dessen antimetaphysischer Haltung er nicht gerecht wird, mit dem Blick des politisch Mißtrauischen eine Reihe von Äußerungen empiriokritizistisch, positivistisch eingestellter Forscher aufgefunden, die von einer gemeinhin übersehenen groben idealistisch-metaphysischen Grundeinstellung dieser Forscher ausgiebig Zeugnis ablegen. Sie tritt begreiflicherweise vor allem dort zutage, wo der »freie Wille«, die »Persönlichkeit«, das »Handeln«, kurzum, diejenigen Dinge in Frage kommen, die für die Soziologie Belang haben können. Dies durchaus berechtigte Mißtrauen gegenüber den vorhandenen Vertretern der genannten Richtungen erschwert die Verbindung zwischen wissenschaftlicher Soziologie auf materialistischer Basis und der wissenschaftlichen Weltauffassung, solange letztere nicht in einem klar ausgebauten Physikalismus die Bestrebungen des historisch überlieferten Materialismus konsequent ausbaut und alles, was auch nur entfernt nach idealistischer Philosophie, also Halbtheologie, aussieht, eliminiert.

Unter den gegenwärtigen sozialen Bedingungen wird sich in USA, Mittel- und Westeuropa ein Vertreter wissenschaftlicher Weltauffassung dann am ehesten durchsetzen, wenn er sich von soziologischen Betrachtungen fernhält und sich auf eine mehr allgemeine Vertretung des Physikalismus beschränkt oder gar in seinen methodologischen Darlegungen der idealistischen Philosophie immerhin noch eine Daseinsmöglichkeit läßt. Die idealistisch gerichteten Denker bemühen sich, dem »Subjekt«, dem »Ich« eine Sonderposition einzuräumen, dem »Bewußtsein an sich«, dem individuellen oder sozialen Bewußtsein oder sonst einem Gottersatz. An die Stelle der Schöpfung der Welt durch Gott tritt die Schöpfung der Welt durch das »Ich« der idealistischen Philosophie. Auch die Kantianer sind Träger verschleierter theologisierender Betrachtung. Aber auch die »Realisten« haben durch ihren Dualismus einen stark metaphysischen Einschlag. Und selbst bei jenen Realisten, welche vor allem um die »Existenz« der physikalischen Welt besorgt sind, begegnen wir oft einer unverständlichen Neigung, den Problemen der »Willensfreiheit« usw. ein Pförtchen offenzulassen. Ganz konsequent sind nur jene, welche den strengen Physikalismus vertreten, die Erforschung der räumlich-zeitlichen Ordnung.

Die physikalistische Denkweise verhindert das Entstehen jener subjektivistischen Tendenzen, die seit *Berkeley* immer wieder auftreten und auch im Machismus nicht ohne Wirkung geblieben sind. Daß *Berkeley* ein Theologe war, ist kein Zufall. Etwas von diesem Theologenwesen ist überall dort zu bemerken, wo das »Ich« herumgespenstert. Selbst bei *Hume,* dem der moderne Physikalismus wesentlich nahesteht, sind gewisse idealistische Neigungen unverkennbar. Es ist wichtig, hervorzuheben, daß die *wissenschaftliche Weltauffassung mit ihrem Physikalismus, daß die Einheitswissenschaft* durchaus auf dem Standpunkt des *»Objektivismus«*

steht, den *Carnap*, einer der entschlossensten Vertreter moderner wissenschaftlicher Weltauffassung, so formulierte: »*Die gesetzmäßigen Zusammenhänge (die in den Naturgesetzen als Implikationen formuliert werden) sind objektiv, dem Willen des einzelnen enthoben.*« Der Physikalismus ist der moderne Ausdruck für diesen Standpunkt, der an die Stelle des früheren »Materialismus« oder »Realismus« tritt. Die Aufgabe ist, ein geschlossenes, einheitliches Aussagensystem zu schaffen, mit dem wir aufgrund der wissenschaftlich feststellbaren *Ordnung kontrollierbare* Voraussagen über räumlich-zeitliche Vorgänge machen können. Das ist die Aufgabe der Einheitswissenschaft auf materialistischer Basis, des Physikalismus.

Man kann heute auf physikalischem Gebiete, ohne wesentlich Anstoß zu erregen, Antimetaphysik vertreten, während selbst bescheidene antimetaphysische Ausführungen auf soziologischem Gebiet bereits schwere Unwillensäußerungen bei den meisten Schulsoziologen hervorrufen. Antimetaphysische Soziologie scheint mit den herrschenden Mächten, auch wenn sie sich völlig unaggressiv verhält, in unseren Tagen in ähnlicher Weise in Konflikt zu kommen, wie die antitheologische Himmelsmechanik zu Beginn der Neuzeit. Die Beteuerung, daß die wissenschaftliche Weltauffassung »soziologisch neutral« sei, trifft eben nicht zu. Ein Ausbau der wissenschaftlichen Weltauffassung führt auf soziologischem Gebiet zu der Forderung einer materialistischen Soziologie. Und deren Ausgestaltung dürfte wohl mit dem Fortschreiten der Umgestaltung unserer Gesellschafts- und Wirtschaftsordnung durch die Arbeiterbewegung eng verbunden sein. Diese Umgestaltung ist in vollem Gange; marxistische Gedankengänge treten jetzt selbst bei Gegnern des Marxismus immer häufiger auf.

Die soziale Umgestaltung gibt auch Anlaß, durch Soziologie Einfluß aufs Leben zu gewinnen, gibt Anlaß, die Begriffsanalyse eifrig zu betreiben. Planmäßige Gesellschaftstechnik bedarf zu ihrer Rechtfertigung ständig soziologischer Theorien. Die Anwendung der Theorien aufs Leben drängt zu Korrekturen. Praktische politische Tätigkeit großen Stils ist daher dem Experiment des Physikers vergleichbar. Das heißt, je öfter man im Sinne einer soziologischen Theorie etwas unternimmt, um so häufiger wird man die soziologische Theorie erproben. Die bewußte soziale Lebensgestaltung erzeugt Theorie und wird von ihr beeinflußt. So besteht enger Zusammenhang zwischen lebendiger Gesellschaftstechnik und soziologischer Theorie, deren Schicksal daher wesentlich von der bewußten Gesellschaftsgestaltung abhängt. USSR ist voll von bewußter Gesellschaftstechnik, voll von soziologischen Theorien, die freilich noch nicht immer genügend präzise formuliert sind, um in die Einheitswissenschaft eingebaut zu werden. Wo aber das Leben ununterbrochen Anpassung an traditionelle Gesellschaftsgestaltung verlangt, wo der einzelne durch Isolierung seines Lebens, durch Verzicht auf politische Betätigung sich persönlich Ruhe sichern und eine dementsprechende Theorie des Lebens formen will, kann schwer eine umfassende Soziologie entstehen. Die revolutionäre Arbeiterbewegung schafft sich immer wieder Führer, die ihr sagen, »was ist«, da die Leiden des Illusionismus genügend bekannt sind. Dort, wo die Neugestaltung am bewußtesten vor sich geht, dort ist heute die Chance am größten, daß erfolgreiche Soziologie getrieben wird.

Sicherlich ist die so betriebene Soziologie voll von Erregung, aber die großen wissenschaftlichen Vorstöße der letzten Jahrhunderte waren immer voll solcher Erregung und werden es wohl noch lange bleiben. Erregung selbst ist nichts, was mit Wissenschaft zu tun hat, aber Liebe und Haß sind ebenso gute Lehrmeister, wie sie Verführer sind. Daraus, daß etwas aus Erregung geboren wurde, folgt nicht, daß der Inhalt der Aussagen widerspruchsvoll und unkontrollierbar sein müsse. Wer voll Erregung bewußt das konkrete Leben zu gestalten sich müht, wird diese Erregung in den Dienst der Wissenschaft stellen, um seine Ziele zu erreichen. Dadurch wird auch das Ressentiment und Sentiment erfolgreich befriedigt, das jedem Menschen eigen ist, selbst dem, der durch betonte Ruhe und Abgeklärtheit irgendeine Haltung deckt. Ein Unterschied besteht häufig darin, daß die einen sich der sozialen und persönlichen Bedingtheit ihres Verhaltens, wozu auch ihr Forschen gehört, immer bewußt sind, die anderen nicht.

Daß aber die reine Wissenschaft, der *Physikalismus,* sich ausbreite, ist nicht so sehr Sache starker Einzelpersönlichkeiten als vielmehr Sache einer ganzen Generation. Zahllose kleine Wandlungen sichern der Wissenschaft den Sieg, wenn jene siegen, die sich der Wissenschaft mehr bedienen als die Unterliegenden. Die Gesamtumwälzung unseres Zeitalters ist der Boden wissenschaftlicher Soziologie. Indem wir das Leben bewußt gestalten, gestalten wir die sich stets ändernde Wissenschaft. Wichtig ist: Wissenschaftliche Soziologie entfaltet sich immer mehr, je mehr planmäßiges Handeln im Produktionsprozeß, im sozialen Leben sich durchsetzt, das nur auf umfassender Wissenschaft aufgebaut werden kann. Nicht damit »das Recht« sich durchsetzt, nicht damit »die Moral« triumphiert, nicht damit »Gottes Wort erfüllt werde«, werden dann Maßnahmen ergriffen, sondern weil sie Ergebnisse liefern, die man billigt. Die Gesamtheit der angewandten Regeln, Gewohnheiten, Befehle wird sich aber nicht als ein besonderes System ablösen lassen, wie es »die Moral«, »das Recht«, »die Religion« im alten Sinne waren. »Die Ethik« und »das Recht« waren als Systeme nur verständlich, wenn man sie unmittelbar oder mindestens historisch aus den Geboten Gottes oder einer höheren Ordnung an sich ableitete. In einer Ordnung, welche wesentlich wissenschaftliche Weltauffassung als Grundlage des Zusammenlebens kennt, gibt es Gewohnheiten, Regeln, die von Organisationen oder Einzelnen anderen auferlegt werden, die man gemeinsam beschließt, aber man kann nicht recht ein »System« abheben, das der früheren »Ethik« oder dem früheren »Recht« entspräche. Heilung, Erziehung, Schutz, alles geht ineinander über. Es gibt nur noch Ausschnitte aus der Soziologie, die ein Hilfsmittel der Tat ist. Der Entschluß ist das eine, die Wissenschaft das andere. Nicht die Subsumtion unter theologische Forderungen, Moralgebote, Rechtsnormen ist festzustellen, *sondern die Kausalverknüpfung des kollektiven Handelns mit dem Effekt.*

So wird Soziologie im Interesse konkretesten aktivsten Lebens wissenschaftlich gefördert werden. Wer freilich heute die Begriffsanalyse durchführen will, kann noch nicht, wie etwa in der Physik, an strenge Begriffsformulierungen anknüpfen, sondern muß die Soziologie selbst in ihrer zufälligen historischen Form in die Hand nehmen. Antimetaphysische Soziologen müssen sich mit wissenschaftlicher Weltauffassung und die Vertreter wissenschaftlicher Weltauffassung mit Soziologie beschäftigen, damit festgestellt werden kann, worin der *wissenschaftliche Gehalt der empirischen Soziologie* besteht, worin der *wissenschaftliche Gehalt der »Geschichte«* und *»Nationalökonomie«* besteht, die in ihr vereinigt werden.

Der empirische Soziologe muß zunächst nicht immer ein besserer Forscher sein als sein metaphysischer Kollege. Der theologisierende *Kepler* brachte mehr neue Sätze als *Francis Bacon,* der *Fahnenträger der Induktion* – Übergangsschicksal.

Soweit der Versuch einer Prognose über den wissenschaftlichen Betrieb empirischer Soziologie, der die Zukunft gehört. Wie aber werden sich die Massen fernerhin verhalten? Sind Weltanschauungen nicht mit aggressiven sozialen Kampfgruppen verbunden, so besteht innerhalb der Arbeiterbewegung, die an der sozialen Neugestaltung entscheidend mitwirkt, eher Tendenz zur Toleranz. Sie gruppiert Menschen nach *Klassenlage;* Zusammenfassungen nach Weltanschauung werden meist als konterrevolutionär abgelehnt. Im allgemeinen nimmt metaphysikfreie Einstellung in der Arbeiterbewegung zu, aber auch sonst; freilich dort meist stark verhüllt durch theologisches und metaphysisches Gehaben. Zur Toleranz drängt auch die Ausgestaltung *internationaler Weltorganisation.* »Seelenrettung« ist keine geeignete Grundlage für reibungsloses Zusammenwirken vieler Völker.

Wenn auch die metaphysikfreie Haltung in der Arbeiterbewegung sicherlich zunimmt, so darf man doch auch nicht übersehen, daß auf der anderen Seite die Verbesserung der Lebenslage, mit der Übernahme traditioneller Formen der Architektur, Malerei, Literatur, Hand in Hand geht, die nur notdürftig den neuen Verhältnissen angepaßt werden. Es könnte für das *Privatleben* vieler die Pflege einer erneuerten Metaphysik bedeutsam werden, ohne daß dadurch die soziale Organisation wesentlich beeinflußt werden müßte. Die Philosophen und das Philosophieren können, abgekapselt von der physikalistischen Praxis, vielleicht sogar stellenweise blühen, die auf *empirischer Soziologie* beruhenden Leistungen der neuen Gesellschaft begeisternd preisen und deutend betrachten.

Die Utopie als gesellschaftstechnische Konstruktion

Wir leben heute in einer Zeit *bewußter Lebensgestaltung*. Breite Kreise der Bevölkerung fühlen sich gedrängt, ihrem Willen für oder gegen bestimmte Bestrebungen Ausdruck zu geben. Immer deutlicher wird es, daß es die Schaffung einer neuen Lebensordnung gilt. Auf die Dauer werden daher nur solche Parteien entscheidend zu wirken vermögen, welche dies Ziel klar und sichtbar verfolgen, deren Programme die Umrißlinien der erstrebten Zukunft entwerfen. Sie werden von den Wünschen und Gedanken erfüllt sein, die seit Jahrhunderten und Jahrtausenden in Phantasieschöpfungen zahlreicher Dichter und Denker lebendig waren, in den *Utopien*, welche keine rechte Heimat unter den Menschen zu finden vermochten.

Die meisten Menschen glaubten mit einer gewissen herablassenden Milde und Nachsicht, wenn nicht gar mit mitleidigem Spott, von Utopien und Utopisten sprechen zu dürfen. Träumereien und Träumer waren sie für die Mehrzahl. Und doch finden wir bei den Utopisten prophetische Ideengänge, die denen verschlossen blieben, welche, stolz auf ihren Wirklichkeitssinn, am Gestern klebten und so nicht einmal das Heute zu beherrschen vermochten. Utopien als Schilderungen unmöglicher Vorkommnisse zu bezeichnen ist durchaus unberechtigt, kann man doch einer erdachten Lebensordnung so gut wie niemals ansehn, ob sie nicht irgendwo und irgendwann Wirklichkeit wird. Weit sinnvoller ist es wohl, alle Lebensordnungen, die nur in Gedanken und Bildern, nicht aber in der Wirklichkeit vorhanden sind, als Utopien zu bezeichnen, das Wort Utopien jedoch nicht dazu zu verwenden, etwas über ihre Möglichkeit oder Unmöglichkeit auszusagen. Utopien wären so den Konstruktionen der Ingenieure an die Seite zu stellen, man könnte sie mit vollem Recht als *gesellschaftstechnische Konstruktionen* bezeichnen.

Auch die Maschinentechnik hat in ähnlich phantastischer Weise wie die Gesellschaftstechnik begonnen. Die Dichtung von Dädalus und Ikarus führt uns in die Märchenzeit der technischen Konstruktion. Auch die Zeichnungen Leonardos, die sich mit Flugmaschinen beschäftigen, sind noch wesentlich phantastischer

Art. Vor allem fehlt ihnen die Einordnung in ein System technischer Konstruktionen. Erst einem späteren Zeitalter war es vorbehalten, die Einfälle der Flugtechniker in strengere Bahnen zu lenken, sie für geordnete praktische Arbeit nutzbar zu machen. Wir selbst haben diese letzte Periode noch miterlebt, haben es noch miterlebt, wie Kreß ein Phantast gescholten wurde, weil er mit im ganzen vernünftigen Mitteln das erstrebte, was wenige Jahre später als Selbstverständlichkeit galt.

Die Gesellschaftstechnik, um diesen Ausdruck zu gebrauchen, beginnt auch mit märchenhaften Erzählungen vom goldenen Zeitalter, von der fernen Insel Atlantis, geht dann zu bewußten Gestaltungen über, wie sie uns ein Morus, ein Cabet, ein Bellamy und schon sehr ausgestaltet ein Rathenau schenkten, um schließlich auch systematische Konstruktionen ins Leben zu rufen, wie sie etwa Ballod oder Popper skizzierten. Was gestern als Phantastenwerk galt, erscheint heute bereits als wissenschaftliche Vorarbeit für die Gestaltung der Zukunft. Wir sind eben zu der Überzeugung gelangt, daß ein gewaltiger Teil unserer Lebensordnung zielbewußt geformt werden kann, daß insbesondere Verbrauch und Erzeugung mengenmäßig bestimmt und geregelt werden können, selbst wenn wir Sitte und Sittlichkeit, Religion und Liebe zunächst gesellschaftstechnisch noch nicht beherrschen können oder wollen.

Eine gesellschaftstechnische Konstruktion behandelt unsere ganze Gesellschaft, vor allem unsere Wirtschaft, ähnlich wie einen riesigen Betrieb. Der Gesellschaftstechniker, welcher sich auf seine Arbeit versteht und eine Konstruktion liefern will, die für praktische Zwecke als erste Anleitung verwendbar sein soll, muß die seelischen Eigenschaften des Menschen, seine Lust am Neuen, seinen Ehrgeiz, sein Hängen an der Überlieferung, seinen Eigensinn, seine Dummheit, kurz, alles, was ihm eignet und sein gesellschaftliches Handeln im Rahmen der Wirtschaft bestimmt, genauso berücksichtigen wie etwa der Ingenieur die Elastizität des Eisens, die Bruchfestigkeit des Kupfers, die Farbe des Glases und ähnliches mehr. Die Hebel und Schrauben der Lebensordnung sind gar sonderlicher und feiner Art. Aber die Schwierigkeit der Aufgabe hat noch nie einen mutigen Denker und Tatmann geschreckt.

Fragen wir uns nun, was wir von dieser Entwicklung der Gesellschaftstechnik zu erwarten haben, was für Wege sie unserem

Denken und Tun eröffnet. Wenn wir z. B. die Frage aufwerfen, wie eine Gesellschaftsordnung beschaffen sein müsse, in welcher es keine Hungernden gebe, keine Kreditkrisen, keine Lebenslagen, welche durch Glück und Vorrecht bestimmt sind, so können wir *mehrere* gleich richtige Lösungen unter ganz bestimmten Voraussetzungen finden. Wenn wir etwa fragen, welche Lebensordnung wir in den nächsten Jahrzehnten zu erwarten haben, so müssen wir grundsätzlich mehrere Antworten geben, da ja infolge unserer unzulänglichen Einsicht in die Voraussetzungen des Geschehens sich uns mehrere Möglichkeiten darbieten. Bisher fehlte eine derartige wissenschaftliche Behandlung der Fragestellung. Man erdachte gemeinhin nicht ganze *Gruppen von Utopien,* sondern schuf meist eine einzelne Utopie aus einer grundsätzlich unwissenschaftlichen Seelenstimmung heraus. Schreck- und Lockbilder waren die Utopien, um die Menschen zu bestimmtem Tun anzutreiben. Oft waren sie auch nur Phantasiestücke, um die Leser zu belustigen oder zu belehren. Insbesondere in Zeitaltern einer strengen Zensur war die Utopie nicht selten der Ausweg für revolutionäre und satirische Gedankengänge. In Bildern fremder Völker, märchenhafter Gemeinschaften sah man sein eigenes Geschick. Oft mengen sich die verschiedenen Ziele und Wirkungen der Utopien und verhindern eine einfache Gliederung in wenige Gruppen. Sie gleichen so der Welt und den Träumen, deren Vielgestalt auch solchen Bemühens spottet.

Deutlicher heben sich jene Utopien ab, welche die nächste Gegenwart zu beschreiben unternehmen und als Prophezeihungen auftreten, die gleichzeitig die *Ursachen ihrer eigenen Verwirklichung* werden wollen. Sie sind es vor allem, die zur streng wissenschaftlichen Arbeit Anlaß geben. Oder ist es etwa nicht Wissenschaft, wenn Ballod-Atlanticus und Popper-Lynkeus, gestützt auf die Hilfsmittel der modernen Statistik, ausrechnen, wieviel Jahre jeder Mensch in Deutschland arbeiten müsse, damit der Notbedarf der Nation gedeckt werden kann? Bisher hat die Wirtschaftslehre solchen Versuchen teils ablehnend, teils verständnislos gegenübergestanden. Ja gelegentlich wurde die Beschäftigung mit zukünftigen und möglichen Wirtschaftsordnungen als wesentlich unwissenschaftlich betrachtet, obgleich doch gerade die so erfolgreiche Maschinentechnik ganz bewußt neue Formen konstruiert, die nie vorher bestanden haben. Die Utopien wurden in die Geschichte der Wirtschaftslehre verwiesen, während sie in die

Theorie hineingehörten, so wie die Konstruktion neuer Brücken und Flugzeuge in der Theorie des Maschinenbaus abgehandelt wird. Freilich, Ballod-Atlanticus und Popper-Lynkeus haben nur *eine* Möglichkeit durchgerechnet, haben nur eine einzige Konstruktion versucht und nur *eine* Naturalrechnung vorgelegt, aus der zu entnehmen ist, wieviel Wohnraum, wieviel Nahrung, wieviel Kleidung aus wieviel Rohstoffen unter Zuhilfenahme von wieviel Arbeitszeit geschaffen werden kann. Es wäre wissenschaftlich vollkommener, wenn sie mehrere Möglichkeiten behandelten.

Jeder Fabrikleiter, jeder gut geschulte Landwirt, der die technischen Grundlagen seines Betriebes überschauen will, arbeitet nach Art von Ballod und Popper; sollte die Volkswirtschaft, die Weltwirtschaft einer solchen Behandlung unzugänglich sein? Freilich, ein Zeitalter, das an der Geldrechnung hängt, das vom freien Wettbewerb, von der Planlosigkeit des Marktes mehr erwartet als von einer klaren, übersichtlichen Verwaltung, achtet die Geheimnisse der Unternehmer so sehr, daß es auf eine umfassende Wirtschaftsstatistik verzichtet und über die wichtigsten Dinge unseres Lebens *nichts weiß*. Aus diesem untechnischen, gestaltungsfeindlichen Denken heraus erklärt sich vor allem die geringe Wertschätzung der Utopie, der gesellschaftstechnischen Konstruktion.

Die gewaltigen Umgestaltungen des Krieges haben der Utopie neues Leben eingehaucht. Die Generale und Politiker der letzten Jahre haben unter Verachtung der überlieferten Gesellschaftsordnung alles dem militärischen Erfolge dienstbar zu machen gesucht. Kein Eingriff war ihnen zu groß, wenn er den Sieg zu verheißen schien. Die Bande der Familie wurden erschüttert, Menschenmengen hin und her geschoben, Industrien von Grund aus umgewandelt – alles in der kürzesten Zeit. Um der Vernichtung willen wurde gezeigt, was Menschenkraft zu leisten vermag. Ist es so unverständlich, wenn immer mehr Menschen die Frage aufwerfen, ob man nicht in ähnlicher Weise *Friedensziele* erstreben könne, wie man so lange *Kriegsziele* erstrebt habe? Ist es so unverständlich, wenn die Menschen nun ungeduldig an die Pforte der Zukunft pochen und fragen, ob der Jammer, den sie früher gekannt, weiter dauern müsse, ob nicht die großen Generale und Politiker des Kampfes um das menschliche Glück unter Mißachtung überlieferter Formen, unter Umstellung der Industrien neue Lebensordnungen heraufführen könnten? Ist es so unverständlich, daß heute das Volk nach Utopien schreit, nach gewaltigen Gemälden seines zukünftigen Schicksals? Ist es so unverständlich, daß heute so viele tappend und unsicher, voll Haß und Erbitterung, geleitet von einem unbestimmten Drange, das Gewesene zertrümmern wollen, von dem dumpfen Glauben geleitet, das müsse genügen, um den Neubau zu erzwingen?

Was wir so bei den Massen sehen, das begegnet uns auch überall in den Kreisen der ruhigen Gestalter. Ist es nicht, als ob ein neuer Geist die Techniker erfüllt, welche immer drängender nach Vereinheitlichungen verlangen, nach Normung, Typisierung, Spezialisierung, welche immer drängender fordern, daß die Arbeit, der Betrieb, kurzum, alles, was technisch beherrscht werden kann, nach allgemeinen Grundsätzen, möglichst erfolgreich, möglichst rationell gestaltet werden soll? Zeichnen nicht alle Vertreter dieser Bestrebungen letzten Endes wichtige Linien in dem großen Gemälde, das die Zukunft schildern soll? Ist nicht der heute bereits anerkannte Gedanke einer umfassenden Energie- und Kraftverwaltung, der Gedanke einer öffentlichen Sicherung aller Daseinsbedingungen utopistisch? Ist er nicht gesellschaftstechnische Konstruktion?

Utopien können die verschiedensten Ziele verfolgen, sie können außermenschlichen Idealen dienen, der Größe Gottes, der Größe der Nation und ihrer Herrschaft, sie können aber auch darauf ausgehen, eine Welt zu schildern, in welcher die Menschen mit all ihren Fehlern und Gebresten so glücklich zu leben vermögen, als es eben die natürlichen Grundlagen, Land und Meer, Rohstoffe und Klima, Menschenzahl und Erfindungsgeist, Bildung und Arbeitswille, gestatten. Ob man nun dies Streben nach Glück, nach Seligkeit, nach Freude preist, ob man es für niedrig und gemein erklärt, jedenfalls läßt sich das Glück als Wirkung gesellschaftlicher Einrichtungen durchaus wissenschaftlich behandeln. Und gerade die Utopien der nächsten Jahre dürften der Entwicklung einer umfassenden *Glückslehre* durchaus förderlich sein.

Sind wir uns einmal darüber klar, daß Utopien als gesellschaftstechnische Konstruktionen uns vor vielen Irrgängen bewahren können, daß sie den Geist gelenkig zu machen, ihn von seinen zufälligen Einfällen zu befreien vermögen, dann müssen wir wohl fordern, daß unsere Schulen sich mit gesellschaftstechnischen Konstruktionen beschäftigen. Es müßte freilich vermieden werden, daß sich die Menschen auf eine bestimmte Utopie festlegen, es müßten vielmehr ganze *Gespanne* von Utopien nebeneinander entworfen und untersucht werden. Vor allem wird der gewaltige Schatz geschichtlich gegebener Utopien eine zweckmäßige Grundlage solchen Wissenschaftsbetriebs abgeben. An ihrer Hand wird man die Frage erörtern können, welche Arten der Berufswahl, der Entlohnung usw. denkbar sind, welche Kombinationen verschiedenartiger Einrichtungen in Betracht kommen und ähnliches mehr. Vielleicht stehen wir am Beginn einer *Utopistik als Wissenschaft*. Sie würde jedenfalls unserer Jugend bessere Dienste leisten als die überlieferte Wirtschaftslehre und Soziologie, die, auf die Vergangenheit und die zufällige Gegenwart beschränkt, den gewaltigen Umwälzungen der Kriegszeit und der Revolution in keiner Weise gewachsen waren.

Sich zu *viel* mit dem Möglichen beschäftigen hat allerdings manches Bedenkliche an sich, insbesondere für den jugendlichen Menschen, aber bisher hat man dem Möglichen auf gesellschaftlichem Gebiet zu *wenig* Raum geschenkt. Abgesehen davon, daß die Utopien den Heranwachsenden über viele tatsächliche Zusammenhänge belehren, erkennt man doch dann erst voll das Wirkliche, wenn man auch das Mögliche überschaut, schenkt sie ihm noch überdies eine gewisse *Unbefangenheit* und reift sein eigenes Urteil. Wie reizvoll ist es doch, seine eigene Zeit wie die Utopia des Thomas Morus zu schildern und umgekehrt dessen etwas leere Darstellungen mit der Fülle der Gegenwart ausgestattet zu denken!

Welch stolzer Anblick wäre es, wenn wir dahin kämen, daß wir, die Entwicklung erlebend, fortwährend auf Erscheinungen stießen, die wir längst vorausgedacht, ja vielleicht vorausgewollt hatten! Gerade auf gesellschaftlichem Gebiet haben wir es mit sehr bekannten Elementarkräften zu tun, Erscheinungen wie die Radioaktivität treten wohl kaum neu auf. Es ist dies Gebiet der reinen Mechanik verwandt, die auch immer neue Konstruktionen zuläßt, aber keine neuen Kräfte kennt. Einst mag ein Geschlecht kommen, welches in der bewußten Gestaltung unseres Lebens, in der bewußten Gestaltung unseres Glücks erst das wahre Menschentum sieht und alles, was vorher war, wie ein vorgeschichtliches Zeitalter betrachtet, in das sich dann viele zurücksehnen mögen, wie wir uns in längst vergangene Tage zurücksehnen, freilich oft nur deshalb, weil wir den Ekel und die Wirrnis der Vergangenheit im geschichtlichen Verlauf ähnlich leicht vernachlässigen wie im eigenen Leben.

Es ist eine schwere Aufgabe, die Ideen der Zukunft erfolgreich vorzubereiten, denken wir daher nicht verächtlich von jenen, welche die Grundlagen der überlieferten Wirtschafts- und Gesellschaftslehre schufen. Sie haben den Besten ihrer Zeit genug getan und ihrerseits einer frohen Jugend die Wege geebnet. Warum jene Jugend es nicht verstand, diesen Geist des Werdens zu bewahren, mag die Weltgeschichte beurteilen, wir können jedenfalls das große Werk beginnen, von jetzt an *bewußt die Zukunft und das Mögliche zu pflegen*. Das gilt für die unter uns, die gleich den Alten von den Säulen des Herkules aus zuschauen, wie die Sonne weit draußen untergeht, größer als anderswo in der Welt, und tatenlos von einem fernen Atlantis träumen, das gilt aber auch für die, welche wie Kolumbus und die Seinen den Entschluß und die Kraft aufbringen, die Anker zu lichten, um mit vollen Segeln auf jenes beglückende Eiland zuzusteuern.

Wesen und Weg der Sozialisierung

Gesellschaftstechnisches Gutachten,
vorgetragen in der 8. Vollsitzung des Münchener
Arbeiterrates am 25. Januar 1919

Ehe ich meine Ausführungen beginne, möchte ich meiner Freude über die an mich ergangene Einladung, vor Ihnen über Sozialisierung zu sprechen, Ausdruck geben. Eine Reihe von wirtschaftsgeschichtlichen und wirtschaftstheoretischen Umständen, die ich seit langem beobachtete und untersuchte, machten es mir bereits vor dem Weltkrieg wahrscheinlich, daß wir einer *zentral verwalteten Wirtschaft mit naturalwirtschaftlichem Einschlag* entgegengingen, deren Kommen durch einen Jahre dauernden Weltkrieg ungemein beschleunigt werden würde. Da die Mehrzahl meiner Voraussagen über die Struktur und das Wesen einer solchen Kriegswirtschaft eingetroffen ist, glaube ich heute mit um so größerer Berechtigung Möglichkeiten der nächsten Zukunft erörtern zu dürfen.

Ich fasse meinen Vortrag als ein *gesellschaftstechnisches Gutachten* darüber auf, wie man gewisse gesellschaftliche Konstruktionen durchführen kann und welche Eigenschaften sie aufweisen. Vor allem werde ich daher zu zeigen suchen, wie bestimmte Maßnahmen unsere Wohnung, Nahrung, Kleidung, Arbeitszeit, kurz, unsere Lebenslage beeinflussen. Welche Machtmittel den Erfolg dieser Maßnahmen sichern, welche Machtverteilung sie zur Folge haben, bleibe dagegen ununtersucht; in diesem Sinne sind die folgenden Darlegungen *unpolitisch*.

Die großen Umwälzungen unserer Tage zielen offensichtlich auf eine einheitliche Regelung der Wirtschaft und eine Umgestaltung der Einkommensverteilung ab. Der Entschluß zur »Sozialisierung« ist einerseits durch die Unwirtschaftlichkeit der überlieferten Ordnung mit ihren Krisen, ihrer zeitweiligen Massenarbeitslosigkeit und ihren Depressionen bedingt, die vor allem auf die »Anarchie und Regellosigkeit des Marktes und der Produktion« zurückzuführen sind, andererseits durch die unbegründete und nicht begründbare Verteilung der Einkommen. Eine Vergesellschaftung der Produktionsmittel würde die überlieferte Unwirtschaftlichkeit ebenso wie die überlieferte Einkommens- und Lebenslagenverteilung beseitigen. Eine Wirtschaft *sozialisieren* heißt sie einer *planmäßigen Verwaltung zu Gunsten der Gesellschaft durch die Gesellschaft* zuführen.

Die Sozialisierung setzt voraus, daß ein *Wirtschaftsplan* durch irgendeine entscheidende Zentralstelle verwirklicht wird. Eine solche *Verwaltungswirtschaft* muß nicht sozialistischer Natur sein, sie kann z. B. einer bevorrechteten Menschengruppe günstigere Lebenslagen sichern; in Sparta sicherte eine Art Verwaltungswirtschaft den Spartiaten die Arbeitserträge der Heloten. Sie muß auch nicht unbedingt in der Hand des Staates liegen; der Ausdruck Verwaltungswirtschaft ist daher mit dem Ausdruck Staatssozialismus nicht bedeutungsgleich.

Einen *Sozialisten* nennen wir den, der für eine *Verwaltungswirtschaft* mit *sozialistischer Verteilung* eintritt, das heißt: einer Verteilung, welche nach *allgemein gültigen Grundsätzen* unter Berücksichtigung *persönlicher Leistungen* und *persönlicher Eigentümlichkeiten,* wie Alter, Geschlecht, Gesundheitszustand usw. erfolgt, aber keine Gruppenvorrechte, keine Vorrechte der Geburt, des Standes, des Erbrechtes usw. kennt. Die Lebenslagen der Einzelnen können innerhalb einer sozialistischen Ordnung grundsätzlich sehr erhebliche Unterschiede aufweisen, so könnten zum Beispiel gewisse gesellschaftlich erwünschte Höchstleistungen besonders prämiiert werden.

Von einer vollständigen Verwirklichung des Sozialismus kann man im allgemeinen aber erst dann sprechen, wenn sowohl die sozialistische Verteilung als auch die planmäßige Verwaltung der Produktion *durch* die *Gesellschaft* erfolgt. Daß der Sprachgebrauch in dieser Hinsicht freier ist, zeigt aber etwa die Bezeichnung: *sozialistische Monarchie.* Sie erscheint gegeben, wenn ein Monarch die sozialistische Wirtschaftsordnung aufgrund seiner absoluten Gewalt verwirklicht. So könnte auch die planmäßige Produktion und Verteilung nach allgemein gültigen Grundsätzen durch ein Zusammenwirken von *Industrieverbänden, Agrarverbänden, Konsumentenverbänden* usw. erfolgen. Wenn dagegen die Gesellschaft durch eine entsprechend gewählte Volksvertretung Produktion und Verbrauch zentralistisch und in gewissem Sinne bürokratisch regelt, dann ist eine *sozialdemokratische Lebensordnung* gegeben. Es kann aber auch an die Stelle der demokratisch gewählten Volksvertretung mit ihrem Verwaltungsapparat unter Umständen das politischen Zwecken dienende *Rätesystem* treten; übereinandergestaffelte Räte als Leiter der Produktion, die sich schließlich zu einem Rat der Räte zusammenschließen, sollen gewissermaßen die Bürokratie an allen Stellen durch Vertretungskörper ersetzen. Daß die Arbeiter jedes Betriebes dabei an dessen »Gewinn« beteiligt sind, ist dem Rätesystem *nicht* eigentümlich.

Nach dem bisher Gesagten kann man im eigentlichen Sinn des Wortes nur von einer *Sozialisierung der Gesamtwirtschaft,* d. h. von ihrer planmäßigen Umgestaltung, sprechen. Es wäre irreführend, zu sagen, eine einzelne Fabrik sei »sozialisiert« worden, weil ihre Arbeiter sie in Besitz nahmen, oder irgendein Bergwerk sei »sozialisiert« worden, weil es verstaatlicht wurde, wenn nicht gleichzeitig die Gesamtwirtschaft planmäßig geleitet wird, sondern *die alte Regellosigkeit der Produktion und der Verteilung* andauert. Nur als *Mittel* einer planmäßigen Wirtschaftsgestaltung sollte man Änderungen in den Eigentumsverhältnissen, Verstaatlichungen, Besitzergreifung durch Arbeiterräte als Sozialisierungen bezeichnen. Wie sollte denn auch ein einzelner Arbeiterrat oder eine einzelne Produktivgenossenschaft die Planmäßigkeit der Gesamtwirtschaft verbürgen!?

Wirtschaftspläne werden *ausschließlich* durch *Großorganisationen* verwirklicht, deren bedeutsamste heute der Staat ist. In diesem Sinne hat man denn auch von marxistischer Seite die Entwicklung der gemischten Werke und der Kartelle selbst dann begrüßt, wenn deren Macht zunächst der Arbeiterschaft höchst unerwünscht war. In diesem Geiste müßte eigentlich auch heute die Sozialisierung vor allem in der *Ausgestaltung und Vervollständigung der Großorganisationen* erblickt werden, die ja noch gewaltiger Entwicklung vor allem durch Schaffung neuer Zwischen- und Bindeglieder fähig sind. Soweit man diese Großorganisationen durch gesellschaftlichen Einfluß dem Kampf gegen jede Unwirtschaftlichkeit, der Förderung des Glückes aller und der sozialistischen Verteilung dienstbar machen kann, müßten sie folgerichtig seitens der Sozialdemokratie ausgebaut werden.

Gesellschaftstechnisch wäre es naheliegend, *Genossenschaften, Kartelle, Banken, Gemischte Werke, Gewerkschaften, Konsumentenverbände, Handelskammern, Landwirtschaftskammern* und andere Großorganisationen *neben dem Staat* als *Diener der Sozialisierung* zu verwenden. Es wäre durchaus denkbar, daß man diesen Gebilden in ihrer Gesamtheit gewissermaßen das Mandat übertrüge, die Sozialisierung nach gewissen allgemeinen Grundsätzen durchzuführen. Dies hätte unter der Leitung und nach der Anweisung einer machtvollen Volksregierung zu geschehen, welche durch Kommissare und besondere, neu einzurichtende staatliche Stellen diese Wirtschaftsmaßnahmen dem Staatsbetrieb einzugliedern hätte. Das Ziel würde vor allem dadurch erreicht werden, daß das System der Verbände ausgestaltet, Produktion und Konsum möglichst unmittelbar miteinander verbunden werden. Die Verstaatlichung würde ein wichtiges Mittel sein, um gewisse Verbindungen zu erleichtern oder um Widerstand zu beseitigen. Vor allem würden aber die staatlichen Stellen die maßgebende Willensbildung auf dem Gebiete der Produktion und des Verbrauchs in der Hand haben.

Dieses Vorgehen würde den großen Vorteil gewähren, daß ein *ausgebildeter gesellschaftstechnischer Apparat* zur Verfügung stünde und eine große Zahl *fähiger* und entsprechend *vorgebildeter Köpfe* verwendet werden könnte, deren Mitarbeit die Wirtschaftlichkeit der Sozialisierung wesentlich erhöhte. Die Schwierigkeiten, welche sich einem solchen Plan entgegenstellen, sind vorwiegend *politischer Natur*. Auf der einen Seite mißtrauen sozialdemokratische Kreise den Unternehmern und den mit ihnen gesellschaftlich oder gemütsmäßig verbundenen Kreisen aufs äußerste. Sie übergeben den Unternehmern nicht gern weitgehende Machtbefugnisse, mag dies auch durch deren Fachkenntnis gerechtfertigt scheinen, weil jede Macht leicht auch politisch verwendet werden kann. Auf der andern Seite ist die Zahl der Unternehmer und ihrer Anhänger zunächst gering, welche die Sozialisierung auf alle Fälle für unabwendbar ansehen und ernstlich daran denken, innerhalb der neuen Ordnung die Produktion und Verteilung in veränderter Stellung mit zu leiten. Gar viele von ihnen sind zu äußerstem Widerstand entschlossen und wollen, wie gewisse politische Konservative, mit fliegenden Fahnen untergehen. Zum Teil ist dies Verhalten durch die Sorge begründet, die Sozialisierung werde eine Vernichtung ihrer Existenz bedeuten, zum Teil durch die Annahme, es sei doch noch möglich, die Sozialisierung endgültig abzuwehren und eine Wiederkehr der überlieferten Zustände herbeizuführen. Auch gibt es nicht wenige, welche davon überzeugt sind, eine sozialisierte Ordnung werde noch unwirtschaftlicher sein als eine nichtsozialisierte.

Die Sozialisierung ist dort am leichtesten möglich, wo die *Durchorganisation und Zentralisation* der Wirtschaft besonders weit fortgeschritten ist; die planmäßige Verwaltung aller Kräfte liegt dort am nächsten, wo die Not zu weitestgehender Sparsamkeit drängt. *Ein Volk, welches, wie das deutsche, weitgehend organisiert und überdies in Not ist, wird daher der Sozialisierung besonders zugänglich sein.* Die Organisationen, welche die eben verflossene Kriegsnot schuf, werden von der gegenwärtigen Friedensnot gerne übernommen und fortgeführt.

Eine *demokratische* und *sozialistische* Verwaltung der Gesamtwirtschaft *kann* auch eine weitgehende Demokratisierung der Betriebe mit sich bringen. Dies ist aber keineswegs notwendig. Es kann innerhalb einzelner Betriebe, ja ganzer Betriebsgruppen eine Art Absolutismus herrschen, wie ja auch innerhalb einer sozialistischen Milizarmee der Feldherr, trotz seiner Abhängigkeit vom Volke, gegenüber dem einzelnen Soldaten weitgehende Rechte besitzen kann. Volkskommissare und verantwortliche Beamte mit großer Machtvollkommenheit sind mit Demokratie durchaus vereinbar. Eine Demokratisierung der Betriebe, die so weit geht, daß die technische Leitung durch Arbeiterräte, die Verwaltung ganzer Betriebsgruppen durch Ausschüsse höherer Ordnung erfolgt, bedeutet gesellschaftstechnisch eine *Lähmung der Produktion*. Die gesamte gesellschaftliche und geschichtliche Erfahrung zeigt, daß Ausschüsse für eine derartige Leitung ungeeignet sind. Nur dort, wo der Gemeinschaftsgeist, wie etwa in kleinen Bauerngruppen, lebendig ist, kann von einer autoritären Organisation abgesehen werden; auch da müßte man im Interesse des Gemeinschaftsgeistes wohl manche Produktionsverringerung in Kauf nehmen. *Falsch ist es, wenn man vom Rätesystem produktionstechnisch eine Verbesserung der Lebenslage erwartet.*

Das als politische Einrichtung geschaffene Rätesystem führt durch sein Hervorheben des Einzelbetriebes im Wirtschaftlichen leicht zu einer Pflege des Streikwesens, das mit einer durchsozialisierten Gesellschaft völlig unvereinbar ist; für sie ist *der Streik eine Form des Bürgerkrieges*. Würde das Streiken innerhalb einer sozialisierten Wirtschaft anerkannt werden, so könnte das nur einer Bevorrechtung der in den lebenswichtigen Betrieben beschäftigten Arbeiter gleichkommen. Die Arbeiter des Verkehrswesens, der Elektrizitätswerke, der Wasserwerke usw. könnten jederzeit an ihren Volksgenossen Erpressung ausüben, welche zufällig in weniger lebenswichtigen Betrieben beschäftigt sind. In einer sozialisierten Wirtschaft werden die Lebenslagen und Löhne aller

Menschen durch *öffentlich-rechtliche* Bestimmungen nach allgemeinen Grundsätzen festgesetzt, nicht werden sie zwischen dem Einzelnen und einer ihm vorgesetzten Stelle durch Verträge bestimmt. Daß Arbeiterausschüsse der Fabriken dazu dienen können, die Arbeitsverhältnisse und gewisse gewerbehygienische Maßnahmen zu kontrollieren, gehört auf ein anderes Blatt, da diese Funktion nichts mit der Betriebsleitung zu tun hat. Hingegen bestehen gegen *zentrale Arbeiterausschüsse* in den Kontrollstellen der Regierung, die von Arbeitern aus den Fabriken und dem Schacht beschickt werden, keine Bedenken.

Die Gesamtorganisation, deren Schaffung wir erörterten, kann nur dann die Wirtschaftlichkeit der Lebensordnung erhöhen, wenn sie über einen ausreichenden *Wirtschaftsplan* verfügt. Es genügt nicht, die Produktionsmöglichkeiten und den Verbrauch im ganzen zu kennen, man muß die Bewegung und das Schicksal aller Rohstoffe und Energien, der Menschen und Maschinen durch die Wirtschaft hin verfolgen können. Neben die Rohstoff- und Energiebilanz, welche Erzeugung, Verwandlung (Verbrauch), Vorratsbildung, Einfuhr, Ausfuhr des ganzen Landes behandelt und etwa nach einzelnen Rohstoffen, wie Kupfer, Eisen usw., verfolgt, muß die Bilanz der einzelnen Industriezweige, der Landwirtschaft usw. treten. Man muß erkennen können, welche Mengen an Kohle, Eisen, Kalk usw., Maschinen, Menschen usw. für die Hüttenwerke in Anspruch genommen werden, welche Mengen an Erz, Schlacke usw. gewonnen werden, was davon in die Industrie, in die Landwirtschaft übergeht.

Um solche Übersichten im Stile eines Ballod-Atlanticus oder Popper-Lynkeus entwerfen zu können, dazu bedürfen wir einer *Universalstatistik,* welche in zusammenhängenden Übersichten ganze Länder, ja die Welt umfaßt. Wäre eine solche Universalstatistik, ein solcher Wirtschaftsplan seit jeher Ziel unseres Strebens, so würde die gesamte Wirtschaftsstatistik niemals in den jetzigen planlosen Zustand gekommen sein. An zahllosen Stellen werden wirtschaftsstatistische Erhebungen gemacht. Kartelle, Gewerkschaften, ja einzelne Vereine neben den verschiedenen staatlichen und kommunalen Behörden, die ihre eigenen statistischen Ämter besitzen, machen statistische Zusammenstellungen. Aber im allgemeinen weiß dabei die Rechte nicht, was die Linke tut. Die Statistiken können gemeinhin nur schwer oder gar nicht miteinander verknüpft oder verglichen werden. Erhebungsrubriken, welche in einer Statistik berücksichtigt werden, werden in der ergänzenden vernachlässigt, welche von einer anderen Stelle in Angriff genommen wird. Dazu kommen zahllose Lücken, welche oft leicht vermieden werden könnten, wenn jeder erhebenden Stelle das Gesamtschema bekannt wäre, innerhalb dessen die Einzelstatistik ihren Platz bekommen soll. Durch die Universalstatistik müßte jede Einzelstatistik erst Sinn und Bedeutung erhalten.

Selbstverständlich müßten durch eine entsprechende Verfügung die mengenmäßigen Kenntnisse Verwertung finden, welche heute von Einzelunternehmungen, Banken usw. geheimgehalten werden. Gewisse staatliche Wirtschaftsstatistiken werden sorgfältig gehütet, ja sogar vor manchen staatlichen Stellen, z. B. den Steuerbehörden geheimgehalten. Innerhalb der individualistischen Wirtschaftsordnung war letzten Endes jeder darauf aus, seine Konkurrenten über die eigene Lage zu täuschen, nicht selten auch die Behörden. *Die sozialisierte Wirtschaft kennt keine wirtschaftsstatistischen Geheimnisse.* Der aufgeklärte Absolutismus des 18. Jahrhunderts hatte das menschliche Glück als Ziel der staatlichen Tätigkeit bezeichnet. Umfassende statistische Übersichten sollten den Staatsmann befähigen, für das Glück aller Bürger zu sorgen. Als man den Absolutismus, die Staatsherrschaft stürzte und dem wirtschaftlichen Liberalismus, dem Geschehen- und Gewährenlassen, der freien Konkurrenz, zum Siege verhalf, da beseitigte man so rasch als möglich das statistische Wesen. Abgesehen davon, daß man in der Statistik ein Mittel der staatlichen Herrschaft erblickte, die man auf dem Gebiete der Produktion und des Handels energisch bekämpfte, sah man in den statistischen Erhebungen oft eine unberechtigte Einschränkung der persönlichen Freiheit. Produktion und Handel wurden Privatsache. In ähnlicher Weise wird z. B. jetzt durch ein Gesetz, welches verbietet, jemanden um sein Religionsbekenntnis zu fragen, die Religionsstatistik erschwert oder unmöglich gemacht.

Die Wirtschaftspläne müßten von einer eigenen Stelle entworfen werden, welche die gesamte Volkswirtschaft wie einen riesigen Betrieb anzusehen hätte. Die Geldpreise würden für ihre Übersichten keine Rolle spielen, werden sie doch im Rahmen einer Verwaltungswirtschaft, solange das Geld überhaupt noch besteht, wesentlich *willkürlich* durch Verbände, durch den Staat oder andere leitende Instanzen festgesetzt, während sie ehedem *automatische* Ergebnisse des Wettbewerbs waren. Die *Naturalrechnungszen-*

trale, wie wir die erwähnte Stelle nennen könnten, hätte einerseits den jeweiligen Wirtschaftsablauf darzustellen, vor allem aber *Wirtschaftspläne für die Zukunft* zu entwerfen. Aus diesen Wirtschaftsplänen müßte die Volksvertretung entnehmen können, welche mengenmäßigen Verschiebungen etwa der Bau von Talsperren, eine allgemeine Zementierung der Düngergruben und ähnliches mehr im Rahmen der Gesamtwirtschaft zur Folge haben würden. Die Bedeutung, die Durchführbarkeit jeder Einzelmaßnahme würde aus der Betrachtung *des Ganzen* ersichtlich werden.

Um den dann schließlich von der Volksvertretung gewählten Plan durchführen zu können, muß jeder deutsche Freistaat ein *Zentralwirtschaftsamt* besitzen. Es *genügt nicht,* die Wasserwirtschaft, die Kohlenwirtschaft, die Ernährungswirtschaft usw. zu zentralisieren. *Es muß in jedem Staatswesen eine Stelle vorhanden sein, welche die gleichzeitigen Veränderungen, die Zusammenhänge zwischen den verschiedenen Gebieten in jedem Augenblick im Auge hat, um gegebenenfalls eingreifen zu können.* Selbstverständlich müßte jedes Zentralwirtschaftsamt eine Abteilung für Reichsfragen besitzen, die ihrerseits mit der Reichszentrale in Verbindung zu stehen hätte. Kompetenzfragen und ihre politischen und gesellschaftstechnischen Folgen bleiben hier unerörtert.

Vor einer Zersplitterung der kommenden Verwaltungswirtschaft kann nicht nachdrücklich genug gewarnt werden. Die *Kriegswirtschaft* zeigt uns am besten, welchen ungeheuren Umfang staatliche Eingriffe annehmen können, ohne daß es zu einem wirklich umfassenden Gesamtplan kommen müßte. Nicht einmal das Preissystem wurde als Ganzes voll erfaßt. Fehlte es an Zucker, so erhöhte man wohl die Rübenpreise, ohne die zahllosen Nebenwirkungen ausreichend zu beachten, die eine solche vereinzelte Preisveränderung ausübt.

Fragen wir uns nun, wie man die Ergebnisse solcher Wirtschaftspläne verwenden kann. Sie geben vor allem eine uns bisher unbekannte schematisierende Übersicht über den Wirtschaftsablauf, zwingen unser Denken, die Geldrechnung abzutun und uns mit der Naturalrechnung zu beschäftigen, Produktion und Verbrauch werden einander nähergerückt, Dinge und Menschen treten uns plastischer gegenüber. Die Verschleierungen, welche durch »Valuta«, »Devisenkurse«, »Konjunktur«, »Depression« usw. erzeugt werden, sind plötzlich beseitigt. Alles wird *durchsichtig* und *beherrschbar.*

Aufgrund des Wirtschaftsplanes gestalten sich alle Verhandlungen über *Arbeitslohn* und *Arbeitszeit* völlig anders als bisher. Besäßen wir eine Naturalrechnungszentrale, so könnte man in großen Zügen Wirtschaftspläne für den 7-, 8- und 9stündigen Arbeitstag entwerfen und nun fragen, ob längere Freizeit und Konsumzeit und kleinere Warenmenge oder kürzere Konsumzeit und größere Warenmenge innerhalb bestimmter Grenzen vorzuziehen ist. Während die überlieferte Ordnung den Achtstundentag nur als Mittel zur Leistungssteigerung anerkennen kann, kommt in den Entschließungen der Gesellschaft einer sozialisierten Wirtschaft die Freizeit unmittelbar als Gut in Frage.

Noch wichtiger als für die Bestimmung der Arbeitszeit ist das Entwerfen von Wirtschaftsplänen für die Bestimmung des *Arbeitslohnes*. Der gegenwärtige Zustand weist auf diesem Gebiet alle Mängel der freien Konkurrenz ohne deren Vorzüge auf. Die Arbeiter stellen unter Streikdrohung immer neue Lohnforderungen, man gewährt sie ihnen vielfach und belastet durch Preiserhöhungen die gesamte Wirtschaft, damit auch die Arbeiterschaft. Weitere Lohnerhöhungen bewirken neue Preiserhöhungen, und es wird die bekannte Schraube ohne Ende wirksam. Es hilft wenig, wenn sozialdemokratische Führer die Arbeiter darauf hinweisen, daß eine Geldlohnerhöhung letzten Endes bedeutungslos sei, wenn die Menge der Produkte nicht vermehrt wird. Innerhalb der überlieferten Ordnung können solche Betrachtungen *nicht viel Einfluß ausüben,* weil der Markt, auf welchem der Geldpreis der Arbeit bestimmt ist, von dem Markt, auf welchem der Preis der Verbrauchsgegenstände bestimmt wird, völlig getrennt ist. Der Arbeiter sieht nicht unmittelbar, was seine Forderungen bedeuten. Ganz anders würden sich die Verhandlungen gestalten, wenn der gesamten Arbeiterschaft ein *Wirtschaftsplan* vorgelegt und nun aufgrund der vorliegenden Daten festgestellt würde, wieviel Brot, wieviel Fleisch, wieviel Wohnung, wieviel Kleidung usw. auf den einzelnen höchstens entfallen könne. Die Klarheit allein, welche diesem Verhandeln anhaftet, hat bereits eine reinigende Wirkung. Es muß dann nur noch entschieden werden, welche Vorzugsversorgung Schwerarbeitern, Kindern, Kranken zuteil werden muß, wie man besonders wichtige Leistungen belohnen will, ob man Erfinder, Dichter, Techniker, Ärzte, die Großes für die Allgemeinheit geleistet haben, etwa wie im alten Athen im Prytaneum (Ehren-Altersheim) speisen will. Die Bestimmung der Kriegsrationen hat uns gezeigt, daß derlei gesellschaftstechnisch nicht übermäßig schwierig ist und nicht so leicht zu ernstlichen Zwistigkeiten führt wie etwa Geldlohnverhandlungen. Auch die Versorgung der Arbeitslosen durch Abgabe von Naturalien würde viele Erörterungen über die Zulänglichkeit oder Unzulänglichkeit der bisher gezahlten Geldbeträge beseitigen. Die Arbeitslosenfrage spielt übrigens innerhalb einer durchsozialisierten Wirtschaft keine Rolle, da diese die Arbeitslosigkeit planmäßig beseitigt.

Man kann aber nur dann über den Naturallohn der Arbeiter verhandeln, wenn man ihn auszuzahlen vermag. Dazu bedarf es umfassender Maßnahmen; die Verteilungsorganisationen des Krieges dürften für diese Zwecke kaum ausreichen. Es bedarf einer weitgehenderen Verknüpfung der einzelnen Wirtschaftsglieder. Um auf diesem Gebiete die Sozialisierung vorbereiten und eine planmäßige Versorgung aller einleiten zu können, wäre im Augenblick die Schaffung großer Industrie- oder Bankkonzerne erwägenswert, welche die Versorgung der Arbeiterschaft unter deren Kontrolle in die Hand zu nehmen hätten; ihre spätere Eingliederung in die sozialistische Wirtschaft bleibe hier unerörtert. Es kam bereits während des Krieges mehrfach vor, daß große Werke mit Landgebieten Pacht- oder Lieferungsverträge abschlossen oder sogar Landgüter kauften, um Lebensmittel für ihre Arbeiter zu erlangen. Wir können uns ohne Schwierigkeiten vorstellen, daß ein solcher Industrie- oder Bankkonzern, welcher für die Arbeiter nunmehr Lebensmittel in ähnlicher Weise besorgt, wie er sonst Rohstoffe für eine Industrie beschafft, alles anwenden wird, um die landwirtschaftliche Produktion und den Import zu steigern. So würde z. B. ein solcher Konzern langfristige Investitionskredite gewähren und für Meliorationen aller Art Sorge tragen. Selbstverständlich würde auf diese Weise eine unmittelbare Interessengemeinschaft zwischen Industrie und Landwirtschaft entstehen, der ähnlich, welche innerhalb eines gemischten Werkes zwischen Gruben, Hüttenwerken und den verarbeitenden Betrieben besteht. Es würde schließlich wohl dazu kommen, daß die Industrie, bzw. der Bankkonzern, gleichzeitig landwirtschaftliche, bergbauliche und industrielle Geschäfte betreibt. Selbstverständlich würde die Industrie ihre Produkte der mit ihr verknüpften Landwirtschaft zuführen und so zum Teil eine Art *Naturaltausch* ermöglichen. Ein solcher Naturaltausch würde insbesondere dann an Bedeutung gewinnen, wenn Anbauprämien in Form von Industrieprodukten gewährt würden und überhaupt die Versorgung der Landwirte mit Industrieprodukten möglichst einheitlich und übersichtlich erfolgte.

In welchem Ausmaß der Staat in diese Organisationen eingreift, hängt von dem Verhalten der in Frage kommenden Verbände ab. Jedenfalls kann unter Heranziehung der landwirtschaftlichen Genossenschaften und sonstiger Organisationen durch eine solche Maßnahme die Sozialisierung der Gesamtwirtschaft ein gut Stück vorwärtsgebracht werden. In welcher Weise man die früher selbständigen Unternehmer entlohnt, welche nunmehr als Beauftragte der Gesamtheit vorgehen, ist eine Frage für sich. Wichtig ist, daß eine übersichtliche Gesamtorganisation geschaffen wird, aus deren dichtmaschigem Netz nur wenig Produkte entschlüpfen können. Das Schicksal der bäuerlichen Betriebe steht dabei ebenfalls an zweiter Stelle. *Sozialisiert muß von oben werden.* Was mit dem Einzelnen zu geschehen hat, ergibt sich aus der Anlage des Ganzen, ein Gedanke, der nicht oft genug hervorgehoben werden kann, soll nicht die ganze Sozialisierungsbewegung zu einer Kleinarbeit werden, die unter Umständen eine Reihe scheinbarer Lokalerfolge erzielt, im ganzen aber die Wirtschaft lähmt und hemmt. Was an organisierenden Kräften in den Dienst der Sozialisierungsidee gestellt werden kann, sollte herangezogen werden. Die Verstaatlichung durch Bürokratisierung setzt weit mehr Vorarbeiten voraus; sie kann nur dort rasch erfolgen, wo es sich um einfache und klare Verhältnisse handelt und der überlieferte Beamtenapparat der Aufgabe gewachsen ist, was unter Umständen von Bergbau-, Wasserkraft- und ähnlichen Betrieben gilt. Auf anderen Gebieten könnte sich der Staat zunächst mit der Leitung der Verbände usw. begnügen, solange seinen Plänen kein Widerstand geleistet wird. Auch dies ist Sozialisierung, sie schlägt nur einen andern Weg ein als die sofortige Verstaatlichung.

Ähnliche Interessengegensätze wie zwischen Industrie und Landwirtschaft bestehen zwischen *Produzenten* und *Importeuren.* Wenn der Import einer Ware rein geldwirtschaftlich gerechnet 8 Millionen Mark Gewinn bringt, wenn durch die hierbei eintretende Preissenkung die Produktion einen Mindergewinn von 4 Millionen Mark aufweist, so werden die Produzenten alles tun, um diesen Import zu verhindern. Wären dagegen Produzenten und Importeure in einem Verband vereinigt, so würden sie sogar im

Rahmen der überlieferten Ordnung so lange importieren, als der Importgewinn den Produktionsverlust wettmacht.

In jeder großen Importorganisation liegt heute ein naturalwirtschaftlicher Zug, da der *zwischenstaatliche Kompensationsverkehr* eine täglich wachsende Rolle spielt. Wenn auch die Geldverrechnung beim Kompensationsverkehr fortbesteht, so ist doch das Geld, welches die Vertragschließenden erhalten, für sie *nicht* Anweisung auf beliebige Warenarten, sondern nur auf jene, deren Ausfuhr der andere Vertragschließende gestattet. Die *Kaufbreite* des Geldes ist nicht mehr unbeschränkt. Daß bei den Kompensationsverträgen Menge und Art der Waren, nicht Geldsummen im Vordergrund stehen, zeigen uns alle Abmachungen und Verhandlungen der letzten Zeit.

Der Kompensationsverkehr erzwingt heute eine weitgehende Organisation der Aus- und Einfuhr. Er legt aber damit auch eine Organisation der inländischen *Vorratshaltung* nahe. In Lagerhäusern müssen die exportreifen Waren ebenso wie die eben importierten eingelagert werden. Die Übersichtlichkeit des gesamten Warenverkehrs wächst dadurch bedeutend, was durchaus im Interesse einer planmäßigen Verwaltungswirtschaft und damit auch der *Sozialisierung* gelegen wäre. Eine *Großvorratswirtschaft* würde voraussichtlich auch für die zwischenstaatliche Zahlungspolitik und für die Notenbankpolitik von Bedeutung werden, wenn auch Verknüpfungen dieser Art nur mit besonderer Vorsicht gemacht werden dürfen, jedenfalls nur ihm Rahmen umfassender Maßnahmen, nicht etwa für sich allein.

Wo wir hinblicken, sehen wir heute ein Vordringen naturalwirtschaftlicher Tendenzen. Der *Tauschhandel* in kleinem Stil ist ja jedermann zum Überdruß bekannt. Aber auch in größerem Umfang ist der Austausch von Naturalien vorgekommen. Einzelne Regierungspräsidenten haben während des Krieges die Abgabe von Zucker usw. an die bäuerliche Bevölkerung mit Erfolg von der Lebensmittelablieferung abhängig gemacht. Wieweit die Zerrüttung unseres Geldwesens, wieweit die Rationierungen die Naturalwirtschaft förderten, soll hier nicht weiter erörtert werden. Wohl aber sei wenigstens ganz flüchtig darauf hingewiesen, daß mit der Einführung von *Naturalsteuern* und ähnlicher Einrichtungen *ernstlich gerechnet* werden muß. Das Geld- und Kreditwesen ist derart gefährdet, daß möglicherweise der Staat nur dann über die erforderlichen sachlichen Mittel verfügen kann, wenn er sie unmittelbar in die Hand bekommt. Es ist nicht ausgeschlossen, daß ein Staat, welcher über Naturalmengen gebietet, im Auslande größeren Kredit genießt als einer, welcher bloß Geld anbieten kann, dessen Kaufkraft unbestimmt und zweifelhaft ist. Gerade in Zeiten der Unruhe und Unsicherheit sind Naturalien erwünschte Pfandgegenstände. Wir sehen ja auch, wie die Entente vor allem Maschinen, Rohstoffe usw. fordert, wie ja auch die Mittelmächte vor allem Naturalien von Rumänien, von der Ukraine zu erlangen trachteten.

Wir müssen uns endlich von veralteten Vorurteilen befreien und in der *Großnaturalwirtschaft* eine vollwertige Wirtschaftsform erblicken, welche heute um so bedeutsamer ist, als jede *vollständige Verwaltungswirtschaft* letzten Endes *Naturalwirtschaft* ist. Sozialisieren heißt daher die Naturalwirtschaft fördern. An der zersplitterten, unbeherrschbaren Geldordnung festhalten und gleichzeitig sozialisieren wollen ist ein innerer Widerspruch. Es gehört zum Wesen des Geldes, daß es nicht geleitet werden kann, und alle Versuche, die »richtige Geldmenge« zu bestimmen, sind vergebliches Bemühen. Die bisherigen geldpolitischen Bestrebungen waren praktisch ergebnislos, theoretisch unzulänglich, *nicht* weil die Bearbeiter unfähig waren, sondern weil das *Geld* ein ungeeignetes Objekt all dieser Bemühungen war. Wenn man einmal das Wesen des Geldes voll erkannt haben wird, dann wird es allen wie Schuppen von den Augen fallen, und die Entwicklung von Jahrhunderten wird wie *ein großer Irrtum* erscheinen. Späteren Geschlechtern mag es dann vorbehalten sein, zu zeigen, welche befruchtenden, welche vernichtenden Wirkungen das unaufhörliche Streben nach einer vollkommenen Geldordnung erzeugt hat.

In einer Großnaturalwirtschaft, in einer sozialisierten Wirtschaft ist das Geld keine treibende Kraft mehr. Es gibt dann keinen *Reingewinn*, um dessentwillen produziert würde. Geld kann höchstens als Anweisung auf allerlei Gegenstände und Leistungen bestehenbleiben, welche der einzelne Verbraucher erhält, um seinen Verbrauch einrichten zu können. Es hängt vom gesamten Wirtschaftsplan ab, in welchem Ausmaß die Mannigfaltigkeit des Einzeldaseins Berücksichtigung finden kann. Eins werde vorweg festgestellt: *Innerhalb einer sozialisierten Wirtschaft kann eine weit größere Mannigfaltigkeit der Lebensweise ermöglicht werden als innerhalb der freien Verkehrswirtschaft*. Die freie Konkurrenz erzwang eine weitgehende Gleichartigkeit. Die Arbeitszeit z. B. paßte sich der

»Weltarbeitszeit« an, da ja alles auf alles durch Vermittlung des Marktes einwirkte. Ganz anders innerhalb der sozialisierten Wirtschaft. Es kann, wenn es die Gesellschaft wünscht, neben dem achtstündigen Arbeitstag für Durchschnittsarbeiter ein sechsstündiger für Kriegsbeschädigte und Alternde Geltung haben.

Die Ausschaltung des Reingewinns ist eine *notwendige Folge der Sozialisierung;* selbst in einer nur teilweise durchgeführten Verwaltungswirtschaft, wie es die Kriegswirtschaft war, wurde der Reingewinn im wesentlichen willkürlich festgesetzt. Wenn durch Verbände oder durch den Staat Mindestlöhne und Höchstpreise festgelegt sind, ist der Reingewinn im wesentlichen mitbestimmt. Er ist dann eigentlich ein verwaltungsmäßig bestimmtes *Geldeinkommen* und ist weder geeignet, *Anreiz* für Leistungen noch *ein auch nur vermeintlicher Anzeiger für die Wirtschaftlichkeit einer Maßnahme zu sein*. In der überlieferten Wirtschaftsordnung entschied man die Frage, ob eine Mühle oder ein Hüttenwerk zu bauen sei, aufgrund des Reingewinns, welchen das eine oder das andere Unternehmen abwarf. Verzinste sich das eine mit 5 v. H., das andere mit 6 v. H., so galt letzteres für wirtschaftlicher. Wenn höherer Reingewinn durch bessere Maschinen, sparsamere Behandlung der Rohstoffe erzielt wurde, war er tatsächlich ein Anzeiger der Wirtschaftlichkeit, er konnte aber unter Umständen wachsen, wenn der Unternehmer Produkte vernichtete oder Produktionsmöglichkeiten ungenützt ließ. Der Reingewinn war aber nicht nur ein Anzeiger, er war gleichzeitig die Prämie für den Unternehmer, durch welche seine Maßnahmen belohnt wurden. Der Reingewinn förderte so die Entwicklung der Technik, er förderte aber auch den Mißbrauch an Menschenkraft.

Was tritt nun an die Stelle des Reingewinns in einer sozialisierten Wirtschaft? Die größere oder geringere Wirtschaftlichkeit eines Systems von Maßnahmen kann *nur durch den Vergleich der Gesamtpläne* festgestellt werden. Die Naturalrechnungszentrale hätte etwa einen Wirtschaftsplan unter der Annahme zu entwerfen, daß ein Elektrizitätswerk gebaut und die Landwirtschaft in gewisser Weise verbessert wird, und einen zweiten unter der Annahme, daß ein Kanal gegraben und ein Hüttenwerk errichtet wird. Nun hat die Wirtschaftsleitung, vor allem die Volksvertretung, zu entscheiden, ob sie die eine Gestaltung der Lebenslagen oder die andere vorzieht, die bessere Versorgung mit Elektrizität und Lebensmitteln nebst anderen Wirkungen oder die bessere Versorgung infolge Ausgestaltung des Imports und vermehrter Eisenerzeugung. *Keine Einzelheiten irgendwelcher Art können dieser Entscheidung zugrunde gelegt werden, weder Geldeinheiten noch Arbeitsstunden.* Es muß unmittelbar die Erfreulichkeit der beiden Möglichkeiten beurteilt werden. Vielen erscheint es unmöglich, so zu verfahren, und doch ist man es nur nicht auf *diesem* Gebiet gewöhnt. Denn der Entscheidung, ob neue Schulen oder Krankenhäuser errichtet werden sollen, hat man auch bisher *nicht* Unterrichts- oder Krankheitseinheiten zugrunde gelegt, sondern unmittelbar die Gesamtheit der Veränderungen, welche durch Schulen, und jene, welche durch Krankenhäuser bewirkt werden, wenn auch nur in großen Umrissen einander gegenübergestellt. Oder entschied ein Feldherr aufgrund irgendwelcher »Kriegseinheiten«, wohin er seine Kanonen, seine Trains, seine Soldaten dirigieren solle? Entschied er aufgrund irgendwelcher »Schießeinheiten«, welche Mengen an Granaten, Minen, Kleinmunition usw. er auf bestimmte Punkte schleudern solle? Wir werden eben Erzeugung und Verbrauch, die Verteilung von Wohnung, Nahrung, Kleidung, Bildung, Arbeit und Mühsal usw. in ähnlicher Weise durch unmittelbare Betrachtung der verschiedenen Möglichkeiten zu bestimmen haben. Wer davor zurückschreckt, möge seine Hände von der Sozialisierung lassen. Es ist kindlich, zu glauben, man könne eine der gewaltigsten Umgestaltungen aller Zeiten durchführen helfen, ohne mit der Überlieferung in entscheidenden Punkten zu brechen.

Ebenso, wie wir den *Wirtschaftsplan* als Ersatz für einen »Wirtschaftlichkeitsanzeiger« einführen, müssen wir auch einen »Anreizersatz« schaffen. An die Stelle des Reingewinns muß die *Prämie für erhöhte Leistung* treten. Daß es nicht leichtfällt, die Leistung leitender Persönlichkeiten entsprechend zu beurteilen und zu belohnen, unterliegt keinem Zweifel. Die ausschlaggebenden Menschen wirken auch im allgemeinen nicht ausschließlich um solchen Erfolges willen, wohl aber ein großer Teil der Betriebsleiter. Es muß die Methodik der modernen Betriebslehre auch auf diese Gebiete zur Anwendung kommen. Was die Rationalisierung der Arbeit innerhalb eines Einzelbetriebs leistet, das wird sie eben auch innerhalb des *Riesenbetriebes* »*Volkswirtschaft*« zu leisten haben. Technisch im einzelnen beurteilte Erfolge werden entsprechend belohnt werden. Der Leiter eines Betriebes innerhalb einer sozialisierten Wirtschaft würde aber nicht nur Prämien dafür bekommen, daß er viel erzeugt und die Rohstoffe sparsam verwendet, sondern auch dafür, daß er Arbeitsverhältnisse verbessert, die Krankheitsziffer der Arbeiter herabdrückt usw.

Diese Gestaltungsform fügt sich der Sozialisierung aufs beste ein, welche vor allem auch als Technisierung aufzufassen ist. *Techniker, Ärzte* und *Volkswirte* werden in gemeinsamer Arbeit durch unmittelbare Verwendung aller Errungenschaften der Technik, der Medizin und der gesellschaftlichen Organisation das *Glück* aller zu fördern haben. Wenn einmal die freie Verkehrswirtschaft gebrochen und die sozialisierte Wirtschaft an ihre Stelle getreten ist, dann bedeutet die Durchführung des Taylorsystems, die allgemeine Einführung der wissenschaftlichen Betriebsführung, nicht mehr, wie bisher, Bedrückung der Arbeiterschaft, nicht möglicherweise Massenentlassungen und Aussaugung der besten Kräfte. Die Arbeiterschaft selbst wird ja diese Dinge in die Hand nehmen und dann jede Neuerung begrüßen, welche ihr Dasein verbessert; wir können uns z. B. denken, daß die Einführung des Taylorsystems innerhalb einer Fabrik unmittelbar die Verkürzung der Arbeitszeit zur Folge hat.

Wir müssen diese Dinge *morgen* in Angriff nehmen, sollen wir den Untergang unseres Wirtschaftslebens aufhalten und jene Lähmungen beseitigen können, welche der teilweisen Sozialisierung, den unbestimmten Erwartungen anhaften. Ein Wirtschaftsplan, welcher die Durchführung aller technischen Neuerungen gestattet, kann uns noch retten, er kann aber heute nur, *wenn die Entscheidung darüber in den Händen aller liegt,* verwirklicht werden. Man wird hohe Prämien denen versprechen müssen, welche diese Organisation rasch und klaglos durchzuführen vermögen, ihnen Ehre und Ruhm sichern, wie sie ehedem den großen Feldherren winkten.

Wie die große französische Revolution ihre Armeeführer aus der Erde stampfte, so muß die *große deutsche Revolution ihre Wirtschaftsgenerale aus der Erde stampfen* und sie nehmen, wo sie sie findet. Jeder Mann an der Drehbank muß den Marschallstab unter seinem Werkzeug haben. Mit Kleinmütigkeit und Vorsicht wird nichts Großes geschaffen; Klarheit und Einfachheit allein, gepaart mit dem *Willen,* das Erstrebte zu verwirklichen, sichern den Erfolg.

Der neue Geist der Sozialisierung muß alles durchdringen; jede Einzelmaßnahme muß unter diesem Gesichtspunkt betrachtet werden. Aller *Gewinnbeteiligung* des Staates an großen Unternehmungen kann daher keine entscheidende Bedeutung beigemessen werden, da sie noch auf dem überlieferten Reingewinnwesen der Geldordnung beruht. Das gleiche gilt von der gesamten *Steuerpolitik,* welche nur als Übergangsmaßnahme in Frage kommt. Eine vollständig sozialisierte Wirtschaft kennt keine Steuern, da ja alle Lebenslagen, alle Einkommen *unmittelbar* von der Gesamtheit bestimmt werden, die Steuer aber selbständige Einkommen voraussetzt!

Wenn wir alles unter dem Gesichtspunkt auffassen, daß die Volkswirtschaft ein Riesenbetrieb ist, welcher vor allem auf Prämien für Leistungen aufgebaut ist, dann müssen wir arbeitslose *Renten* aller Art auf ein Mindestmaß einschränken, sie im allgemeinen nur Greisen, Kranken und Jugendlichen zubilligen. Die Frage der Ablösung des alten Unternehmertums müßte ebenfalls unter diesem Gesichtswinkel betrachtet werden. Es ist von größter Wichtigkeit für den Fortbestand der Lebensordnung, daß wohlerworbene Rechte gewahrt werden, ihre *Form* wird aber durch die jeweilige Gesellschaftsordnung bestimmt. Es liegt nun nicht im Interesse der Gesamtheit, die Unternehmer durch arbeitslose Renten zu entschädigen. Es wäre zweckmäßiger, ihnen als Entschädigung erhöhte Arbeitseinkommen zu bewilligen, falls sie innerhalb der neuen Ordnung weiter verwendet werden. Die Höhe der Entschädigung hätte die durchschnittliche Lebenslage, die »Konsumquote« des Unternehmereinkommens zu berücksichtigen, nicht aber jenen Einkommensteil, welcher der »Kapitalisierung« zu dienen pflegte. Überhaupt ist die plötzliche Ausschaltung einer Gruppe von Menschen, unter denen sich sehr fähige Köpfe befinden, ungemein bedenklich. Wenn man überhaupt einmal der Rentenfrage gelegentlich der Sozialisierung zu Leibe gehen sollte, wäre es auch denkbar, die Frage der *Anleihen* unter diesem Gesichtspunkt zu erörtern und die Möglichkeit ins Auge zu fassen, sie durch erhöhte Arbeitseinkommen abzulösen, um ihnen die lähmende Wirkung zu nehmen, welche sie innerhalb der Volkswirtschaft allzuleicht ausüben.

Die bisherigen Ausführungen haben an einigen *Beispielen* zu zeigen versucht, welche Fülle von Verknüpfungen, welche Mannigfaltigkeit von Möglichkeiten die Sozialisierung in sich beschließt. Da die Sozialisierung, wenn überhaupt, *sofort* ins Werk gesetzt werden müßte, um die Unsicherheit und Halbheit zu beseitigen, die heute alles lähmt und unsere Wirtschaft ernstlich bedroht, um jene immer mehr um sich greifende Unruhe zu beheben, welche in breiten Kreisen auftritt, weil die *wirtschaftlichen Früchte der Revolution* auf sich warten lassen, bedarf es auch besonderer Vorkehrungen, welche die Umgestaltung der Geldordnung für die Übergangszeit einleiten.

Wenn man auch nicht die Geldordnung sozialisieren kann, so vermag man doch manches an ihr übersichtlicher zu gestalten und über sie eine gewisse Herrschaft auszuüben. Vor allem müßte *uneinlösliches Girogeld* geschaffen werden. Zahlungen über eine bestimmte Summe dürften nur durch Überweisung auf ein Bank- oder Postkonto beglichen werden, Abhebungen wären unzulässig. Damit wäre erreicht, daß man jederzeit die Geldzirkulation zu überschauen vermag. Der Zwang, sein Geld in die Bank zu legen, würde alles Hamstern unmöglich machen; Steuerhinterziehung und Geldflucht wären wesentlich erschwert, in mancher Hinsicht sogar unmöglich gemacht. In welcher Weise diese Reform auch das Kreditwesen beeinflussen könnte, müßte im einzelnen erörtert werden, innerhalb des Rahmens eines grundlegenden gesellschaftstechnischen Gutachtens möge das Gesagte genügen.

Zum Schluß muß noch einiges über die Durchführbarkeit der Sozialisierung bemerkt werden, weil gerade über diesen Punkt die sonderbarsten Anschauungen und Gerüchte bestehen. Die oben angedeuteten Maßnahmen lassen sich im allgemeinen *sofort* in Angriff nehmen, und was noch bedeutsamer ist, sie lassen sich bereits *innerhalb eines einzelnen Staates durchführen,* es bedarf nicht einer Sozialisierung der Weltwirtschaft. Während in der freien Konkurrenz die Arbeitsbedingungen jedes Staates wesentlich von den Arbeitsbedingungen des Konkurrenzstaates abhingen, hat es die sozialisierte Wirtschaft in der Hand, die Produktionslasten in mannigfachster Weise auf die Gesamtheit ihrer Mitglieder zu verteilen. Der Staat tritt wie ein einziger großer Trust allen anderen Staaten gegenüber und regelt die Arbeits- und Produktionsbedingungen als innere Angelegenheit. Er kann z. B. den Export durch erhöhte Sparsamkeit seiner Bewohner ermöglichen.

Im augenblicklichen Zeitpunkt sind die internationalen Verhältnisse einer Sozialisierung ganz besonders günstig, weil der Krieg die Rechte fremder Staaten und Unternehmer an unseren Betrieben so gut wie ganz beseitigt hat, es sich also fast ausschließlich um eine Auseinandersetzung zwischen Volksgenossen handelt. Es ist kaum anzunehmen, daß *eine so günstige Gelegenheit je wiederkommt.*

Es ist ärmlich, die Sozialisierung mit dem Argument zu bekämpfen, *die Entente werde die vergesellschafteten Betriebe beschlagnahmen.* Wenn die Entente irgendeinen Betrieb ernstlich beschlagnahmen will, fragt sie nicht danach, ob er privater oder staatlicher Besitz ist. Oder hat vielleicht die Entente danach gefragt, wem die landwirtschaftlichen Maschinen gehören, die man ihr abliefern muß? Und glaubt man wirklich, daß solche Tagesargumente in die Waagschale fallen, wenn es darum geht, die Forderungen gewaltiger Volksmassen zu befriedigen, wenn es darum geht, Krisen, Elend, Sorge auf Jahrhunderte hinaus zu beseitigen?

Auch das oft gehörte Argument, der *Auslandkredit* werde einzelnen leichter als dem Staate gewährt, ist nicht allzu kräftig. Er gilt nur für die Periode der Unsicherheit und Unruhe. Wenn einmal die Sozialisierung in größtem Stil im Gange ist, dann verliert der einzelne seine Kreditfähigkeit, während die des Staates wächst. Wenn ein Staat über gute Pfandobjekte verfügt, erhält er jederzeit Kredit, zumal der sozialisierte Staat technisch weit *leistungsfähiger* und *exportfähiger* wäre. Die internationalen Kompensationsabmachungen weisen ohnehin auch nach dieser Richtung, die Verhandlungen der Waffenstillstandskommission ebenso.

Schließlich soll noch hervorgehoben werden, daß eine *vorbildliche Sozialisierung* eine ungeheure politische Bedeutung hätte. Es ist ausgeschlossen, daß die deutsche Arbeiterschaft Errungenschaften erzielt, auf welche die englische verzichtet. Wirrnis und Toben haben freilich nichts Verlockendes, was lockt, ist die Idee, die Klarheit und der Erfolg. Welch günstige Folgen es für Deutschland hätte, in einer Staatengemeinschaft zu leben, welche ebenfalls in Sozialisierung begriffen ist, braucht nicht weiter erörtert zu werden. Jedenfalls würden die Führer einer solchen Bewegung im Auslande nicht gerade die heftigsten Gegner Deutschlands sein.

Zum Schluß sei eine kurze Zusammenfassung gestattet: *Die innerpolitische Lage drängt zur Sozialisierung. Die gesellschaftstechnisch vollkommenste Form ihrer Durchführung bestünde in Heranziehung der überlieferten Großorganisationen, Kartelle, Genossenschaften usw. unter gleichzeitiger Ausdehnung der staatlichen Verwaltungswirtschaft. Die politischen Verhältnisse können aber andere Gestaltungen begünstigen. Sozialisiert kann mit Erfolg nur im ganzen und von oben her werden. Wenn man überhaupt sozialisieren will, dann müßte es sofort und rasch geschehen, weil Verzögerung und Unsicherheit lähmen. Der augenblickliche Zeitpunkt ist zur Sozialisierung besonders geeignet, weil die Kriegsorganisatio-*

nen noch bestehen, die Not nach einer planmäßigen Verwaltung aller Kräfte geradezu schreit und die Unterbrechung der internationalen Beziehungen die selbständige Inangriffnahme der Sozialisierung erleichtert.

Voraussetzung der Sozialisierung ist *Festsetzung eines umfassenden Wirtschaftsplanes und Schaffung einer alles regelnden wirtschaftlichen Zentralstelle.*

Wirtschaftlichkeitsbetrachtung und Wirtschaftsplan

I. Die »Lebenslage« in der marxistischen Fragestellung

Drei Fragen beschäftigen vor allem die marxistische Wirtschaftslehre in der ursprünglichen Fassung, die ihr Marx und Engels gegeben haben:

1. Wie ist die *Lebenslage* des Proletariats in der bürgerlich-kapitalistischen Ordnung beschaffen?
2. Wie *bewirkt* die bürgerlich-kapitalistische *Ordnung* diese *Lebenslage* des Proletariats?
3. Welche *geschichtlichen* Vorgänge bedingen Entstehung und Untergang dieser *Ordnung* und der durch sie bewirkten *Lebenslagenverteilung*?

Man kann diese drei Fragen der Reihe nach im Sinne des Marxismus in sehr allgemeiner Form etwa so beantworten:

1. Die Lebenslage des Proletariats – einer in der bürgerlich-kapitalistischen Ordnung neu auftretenden Klasse – ist niedriger und unsicherer als die der entsprechenden Arbeitergruppen in der vorhergehenden Wirtschaftsordnung; es besteht die Tendenz, daß die Lage des Proletariats, soweit es sich nicht durch antikapitalistische Organisationen zur Wehr setzt, gegenüber der Lage der herrschenden Klassen sich immer mehr verschlechtert; von der kommenden Wirtschaftsordnung des Sozialismus wird erwartet, daß sie keine Klassenunterschiede und daher kein Proletariat kennen wird, voraussichtlich auch keine Not.

2. Die bürgerlich-kapitalistische Ordnung erzeugt dauernd, insbesondere infolge des Privateigentums an Produktionsmitteln, unbeschäftigte und hungernde sowie ungenügend beschäftigte und notleidende Arbeitergruppen als Reservearmee, welche auf die übrigen Arbeiter einen Druck ausüben, so daß diese als Lohnempfänger sich mit wesentlich ungünstigeren Lebenslagen begnügen, als sie den herrschenden Klassen erarbeiten; die Minderung der Lebenslage des Proletariats wird nicht ausschließlich durch den Mehrverbrauch der herrschenden Klassen bedingt, sondern darüber hinaus durch die Not, in der die als Druckmittel dienende Reservearmee lebt, denn diese muß letzten Endes von der gesamten Arbeiterschaft miternährt werden.

3. Die bürgerlich-kapitalistische Ordnung trat an die Stelle der feudal-zünftlerischen Ordnung; sie wird durch die sozialistische einer klassenlosen Gesellschaft auf dem Wege revolutionärer Umwälzung abgelöst werden, wobei die herrschenden Klassen, indem sie im Sinne der Gewinnerzeugung für die Zentralisation und Konzentration wirken, das Kommen der neuen Ordnung, ohne es zu wollen, mit dem durch den Kapitalismus anwachsenden Proletariat, das sein Ziel kennt, vorbereiten.

Der Marxismus entstand ursprünglich, um zu der durchaus *praktischen* Jahrhundertfrage wissenschaftlich Stellung nehmen zu können: *Gibt es für das Proletariat eine Rettungsmöglichkeit aus der zunehmenden Verelendung?* Er wurde zum Ursprung einer umfassenden Denk- und Anschauungsweise und läßt sich insbesondere auf sämtliche Wirtschaftsprobleme anwenden. Wir können die oben angedeuteten Fragestellungen etwa so ausbauen:

1. Welcher Inbegriff von Aussagen ist über Lebenslagen und Lebenslagenverteilungen überhaupt möglich (Lebenslagentheorie), und welche empirischen Lebenslagen können wir zu bestimmten Zeiten, an bestimmten Orten, bei bestimmten Gruppen feststellen? (Lebenslagenforschung.)

2. Wie hängen Lebenslagenverteilung und Lebenslagenhöhen von bestimmten *Einrichtungen der Lebensordnungen* (Wirtschaftsordnungen) ab? (Wirtschaftslehre.)

3. Welche geschichtlichen Umstände bedingen Entstehung und Untergang der Lebensordnungen, einschließlich der Wirtschaftsordnungen und der mit ihnen verknüpften Lebenslagenverteilung? (Geschichtsphilosophische Analyse der Wirtschaftsgeschichte.)

Man kann diese Fragegruppen rein logisch voneinander trennen, etwa die Lebenslagenverteilungen zweier Wirtschaftsordnungen sorgfältig beschreiben und miteinander vergleichen, ohne darauf eingehen zu müssen, wie diese Ordnungen aufgebaut sind, welche Umstände diese Lebenslagenverteilungen bedingen, so wie man die Leistungen zweier Maschinen bestimmen und miteinander vergleichen könnte, ohne auch nur zu wissen, ob es sich um Dampfmaschinen oder elektrische Maschinen handelt.

Im allgemeinen werden diese Trennungen bei der wissenschaftlichen Arbeit, die andere Probleme im Auge hat, nicht vorgenommen; es ist aber angezeigt, fallweise für bestimmte Zwecke solche Absonderungen vorzunehmen. Hier soll der Versuch gemacht werden, die *Lebenslagentheorie* in den Mittelpunkt der Betrachtung zu rücken, um den Übergang zur Wirtschaftslehre zu finden.

Obgleich der Begriff *Lebenslage* in der Frühzeit des Marxismus eine wesentliche Rolle spielte, wurde doch seine Anwendbarkeit nicht theoretisch analysiert. Das ist verständlich; was wollten denn Marx und Engels? Als wirklichkeitsnahe Menschen: im Sinne ihrer Geschichtsphilosophie und im Sinne ihrer willensmäßigen Einstellung an der Umgestaltung der lebendigen Wirtschaftsordnung mitarbeiten, die überkommene Anschauungsweise erschüttern und eine neue vorbereiten. Es galt zu zeigen, welche Übel mit dem Kapitalismus verbunden sind; Frage und Antwort waren derart grob formulierbar, daß man den Begriff »Lebenslage« ohne besondere Voruntersuchungen verwenden konnte.

»Die *Lage* der arbeitenden Klassen in England« nannte *Friedrich Engels* sein Erstlingswerk, das er 1845, kurz nachdem er Marx kennengelernt hatte, veröffentlichte. »Die *Lage* (›condition‹ heißt es in der englischen Einleitung, gewidmet ›to the working classes of Great-Britain‹) der arbeitenden Klasse ist der tatsächliche Boden und Ausgangspunkt aller sozialen Bewegungen der Gegenwart.« Und Engels bemüht sich, die *Lebenslage des Proletariats* als Voraussetzung seiner »Leiden und Freuden« – wie er sagt – in der Fülle der Wirklichkeit aufzuzeigen.

Engels geht von der *Lebenslage* der Weber vor der kapitalistischen Ordnung des Fabriksystems aus: »Sie vegetierten in einer ganz behaglichen Existenz und führten ein rechtschaffenes und geruhiges Leben in aller Gottseligkeit und Ehrbarkeit, ihre materielle Stellung war bei weitem besser als die ihrer Nachfolger; sie brauchten sich nicht zu überarbeiten, sie machten nicht mehr, als sie Lust hatten, und verdienten doch, was sie brauchten, sie hatten Muße für gesunde Arbeit in ihrem Garten oder Felde, eine Arbeit, die ihnen selbst schon Erholung war.« Eine derartige Lebenslage, welche gewerbliche und landwirtschaftliche Arbeit vereinigt, begegnet uns im »Kommunistischen Manifest« als Ziel! Zusammenfassend meint Engels: »Sie fühlten sich behaglich in ihrem stillen Pflanzenleben und wären ohne die industrielle Revolution nie herausgetreten aus dieser allerdings sehr romantisch-gemütlichen, aber doch eines Menschen unwürdigen Existenz.« Hier verläßt Engels die bloße Berichterstattung, die sich auf Feststellung höherer und niedrigerer Lebenslagen beschränken müßte, und schiebt ein persönliches, durch seine Zeit bestimmtes Urteil über die »Menschenwürdigkeit« ein. Aber wenn wir von solchen gelegentlichen Bemerkungen absehen, liegt eine durchaus in sich geschlossene Lebenslagenbeschreibung vor, wie sie dem Rahmen einer wissenschaftlichen Darstellung eingefügt werden kann.

Der Lebenslage der früheren Weber stellt er nun die *Lebenslage des Fabrikproletariats* gegenüber, dessen Lohn kaum hinreicht, »Leib und Seele zusammenzuhalten«. Er berichtet von der Unzulänglichkeit der *Nahrung,* der *Wohnung* und der *Kleidung.* »Man entzieht ihnen alle Genüsse außer dem Geschlechtsgenuß und dem Trunk. Und wenn sie das alles überstehen, so fallen sie der Brotlosigkeit einer Krisis zum Opfer.« Die Lebenslagenbeschreibung vervollständigend, fügt Engels auch Angaben über Häufigkeit der Erkrankungen und der Sterbefälle bei, um das Bild mit einer Beschreibung des gesamten geistigen und seelischen Daseins abzuschließen, wobei er die Kriminalität nicht vergißt. Er hebt nachdrücklich hervor, daß neben der Niedrigkeit vor allem die Unsicherheit die Lebenslage des Proletariats kennzeichnet.

In dieser Erstlingsschrift wird nur in Umrissen angedeutet, warum die eben beginnende kapitalistische Ordnung des Fabriksystems die Lebenslage der Arbeiter verschlechtern *müsse,* es wird aber auch angedeutet, wie das Proletariat dazu gebracht werde, sein Schicksal selbst in die Hand zu nehmen, um seine Lebenslage zu heben und zu sichern.

Engels bedient sich in dieser Schrift zuweilen kennzeichnender Zahlen, insbesondere dort, wo es sich um gesundheitliche Feststellungen handelt. Die Notwendigkeit, *immer* Zahlen beizubringen, dürfte er nicht sehr stark empfunden haben, da die Verschlechterung der Lebenslage der Arbeiter *offenkundig* war. Für die Fragestellung kam es gar nicht auf ein *Mehr* oder *Minder* des Sinkens an! Wenn früher die Menschen im allgemeinen als Arbeiter *nicht* hungerten und nun oft hungerten, genügte diese Feststellung vollkommen, es mußte nicht die Brotmenge in Kilogramm angegeben werden, die genossen wurde.

Marx, sorgfältig bemüht, phantastischen Wunschträumen zu entfliehen, hielt sich an die unmittelbare Erfahrung oder wenigstens an geschichtsphilosophisch begründbare Gedankengänge. Im Mittelpunkt seines Denkens stand dementsprechend die Erforschung der kapitalistischen Struktur als der Quelle des proletarischen Elends und der geschichtlichen Gegenkräfte, die den Kapitalismus überwinden. Auch er spricht andauernd und sehr gefühlsbetont von der *Lebenslage des Proletariats,* setzt sich aber ebensowenig wie Engels damit auseinander, wieweit der Lebenslagen*begriff* bei der Beurteilung der von ihm nur angedeuteten sozialistischen Einrichtungen angewendet werden könne. Nachdem die ungünstige Lebenslage einmal im groben festgestellt war, galt es zu zeigen, daß sie ein *notwendiges* Ergebnis der kapitalistisch-bürgerlichen Ordnung sei. Nicht als *zufällige Störungen,* sondern als *wesentliche* Erscheinungen rufe diese Ordnung die für die proletarische Lebenslage entscheidenden *Krisen* und die *Reservearmee* hervor; die ungünstige Lebenslage des Proletariats mit ihrer Unsicherheit werde nicht *innerhalb* des Kapitalismus überwunden werden, sondern durch die geschichtlich zu begreifende *Überwindung des Kapitalismus.*

Es sei daran erinnert, mit welcher Schärfe Marx etwa in dem Abschnitt des »Kapital« über »Seniors letzte Stunde« die üble Lage der Arbeiter kennzeichnet. Noch grimmiger wird er in dem Abschnitt »Der Heißhunger nach Mehrarbeit. Fabrikant und Bojar«. Die Periodizität, mit der elende Lebenslage und völlige Trostlosigkeit abwechseln, wird im »Kampf zwischen Arbeiter und Maschine« und im Abschnitt: »Repulsion und Attraktion von Arbeitern mit Entwicklung des Maschinenbetriebs« näher gekennzeichnet. »Die Unsicherheit und Untätigkeit, denen der Maschinenbetrieb die Beschäftigung und damit die *Lebenslage des Arbeiters* unterwirft, werden normal mit diesem Periodenwechsel des industriellen Zyklus.« Marx bezieht dabei *alles,* was der Arbeiter erlebt, in den Begriff der Lebenslage ein: »Kein Wunder, wenn eine Art Hungerpest ausbrach. Diese Experimente wurden nicht nur auf Kosten der Lebensmittel der Arbeiter gemacht. *Mit allen ihren fünf Sinnen hatten sie zu büßen.*« Statistische Angaben über die Sterblichkeit unter den Fabrikarbeitern bereichern das an sich schon genügend trübe Bild. Die *Notwendigkeit* des Leidens in der kapitalistischen Ordnung erhellt vor allem aus dem Abschnitt: »Progressive Produktion einer relativen Übervölkerung oder industriellen Reservearmee.« Zur Verschlechterung der Lebenslage jener Arbeiter, die unmittelbar den herrschenden Klassen dienen, tritt die Verschlechterung der Lebenslage jener, welche als Mitglieder der Reservearmee den nötigen Druck ausüben. »Die Verdammung eines Teils der Arbeiterklasse zu erzwungenem Müßiggang durch Überarbeitung des anderen Teils und vice versa wird

Bereicherungsmittel des einzelnen Kapitalisten und beschleunigt zugleich die Produktion der industriellen Reservearmee. Die stagnante Surpluspopulation bildet einen Teil der aktiven Arbeiterarmee, aber mit durchaus unregelmäßiger Beschäftigung. Ihre *Lebenslage* sinkt unter das durchschnittliche *Normalniveau* der arbeitenden Klasse.« Marx kommt hier bis zum Begriff des »durchschnittlichen Normalniveaus«, ohne ihn aber auf seine *allgemeine Verwendbarkeit* hin zu prüfen. Was er unter Lebenslage versteht, wird übrigens hier ganz besonders klar, wo er vom gleichzeitigen »Maximum der Arbeitszeit und Minimum des Salärs« spricht, von der »Sphäre des Pauperismus« als dem »tiefsten Niederschlag der relativen Surplusbevölkerung«, und dann zusammenfassend erklärt: »Die Akkumulation auf dem einen Pol (nämlich der Kapitalisten) ist also zugleich Akkumulation von *Elend, Arbeitsqual, Sklaverei, Unwissenheit, Brutalisierung* und *moralischer Degradation* auf dem Gegenpol, das heißt, auf der Seite der Klasse, die ihr eigenes Produkt als Kapital produziert.«

Wenn Marx mit solcher Erbitterung von der Lebenslage des Proletariats in der bürgerlich-kapitalistischen Ordnung spricht, denkt er an die günstigere Lebenslage der arbeitenden Menschen in einer sozialistischen Ordnung, ohne aber die Zusammenhänge zwischen der klassenlosen-sozialistischen Ordnung und den Lebenslagen der Menschen im einzelnen zu beschreiben. Sehen wir im Marxismus eine geschlossene Betrachtungsweise, dann müssen wir ihn so ausgestalten, daß er alle Arten der Lebenslagenbetrachtung einzuschließen vermag, wobei wir an die oben angedeuteten Ausführungen von Marx und Engels sinngemäß anknüpfen können.

In der bürgerlich-kapitalistischen Ordnung wird *nicht* die Lebenslagenverteilung den Entschließungen der einzelnen Mitglieder des Marktes zugrunde gelegt. Jeder sucht für sich eine möglichst günstige Lebenslage zu erlangen. Anders in der sozialistischen Ordnung. In ihr beschäftigt sich die organisierte Gesellschaft mit der Lebenslagenverteilung und trifft ihre Entscheidungen aufgrund von Erwägungen über mögliche Lebenslagenverteilungen. Hier ist die Lebenslagenverteilung nicht nur *Wirkung,* sondern auch *Ziel* menschlicher Maßnahmen. Erst in unserem frühsozialistischen Zeitalter wird die Lebenslagenlehre notwendig. Je näher wir dem Sozialismus kommen, um so häufiger treten diese Probleme an uns heran. Je mehr die organisierte Arbeiterschaft auf die Einkommensverteilung, vor allem durch politische Einwirkungen auf Handelsverträge, Steuergesetze und andres, was den Produktionsprozeß verändert, Einfluß nimmt, um so häufiger muß planmäßig erwogen werden, inwieweit man etwa die Verringerung der Einkommen einer Arbeiterkategorie durch das Steigen der Einkommen einer anderen Arbeiterkategorie für kompensiert ansehen will. Im hochentwickelten und durchorganisierten Kapitalismus der spätkapitalistischen beziehungsweise frühsozialistischen Periode (Müller-Lyer) wird es schon sehr deutlich, wie eng die Löhne der einzelnen Arbeitergruppen untereinander zusammenhängen. Beim Übergang zum Sozialismus würden alle Arbeiterkategorien sozusagen einander die Löhne auszuzahlen haben, die Frage also unmittelbar aktuell werden, wie Verringerungen hier, Erhöhungen dort hinsichtlich der *Gesamtlage des Proletariats* zu beurteilen wären. Steigen die Löhne der landwirtschaftlichen Arbeiter, so setzt das unter Umständen die Löhne der Metallarbeiter herab. Welche Lebenslagenverteilung ist vorzuziehen?

II. Wirtschaftlichkeit

Wenn Marx und Engels die Verteilung und Erhöhung der Lebenslagen untersuchten, führten sie in gewissem Sinne Gedanken des *Utilitarismus* weiter, wie er sich im 18. Jahrhundert auf *individualistischer* Grundlage entwickelte, indem er Leiden und Freuden von Menschengruppen untersuchte, vom »größten Glück der größten Zahl« in etwas unbestimmter Weise sprechend. Solchen individualistischen Betrachtungsweisen, welche die Struktur der Gemeinschaft oft ganz in den Hintergrund treten lassen, sind die Menschen Einzelwesen, die nebeneinander leben. Der Sozialismus dagegen erfaßt die Menschen im Gegensatz zum Kapitalismus in ihrem Zusammenhang, zur Lebenslage des Menschen gehört ihm ebenso die Vorstellung von der Knechtung und Abhängigkeit wie die schlechte Ernährung und Behausung. Die Freiheitsempfindung, die Empfindung, Teil eines Ganzen zu sein, die Mitwirkung am gesamten Leben der Gemeinschaft ist ebenfalls Teil der Lebenslage. Nicht von einer Anzahl Menschen spricht der Sozialismus, sondern von einem menschlichen Verband.

Sofern der Marxismus, sofern der Utilitarismus die Lust und das Leid als *wesentlich* ins Auge fassen und vor allem die Freude der Menschen in ihrer Abhängigkeit von sozialen Einrichtungen untersuchen, sind sie eine Art Fortsetzung antiker Philosophie, insbesonder des *Epikureismus,* der von der Kirche durch die Jahrhunderte verfolgt worden war. Und es deutet auf tiefere Geistesverwandtschaft hin, daß Marx seine Doktordissertation zur Klarstellung gewisser Probleme der epikureischen Naturphilosophie verfaßte. Es ist wohl die Zeit nicht mehr ferne, da ein *moderner Sozialepikureismus,* ergänzt durch gewisse stoizistische Tendenzen, eine entsprechende Gesamtphilosophie als Ergänzung benötigen wird, so daß die enge Verknüpfung von Naturwissenschaften, Lehre von der Welt, Lehre von den Lebensordnungen, Lehre vom Glück wieder einmal Wirklichkeit werden wird, wie sie ohne Theologie in der Antike Wirklichkeit gewesen war.

Die katholische Theologie hatte alles getan, um die Lehre Epikurs zu bekämpfen, ihre Überlieferung zu erschweren, ihren Begründer und ihre Anhänger zu diskreditieren. Diese Lehre war in ihren Grundlagen untheologisch, war sie doch darauf aus, die Furcht vor den Göttern auszutilgen und die Welt ohne Rücksicht auf Götter und göttliche Eingriffe *empirisch* und *sittlich* zu erfassen und zu beherrschen. Versuche vereinzelter katholischer Denker, wie die Gassendis, manches aus Epikur für das katholische Denken zu retten, mußten aus inneren Gründen scheitern. Marx meint in seiner sarkastischen Art: »Es ist, als wollte man der griechischen Lais einen christlichen Nonnenkittel um den blühenden Leib werfen.« Für Marx war Epikur »der größte griechische Aufklärer«, und er würde als Fortsetzer Epikurs zu gelten für einen Ehrentitel angesehen haben. Bis in die Mitte des 19. Jahrhunderts hinein galt Sympathie für den Epikureismus in den meisten philosophischen Kreisen als eine Art Defekt.

Während aber der Epikureismus der Antike das Glück der Menschen als Wirkungen des *individuellen* Handelns untersuchte, beschäftigt sich die Lebensordnungslehre des Sozialismus als eine Art *Sozialepikureismus* damit, das Glück der Menschen als Wirkung *gesellschaftlichen* Handelns zu betrachten. *Wie wirken verschiedene Lebensordnungen, wie wirken verschiedene Maßnahmen auf die Lebenslagen der Menschen und dadurch auf ihr Glück und Unglück ein?* Das ist, im epikureischen Geiste gestellt, eine Frage marxistischer Wirtschaftsforschung, wobei zum Glück und Unglück ebenso alle geistigen und seelischen wie alle körperlichen Erlebnisse erfreulicher und unerfreulicher Art gezählt werden. Damit ist *nicht* gesagt, daß ein moderner Sozialist im Glück das »oberste Ziel«, den »Lebenszweck« erblickt, sondern nur, daß er diese Frage jedenfalls sich beantwortet, wenn er eine Einrichtung mitschaffen hilft.

Wie steht es nun aber mit der *Anwendbarkeit des Begriffs* der Lebenslage und der anderen mit ihm verknüpften Begriffe? Denken wir uns einen allein lebenden Landmann mit alldem, was ihn umgibt an Äckern, Pferden, Wiesen, Mücken, Sümpfen, Bakterien, Felsen, Kühen, Werkzeugen, Hühnern, Wohnräumen, Fliegen, Kleidern und sonstigen Dingen, die durch die Art ihrer Verknüpfung, durch das dadurch erzeugte Mehr oder Weniger an Brot, Fleisch, Krankheiten, Augenfreude, Gefühlen usw. für den Landmann von Bedeutung werden. Das heißt: wir können die Frage aufwerfen, wie diese Gesamtheit, die wir absichtlich ohne vorwegnehmende Klassifikation beschrieben haben, innerhalb eines bestimmten Zeitraumes auf den Landmann *erfreulicher* oder *weniger erfreulich* einzuwirken vermag, je nachdem, wie alles miteinander verknüpft wird, einschließlich der vom Landmann zu verrichtenden Arbeit.

Soll mehr oder weniger Hafer angebaut werden? Damit hängt ein Mehr oder Weniger an Pferden zusammen, das heißt: auch ein Mehr oder Weniger an Pferdedünger, ebenso ein Mehr oder Weniger an Zugleistung, die ihrerseits mit der Hafermenge wieder verknüpft erscheint, sofern zur Einbringung einer bestimmten Hafermenge eine bestimmte Menge Pferde erforderlich ist. Je nachdem nun der Landmann mehr oder weniger Hafer anbaut – beziehungsweise mehr oder weniger Korn, mehr oder weniger Kartoffeln usw. –, wird er mehr oder weniger Zeit übrighaben, um einen krank machenden Sumpf trockenzulegen. Wir können uns den Landmann, wenn die Ausgangssituation gegeben ist, einmal denken mit viel Hafer, viel Korn und viel Malariakeimen, dann aber wieder mit weniger Korn, weniger Hafer und weniger Malariakeimen. In dem einen Fall wird er besser essen und mehr krank sein, im anderen schlechter essen und weniger krank sein. Zwischen diesen beiden Möglichkeiten – oder noch anderen – wird er zu wählen haben. Wir aber können uns durch Einfühlung oder Befragung ein Bild davon zu machen suchen, in welchem dieser Fälle der Landmann sich behaglicher, glücklicher, wohler fühlt, in welchem er »reicher« ist.

Die Erfreulichkeit oder Unerfreulichkeit des Erlebens wollen wir als *Lebensstimmung* – Stimmung schlechthin – bezeichnen. Wir verwenden ein Wort, welches sowohl »Glück« als auch »Unglück«, sowohl »Reichtum« als auch »Armut« umfaßt.

Das Wesen, welches die Lebensstimmung an sich erfährt, wollen wir *Lebensstimmungssubjekt* nennen, in unserem Beispiel wäre es der einsame Landmann.

Soweit wir von einer erfreulicheren, lustvolleren, glücklicheren Lebensstimmung sprechen können, wollen wir sie die *höhere* nennen, mehrere Lebensstimmungen kann man unter Umständen nach ihrer Höhe in eine Reihe ordnen. Zwei Lebensstimmungen können auch »gleich hoch« sein. Wir können aber von einer Lebensstimmung nicht sagen, sie sei zweimal, viereinhalbmal so hoch wie eine andere.

Soweit wir ein Stück Welt mit all seinen Bestandteilen, Einrichtungen als Bedingung von Lebensstimmung ansehen, wollen wir es als *Lebensboden* bezeichnen. Einen Lebensboden, der eine höhere Lebensstimmung als ein anderer in einem gegebenen Lebensstimmungssubjekt hervorruft, wollen wir als den *günstigeren* bezeichnen und demnach von gleich günstigen Lebensböden, von günstigeren oder weniger günstigen sprechen.

Wenn der Landmann aufgrund bestimmter Überlegungen seine Arbeitsleistung auf Kornerzeugung und Malariabekämpfung verteilt, tritt das Ergebnis dieser Überlegungen als auslösende Bedingung auf. Der eine Inbegriff von Entschlüssen, Maßnahmen usw. kann nun mit einem anderen in Hinblick auf die erzielte Wirkung verglichen werden, soweit die Lebensstimmung des Landmanns in Frage kommt.

Wir wollen den auslösenden Entschluß (sowie den durch ihn bedingten Vorgang), der bei gleicher Ausgangssituation die höhere Lebensstimmung hervorruft, als den *wirtschaftlicheren* bezeichnen für das in Frage stehende Lebensstimmungssubjekt in einem gegebenen Zeitabschnitt, da wir ja nicht die Auswirkungen in eine unbegrenzte Zukunft ins Auge fassen können. Die *Wirtschaftlichkeit* eines Entschlusses und der durch ihn bedingten Maßnahmen kann *größer* oder *kleiner* als die Wirtschaftlichkeit eines anderen sein. Es können auch zwei Wirtschaftlichkeiten einander gleich sein.

Die Gesamtheit der Maßnahmen, Einrichtungen, Gebräuche eines Menschen oder einer Menschengruppe wollen wir *Lebensordnung* nennen.

Soweit wir die Lebensordnung als auslösende Bedingung im Rahmen einer Wirtschaftlichkeitsbetrachtung zu erfassen vermögen, mag sie *Wirtschaftsordnung* oder kurz *Wirtschaft* heißen.

Die Gesamtheit der Eigentümlichkeiten einer Wirtschaftsordnung, die für die Wirtschaftlichkeit von Belang sind – vor allem zählt hierher die Art der Verknüpfung der Menschen mit den Produktionsmitteln und untereinander –, möge *Wirtschaftsweise* heißen.

Wir können erfahrungsgemäß innerhalb des Lebensbodens einen Ausschnitt absondern, der gewissermaßen wie eine engere Schale das Stimmungssubjekt umhüllt und die Lebensstimmung unter Umständen – wenn wir ein vollständiges Wissen annehmen – eindeutig bestimmt. Um zu wissen, wie es unserem Landmann stimmungsmäßig ergeht, brauchen wir nicht die Äcker, Sümpfe, Pferde usw. ins Auge zu fassen; es genügt, wenn wir wissen, wie es mit seiner Ernährung, seiner Bekleidung, seiner Behausung bestellt ist, wie mit den Malariakeimen in seinem Blute, wie mit Möglichkeiten, spazierenfahren, Bücher lesen, Radio hören, sein Persönlichkeitsbewußtsein entfalten, sich mächtig und tüchtig, erbaut und entrückt fühlen zu können. Diese Bestimmungsstücke, welche wir »möglichst nahe« an das Lebensstimmungssubjekt heranrücken, wollen wir als die *Lebenslage* dieses Lebensstimmungsobjekts bezeichnen und von einer *höheren* Lebenslage sprechen, wenn sie eine höhere Lebensstimmung bedingt, entsprechend von einer *niedrigeren* Lebenslage. Wenn wir eine vollständige Kenntnis des Zentralnervensystems hätten, könnten wir bis zu dieser »untersten Schale« vordringen.

III. Lebensstimmungsrelief und Lebenslagenkataster

Um uns über die Begriffszusammenhänge Klarheit zu verschaffen, sind wir von einer einzelnen Person ausgegangen, von einem Lebensstimmungssubjekt. Bei den Erörterungen des Marxismus handelt es sich um menschliche Gruppen, um Klassen innerhalb ganzer Völker oder um diese selbst. Insbesondere sollen die Maßnahmen dieser Menschengruppen untersucht werden, die sich auf sie selbst als empfindende Wesen beziehen. Es zeigt sich sehr bald, daß man nicht ohne weiteres von einer Maßnahme sagen kann, sie sei wirtschaftlicher für eine ganze Gruppe als eine andere, wie wir dies sagen konnten, wenn die Wirtschaftlichkeit für eine einzelne Person in Frage kam.

Nehmen wir an, es seien uns zwei Landleute gegeben und es werden zwei verschiedenen Maßnahmen miteinander verglichen. Einmal fragt man: was geschieht, wenn nur die eine, dann wieder: was geschieht, wenn nur die andere zur Anwendung kommt. Nehmen wir an, daß bei der Maßnahme I die Lebensstimmung jedes der beiden höher ist als bei der Maßnahme II. Offenbar ist dann Maßnahme I für die Landleute A und B zusammengenommen wirtschaftlicher als die Maßnahme II.

Wir sehen, daß der Begriff der Lebensstimmungsgesamtheit mehrerer Personen nicht etwa grundsätzlich sinnlos ist. Was aber werden wir tun, wenn die Maßnahme I für A wirtschaftlicher wirkt als Maßnahme II, die Maßnahme I aber für B weniger wirtschaftlich als die Maßnahme II?

Wenn wir uns zu der Annahme entschließen, daß man die Lebensstimmungen mehrerer Personen *untereinander* vergleichen könne, dann kann *in gewissen Fällen* die eben angedeutete Beziehung bestehen und dennoch ein Vergleich der Lebensstimmungsgesamtheiten durchgeführt werden. Es wäre dies nämlich dann der Fall, wenn wir wüßten, daß Maßnahme I für A eine höhere Lebensstimmung erzeugt als Maßnahme II für B; daß Maßnahme II für B eine höhere Lebensstimmung erzeugt als Maßnahme I für B; und daß Maßnahme I für B höher ist als die Lebensstimmung, welche die Maßnahme II für A erzeugt. Dann gilt nämlich offenbar, daß Maßnahme I für A und B zusammen höhere Lebensstimmung erzeugt als Maßnahme II für A und B zusammen.

Aber selbst die obige Annahme der Vergleichbarkeit aller Lebensstimmungen, die ohnedies vielen als zu weitgehend erscheinen mag, führt nicht immer zum Ziele. Nehmen wir an, es wäre bekannt, daß Maßnahme I für A eine höhere Lebensstimmung erzeugt als Maßnahme II für B, daß Maßnahme II für B eine höhere Lebensstimmung erzeugt als Maßnahme II für A und Maßnahme II für A eine höhere Lebensstimmung erzeugt als Maßnahme I für B. *Es ist dann unmöglich, anzugeben, ob die Lebensstimmungsgesamtheit bei Maßnahme I oder bei Maßnahme II für die menschliche Gruppe größer ist, die aus A und B besteht.* Das ist die Problemstellung, die auftreten kann, wenn steigende Landarbeiterlöhne mit sinkenden Metallarbeiterlöhnen verbunden sind.

Wir können also Lebensstimmungsgesamtheiten nicht immer

miteinander vergleichen und müssen uns damit begnügen, in vielen Fällen nur anzugeben, daß die Lebensstimmung gewisser Menschen oder Menschengruppen unter Einwirkung gewisser Maßnahmen sinkt, die anderer steigt. Nehmen wir zum Beispiel an, es sei uns eine menschliche Gesellschaft oder Klasse gegeben, die aus sechs Personen besteht. Immer je zwei verhalten sich gleich – bilden etwa eine Klasse oder eine Gruppe innerhalb der Klasse. Unter gewissen Umständen seien nun die ersten beiden mit der geringsten Lebensstimmung bedacht, die zweiten beiden wiesen eine höhere Lebensstimmung auf, während die dritten beiden eine noch höhere zu verzeichnen hätten. Unter anderen Umständen seien die Lebensstimmungen der drei Gruppen gleich hoch, etwa so hoch wie die der mittleren Gruppe. Wir können gewissermaßen von einem *Lebensstimmungsrelief* sprechen. Denken wir uns eine Fläche gegeben, auf der die Personen als Flächenteile aufgetragen sind, ihre Lebensstimmungen als Prismen, die auf diesen Flächenteilen errichtet werden. Im ersten Fall werden wir eine Art Stiege erhalten. Jede Stufe umfaßt zwei Personen mit ihren Stimmungen. Im zweiten Fall dagegen hätten wir es mit einer Ebene zu tun, die sechs Stimmungen umfaßt. Ihre Höhe würde der mittleren Stufe im ersten Fall entsprechen. Die Reliefs sollen nur ein mehr oder minder Hoch wiedergeben; die absolute Höhe der Prismen ist gleichgültig. Würde man etwa die höchsten Prismen doppelt so hoch machen wie die mittleren, so würde diesem »doppelt so hoch« in unserer Betrachtung keine Deutung gegeben werden können. Die verschiedenen Stufen könnten nur im Sinne einer Skala (z. B. mineralogische Härteskala) angeordnet werden. Einen Übergang dieser »Stiege« zur »Ebene« beschreibt etwa das *Kommunistische Manifest,* wenn es davon spricht, »daß sich die Lebenslagen des Proletariats immer mehr ausgleichen«.

Es gibt keine Möglichkeit, die Wirkungen von Maßnahmen auf die Lebensstimmung menschlicher Gruppen unter allen Umständen einheitlich auszudrücken und die Wirkungen in einem Falle mit den Wirkungen im anderen Falle rechnungsmäßig zu vergleichen: Vielmehr kann man allgemein nur Lebensstimmungsreliefs einander gegenüberstellen; welchem Lebensstimmungsrelief man den Vorzug gibt, *muß jedesmal so entschieden werden,* wie man darüber entscheidet, ob man diese oder jene Speise lieber ißt, diesen oder jenen Architekturplan lieber ausführen will. In einer sozialistischen Gesellschaft trifft diese Entscheidung eine Organisation, die den »Willen der Gesamtheit« repräsentieren soll, nicht anders als der einsame robinsonhafte Landmann, von dem wir ausgingen. Machtfaktoren aller Art werden die Entscheidung bestimmen, es gibt aber kein Mittel, die Wirtschaftlichkeit der Maßnahmen- und Einrichtungsgesamtheit zu *errechnen*.

Nun wissen wir, wie wir mit Lebensstimmungen hantieren könnten, *wenn* sie gegeben wären. Lebensstimmungen ganzer Gruppen sind uns aber nie unmittelbar gegeben, wir können sie nur erschließen, durch Einfühlung zu ergründen uns bemühen. Die telepathische Verbindung der Menschen untereinander fehlt, die uns Aufschlüsse unmittelbar geben könnte. Wie hat Engels die Lebensstimmung der englischen Fabrikarbeiter vor und nach der Einführung des Fabriksystems miteinander verglichen? Er ging von der Annahme aus, daß Mehr-Arbeiten und Weniger-Essen, Weniger-Kleidung-Haben, In-dunkleren-Wohnungen-Sitzen die Lebensstimmung im allgemeinen herabsetze, zumal das kulturelle Selbstgefühl der Arbeitenden ebenfalls verringert worden war. Daß etwa neu auftretende religiöse Glücksgefühle eine ausreichende Kompensation erzeugten, nahm er nicht an. Engels begnügte sich daher mit der Festellung dieser *Lebenslagenveränderungen*.

An die Stelle des Lebensstimmungsreliefs tritt daher für unsere konkrete Forschung der *Lebenslagenkataster*. Wir haben bisher dem Lebenslagenkataster in der wissenschaftlichen Forschung wenig Aufmerksamkeit gewidmet, vor allem hat ihn die Theorie zuwenig berücksichtigt, die meist ins Auge faßte, welche Verschiebungen der Preise die Waren usw. durch bestimmte Einrichtungen und Maßnahmen erfahren, welche Einkommen dadurch entstehen, nicht aber, wie sich die Lebenslagen der Volksgesamtheit verändern. Was aber über »Volksvermögen« und »Volkseinkommen« gesagt wurde, kann ernster Kritik *nicht standhalten*. So kam es denn, daß die Lebenslagenbeschreibung meist in die systematisch recht stiefmütterlich behandelte »Sozialpolitik« geschoben wurde. Als *Haushaltungsbeschreibung* wurde sie theoretisch wenig geschätzt und dann auch vorwiegend unter dem Gesichtspunkt der *Haushaltungsrechnung* ausgebaut. Vor allem wurde in solche Beschreibungen aufgenommen, was für *Geld* eingekauft wird! Auch fehlt gemeinhin die Zusammenfassung von Arbeitslast, Erkrankungshäufigkeit, Sterbewahrscheinlichkeit, Nahrung, Kleidung, Wohnung, Bildungsmöglichkeiten, Vergnügungen,

Mußezeit usw. Es kann wohl kein Zweifel sein, daß durch die Entwicklung zum Sozialismus hin solchen Beschreibungen immer größere Bedeutung zukommen wird. Was Le Play und andere begannen, wird nun auf höherer wissenschaftlicher Stufe, eingegliedert in einer umfassenden Theorie der Lebenslagenverteilung, fortgeführt werden.

Um die Ergebnisse zu meistern, die uns ein Lebenslagenkataster bringt, werden wir uns genötigt sehen, gewisse *Typen* von Lebenslagen abzugrenzen und Lebenslagen *gleich hoch* anzusetzen, die inhaltlich *verschieden* sind. Wir werden vielleicht die Lebenslage einer bestimmten Handwerkerschicht der einer bestimmten Bauernschicht gleichsetzen. Das ist methodisch durchaus vertretbar; obgleich natürlich ein *konventionelles* Moment dadurch in diese Untersuchungen hineinkommt, das aber auf diesem Gebiete nie ganz vermieden werden kann. Es hängt viel davon ab, ob es gelingt, Typen zu bilden, durch deren Anwendung man Einblicke in die für die Wirtschaftlichkeit wesentlichen gesellschaftlichen Zusammenhänge gewinnt.

Im allgemeinen werden Vermehrung der Nahrung, Bekleidung, Wohnräume usw. als Verbesserungen der Lebenslage angeführt, obgleich man immer im Auge behalten muß, daß bei Verbesserung der Lebenslage gewisse Dinge als Mängel empfunden werden, die auf einer anderen Stufe kaum bemerkt werden mögen. Aber wir müssen ja nicht immer die Lebenslagen hinsichtlich ihrer Höhe betrachten. Wir können uns denken, daß eine Menschengesamtheit erklärt, sie wolle lieber gleich viel leiden durch unerfreuliche Kunst, Religionskonflikte, Machteinschränkungen als durch Hunger, Wohnungsmangel usw. Es wäre dann sehr wichtig, aus den Lebenslagenbeschreibungen zu entnehmen, welcher Art jeweils die Einschränkungen sind, mit denen man zu rechnen gezwungen ist.

Daß *Einkommens*beschreibungen *nicht* genügen, liegt auf der Hand. Ein Mensch mit einem arbeitslosen Renteneinkommen wird dabei einem Menschen mit ebenso hohem Arbeitseinkommen gleichgestellt, ganz abgesehen davon, daß zwei Arbeiterkategorien verschiedene Lebenslagen haben, die bei gleichem Einkommen verschieden lang leben.

Wir sehen, daß man letzten Endes nur Lebensstimmungsgesamtheiten (Lebenslagengesamtheiten) mit anderen Lebensstimmungsgesamtheiten (Lebenslagengesamtheiten) ganzer Gruppen oder Klassen als Wirkungen von Maßnahmen und Einrichtungen miteinander vergleichen kann. *Was bedeutet das für das wirkliche Leben?*

IV. Lebenslagengesamtheiten und Wirtschaftsplan

Wir werden auf die Entstehung der sozialistischen Ordnung hier nicht näher eingehen. So wie bis heute in der kapitalistischen Ordnung wesentliche Teile der feudalen und zünftlerischen Ordnung bestehenblieben, die zum Teil eine grundsätzliche Umdeutung erfahren haben, werden kapitalistische, ja auch feudale und zünftlerische Reste in die sozialistische Ordnung hineinragen, nachdem schon lange vorher grundsätzliche Funktionswechsel eingetreten sein mögen. Ein in vielfacher Hinsicht eingeschränkter und kontrollierter Geld- und Kreditverkehr wird zuletzt wie ein durchsichtiger Schleier über allem liegen, bis auch er zerreißt. Denken wir uns nun die sozialistische Ordnung einigermaßen verwirklicht, die alten Reste wesentlich eingeschränkt, die Vorboten der übernächsten Zukunft noch nicht sehr entwickelt. Dann wird die organisierte Gesamtheit gezwungen sein, die *Lebenslagengesamtheiten* zu überblicken. Die Gesellschaft ist wie eine *einzige Person* aufzufassen, die ihre Wirtschaft planmäßig einrichtet. In den bekannten Ausführungen über den »Fetischcharakter der Ware und sein Geheimnis« bringt Marx einige *gesellschaftstechnische* Bemerkungen über die sozialistische Ordnung: »Stellen wir uns einen Verein freier Menschen vor, die mit gemeinschaftlichen Produktionsmitteln arbeiten und ihre vielen individuellen Arbeitskräfte als *eine* gesellschaftliche Arbeitskraft verausgaben. Alle Bestimmungen von *Robinsons Arbeit* wiederholen sich hier, nur gesellschaftlich statt individuell. Alle Produkte Robinsons waren sein ausschließlich persönliches Produkt und daher *unmittelbare Gebrauchsgegenstände* für ihn. Das Gesamtprodukt des Vereins ist *ein* gesellschaftliches Produkt. Ein Teil dieses Produkts dient wieder als Produktionsmittel. Er bleibt gesellschaftlich. Aber ein anderer Teil wird als Lebensmittel von den Vereinsmitgliedern verzehrt. Er muß daher unter sie *verteilt* werden. Die Art dieser Verteilung wird wechseln mit der besonderen Art des gesellschaftlichen Produktionsorganismus selbst und der entsprechenden geschichtlichen Entwicklungshöhe der Produzenten.« Und nun erörtert Marx die *Verteilungsgrundsätze*. Als *eine* der *verschiedenen* Möglichkeiten erwähnt er die Verteilung der Produkte im Verhältnis zur geleisteten Arbeit. »*Nur* zur Parallele mit der Warenproduktion setzen wir voraus, der Anteil jedes Produzenten sei bestimmt durch seine Arbeitszeit. Die Arbeit würde also eine doppelte Rolle spielen. Ihre *gesellschaftlich planmäßige Verteilung* regelt die richtige Proportion der verschiedenen Arbeitsfunktionen zu den verschiedenen Bedürfnissen. Andererseits dient die Arbeitszeit zugleich als Maß des individuellen Anteils der Produzenten an der Gesamtarbeit und daher auch an dem individuell verzehrbaren Teil des Gesamtproduktes. Die Beziehungen der Menschen zu ihren Arbeiten und ihren Arbeitsprodukten bleiben hier durchsichtig einfach in der Produktion sowohl als in der Distribution.« Marx kennt in der sozialistischen Wirtschaftsordnung keine *zwangsläufige* Verknüpfung von Verteilung des Produkts und Verteilung der Arbeitsmühe, sondern nur eine *vereinbarungsmäßige,* aufgrund eines Beschlusses der planmäßig vorgehenden Gesamtheit. Nicht aufgrund irgendwelcher Austauschbeziehungen unter den Betrieben, nicht aufgrund einer Abrechnung, der eine einzige Einheit irgendwelcher Art zugrunde läge, worüber unten noch gesprochen wird, erfolgt die Verteilung der Produkte an die Arbeitenden, sondern aufgrund eines Wirtschaftsplanes, der bei der Verteilung der Arbeit erwägt, welcher Nutzen bei den verschiedenen möglichen Kombinationen für die *Gesamtheit* erzielt werden kann. Ein Standpunkt, der durchaus dem entspricht, den Marx in »Misère de la Philosophie« schon 1847 eingenommen hatte: »Le temps de production qu'on consacrait à un objet serait déterminé par son degré d'utilité.« Das heißt: Die Gesamtheit entwirft verschiedene Wirtschaftspläne mit Arbeits- und Produktionsverteilung und sucht nun denjenigen aus, der die höchste Nützlichkeit sichert, das Maximum an Lebensstimmung, um unsere Ausdrucksweise einheitlich anzuwenden. Die Auswahl unter den *Wirtschaftsplänen* kann aber durch bestimmte Verteilungsgrundsätze von vornherein eingeschränkt werden, zum Beispiel durch den Verteilungsgrundsatz, daß die Lebensstimmungen – beziehungsweise die sie bedingenden Lebenslagen – mit der aufgewendeten Arbeit in Verbindung gebracht werden, und zwar derart, daß einer größeren Arbeitsleistung eine größere, für den Konsum bestimmte Produktenmenge entspräche. Das kann bedeuten, man billigt dem Arbeiter – nach freier Wahl etwa – jeweils

Lebenslagenteile zu, derart, daß die Arbeit und die anderen Lebenslagenteile zusammengenommen immer die gleiche Lebensstimmung erzeugen. Wer bei sechs Stunden Arbeit durch eine Radioaufführung, eine Kinovorstellung und zwei Ausflüge in einem bestimmten Zeitraum Lebensstimmung einer gewissen Höhe erreicht, würde bei sieben Stunden Arbeit die gleiche Lebensstimmung etwa erzielen, wenn er zwei Opernaufführungen, einen Ausflug und zweieinhalb Kürbisse zur Verfügung hätte. Man könnte durch diese »entsprechenden« Zuweisungen dem mehr Arbeitenden die *gleiche* Lebensstimmung verschaffen wie dem weniger Arbeitenden. Es kann aber auch bedeuten, daß, wer über den Durchschnitt hinaus arbeitet, eine höhere Lebensstimmung als die anderen erreichen kann. So könnte etwa der sieben Stunden Arbeitende die Lebensstimmung des »sechs Stunden Arbeitenden mit einer Radioaufführung, einer Kinovorstellung, zwei Ausflügen« oder des »sieben Stunden Arbeitenden mit zwei Opernaufführungen, einem Ausflug, zweieinhalb Kürbissen« überschreiten, wenn er etwa zehn Theateraufführungen, sechzehn Bananen und einen philosophischen Vortrag zugebilligt erhielte. Eine solche Zubilligung wäre eine Art »Lebensstimmungsprämie« für Mehrarbeit.

Wäre es *zufällig* einmal *eine einzige Art von Lebenslagenteilen,* welche den »Ausgleich« vollzieht, so ergäbe sich vielleicht: Sechs Stunden Arbeit mit dreißig Bananen erzeugen dieselbe Lebensstimmung wie sieben Stunden Arbeit mit fünfzig Bananen. Wollte man eine »Lebensstimmungsprämie« einführen, so müßte man dem, der sieben Stunden arbeitet, etwa sechzig Bananen zubilligen.

Die Lebenslagengesamtheit als Ergebnis der Maßnahmen eines Wirtschaftsabschnittes beschreibt der *Wirtschaftsplan.* So wie ein bürgerlicher Staat einen Staatsvoranschlag entworfen hat, muß die sozialistische Gesellschaft einen Wirtschaftsplan entwerfen. Selbstverständlich sind unendlich viele Wirtschaftspläne möglich, so wie unendlich viele Staatsvoranschläge möglich sind, aber in der Praxis wird zwischen einigen charakteristischen die Wahl getroffen werden! Wenn auch der Staatsvoranschlag seine Einnahmen- und seine Ausgabenziffer und die durch sie bestimmte Differenz kannte, so wurde er doch nicht in Hinblick auf ein solches Geldergebnis beschlossen, vielmehr mußte darauf Rücksicht genommen werden, daß Schulen, Krankenhäuser usw. in bestimmtem Ausmaß zu errichten waren. Die Schulbildung, welche durch die neu errichteten Schulen verbreitet werden sollte, muß man *nicht* in Geldsummen ausdrücken, da ja Schulbildung kein Gegenstand des Handels ist. Aber es gab immerhin eine nach einer einheitlichen *Geldrechnung* verfaßte Übersicht über *Kosten* und *Einnahmen*. Im Wirtschaftsplan der sozialistischen Gesellschaft *fehlt selbst diese Einheit, auf welche alles bezogen werden kann*. Es kann eine genaue *zahlenmäßige* Feststellung aller vorhandenen Bestandteile des *Lebensbodens* vorgenommen werden, es können die *Lebenslagenbestandteile zahlenmäßig* bestimmt werden, aber man kann eine solche *Naturalrechnung* niemals auf eine *Einheit* reduzieren, niemals einen »Überschuß« errechnen. Der eine Wirtschaftsplan enthält eine bestimmte Menge: Gebäude, Tiere, Wälder, Maschinen usw. und Vorräte als Ausgangssituation und eine bestimmte Menge an Lebenslagenbestandteilen: Wohnung, Nahrung, Kleidung, Bildung, Erbauung, Arbeitszeit, Mußezeit, Erkrankungshäufigkeit usw. als Jahresergebnis sowie eine bestimmte Endsituation, die wieder Gebäude, Maschinen usw. und Vorräte umfaßt. Der andere Wirtschaftsplan enthält andere Mengen. Und nun entscheidet, wie wir schon oben erwähnten, die hierzu bestimmte Organisation, sei es ein Parlament, eine Instanz mit diktatorischer Gewalt oder sonst eine Körperschaft, darüber, welcher Wirtschaftsplan verwirklicht werden soll; dessen Durchführung mag dann einem *Zentralwirtschaftsamt* oder einer anderen Stelle übertragen werden, wobei den Wünschen einzelner *Konsumentengruppen* nach *Mannigfaltigkeit* und *freier Bezugswahl* grundsätzlich in weitestem Ausmaß – falls die Gesamtheit dies will – entsprochen werden kann.

Es ist unmöglich, den Grundsatz des Sozialismus *»durch* die Gesellschaft, *für* die Gesellschaft« anders zu verwirklichen als durch einheitlichen Beschluß über die Gesamtheit der Lebensstimmungen und der sie bedingenden Maßnahmen; daraus ergibt sich, daß rein theoretisch nur eine gesellschaftstechnische Konstruktion für die sozialistische Wirtschaftswirklichkeit in Frage kommt, die *völlig zentralistisch ist!* Die geschichtsphilosophischen Erwägungen des Marxismus führen im allgemeinen zum gleichen Ergebnis, so *Hilferdings* bemerkenswerte Voraussagen über das Generalkartell und die geldfreie Zukunftsordnung.

Die Konzentration und Zentralisation der spätkapitalistischen Epoche bereitet solche verwaltungswirtschaftliche Zusammenfassung vor. Durch Elektrifizierung, Radio, Trusts, Völkerbund usw. wird eine seelische Umgestaltung im Sinne des Wirtschaftsplanes und seiner Wirtschaftszentrale angebahnt, allmählich wird auch das *wirtschaftliche Denken* in diesem Sinne umgestaltet werden. In Rußland hat es verhältnismäßig lange gedauert, bis der Gedanke des Wirtschaftsplanes erörtert wurde. Die Wirklichkeit erzwang ihn noch nicht. So konnte denn auch über *Wirtschaftsrechnungen* allerlei Theoretisches vorgebracht werden, wozu eine korrespondierende Wirklichkeit *immer* fehlen wird. Immer wieder – insbesondere für die Landwirtschaft – suchte man durch eine Art konventioneller Indexziffern zu untereinander vergleichbaren Wirtschaftsrechnungen zu kommen. Erst die weitere Entwicklung vom Staatskapitalismus und gesellschaftlich kontrollierten Individualismus zum kollektiven Sozialismus der Zukunft wird die theoretische Klärung *bei allen* erzwingen, die vorläufig nur gelegentlich auftreten dürfte, da sie, abgesehen von ihrer erziehlichen Bedeutung, wenig praktische Konsequenzen haben kann. Erst in einem späteren Zeitpunkt kann sie den Gesellschaftstechnikern Mißgriffe ersparen. Es ist hier nicht der Ort, näher auszuführen, wie für einzelne Länder, wie für die ganze Welt eine Gesellschaftsorganisation möglich wird, durch welche die Idee des Wirtschaftsplans geschichtliche Wirklichkeit werden kann.

Selbstverständlich wird ein *Wirtschaftsplan,* durch den die Lebensgesamtheit eines Jahres oder mehrerer Jahre festgelegt wird, nicht in allen Einzelheiten vorher bestimmbar sein, vielmehr wird er in vielem nur als eine Art Rahmen dienen, innerhalb dessen bestimmte Maßnahmen durchgeführt werden; ebenso muß mit Änderungen während der Zeit gerechnet werden, für die der Wirtschaftsplan bestimmt ist, wie ja auch ein Staatsvoranschlag während des Jahres, da er gilt, Veränderungen unterworfen sein kann. Aber jedesmal ist es *ein einheitlicher Gesamtplan,* über den entschieden wird, ein Gesamtplan, der die Mannigfaltigkeit der empirischen Fülle des Erlebens der entscheidenden Körperschaft vorführt.

Der Wirtschaftsplan ist ein *Produktionsplan,* sofern ihm zu entnehmen ist, in welcher Weise die vorhandenen Rohstoffe, Grund und Boden, Arbeitskräfte – tierische und menschliche – miteinander verbunden werden sollen, damit ein bestimmtes *Lebenslagenergebnis* erzielt wird; der Wirtschaftsplan ist *Konsumplan* – um diesen allgemeinverständlichen Ausdruck zu gebrauchen –, sofern er Lebenslagenbestandteile aufteilt, nachdem bestimmt wurde, was als Vorrat zu behandeln ist. Doch sei gleich hervorgehoben, daß diese beiden Pläne fortwährend ineinandergreifen; denn wenn auch produktionstechnisch menschliche Arbeitsleistung und die Arbeitsleistung einer Dampfmaschine gleichzustellen sind, so bedeutet doch die Arbeitsmühe, die aufgewendet wird, Unlust und einen Verlust an Mußezeit und muß daher im »Konsumplan« berücksichtigt werden, genauer gesagt: im Verteilungsplan für Lebenslagen, das heißt für Lebensstimmungen. Doch ist keine zwangsläufige Verknüpfung der beiden Pläne gegeben, wie etwa in der kapitalistischen Wirtschaftsordnung, wo Lohn mit Gewinn und Produktion verbunden ist. Es können in der sozialistischen Wirtschaftsordnung zwei Wirtschaftspläne im großen und ganzen *gleiche* Produktionspläne enthalten, aber gänzlich verschiedene Konsumpläne aufweisen, wenn z. B. andere Verteilungsgrundsätze zur Anwendung gelangten. Man verwendet den Ausdruck »Konsum« besser nicht, weil man zwar sagen kann »Konsum von Brot«, aber nicht »Konsum von Erbauung« oder »Konsum von Liebe«.

Nicht nur für die Gesamtwirtschaft, auch für *jeden Betrieb* kann eine Naturalrechnung, schon um die *»Wirkungsweise«* verschiedener Betriebe miteinander vergleichen zu können, aufgestellt werden; sie ist eine *technische* Rechnung, *die möglichst genau mit Einheiten verschiedenster Art operiert. Auch sie kann nicht,* wie immer wieder einzelne sozialistische Denker, zuletzt vor allem Russen, versuchen, *auf eine einzige Einheit zurückgeführt werden.* Pferdekräfte, Rohstoffmengen, Schmierölmengen, Fabrikraum, Arbeitsstunden usw. müssen immer nebeneinander auftreten. Die *Wirtschaftlichkeit* eines einzelnen Betriebes kann man in der sozialistischen Ordnung *aus der Betriebsrechnung allein* überhaupt nicht entnehmen. Das war auch in der kapitalistischen Ordnung nicht möglich. Da hat man aber die *Rentabilität* eines Betriebes mit seiner Wirtschaftlichkeit verwechselt, weil man die Frage, wieweit das Verhalten eines Betriebes die Gesamtheit der Lebenslagen einer Gesellschaft verbessere, gar nicht stellte. Die *Rentabilität* eines Betriebes läßt sich natürlich *isoliert* feststellen! Man braucht nur die in Geld erfaßten Aufwendungen und die Einnahmen unter Zugrundelegung einer bestimmten Ausgangssituation und unter Berücksichtigung der Endsituation einander gegenüberzustellen! Ob aber für die Gesellschaft ein bestimmter Betrieb bei bestimmter Art der Führung wirtschaftlicher ist als bei anderer Art der Führung, kann nur danach entschieden werden, ob er in dem wirtschaftlicheren Wirtschaftsplan seine Stelle findet! Es kann ein Betrieb z. B. technisch aufs beste geleitet sein und seine Produktion steigern, und dennoch kann diese Steigerung unwirtschaftlich sein, weil man das so erzeugte Produkt z. B. nicht gebrauchen kann, da die Fabrik, welche die nötigen Ergänzungsstücke liefert, gar nicht leistungsfähig genug ist. In der kapitalistischen Ordnung drückt sich das *zum Teil darin aus,* daß die Waren, welche so entstanden sind, keinen *Absatz* finden. Dieses Urteil des Marktes *gibt es in der sozialistischen Wirtschaftsordnung nicht.* Im Sozialismus kann nur aufgrund sorgfältiger Berechnungen und nach Anhörung der Konsumentengrupppen, der Arbeitergruppen usw. die Entscheidung über einen ganzen Wirtschaftsplan gefällt werden, woraus die Entscheidung über die Wirtschaftlichkeit des Einzelbetriebes erfließt.

Die Wirtschaft einer Gesellschaft ist einem riesigen Gebäude vergleichbar, die Anfertigung eines Wirtschaftsplanes dem Entwurf des Architekturplanes! Wer eine Wirtschaft mitgestalten will, ist eine Art Architekt, der etwa im Felde eine Festung zu bauen hat. Die Mittel, die zu Gebote stehen, werden nicht gekauft. Er kann also nicht einmal eine »Geldabrechnung« liefern, die hinsichtlich des errichteten Bauwerks ohnedies nichts besagen würde, sondern er hat zu erwägen, wie er die vorhandenen Arbeitskräfte, Steine, Bäume, Grundflächen so verknüpft, daß eine ganze Reihe von Ergebnissen erzielt werden kann: Schutz gegen Angriffe, Wohnräume, Unterbringungsmöglichkeiten für Kranke usw. Er hat doch nicht eine Einheit, mit deren Hilfe er nun die Aufwendungen zu einer Summe vereinigen könnte, um dann durch die Differenzbildung festzustellen, was er geleistet oder schlecht gemacht hat! Das verlangen aber eigentlich jene, welche dem Wirtschaftsarchitekten die Pflicht auferlegen, er müsse mit Hilfe einer geldartigen allgemeinen Einheit sein Werk erstellen! Sowenig der bauende Architekt einer Einheit bedarf, um schaffen zu können, ebensowenig bedarf ihrer die Stelle, welche die Wirtschaft bestimmt. Aber wie der Architekt *möglichst* genau und *zahlenmäßig* die Größe der einzelnen Bauteile, den Umfang des hergestellten Bauraumes und vieles andere zu erfassen sucht, so wird dies auch der Wirtschaftsarchitekt tun.

Bei den meisten bürgerlichen Theoretikern der kapitalistischen Wirtschaftsperiode – und deren Ansichten haben auch auf einzelne Sozialisten abgefärbt – war stillschweigend oder ausdrücklich der Grundsatz zur Anwendung gekommen, daß der Markt ein ausreichendes Urteil über die Wirtschaftlichkeit der einzelnen Betriebe abgebe. Sinkender Reingewinn deute an, daß die Produktion irgendwie dem Gesamtmechanismus nicht angepaßt sei. Dabei wurden noch gemeinhin Kaufkraft der Bevölkerung und Bedarf der Bevölkerung verwechselt. Man sagte wohl, es sei kein Bedarf für Bücher vorhanden gewesen, wenn die Bevölkerung nicht so viel Geld für Bücher aufwenden konnte, daß die Reingewinne der Unternehmer genügend groß wurden. So entstand die weitverbreitete Meinung, es könne wenigstens für die kapitalistische Wirtschaftsordnung die Geldrechnung als Grundlage einer Wirtschaftlichkeitsbeurteilung dienen.

Aber selbst die eifrigsten Vertreter dieses Standpunktes müssen gewöhnlich an irgendeiner Stelle zugeben, daß die Geldrechnung *nicht immer letzte Instanz für die gesellschaftliche Wirtschaftlichkeitsbeurteilung sein kann;* damit gestehen sie ein, daß es selbst für sie eine andere letzte Instanz gebe, nach deren Urteil in gewissen Fällen die Geldrechnung *nicht* verwendbar sei.

Ludwig *Mises* zum Beispiel, ein ungemein typischer Vertreter der freien Verkehrswirtschaft – die ihre Gegner *Wildwirtschaft* nennen könnten, so wie die *Verwaltungswirtschaft* von ihren Gegnern *Zwangswirtschaft* genannt wird –, hat in seinem Buche »Gemeinwirtschaft« den Standpunkt vertreten, nur eine auf einer Einheit beruhende Geldrechnung vermöge die Grundlage für die Produktion abzugeben; die Geldrechnung gebe eben Aufschluß darüber, ob eine Produktion zu unternehmen oder zu unterlassen sei. Trotzdem finden wir aber auf S. 378 folgende bemerkenswerte Äußerung: »Sind vom Monopolgut mehr Einheiten vorhanden, als zum Monopolpreis abgesetzt werden können, dann muß der Monopolist so viele davon vom Markte fernhalten – sei es, daß er sie einsperrt, sei es, daß er sie vernichtet –, daß die zum Verkaufe gelangende Menge noch zum Monopolpreis abgesetzt werden kann. So hat die Niederländisch-Ostindische Kompagnie, die im 17. Jahrhundert den europäischen Kaffeemarkt monopolisierte, Kaffeevorräte vernichten lassen; so haben Monopolisten immer gehandelt, z. B. auch die griechische Regierung, die Korinthen vernichten ließ, um den Korinthenpreis erhöhen zu können. Über die volkswirtschaftliche Bedeutung dieser Vorgänge kann es nur *eine* Meinung geben: Sie vermindern den der Bedürfnisbefriedigung dienenden Vorrat, sie erzeugen *Wohlstandsabnahme,* Verschlechterung der Versorgung. Daß Güter, die Bedürfnisse hätten befriedigen können, vernichtet werden, daß Nahrungsmittel, die den Hunger vieler hätten stillen können, dem Untergang überliefert werden, kann man nur in *einer* Weise beurteilen, und die volkstümliche Verurteilung dieses Vorganges deckt sich hier ausnahmsweise einmal mit der Einsicht des Nationalökonomen.« Das heißt: In diesem Falle der Gütervernichtung kennt Mises eine *Wohlstandserfassung neben der Geldrechnung,* an die er appelliert! Aber der *Vernichtung* der Bedarfsartikel kommt die *Einschränkung* der Produktion vielfach gleich oder nahe. Es macht keinen allzu großen Unterschied, wenn die englische Fischerflotte des 18. Jahrhunderts, wie Archenholtz erzählt, schon gefangene Fische ins Meer wirft oder wenn die modernen englischen Fischerflotten, wie die Zeitungen berichteten, gar nicht auf Fang ausfahren, die Schiffe unbenutzt lassen, die Arbeiter zur Arbeitslosigkeit verdammen und eßbare Fische den Hungernden nicht zuführen, weil deren Kaufkraft nicht groß genug ist oder nicht die von den Eigentümern der Produktionsmittel gewünschte Richtung einschlägt. Ludwig Mises betont nun mit Nachdruck: »Doch die Zerstörung von wirtschaftlichen Gütern ist auch im Geschäfte der Monopolisten nur ein *seltener* Fall. Der rechnende Monopolist erzeugt nicht Güter, um sie nachher zu zerstören. *Er drosselt rechtzeitig die Erzeugung,* wenn er weniger Waren abzusetzen gewillt ist. Nicht unter dem Gesichtspunkt der Zerstörung von Gütern, sondern unter dem der Einschränkung der Produktion ist das Monopolproblem zu betrachten.« Abgesehen davon, daß die »seltenen« Fälle doch einen Theoretiker ebenso interessieren können wie die weniger seltenen, ist doch wahrlich zwischen der Zerstörung und der Einschränkung, wie wir angedeutet haben, kein so grundsätzlicher Unterschied, zumal ja doch nicht in der wirklichen Wirtschaftsordnung, wenn der Heringsfang eingestellt wird, die arbeitslosen Arbeiter in andere Produktionszweige übergehen können und die Schiffe im allgemeinen unbenutzt bleiben. Mises muß aber zugeben, daß selbst dort, wo nun diese Arbeiter vielleicht um niedrigen Lohn Wege ebnen, statt Fische zu fangen, oder die Schiffe für kleine Vergnügungsfahrten verwendet werden, eine *volle Unbenutzung* also ausbleibt, *Unterbenutzung* vorliegt; er kommt zu dem denkwürdigen Satz: »Das sind weniger wichtige Güter, sie würden nicht erzeugt und verwendet worden sein, wenn man das dringendere Bedürfnis nach weiteren Einheiten des Monopolgutes hätte befriedigen können. Die *Differenz* zwischen dem *Werte dieser Güter* und dem *höheren* der nicht erzeugten Menge des Monopolgutes stellt die *Wohlstandseinbuße* dar, die die Volkswirtschaft durch das Monopol erleidet.« Wir sehen, Mises kommt auch hier zu einer Wohlstandserfassung, die offenbar *geldfrei* ist, weil sie doch dazu verwendet wird, um eine *Geldrechnung,* nämlich die der Monopolisten, zu beurteilen: Wenn man im Fall des Monopols über eine Wohlstandsrechnung nach Mises verfügt, um über die Geldrechnung zu Gericht zu sitzen, *dann müßte man doch immer über sie verfügen und könnte die gesamten Wirtschaftsvorgänge dem Urteil dieser Instanz unterwerfen!*

Mises verwirft nicht einmal alle Monopole, geschweige denn, daß er zugestände, die überlieferte Wirtschaftsordnung kenne auch viele andere Wohlstandsminderungen –; von der Annahme ausgehend, daß die sozialistische Wirtschaft *eine einzige riesige Monopolwirtschaft* wäre, gelangt er zwar zu der Behauptung: »Hier fallen privatwirtschaftliche Rentabilität und volkswirtschaftliche Produktivität *nicht* zusammen. Eine sozialistische Gesellschaftsordnung würde anders verfahren, als es in der kapitalistischen Gesellschaft geschieht«, meint aber, es sei naiv, anzunehmen, die sozialistische Gesellschaft werde tun, was das absolut Gute sei. »Wir haben keinen Maßstab, der uns ermöglichen würde, darüber, was hier gut und schlecht ist, eine allgemeingültige Entscheidung zu treffen.« Abgesehen davon, daß Mises diese Einschränkung oben bei der Feststellung der »Wohlstandsabnahme« *nicht* gemacht hat, mag man ihm zugestehen, daß der allgemeingültige Maßstab fehlt; es bleibt jedenfalls bestehen, daß die kapitalistische Ordnung einen Ablauf erzeugt, den wir vorher *nicht* bestimmen können, während in der sozialistischen Wirtschaft eine planmäßige Entscheidung über Produktion und Verteilung getroffen werden kann, die, mag sie den Wohlstand erhöhen oder erniedrigen, jedenfalls dem Willen der Betroffenen entsprechen kann!

Mises und ebenso die anderen Theoretiker, die ähnliche Gedankengänge vertreten, müssen eigentlich zugestehen, daß sie selbst, wenn auch sozusagen *neben* ihrer Theorie, eine Wohlstandserfassung im groben aufmachen, mittels deren sie »Monopolwirtschaft«, »Wirtschaft der freien Konkurrenz«, »Sozialistische Wirtschaft« miteinander vergleichen. Wir haben dies nun oben nicht im groben, sondern möglichst genau, zu tun unternommen und gezeigt, daß diese »Wohlstandsabnahmen« und »Wohlstandszunahmen« sich nicht so selbstverständlich ergeben, wenn etwa gewisse Gruppen der Bevölkerung Lebenslagenverbesserungen, andere Lebenslagenverschlechterungen *gleichzeitig* erleben; *daß aber eine sozialistische Wirtschaft Entschlüsse auch dann fassen kann, wenn man zu keiner einheitlichen Endsumme zu kommen vermag.* Auch manche Sozialisten gehen auf den 52. Gedankengang von Mises ein: ohne Rechnung mit *einer* Einheit ist eine Wirtschaft *nicht* möglich; Sozialismus kennt keine Rechnung mit *einer* Einheit, folglich ist er nicht möglich – und suchen *deshalb* zu beweisen, auch im sozialistischen Staat gebe es eine solche Rechnung.

Wesentlich ist für uns, daß die *Naturalrechnung des Wirtschaftsplanes die geldfreie Grundlage der sozialistischen Wirtschaftlichkeitsrechnung sein muß.*

Statistik und Sozialismus

Statistik ist Freude für die Erfolgreichen. Mit Stolz erzählt der Bürger der USA von den höchsten Wolkenkratzern, den schnellsten Flugzeugen und davon, daß sein Land mehr an Petroleum, Kohle, Automobilen produziert als alle anderen Länder zusammengenommen. Zahlen werden zu Fahnen des Sieges. Nicht minder freut sich die Arbeiterschaft am Anwachsen der proletarichen Organisationen. Mut schöpft die Arbeiterschaft aus der Tatsache, daß mehr als die Hälfte der Erwerbstätigen Proletarier sind oder dem Proletariat nahestehen. Alle Hoffnungen, auch auf dem Boden der Parlamente siegreich zu sein, beruhen darauf. Welche Chance, in absehbarer Zeit die Macht in den Stadtparlamenten zu erobern! Das Bürgertum hat von solchen statistischen Betrachtungen keine Aufmunterung zu erhoffen. Es hält sich lieber an die geheimnisvolle Macht der Einzelpersönlichkeit und an alles, was jenseits der bloßen Zahlen liegt.

Aber *Statistik ist* für jeden denkenden Arbeiter auch ein *wesentlicher Bestandteil der sozialistischen Ordnung*. Wenn an die Stelle der vielen Einzelunternehmer die Gesamtheit tritt, muß sie wissen, wie bestimmte Mengen an Arbeitskräften, Maschinen, Rohstoffen anzuwenden sind, damit eine bestimmte Menge an Wohnung, Nahrung, Kleidung, Bildung, Vergnügungen, Krankenpflege usw. gesichert ist, deren Verteilung nach bestimmten Grundsätzen erfolgt.

Heute gibt es Ansätze zu solcher Verwaltungswirtschaft. Man orientiert sich durch Zählung über die Zahl der Neugeborenen und kann unter Berücksichtigung der Sterblichkeit berechnen, wie viele Kinder in sechs Jahren die Schule besuchen werden, wie viele Schulräume, wie viele Lehrer man daher benötigen wird. Je mehr die Produktion durch öffentliche Körperschaften erfolgt (Eisenbahn, Post usw.), um so stärker stützt sie sich auf Statistik. Eine Stadt, die den Wohnungsbau organisiert, kümmert sich anders als die Hausbesitzer und Bauunternehmer darum, wie viele Wohnungslose es gibt, wie viele schlechte Wohnungen, sie kümmert sich ganz anders darum, die Produktionsmöglichkeiten mengenmäßig kennenzulernen. Hausbesitzer und Bauunternehmer konnten sich darauf beschränken, an den Mietzinsen und Baumaterialpreisen abzulesen, wie die Aussichten für sie seien.

Die Statistik zeigt, in welchem Umfang für die Bevölkerung gesorgt ist, wie viele Menschen große, wie viele kleine Wohnungen haben, wieviel Brot, Milch, Fleisch auf die Kinder der verschiedenen Klassen entfällt, wie Tuberkulosesterblichkeit bei verschiedenen Einkommen verschieden ist, wieviel Krankheitstage und welche durchschnittliche Lebensdauer auf die verschiedenen Berufsgruppen entfallen. Die schwersten Anklagen gegen die kapitalistische Ordnung kann die Arbeiterschaft mit stärkstem Nachdruck aufgrund der Statistik erheben. Begreiflich, daß sehr wichtige Daten, die hierfür in Frage kommen, von bürgerlicher Seite nicht mit besonderem Eifer beschafft werden. Das Bürgertum sichert sich da weniger durch Lüge als durch ausgebreitete Sabotage. Es ist daher von größter Wichtigkeit, daß die Arbeiterschaft selbst über den statistischen Erhebungsapparat verfügt.

Daß heute schon ein Teil der Kritik mit Hilfe der vorhandenen statistischen Daten möglich ist, hängt damit zusammen, daß insbesondere das Zeitalter des Spätkapitalismus die Bürgerlichen zwang, sich der Statistik zu bedienen. Die erste Blüte der Statistik ist eng mit dem Absolutismus verknüpft. Die planmäßige Besteuerung führte zu genaueren Zählungen, ebenso das Bemühen der Regenten, Produktion und Ausfuhr des Landes zu steigern. Die Bürokratie des aufgeklärten Absolutismus, der auch die Fürsorge für die Bevölkerung als landesväterliche Angelegenheit behandelte, war durchaus statistisch eingestellt. Einer der führenden Staatsmännder des 18. Jahrhunderts, Kaunitz, wollte eine Universaltabelle schaffen, aus der die Bevölkerung, die Getreide-, Wein- usw. Produktion, der Umfang der Viehzucht und der Manufaktur einer jeden Provinz entnommen werden könnte: »Da ja nur gute Populations-, Kultur-, Manufaktur-, Kommerzialtabellen usw. der Grund von aller Aufsicht einer wahren Staatsökonomie seien, ohne welche man niemals mit gehöriger Verläßlichkeit in das Große arbeiten kann.« In dieser wie in mancher anderen Richtung ist der Verwaltungszentralismus der aufgeklärten Monarchie eine Art unentfalteter Vorläufer des Verwaltungszentralismus der sozialistischen Gesellschaft. Der aufgeklärte Absolutismus hat die Grundmauern zu jenem Gebäude geschaffen, das man am besten als Universalstatistik bezeichnen mag, deren Wesen darin besteht, daß alle statistischen Daten über ein Gebiet untereinander verknüpfbar sind, derart, daß man z. B. den Weg der Rohstoffe verfolgen kann. Der Absolutismus wollte für seine

Zwecke alles in Erfahrung bringen und schreckte vor keiner
Erhebung zurück. An der Abnahme der Sterblichkeit und der
Erkrankungen, an der Erhaltung des Bauernstandes war er im
Hinblick auf die Rekrutierung, aber auch im Hinblick auf die
Beschaffung tüchtiger Arbeitskräfte interessiert. Hat doch sogar
im 19. Jahrhundert die statistische Feststellung, daß die Rekrutierungsergebnisse in gewissen Industriegebieten sich verschlechterten, Preußen zu sozialpolitischen Maßnahmen veranlaßt, für die
damals ja noch kein organisiertes Proletariat kämpfen konnte. Das
große Interesse, das der aufgeklärte Absolutismus der Bevölkerungszahl entgegenbrachte, zeigt sich darin, daß man die Wichtigkeit von Staaten wesentlich nach ihrer Bevölkerungszahl abschätzte. Auf dem Wiener Kongreß z. B. wurden Landgebiete,
vor allem aufgrund gleicher Einwohnerzahlen, bei Tauschaktionen einander gleichgesetzt. Die Entwicklung der Statistik war
aber nicht auf öffentliche Erhebungen beschränkt; statistische
Schätzungen spielten keine geringe Rolle, zumal viele der führenden Statistiker als Privatleute ihre Erhebungen und Berechnungen durchführten. Der sicherste Ausgangspunkt war freilich im
allgemeinen die Kirchenbucheintragung, d. h. bevölkerungsstatistisches Material. Schon im 17. Jahrhundert untersuchten Statistiker die Frage, wie sich die Knabengeburten zu den Mädchengeburten verhalten, wie Lebensdauer, Selbstmord und Beruf miteinander zusammenhängen usw. Ganz im Sinne der Aufklärung
wurde der Mensch gewissermaßen wie ein Tier unter Tieren
behandelt, was nicht hinderte, daß die statistischen Betrachtungen
reichlich mit religiösen Erwägungen durchsetzt waren und auch
die Statistik wie die Naturwissenschaften vielfach dazu dienen
mußten, das Lob Gottes zu erhöhen, der die Monogamie befohlen
und dementsprechend die Geburten geregelt habe.

Das Zeitalter der freien Konkurrenz war der Entwicklung der
Statistik an sich nicht günstig, zumal Anhänger des Liberalismus,
welche den Staat zum »Nachtwächter« machten, in statistischen
Erhebungen beinahe eine Art Freiheitsbeschränkung sahen. Jedenfalls war damals die Entwicklung der Arbeiten an einer Universalstatistik im wesentlichen auf lange Zeit hinaus gehemmt. Es
fehlte eine alles beherrschende oberste Instanz. Auch als an die
Stelle der Einzelunternehmungen Verbände traten, wurden die
statistischen Erhebungen von Kartellen, Trusts, Versicherungsgesellschaften, Banken und öffentlichen Stellen mit sehr verschie-

dener Orientierung gemacht. Die Handelsstatistik gruppiert anders als die Produktionsstatistik, so daß eine Gegenstandsgruppe, die in der einen auftritt, in der anderen gar nicht vorkommt. Während die eine Statistik die Geldpreise festhält, erfaßt die andere die Mengen usw. Dazu kommt, daß die Statistik große Lücken aufweist. Wie schwer ist es, eine Produktionsstatistik aufzustellen, gegen die sich das Unternehmertum wendet, wenn das Betriebsgeheimnis gefährdet ist. Es gibt denn auch heute noch Länder ohne Produktionsstatistik. Die Quelle der Einkommen ist auch mehr oder minder in Dunkel gehüllt.

Immerhin mußte gerade die Neuregelung der Verwaltung und Wirtschaft in Frankreich durch die Französische Revolution auf Statistik gegründet werden. Hervorragende Mathematiker mußten durch geschickte Verknüpfung vorhandener Daten und Schätzungen die gewünschten Aufklärungen über Nacht beschaffen, so wie etwa Rathenau die Kriegsrohstofforganisation Deutschlands aufgrund grober Schätzungen zu schaffen gezwungen war. Der Ausbau der öffentlichen Statistik beschäftigte das ganze 19. Jahrhundert, aber auch die wissenschaftliche Forschung wendete sich der Statistik von den verschiedensten Seiten her zu. Ein großer Teil der wirtschaftsstatistischen Erörterungen und Erhebungen beschränkte sich auf Geldsummen, auf Geldbilanzen, ohne immer die Sachmengen genügend zu berücksichtigen. Der Nationalreichtum usw. wurde in Geldbeträgen angegeben.

Aber der Mensch wurde nicht nur als Bürger, Soldat und Kaufmann erfaßt, man begann, sich auch um sein persönliches Verhalten, seine Körpergröße, seine Kriminalität zu kümmern, man bemerkte, daß sich menschliche Massen viel gleichmäßiger verhalten, als man nach dem so verschiedenartigen Leben und Treiben der Menschen erwarten sollte. Die Zahl der Verbrechen bleibt annähernd gleich, ebenso die Zahl der Selbstmorde, aber auch die Zahl der Briefe, die ohne Adresse in den Briefkasten geworfen werden. Der durchschnittliche Mensch, der »mittlere Mensch«, wurde Gegenstand intensivster Untersuchungen. Damit waren vielfach Untersuchungen über den Zusammenhang zwischen Einkommen und Kriminalität verknüpft, und nicht wenige Denker kamen zu der Anschauung, daß das Verhalten menschlicher Gruppen wesentlich von den sozialen Verhältnissen, der Schichtung der Einkommen usw. abhänge. Aus der Statistik erwuchs der Opposition gegen die bürgerliche Ordnung mannigfache Anregung. Die Entwicklung der bürgerlichen Produktion ist wesentlich von einer mäßigen Pflege der Statistik abhängig. Aber das Dosieren ist schwer. Schafft sich einmal eine herrschende Klasse ein gesellschaftliches Instrument, so hat dies bald ein Eigenleben, welches nicht selten den Schöpfern der Institution unbequem wird. Das Proletariat wird die statistische Aufklärung übernehmen müssen, ebenso wie die Pflege der Wissenschaft im Sinne freier wissenschaftlicher Tradition; das Bürgertum, das offenbar innerlich gehemmt ist, der Statistik wie auch sonst der Wissenschaft freie Bahn zu lassen, wird den Versuch machen, die statistische Aufklärung in der Hand zu behalten, ähnlich wie dies auf dem Gebiete der Volksbildung geschehen ist.

Die Kriegswirtschaft hatte planmäßige Regelung der Produktion und des Verbrauches notwendig gemacht. Wie sehr den herrschenden Klassen dies widerstrebt, ersieht man daraus, daß all diese Ansätze zu einer Universalstatistik überall dort, wo die Herrschaft der bürgerlichen Ordnung fortdauert, wieder eingeschnürt sind. Nur in Rußland erfreut sich die Wirtschaftsstatistik im Zusammenhang mit den Bemühungen um einen *Wirtschaftsplan* eifriger Pflege, wobei es gilt, besonderer Schwierigkeiten Herr zu werden, die mit den sprunghaften Änderungen zusammenhängen. Der kapitalistische Konzentrationsprozeß ist der Entwicklung der Statistik im ganzen günstig, weil vor allem die Riesenorganisationen ihre eigene Statistik haben und weil sie ihre Maßnahmen in höherem Grade als Einzelunternehmer aufgrund von statistischen Erwägungen treffen, abgesehen davon, daß die rein geldwirtschaftlich orientierte Konjunkturforschung, die ein Zeichen unserer Zeit ist, durchaus statistisch orientiert erscheint.

Die Weltanschauung der neuen Periode bereitet sich aber auch hier auf viel breiterer Basis vor, als man im ersten Augenblick vermuten sollte. Statistisches Denken durchdringt immer mehr die Naturwissenschaften, ausgehend von gewissen Betrachtungen, die Molekülmassen wie Völker behandeln. Ja, es werden bereits Stimmen laut, welche von einem Sieg der statistischen Betrachtung über die Kausalbetrachtung reden. Ohne diese Erscheinungen zu überschätzen, kann man sie immerhin als ein Zeichen dafür anführen, daß statistisches Denken sich durchsetzt und zu einem wesentlichen Bestandteil der Erkenntnis wird. Statistik ist nicht eine Spezialangelegenheit für Fachleute, sondern gehört der Gesamtheit.

Ideologisch ist das Proletariat durch den Marxismus für statistisches Denken gut vorbereitet. Massenschicksale, Quantitäten aller Art, die man unmittelbar feststellen kann, sind die Grundlagen marxistischer Denkweise. Die Reservearmee wird gezählt, die Arbeitszeit wird gemessen, Klassen spielen zahlenmäßig eine Rolle. In gewissem Sinne steckt in jeder bürgerlichen sozialstatistischen Untersuchung Marxismus, manchmal mehr als in marxistischem Philosophieren. Die statistische Tagesarbeit in den Gewerkschaften, in den Arbeiterparteien und sonst in der Arbeiterbewegung findet eine Stütze an einer statistisch gerichteten Grundeinstellung der Bewegung. Es bedeutet Förderung sozialistischen Denkens, wenn in allen Arten von Arbeiterschulen Statistik und die Methoden statistischer Veranschaulichung eingehend behandelt werden. Das Bildungsprivileg auf diesem Gebiete zu brechen, hat das Proletariat ein ganz besonderes Interesse.

Aber nicht nur als technisches Mittel, als Stärkung des Selbstbewußtseins ist die Statistik für die Arbeiterbewegung und für die Zukunft bedeutsam. Sie trägt in sich auch die Voraussetzungen für jene Art Menschlichkeit, die heute immer häufiger wird.

Wem das Schicksal der breiten Massen am Herzen liegt, den interessiert es nicht so sehr, wie trefflich eine einzelne Lungenheilstätte eingerichtet ist, sondern vor allem, wie viele Menschen durch eine Lungenkrankenfürsorgeorganisation erfaßt, wie viele gebessert entlassen werden. Erst die Statistik zeigt, was eine Einrichtung bedeutet. Vertreter der besitzenden Klassen sind zufrieden, wenn sie von technischen Neuheiten hören, die dem täglichen Leben Behagen verleihen. Sie wissen, daß, mit den nötigen Geldmitteln ausgestattet, sich jeder ihrer bedienen kann. Wer um die Existenz ringt, will wissen, wie vielen Menschen eine Neuerung zugänglich gemacht werden kann.

Hygienische Maßnahmen können allzuleicht wie technische Leistungen als Äußerungen menschlichen Scharfsinns erscheinen oder als Hilfsmittel, mit denen der besser Orientierte sich sichern kann; erst die Statistik macht sie zu einer Sache menschlicher Betrachtung. Die statistische Denkweise entfernt nicht vom lebendigen Menschen, sie führt zum lebendigen Menschen hin. Sie zeigt, wo der einzelne mitleiden kann, wo er sich mit zu freuen vermag. Sich mit den anderen als eine Gemeinschaft fühlen kann man nur, wenn man lebhaft vor Augen sieht, wie die Gesamtheit leidet und sich freut. Die breiten Massen des Proletariats können sich auf dem überlieferten Wege schwer statistische Einsicht aneignen, wohl aber öffnen sich neue Bahnen, mit Hilfe der Bildstatistik rasch Überblicke zu gewinnen. Alles, was der bildhaften Veranschaulichung gesellschaftlicher Zusammenhänge auf statistischer Grundlage dient, dient, wie wir sahen, letzten Endes der Menschlichkeit.

Statistik ist Werkzeug des proletarischen Kampfes! *Bestandteil sozialistischer Wirtschaftsweise, Freude* des siegreich vordringenden Proletariats und nicht zuletzt Grundlage *menschlichen Mitgefühls!*

Statistische Hieroglyphen

Die modernen Menschen empfangen einen großen Teil ihres Wissens und ihrer allgemeinen Bildung durch *bildhafte Eindrücke,* Illustrationen, Lichtbilder, Filme. Die Tageszeitungen bringen von Jahr zu Jahr mehr Bilder. Dazu kommt das gesamte Reklamewesen, das einerseits mit optischen Signalen, anderseits auch wieder mit Darstellungen arbeitet. Ausstellungen, Museen sind durchaus Kinder dieses Schaugetriebes.

Die *Methode* der bildlichen Darstellung ist bisher wenig entwickelt. Erst allmählich entsteht eine Museums- und Ausstellungstechnik, die über gesicherte Erfahrungen verfügt. Der Lauf der Sterne läßt sich verhältnismäßig leicht wiedergeben, wenn man nur alle Kenntnisse und Hilfsmittel zusammenfaßt. Das große Planetarium, welches auf der Gesolei zu sehen ist, zeigt das zur Genüge.

In ähnlicher Weise kann man den Blutkreislauf abbilden, indem man das Herz als eine Pumpe behandelt und so das alte Gleichnis in die Wirklichkeit umsetzt. Die Ventrikel werden vergrößert gezeigt, die Klappen in Gummi wiedergegeben. Glasröhren sind die Adern. Der Beschauer sieht gewissermaßen in den Menschen hinein.

Weit schwieriger ist es, gesellschaftliche Zusammenhänge abzubilden. Bis man bewegliche Modelle des Gesellschaftslebens bauen kann, muß das Verständnis für die reine Wiedergabe mengenmäßiger Beziehungen weit mehr entwickelt sein. Es geht zunächst darum, Abbildungen zu schaffen, die möglichst ohne Text verständlich sind. Länder sind Flächen, Menschen Figuren, die auf ihnen stehen, Einfuhr und Ausfuhr sind Warenmengen, welche mit Eisenbahnzügen in ein Land hereinkommen, aus einem Lande hinausgehen. Aber der Verbrauch an Elektrizität ist nicht in gleicher Weise erfaßbar. Der Bedarf symbolischer Darstellung, Kredit und Reingewinn sind gleichfalls schwer zu erfassen. Aber schon bei den einfachen statistischen Zusammenhängen türmen sich pädagogische Schwierigkeiten aller Art auf, die erst langsam überwunden werden. Es müssen vor allem Bildzeichen geschaffen werden, die so »gelesen« werden können wie von uns allen Buchstaben und von den Kundigen Noten. Es handelt sich um Schaffung einer Art Hieroglyphenschrift, die einer internationalen Anwendung fähig ist.

Die ägyptischen Wandmalereien, ebenso wie die ägyptische Hieroglyphenschrift, haben ähnlich Probleme zu bewältigen gesucht. Die ägyptische Geschichte umfaßt ein durchaus statistisches Zeitalter! Eine Großnaturalwirtschaft wie die ägyptische bedurfte einer umfassenden Naturalrechnung, die zu einer systematischen Buchhaltung ausgebildet wurde! Der Mann, der die Größe der Herden aufschrieb, die Abgaben an die Götter, an den König, die Einkünfte der einzelnen Höfe notierte, der Schreiber, war eine der wichtigsten Persönlichkeiten! Wir sehen auf den Wandgemälden, in den Hieroglyphen denn auch immer wieder den »Schreiber«, das heißt den typischen ägyptischen Beamten, über dessen Bürokratentum man sich lustig machte, dessen Macht und öffentliche Anerkennung allen bewußt war. Herden marschieren auf, Tiere werden vorgeführt, Diener tragen Gaben, ein Diener, zwei Diener, drei Diener, jeder kommt etwa aus einem anderen Dorfe. Auch wir haben ähnliche Interessen der Darstellung!

Und so beginnen wir denn, Massenerscheinungen einzufangen. Da wir über eine schwach entwickelte Tradition verfügen, müssen im Gesellschafts- und Wirtschaftsmuseum neue Formen geschaffen werden, die unmittelbar einleuchten. Drastische, ja groteske Figuren leisten dies, aber sie lenken allzuleicht den Beschauer ab. Auch pflegt eine Kennzeichnung, die durch ihre Besonderheit einmal sich sehr bewährt, gerade dadurch ein andermal unverwendbar zu werden. Es geht aber darum, womöglich mit demselben Zeichen für denselben Gegenstand im ganzen Museum, ja auf allen Ausstellungen das Auslangen zu finden. All das drängt dazu, von den »interessanten« Darstellungen abzugehen, vor allem aber auf »Naturalismus« zu verzichten. Wenn irgendwo, so hat die *abstrakte Darstellungsweise* hier ihren Platz. Eine Arbeitermasse soll womöglich aus gleichen Zeichen zusammengesetzt werden, wenn für die gesellschaftlichen Betrachtungen einer wie der andere zählt! Werden Arbeiter aufeinanderfolgender Jahre vorgeführt, die zum Beispiel verschiedene Mengen Brot essen, so wird man die Figuren der Arbeiter nicht um der Freude an der Mannigfaltigkeit willen verschieden machen. Das könnte höchstens geschehen, wenn es sich um Personen handelt, die durch Jahrzehnte voneinander getrennt sind und daher verschiedene Tracht haben. Es ist ein schwieriges Problem, Arbeiter verschiedener Länder verschieden zu bezeichnen. Ist es doch eine kennzeichnende Eigenschaft unseres Zeitalters, daß die Kleiderformen sich immer mehr aneinander angleichen, so daß man durch den bloßen Anblick einen deutschen, einen französischen, einen englischen Arbeiter schwer voneinander unterscheiden kann. So steht es auch mit der Gesamtbevölkerung. Es geht nicht gut an, auf die Vorstellungswelt einer früheren Periode zurückzugreifen und etwa den Amerikaner durch seinen grauen Zylinderhut, den Ziegenbart und andere Absonderlichkeiten, den Deutschen durch seine bäuerliche Tracht und seine Zipfelmütze zu kennzeichnen. Die modernen Menschen kennen solche Unterschiede nicht! Je mehr etwas der Vergangenheit angehört, um so leichter läßt es sich im allgemeinen individualisieren! Flaggen sind Notbehelfe. Man spürt förmlich bei dem Versuch, Grenzen zu schaffen, daß die Geschichte über diese Trennungen hinwegzugehen sich anschickt, besonders dort, wo es sich um Industrieproduktion und Proletariat handelt!

Für viele Menschen ist die bildhafte Darstellung statistischer Größen etwas Erfreuliches, das sie beglückt genießen! Aber es gibt auch Skeptiker, Menschen von geringer optischer Empfänglichkeit. Sie fragen etwa, wozu man denn überhaupt Figuren verwendet. Bestenfalls meinen sie, daß man durch solche Spiele die Menschen wie große Kinder heranlocken wolle. Zum Teil trifft das zu. Aber die bildhaften Darstellungen haben eine weit wesentlichere, psychologisch wohlbegründete Bedeutung! Es klingt sehr verständlich, wenn die Gegner der bildhaften Darstellung meinen: Was ist denn geleistet worden? Man hat die längst bekannten roten und rosa Balken in rote Männlein und rosa Weiblein aufgelöst, den blauen Balken mit Schneiderscheren, den grünen mit Kinderbildchen versehen! Nicht doch. Wenn ein Mensch, der ein optisch gerichtetes Gedächtnis hat, sich die Streifen wirklich in ihrer Länge und Anordnung merkt, so muß er sich unoptisch *dazu* merken, was sie bedeuten! Denn nach einiger Zeit weiß er gar nicht mehr, daß rot die Männer, rosa die Frauen, daß blau die Textilindustrie und grün die Kinder sind! Wohl aber merkt er sich die Bedeutung der Balken, wenn sie nicht nur farbig, sondern auch noch figural sind! Eine rote Männerreihe symbolisiert eben viele Männer!

Die konsequente Durchführung dieses Grundsatzes bedeutet, daß in volkstümlichen Darstellungen gesellschaftlicher Tatbestände die »Kurve« verschwindet und einer Aufeinanderfolge von belebten Bändern Platz macht, deren Enden wie die Kurve verlaufen! Die Darstellung in Kurvenform hat ihren guten Sinn für mathematische Behandlung von statistischen Erscheinungen, oft aber täuscht sie nur Wissenschaftlichkeit dem Beschauer vor, der hinter der Kurve etwas sucht, was gar nicht hinter ihr steckt! Es kommt nicht selten vor, daß man von einem Punkte der Abszissenachse aus die Produktion des Jahres aufträgt und nun von dem nächsten Punkt die nächste Jahresproduktion! Was erfährt der Beschauer, wenn er die Endpunkte mit Linien verbindet? Die dazwischenliegenden Punkte lassen ja keine Deutung zu! Nur wo man einige Größen hat, die dazwischenliegenden aber einzufügen sucht, hat auch für den ungelehrten Beschauer unter Umständen die Kurve einen Sinn. Im Gesellschafts- und Wirtschaftsmuseum wird die Kurve eine Ausnahme bilden. Die gesellschaftliche Wirklichkeit kennt keine kontinuierlichen Übergänge. Der realistische Blick leidet unter Kurvendarstellungen!

Am besten können Menschen Längen miteinander vergleichen! Die größere Menge wird in den Darstellungen des Gesellschafts- und Wirtschaftsmuseums fast ausschließlich durch eine größere Zahl von Zeichen gekennzeichnet, die in Form eines Streifens angeordnet sind! Auch dort, wo reine Farbflächen angewendet werden, bringt das Museum niemals Quadrate, weil sie untereinander schwer vergleichbar sind. Die große Verbreitung der Quadrate und Würfel in den populären statistischen Darstellungen hängt wohl damit zusammen, daß man Räume nach Quadratmetern und Kubikmetern mißt! Verschieden große Menschenmassen durch verschieden große Menschen darzustellen führt *irre*. Wenn etwa die Franzosen doppelt soviel Todesfälle haben wie die Deutschen, soll dies durch einen größeren Franzosen und einen kleineren Deutschen dargestellt werden? Und wenn man solche Darstellung versucht, soll der Franzose die doppelte Länge haben, das heißt einen mehr als doppelt so großen Körper als der Deutsche? Das Gesellschafts- und Wirtschaftsmuseum legt in solchem Falle zwei tote Franzosen neben einen toten Deutschen! Und wenn schon einmal eine Signatur für Tote da ist, die etwa in einen Rahmen eingeschlossen wird, dann kann die halbe Menge so dargestellt werden, daß man die Figur halbiert, so wie man etwa eine Schokoladentafel in der Mitte entzweibricht! Im allgemeinen wird man durch das gleiche Symbol die gleiche Menge darstellen lassen, mindestens auf derselben Tafel. Soll dasselbe Symbol in verschiedenen Darstellungen verschiedene Mengen bedeuten, so wird man die Symbole möglichst unterscheidbar machen. Im allgemeinen werden Menschen nebeneinander, Dinge übereinander angeordnet, doch läßt sich dieser Grundsatz nicht immer durchführen, besonders dann nicht, wenn Menschenmassen irgendwelchen Quantitäten von Dingen zugeordnet werden sollen.

Die lebhaften Farben werden zur Kennzeichnung bestimmter Tatbestände verwendet, Grau deutet das »Unbestimmte«, zum Beispiel das »Nichtorganisierte« im Gegensatz zum Organisierten, an. Wo es möglich ist, wird an die überkommene Farbensymbolik angeknüpft, etwa Grün für die Landwirtschaft verwendet, Weiß für die Wasserkräfte (weiße Kohle), wie dies ja in der Kartographie oft erprobt wurde. Um die Farben möglichst rein wirken zu lassen, ist das Gesellschafts- und Wirtschaftsmuseum durchweg vom »Malen« abgegangen und stellt seine Bildertafeln in »Scherenschitt« her, wozu ja gerade in Wien durch Versuche der Kunstgewerbeschule Anregung gegeben war. Die »Zufälligkeiten« des Stoffes sind jetzt fast ganz überwunden und werden durch weitere Maßnahmen, die geplant sind, wohl in noch höherem Maße überwunden werden.

Mit Hilfe der Farbenunterschiede läßt sich sehr viel ausdrücken, was mit Hilfe der Schwarzweißtechnik nur unzulänglich dargestellt werden kann. Die wechselnde Hintergrundfarbe ist ein treffliches Hilfsmittel; man kann zum Beispiel die gleichen Symbole (rote Arbeiter) auf verschiedene Hintergrundfarbe setzen; brauner Hintergrund bedeutet etwa: gehört der Pensionsversicherung an, orangefarbener Hintergrund besagt etwa: ist als öffentlicher Angestellter gesichert, der graue Hintergrund bedeutet, daß er ohne Schutz ist. Werden Menschengruppen in aufeinanderfolgenden Jahren miteinander verglichen, so werden die Figuren eines Jahres auf einen Streifen gesetzt. Diese Streifen, die sozusagen die Jahre andeuten, werden gleich lang gemacht. Wo verschiedene Gruppen nebeneinandergestellt werden, erhalten sie im allgemeinen neben verschiedener Körperfarbe auch verschiedene Hintergrundfarbe, die eine mattere Abtönung der Körperfarbe ist, um so die Gruppen besonders scharf gegeneinander abzuheben. Oft müssen Menschen, wenn sie zum Beispiel nach Berufen aufgeführt werden, durch handwerkliche Symbole näher charakterisiert werden. Freilich muß eine Überzahl von Farben vermieden werden, soll die Aufnahmefähigkeit nicht leiden.

Wo relative Zahlen besonders interessant und wichtig sind, werden sie tunlichst in Verbindung mit den absoluten Zahlen vorgeführt. Auf diese Weise berichtet die Tafel viel mehr über die Wirklichkeit. Würde man zum Beispiel die Bevölkerungsdichte der verschiedenen europäischen Länder aufzeichnen, so würde Belgien an erster Stelle stehen. Die Bedeutung dieser Tatsache wird aber erst klar, wenn man die absolute Größe von Belgien kennt. Es interessiert uns zwar, wieviel Ordinationen durchschnittlich auf ein Krankenkassenmitglied entfallen, aber die soziologische Bedeutung wird erst klar, wenn man weiß, wie viele Menschen daran partizipieren. Wenn darzustellen ist: auf den Kopf entfallen soundsoviel Ordinationen, dann zeichnet man die Mitglieder in eine Reihe , darüber die Ordinationen in Reihen, die gleichviel Symbole enthalten (wobei beide Symbole dieselben Mengen darstellen!); dann gibt die Anzahl der Reihen an, was auf den Kopf entfällt. Diese und ähnliche Probleme können am besten an Hand der Museumstafeln studiert werden.

Selbst wenn sich gewisse Grundsätze festlegen lassen, so bleibt doch für die Art der Anwendung ein weiter Spielraum. Hier bewähren sich die Kunst der Pädagogik und die Fähigkeit der entwerfenden Zeichner! Eine rezeptartige Formulierung ist ebensowenig möglich wie etwa für die Anfertigung von Plakaten. Die Erfahrung lehrt, daß die Heranbildung geeigneter Kräfte für die Anfertigung solcher Tafeln sehr viel Zeit in Anspruch nimmt. Nur eine Arbeitsgemeinschaft, in der alle aufeinander eingespielt sind, vermag das pädagogische Ziel der Darstellung, den malerischen Entwurf, die Ausschneidearbeit und die Details der Anordnung zu verknüpfen, wozu auch zweckmäßig gewählte Schrift und deren Verteilung gehören. Es hat sich gezeigt, daß die Einheitlichkeit der Beschriftung und andere »Kleinigkeiten« die Faßlichkeit der Tafeln erhöhen. Man muß sich vorläufig davor hüten, allzu früh abzuschließen und eine Lösung für endgültig zu erklären. Die Methode ist in voller Entwicklung.

Aber es wäre schon einiges erreicht, wenn die Rubrikenüberschriften statistischer Tabellen durch einheitliche Symbole ersetzt werden könnten. Hat man die Tafel ohne Text verstanden, dann ist eine Erläuterung durch Beitext noch immer erforderlich, die durch eine Führung ergänzt werden kann. Es ist aber etwas anderes, *ob der Text den Sinn der Tafel erläutern muß oder ob er die bereits dem Sinn nach einigermaßen begriffene Tafel nun analysiert und wissenschaftlich dem Beschauer deutet!*

Es wird wohl die Zahl der Gesellschaftsmuseen in nächster Zeit gewaltig zunehmen. Keine der großen Arbeiterorganisationen, keine der volksbildnerisch wirkenden Stadtverwaltungen wird es sich nehmen lassen, für ihre Sonderzwecke soziale Bildertafeln und Modelle anfertigen zu lassen. Damit bekommen die Gesellschaftsmuseen die Aufgabe, Mittelpunkte für Anregungen aller Art zu werden, Ausstellungen, vor allem Wanderausstellungen, einzurichten. Durch Veröffentlichung der so gemachten Erfahrungen wird es möglich sein, das allgemeine Verständnis für solche Bemühungen zu beleben und durch gemeinsame Arbeit aller daran interessierten Organisationen und Institute eine Art Schulreform für Erwachsene auf diesem Sondergebiete durchzuführen.

Abkehr von der Metaphysik

Marxismus ist eine Weltanschauung, die vor allem von der Frage ausgeht: Welche gesellschaftlichen Einrichtungen bedingen die Lebenslagen der verschiedenen Klassen, welche geschichtlichen Wandlungen führen neue Lebensordnungen herauf? Um diesen Mittelpunkt gruppieren sich bestimmte Ansichten über den Weltzusammenhang, über Notwendigkeit, kurzum, über alles, was ein einheitliches Weltbild ermöglicht. Man kann die Voraussetzungen und Folgerungen des Marxismus als Gedankengebäude überprüfen. Man kann sich aber auch die Frage vorlegen, was er selber als geschichtliche Erscheinung bedeutet, vor allem was für das im Klassenkampf stehende Proletariat.

Der Marxismus in der Form, wie er uns gegenübertritt, lehrt den Untergang der kapitalistischen bürgerlichen Ordnung und das Kommen der sozialistischen. Wer den Sozialismus ersehnt, fühlt sich durch den Marxismus belebt und mit Hoffnung erfüllt. Wenn ein Gegner der sozialistischen Lebensordnung die marxistische Lehrmeinung annimmt – was ja möglich ist –, muß er verzweifeln. Nicht viele Menschen geben sich solcher Verzweiflung hin. Die meisten Vertreter des Marxismus sind gleichzeitig Anhänger der sozialistischen Lebensordnung; die meisten Vertreter der bürgerlichen Ordnung hängen einer Welt- und Geschichtsauffassung an, die ihren Mut einigermaßen belebt.

Der Marxismus zeigt den Proletariern, daß z. B. die Unternehmer, indem sie in ihrem eigenen Interesse riesige Betriebe mit tausend und mehr Arbeitern organisieren, gleichzeitig die Grundlagen der ersten Arbeiterregimenter schaffen, die dann im Klassenkampf sich bewähren. Anwachsen der Unternehmermacht birgt in sich Zunahme der proletarischen Macht. Welch ermutigende Lehre! Ähnlich ist es mit den Voraussagen des Marxismus über das Kommen der sozialistischen Ordnung. Gerade die organisatorischen Glanzleistungen des Spätkapitalismus, die Trusts, die Kartelle, die Riesenbanken, sie sind nicht etwas, das die revolutionären Arbeiter einmal zerstören werden, sondern etwas, das ihr Eigentum sein wird. Zu dem Gefühl der Unruhe, wenn sie diese gewaltigen Gebilde wachsen sehen, gesellt sich auch so etwas wie Genugtuung: Was die Kapitalisten schaffen, ist Wasser auf die Mühlen des Sozialismus.

So wie das Christentum als allgemein anerkannte Weltanschauung zu den Menschen des Mittelalters gehört, so gehört der Marxismus zum revolutionären Proletariat und zu den Menschen der kommenden Lebensordnung. Der Marxismus ist ja nicht nur ein schwer zu verstehendes wissenschaftliches System wie etwa die scholastische Theologie des Mittelalters, er offenbart sich auch im täglichen Leben in tausend kleinen Zügen, Meinungen und Hoffnungen, so wie sich ja auch der Katholizismus als etwas Lebendiges erwiesen hat. Der Marxismus ist mit der kämpfenden Arbeiterschaft nicht nur durch solche Belebung des Mutes verknüpft, sondern auch vor allem dadurch, daß er das Tun der Arbeiter lenken hilft, indem er zeigt, welche Bedeutung bestimmte Maßnahmen haben können. Er ist in gewissem Sinne eine Strategie der Arbeiterschaft, ein Lehrgang der Gesellschaftstechnik. Er zeigt z. B., daß es keinen Sinn hätte, an die Unternehmerschaft zu appellieren, sie solle sich für den Sozialismus einsetzen. Seine Propaganda, sagt der Marxismus, habe nur bei den unterdrückten Klassen Erfolg, aber noch wirksamer als alle Propaganda sei die Tat. Der Marxismus sucht unter Hinweis auf die geschichtliche Erfahrung den Nachweis zu führen, daß man für eine neue Lebensordnung nicht durch Erziehung ernstlich vorbereitet werden könne, solange noch die alte Ordnung bestehe. Im allgemeinen seien es Menschen der alten Ordnung, welche vielfach, ohne es zu wissen, die neue Ordnung heraufführen, durch welche sie erst umgewandelt werden. Die sozialistischen Menschen werden durch die sozialistische Ordnung geschaffen, nicht umgekehrt. Wenn in Rußland die Kleinbauern für die sozialistische Ordnung gewonnen werden sollen, so begreift ein Marxist, daß dies nur unzulänglich durch Bücher, Vorträge oder Schulunterricht möglich ist, während weit mehr etwa von der Schaffung gewaltiger Elektrizitätsanlagen zu erwarten ist. Der individualistisch wirtschaftende Kleinbauer bedient sich zunächst der Elektrizität wie der Sonne oder des Regens. Er verkauft Pferd und Pflug und schafft sich eine Bodenfräse an. Elektrische Buttermaschinen und elektrische Haushaltungsapparate aller Art, vor allem elektrische Beleuchtung, erleichtern sein Leben. Mehrere Dörfer gemeinsam beschaffen eine elektrisch betriebene Dreschmaschine; elektrische Anlagen für einzelne Dörfer, für Dorfgruppen, für weite Landgebiete sind etwas Selbstverständliches. Wollen die Bauern anderen Stromlauf, andere Stromarten usw. haben, so

303

müssen sich die Vertreter von Hunderttausenden Familien zusammenfinden, um gemeinsam zu beraten. Die individualistisch verwendete Elektrizität zwingt durch ihre technische Zentralisation den Bauern ihren Zentralismus auf, und allmählich wird aus dem Bauern, der für sich allein wirtschaftete, ein Mann, der sich an Verwaltungswirtschaft und Wirtschaftsplan gewöhnt.

In noch höherem Maße kann man vom Marxismus als der Strategie des Klassenkampfes sprechen, weil er das Verhalten der einzelnen Klassen kennzeichnet: *das* der befriedigten Bauern, wie wir sie in Frankreich kennen; *das* der beunruhigten Kleinbürger, die, unter der kapitalistischen Wirtschaftsordnung leidend, dennoch ihren letzten Rest von Selbständigkeit gegen das aufstrebende Proletariat verteidigen wollen; *das* der herrschenden Klassen, die, meist wenig religiös und wenig national gerichtet, dennoch Kirchentum und Nation begünstigen, die beide die Eigenschaft haben, Arme und Reiche, Herrschende und Beherrschte zu vereinigen und den Klassengegensatz noch einige Zeit zu verdecken. Der Marxismus zeigt, daß der proletarische Kampf leidet, wenn etwa in der Gewerkschaftsbewegung Glaubenslosigkeit verlangt würde – für ihn ist die Glaubenslosigkeit nur eine häufige Begleiterscheinung zunehmender Industrialisierung und wachsenden proletarischen Selbstbewußtseins. Viele Menschen sind religiös, solange sie sich hilflos unbekannten sozialen Mächten ausgeliefert fühlen. Arbeitslosigkeit, Armut erscheinen als Schicksal, sei es als Strafe, Prüfung oder als Ergebnis des unerforschlichen Ratschlusses Gottes. Der trotzige Klassenkämpfer macht für all das die herrschende Gesellschaftsordnung verantwortlich, die, wie er sieht, vor allem von den Gruppen gestützt wird, welche die Religiosität und den Gottesglauben pflegen oder die Metaphysik als abgeschwächte Religion, die Metaphysik als eine Lehre, die von Wesenheiten jenseits der Erfahrung ausgeht.

Was sonst vereinzelte Tatsache bleibt, wird durch den Marxismus einer umfassenden Anschauung eingegliedert, die einzelne anleitet, auch verwickeltere Zusammenhänge verstehend zu durchdringen. Die Arbeiter, welche der reichen bürgerlichen Bildung entbehren, können gerade auf dem Gebiete des gesellschaftlichen Lebens den Bürgerlichen dadurch überlegen werden, daß sie größeres Verständnis für die sozialen Zusammenhänge haben und selbst einen kleinen Wissensstoff sinnvoll verwerten können. Der Marxismus zeigt den im Klassenkampf stehenden Proletariern, was an Kenntnissen besonders wichtig ist, und bewahrt seine Anhänger vor dem oft ungeordneten Bildungsbemühen bürgerlicher Aufklärung, welche in der Vermehrung des Wissens an sich von vornherein etwas Erstrebenswertes erblickt.

Der Marxismus erkennt nur dort Wissenschaft an, wo man prophezeien, d. h. aus einem Teilgeschehen ein anderes Teilgeschehen ableiten kann. Aber gerade die wissenschaftliche Kritik hemmt den Marxisten, Prophezeiungen auf lange hinaus für möglich zu halten. Er weiß, wie gering die Zahl der geschichtlichen Bedingungen ist, die wir kennen, er wendet aber auch die Lehre des Marxismus von der Bedingtheit unserer Erkenntnis auf sich selbst an. Er erinnert sich daran, daß viele Vorstellungen und Begriffe erst dann auftreten, wenn die Lebensformen beginnen, für die sie bestimmt sind. Er erinnert sich daran, daß z. B. die Römer sich keine rechte Vorstellung von einer Volksvertretung in unserem Sinne machen konnten. Wer nicht in Rom anwesend zu sein vermochte, war nicht stimmberechtigt. Wie sollte jemand im 14. Jahrhundert das Musikdrama Richard Wagners voraussagen können? Dies würde ja bedeuten, daß es damals schon hätte bestehen können. Das Wesen der kapitalistischen Ordnung hat man im allgemeinen erst dann begreifen können, als sie schon in ihren ersten Anfängen zu Erfahrungen Anlaß gegeben hatte. Und von der sozialistischen Ordnung wird man Wesentliches erst dann wissen, wenn sie schon keimhaft sich entfaltet. Denn erst dann ist das Leben so stark, daß Phantasie und Denken sich anpassen.

Dazu kommt, daß ja nicht ein einzelner neue Vorstellungen wirklich zu Ende zu denken vermag, sondern nur ganze Gruppen oder Generationen. Auch das Denken ist eine kollektivistische Erscheinung. So kommt es, daß der Marxist von vornherein besonders stark an die geschichtliche Erfahrung sich halten muß. Die Vorstellung, daß man ein fernes Ziel von einiger Bestimmtheit verfolgen könne, muß der Marxist ablehnen, weil er ja die Zielvorstellung selbst als wesentlich bedingt durch den Zeitzustand ansieht. Es kann sich nur um eine ungefähre Richtungsangabe handeln.

Der Marxist muß als strenger Wissenschaftler zugeben, daß der Geschichtsablauf mancherlei Deutungen zuläßt. Aber nur dann ist erfolgreiche Zusammenarbeit möglich, wenn die Handelnden, sei es durch Vereinbarung, sei es durch Propaganda, jeweils auf eine der Möglichkeiten sich festlegten. Diese Auswahl selbst ist eine

Sache der Tat und des Entschlusses, aber dies bedeutet nicht, daß solches Tun wissenschaftlich unbegründet wäre. Im Gegenteil. Der Marxismus gewöhnt die Menschen daran, vor allem wirkliche Einrichtungen und das Verhalten von Menschengruppen in den Mittelpunkt der Aufmerksamkeit zu rücken. Denkweisen, Anschauungsarten, Religionsvorstellungen als etwas anzusehen, das mit der gesamten Gesellschafts- und Wirtschaftsordnung eng verknüpft ist.

Wenn ein Marxist sieht, wie in einem Zeitalter die Sklaverei abnimmt, so fragt er sich zunächst, welche anderen Veränderungen gehen zu gleicher Zeit vor sich. Sklaverei ist eine Einrichtung wie ein Schwungrad an einer Maschine, wie ein Knochen in einem Tierskelett. Ein gewaltiger Körper hat stärkere Knochen, ein springendes Tier andere als ein laufendes. Genauere Untersuchung zeigt etwa, daß Sklaverei mit Krisen schlecht zusammenpaßt. Wechselnde Konjunktur, Handelsbetrieb usw. und freie Arbeit passen zusammen – der Unternehmer kann Arbeiter entlassen und aufnehmen –, Sklaven muß man dauernd erhalten. Sie passen in ein Zeitalter patriarchalischer Hauswirtschaft oder des Plantagenbetriebs. So sehen wir denn, daß in bestimmten Ländern und Zeiten Sklaverei zusammen mit anderen Einrichtungen vorkommt.

Die Sklaverei ist mit verschiedenen Denkrichtungen und Meinungen vereinbar. Etwa mit dem Christentum. Wir sehen zwar, daß zur Zeit, da die Sklaverei im Römischen Reich aufhörte und eine Produktions- und Handelsordnung einsetzte, die unserer verwandter war, gleichzeitig auch das Christentum zunahm; es wäre aber verfehlt, zu meinen, daß Christentum sich schlecht mit Sklaverei vertrüge, sehen wir doch andererseits, daß die intensivste Sklaverei in den Südstaaten von Nordamerika sich gerade im Zeitalter des Christentums entwickelte. Der Marxist ist der Anschauung, daß auch die Denk- und Handlungsweise mit dem übrigen Leben verbunden, ja ein Teil von ihm sei, aber der Name »Christentum« wird für verschiedenartiges Denken verwendet, das ebenso gegen die Sklaverei eintreten kann wie für sie.

Mit Mißtrauen wird der Marxismus einer Darstellung folgen, welche behauptet, daß die Wirtschaftsordnung unverändert blieb, christliche Priester aber und Kirchenväter durch ihre eindringliche Propaganda erreicht hätten, daß wohlhabende Sklavenbesitzer auf ihre Sklaven verzichteten, so daß schließlich die Sklaverei wesentlich zurückging. Im großen und ganzen wird sich der Marxist an das oben gegebene Beispiel von der sozialisierenden Bedeutung der Elektrizitätswirtschaft halten. Sein Erfahrungsgebiet ist vor allem die Geschichte, soweit sie über das Verhalten von Klassen und das Schicksal großer Gruppen Aufschluß gibt. Denn der Marxist zielt ja immer darauf ab, sich über das Hauptproblem des proletarischen Klassenkampfes zu informieren: Wie werden die Leiden der kapitalistischen Ordnung ein Ende finden?

Diese Fragestellung mag vielen einengend erscheinen, sie sichert andererseits eine Art festes Skelett, das einem gewaltigen Denkkörper als Träger dient. Quallenhaft unbestimmt ist demgegenüber das bürgerliche Denkgebilde, das heute nach allen Richtungen seine Fühler ausstreckt, hier anthroposophisch, dort mathematisierend, hier psychologisierend, dort die Schicksalsidee verfolgend, hier technizistisch, dort okkultistisch. Die Fülle von wissenschaftlicher Kleinarbeit ist nicht mehr durch eine einheitliche Fragestellung zusammengefaßt, und es ist in gewissem Sinne dem Zufall überlassen, ob einer über bestimmte Sprachbildungen im Chinesischen, über einen Gesetzestext des Mittelalters, über afrikanische Käfer oder über die Windverhältnisse auf dem Nordpol nachdenkt.

Nichts wäre verfehlter als zu glauben, daß ein marxistisch gerichteter Vertreter des proletarischen Klassenkampfes nur solche wissenschaftliche Arbeit würdigte, die unmittelbar mit der Strategie des Klassenkampfes zusammenhängt. Gerade der Marxismus deckt ja mittelbare Beziehungen und Umwege auf, und so kann er etwa feststellen, daß die Pflege der reinen Logik und der allgemeinsten Probleme der Mathematik und Physik dem revolutionären Denken besonders günstig ist. Der Marxist wird dazu neigen, es nicht für einen bloßen Zufall anzusehen, daß gerade unter den Vertretern der genannten abstrakten, im gewöhnlichen Sinne unpraktischen Disziplinen sich so viele Sozialisten und oppositionelle Bürgerliche befinden, wie z. B. der englische exakte Logiker und Mathematiker Russell oder der deutsche Physiker Einstein. Die Pflege dieser Art von Analyse wissenschaftlichen Denkens erscheint geradezu als eine Form der Auflösung des metaphysischen und halbtheologischen Denkens, das in allerlei Verkleidungen und Maskierungen heute unter Bürgerlichen lebendiger ist als vor zwei Menschenaltern. Durchaus begreiflich, denn die bürgerlichen Gruppen schließen sich gegen das traditionslose Proletariat zusammen und müssen mit den Mächten von gestern, vor allem mit den kirchlichen Gruppen, ihren Frieden machen. Das spiegelt sich auch in den Schriften der Gelehrten wider.

Die Pflege des wissenschaftlichen, unmetaphysischen Denkens, seine Anwendung vor allem auf das soziale Geschehen ist durchaus marxistisch. Die religiösen Menschen und die Nationalisten appellieren an irgendein Gefühl, sie kämpfen für jenseits der Menschen liegende Wesenheiten. Ihnen ist der Staat irgend etwas »Höheres«, »Heiliges«, während für die Marxisten alles in der gleichen irdischen Ebene liegt. Die Staatsgemeinschaft ist nichts anderes als eine Art großer Verein, dessen Statuten keine besondere Heiligkeit besitzen. Was an Gefühlen, Ideen auftritt, wird als ein Stück dieser Lebensordnung angesehen und nicht *über* sie gestellt. Die proletarische Solidarität erscheint als ein Ding, das zum Klassenkampf gehört und in der sozialistischen Ordnung noch umfassender fortbestehen wird. Die Vertreter der Religion müssen das religiöse Gefühl über die irdische Ebene hinausheben und in ihm etwas anderes sehen als den Ausdruck eines bestimmten Lebenszustandes der Gesellschaft.

Im Klassenkampf appellieren die Führer des Proletariats an die Solidarität, deren Vorhandensein sie wissenschaftlich erfassen. Nationalismus, Religiosität, aber auch der Marxismus selbst, sind für den Marxisten Ideologien bestimmter Zeiten und Lebensordnungen, bestimmter Klassen und Gruppen. Wenn die Marxisten den Standpunkt vertreten, daß sie wissenschaftlich im Recht sind, so müssen sie auch dies marxistisch zu begründen versuchen. Es wäre an sich denkbar, daß die emporsteigenden geschichtlichen Mächte wissenschaftlich entwickelter sein müssen als die untergehenden. Dies ist aber keineswegs immer der Fall. Als das Christentum vordrang, hat es mit seinem Glauben an Wunder, an Heilwirkungen durch das Aussprechen des Namens Jesu, durch seine Anschauung, die Weltgeschichte offenbare göttliche Belohnungen und Strafgerichte, eine unwissenschaftliche Denkweise gegenüber der antiken vertreten. Schlagende Beispiele lassen sich hierfür aus der ersten Zeit des Christentums anführen, als noch Kirchenväter gegen antike Gelehrte, die etwa auf dem Niveau der Aufklärung des 18. Jahrhunderts standen, Streitschriften verfaßten. Die Unwissenschaftlichkeit siegte, nicht etwa die Unbildung. Denn daß die Christen sich der Literatur bemächtigten, gab ihnen Macht über die des Lesens und Schreibens unkundigen Barbaren im Norden.

Wenn also die Marxisten behaupten wollen, daß der Marxismus wissenschaftlicher sei als die bürgerliche Wissenschaft, so können sie dies geschichtlich etwa folgendermaßen darlegen: Je besser das Proletariat die gesellschaftstechnischen Zusammenhänge unserer Ordnung begreift und die Chancen übersieht, um so erfolgreicher kann es kämpfen. Man könnte nun meinen, daß das gleiche doch auch von der bürgerlichen Front gilt. Ist es richtig, daß die geschichtliche Wandlung den Untergang der heutigen Ordnung und der herrschenden Klassen bringt, dann ist die Lehre, welche diese Wahrheit vertritt, zwar geeignet, den Siegern Mut und Anhänger zu verschaffen, sofern sie begreifen können, daß sie zu emporsteigenden Klassen gehören; aber sie wird jene Front schwächen, bei der sich Gruppen befinden, die durch die Lehre vom Klassenkampf und seinen Wirkungen von dieser Front abfallen.

Die marxistische Lehre unterrichtet nicht nur über die Kampftechnik – die würde beiden Fronten in gleicher Weise dienlich sein –, sie wirbt auch Anhänger für die proletarische Front, deren Mut sie belebt, und entzieht der bürgerlichen Front Anhänger, deren Mut sie erschüttert. So ist es den Marxisten durchaus verständlich, wenn innerhalb der bürgerlichen Front – ohne daß diese Überlegungen ausdrücklich angestellt werden müßten – alle diejenigen Bücher und Schriften, Lehrer und Journalisten verfolgt werden, welche marxistische Theorien vertreten, alle die aber begünstigt werden, die eine der bürgerlichen Propaganda günstige Denkweise lehren, z. B. den religiösen oder nationalen wirtschaftlichen Reformismus usw., weil dadurch die Anhängerschaft der bürgerlichen Front länger erhalten bleibt, wenn auch die Einsicht und gesellschaftstechnische Fähigkeit darunter leidet.

Wir sehen, wie gerade die Nationalisten durch ihre Geschichts- und Gesellschaftsanschauung, durch ihren Antisemitismus und ähnliche Lehren Menschen, die am Bestand der bürgerlichen Ordnung gar nicht oder wenig interessiert sind, festhalten. Die Lehre: die Juden sind an allem schuld, ist sicher nicht geeignet, zweckmäßige politische Maßnahmen zu ergreifen, sondern höchstens Anhänger zu werben. Auf diese Weise würde marxistisch verständlich, wieso das Bürgertum aus seiner Klassenlage heraus auf dem Gebiete der Gesellschaftslehre immer unwissenschaftlicher und in seinen breiten Massen politisch immer unfähiger wird. Da die Weltanschauung letzten Endes ein Ganzes ist, kann man eine falsche Geschichts- und Gesellschaftslehre auf die Dauer nur dadurch zu stützen suchen, daß man auch die übrigen wissenschaftlichen Voraussetzungen dem anpaßt. So erklärt sich die Unzulänglichkeit der bekannten bürgerlichen Modephilosophen und Modehistoriker sowie der Tagesgrößen Oswald Spengler oder Chamberlain.

Der Marxismus verkündet also durch Anwendung seiner eigenen Methode auf sich selbst der proletarischen Front, daß sie der Träger der Wissenschaftlichkeit geworden ist. Die Zeit dürfte nicht mehr fern sein, daß dies vielen ernsten bürgerlichen Denkern offenbar wird, die aus persönlicher Sehnsucht nach echter Wissenschaftlichkeit zum Proletariat stoßen werden, wie ja heute schon viele Pazifisten, viele Freidenker zum Proletariat stoßen, weil sie von ihm Erfüllung ihrer Sehnsucht erhoffen. Das Proletariat freilich führt seinen Kampf nicht um solcher Ideale willen, sondern vor allem, um sein tägliches Dasein zu verbessern. Beglückend ist es für viele zu wissen, daß dieser Kampf gegen die gröbste Not gleichzeitig Ideale verwirklichen hilft, die von vielen vorahnenden Geistern früher vertreten wurden. Für die proletarische Front decken sich Kampftechnik und Propagandainteresse mit Hochhaltung der Wissenschaft und Überwindung der Metaphysik.

Vielen Bürgerlichen mag es erniedrigend erscheinen und eine Verletzung jener Erhabenheit, die der Wissenschaft zugebilligt wird, wenn man sie unter dem Gesichtspunkt des Klassenkampfes betrachtet. Vom Proletariat wird die Wissenschaft erst als Mittel des Kampfes und der Propaganda im Dienste für die sozialistische Menschheit recht gewürdigt. Da sorgen sich manche, die vom Bürgertum kommen, ob wohl das Proletariat Sinn für die Wissenschaft haben werde – was lehrt uns die Geschichte? *Gerade das Proletariat wird zum Träger der Wissenschaft ohne Metaphysik.*

Bibliographische Nachweise

Wissenschaftliche Weltauffassung – Der Wiener Kreis, Wien 1929; publiziert zusammen mit R. Carnap und H. Hahn in der Reihe ›Veröffentlichungen des Vereins Ernst Mach‹.
Radikaler Physikalismus und ›wirkliche Welt‹: Erkenntnis 4 (1934) 346-362.
Die neue Enzyklopädie: Einheitswissenschaft 6 (1938) 6-16.
Pseudorationalismus der Falsifikation: Erkenntnis 5 (1935) 353-365.
Empirische Soziologie; aus: Empirische Soziologie – Der wissenschaftliche Gehalt der Geschichte und Nationalökonomie, Wien 1931; entnommene Teile: Einleitung (S. 1-3) und die Abschnitte 6-10 (S. 58-147).
Die Utopie als gesellschaftstechnische Konstruktion: Durch die Kriegswirtschaft zur Naturalwirtschaft, München 1919, 228-231.
Wesen und Weg der Sozialisierung – Gesellschaftstechnisches Gutachten, vorgetragen in der 8. Vollsitzung des Münchener Arbeiterrates am 25. Januar 1919, München 1919.
Wirtschaftlichkeitsbetrachtung und Wirtschaftsplan; aus: Wirtschaftsplan und Naturalrechnung – Von der sozialistischen Lebensordnung und vom kommenden Menschen, Berlin 1925; entnommene Teile: Abschnitt I (S. 15-52).
Statistik und Sozialismus; aus: Lebensgestaltung und Klassenkampf, Berlin 1928; entnommene Teile: Abschnitt VIII (S. 115-124).
Statistische Hieroglyphen: Österreichische Gemeinde-Zeitung 3 (1926) 328 bis 334.
Abkehr von der Metaphysik; aus: Lebensgestaltung und Klassenkampf, Berlin 1928; entnommene Teile: Abschnitt X (S. 139-152).

Norbert Elias
Über den Prozeß der Zivilisation

Soziogenetische und psychogenetische Untersuchungen

Erster Band: Wandlungen des Verhaltens in den weltlichen Oberschichten des Abendlandes
stw 158. 350 Seiten

Zweiter Band: Wandlungen der Gesellschaft. Entwurf zu einer Theorie der Zivilisation
stw 159. 508 Seiten

Die Soziologie des 20. Jahrhunderts konzentriert sich vor allem auf Zustände. Die langfristigen Transformationen der Gesellschaft und Persönlichkeitsstrukturen hat sie weitgehend aus den Augen verloren. Im Werk von Norbert Elias bilden diese langfristigen Prozesse das zentrale Interesse: Wie ging eigentlich die »Zivilisation« im Abendlande vor sich? Worin bestand sie? Und welches waren ihre Antriebe, ihre Ursachen oder Motoren?
Bei Elias' Arbeit handelt es sich weder um eine Untersuchung über eine »Evolution« im Sinne des 19. Jahrhunderts noch um eine Untersuchung über einen unspezifischen »sozialen Wandel« im Sinne des 20.; seine Arbeit ist grundlegend für eine undogmatische, empirisch fundierte soziologische Theorie der sozialen Prozesse im allgemeinen und der sozialen Entwicklung im besonderen.

Materialien zu
Norbert Elias' Zivilisationstheorie

Herausgegeben von Peter Gleichmann, Johan Goudsblom und Hermann Korte
stw 233. 448 Seiten

Dieser Materialienband möchte zur Verbreitung und Intensivierung der Auseinandersetzung mit dem soziologischen Arbeitsprogramm von Norbert Elias beitragen.
Die in ihm enthaltenen Beiträge zeigen u. a., daß für die Untersuchung langfristiger gesellschaftlicher Entwicklungen und die Struktur ungeplanter Prozesse in der Zivilisationstheorie von Norbert Elias eine fruchtbare Ausgangsposition vorliegt.

Edgar Zilsel
Die sozialen Ursprünge der neuzeitlichen
Wissenschaft
Herausgegeben und übersetzt von Wolfgang Krohn
Mit einer biobibliographischen Notiz
von Jörn Behrmann
stw 152. 288 Seiten

Edgar Zilsel (1891–1944) hat in Wien Mathematik, Physik und Philosophie studiert. Mit Otto Neurath gehörte er zum linken Flügel des Wiener Kreises. Einer Universitätskarriere zog er die Arbeit an der Wiener Volkshochschule vor. 1934 Haft. 1938 Ausreise nach England, 1939 in die USA. Dort dank eines Stipendiums Forschungsarbeiten; lehrte zunächst am Hunter College der City University of New York, dann am Mills College in Oakland.

Jörn Behrmann und Wolfgang Krohn sind Mitarbeiter des Max-Planck-Institutes zur Erforschung der Lebensbedingungen der wissenschaftlich-technischen Welt in Starnberg.

Edgar Zilsel hat im amerikanischen Exil eine zusammenhängende Studie über die Entstehung der Naturwissenschaften begonnen, deren Ergebnisse (wegen seines Todes im Jahre 1944) nur fragmentiert als Aufsatzveröffentlichungen vorliegen. Diese Aufsätze folgen aber einer inneren Systematik, die ihre gemeinsame Veröffentlichung nahelegt.

Die allgemeine These Zilsels: zwischen 1300 und 600 existieren drei Schichten von Intellektuellen, die institutionell und ideologisch voneinander getrennt waren: die Gelehrten, die literarischen Humanisten und die Künstler-Ingenieure. Während die letzte Gruppe Experiment, Sektion und das wissenschaftlich-technische Instrumentarium entwickelt, bleiben die sozialen Vorurteile der Gelehrten und Humanisten gegen Handarbeit und experimentelle Verfahren in der Wissenschaft bis ins 16. Jahrhundert stabil. Erst mit der Generation Bacon, Galilei, Gilbert wird das kausale Denken der plebejischen Künstler-Ingenieure mit dem theoretischen Denken der Naturphilosophie verknüpft.

Das Vorwort des Herausgebers rekonstruiert den theoretischen Zusammenhang der Aufsätze und geht auf die empirischen und begrifflichen Probleme ein, die sich einer Soziologie der Wissenschaftsgeschichte in der heutigen Forschung stellen.

Bernhard Groethuysen
Die Entstehung der bürgerlichen Welt- und
Lebensanschauung in Frankreich
*Band 1: Das Bürgertum und die katholische
Weltanschauung
Band 2: Die Soziallehren der katholischen Kirche
und das Bürgertum*
stw 256. 368 und 320 Seiten

Groethuysens ausgreifendes Unternehmen ist als Untersuchung der Entstehung einer spezifisch bürgerlichen Sensibilität, einer Welt- und Lebensanschauung zumal, konzipiert, wie sie sich im Frankreich des 17. und 18. Jahrhunderts herauszubilden begann. Die Arbeit erschien zuerst in den Jahren 1927 und 1930. Sie reiht sich der Intention nach den Studien von Dilthey und Simmel zur Entstehung des »modernen« Geistes an, greift aber tiefer ins soziale Gestein der Epoche, so daß sie einerseits mit Franz Borkenaus materialistischer Ideologiegeschichtsschreibung (*Vom feudalen zum bürgerlichen Weltbild*), andererseits mit Norbert Elias' historisch-soziologischen Analysen (*Über den Prozeß der Zivilisation*) verglichen werden kann.
Groethuysens Werk ist also eine »geistesgeschichtliche« Untersuchung besonderer Art. Es thematisiert nicht die großen philosophischen Lehren, die eine reflektierte Form bürgerlicher Ideologie zum Ausdruck bringen, sondern gerade die alltäglichen und anonymen, sozusagen vorreflexiven Gestalten bürgerlichen Denkens und Handelns. Der Autor geht in phänomenologischer Manier aus »vom Leben selbst«, von den Selbstverständlichkeiten des bürgerlichen Lebenszusammenhangs, der sich im 17. und 18. Jahrhundert allmählich von den religiösen Bindungen des Katholizismus emanzipierte. Man kann sagen, daß es sich hier wie bei Walter Benjamins Trauerspielbuch um eine Art »anonyme Geistesgeschichte« des Bürgertums insofern handelt, als nicht seine »anerkannten« Ideologen, sondern seine »populären« Vertreter zu Wort kommen.
Anhand zahlreicher Quellen – etwa von Predigten und pädagogischen Abhandlungen – zeigt Groethuysen, wie sich die Einstellungen des Bürgers sukzessive profanisieren, wie sich seine Anschauungen über Gott, Tod und Sünde, über reich und arm immer mehr von den kirchlichen Lehren lösen und zu einer eigenen Physiognomie in Lebens- und

Weltanschauung führen: »So bildet sich das bürgerliche Klassenbewußtsein. Der neue Wirtschaftstyp, wie er sich in den alten Lebensformen nicht entwickeln konnte, erhält seine geistige Bedeutung und Umgrenzung; er wird zu dem Vertreter einer besonderen, in sich charakterisierten und immer wieder im Gegensatz zu anderen, religiös bedingten Vorstellungsweisen erlebten Einstellung gegenüber Welt und Leben, einer selbständigen bürgerlichen Ideologie, für deren Gestaltung und Ausbildung das Verhältnis des Bürgertums zur Kirche von entscheidender Bedeutung gewesen ist.« Der vielzitierte und -gelästerte Typus des Bourgeois wird von Groethuysen »urgeschichtlich« (Benjamin) bzw. »archäologisch« (Foucault) erforscht.

Bernhard Groethuysen wurde 1880 in Berlin geboren. Er studierte Philosophie, Psychologie, Kunstgeschichte und Wirtschaftspolitik. Unter dem Einfluß Simmels und Diltheys stehend (dessen Gesamtwerk er mitherausgab), beschäftigte er sich gleichermaßen mit psychologischen, anthropologischen und historischen Fragen. In den zwanziger Jahren pendelte er zwischen Paris, wo er im Kreis des Verlags Gallimard die Funktion eines intellektuellen Mentors ausübte, und Berlin, wo er als Privatdozent lehrte, hin und her. Im Jahre 1933 legte er aus Protest gegen die Nationalsozialisten seinen Berliner Lehrauftrag nieder und blieb in Frankreich, wo er fortan als freier Schriftsteller lebte. Er starb 1946 in Luxemburg. Werke: *Das Mitgefühl* (1904); *Philosophische Anthropologie* (1931); *J.-J. Rousseau* (1949); *Philosophie der Französischen Revolution* (1956).

Joseph Needham
Wissenschaftlicher Universalismus

Über Bedeutung und Besonderheit der chinesischen Wissenschaft
Herausgegeben, eingeleitet und übersetzt von Tilman Spengler
stw 264. 416 Seiten

Die in diesem Band vereinigten Arbeiten Joseph Needhams stehen in enger thematischer Beziehung zu seinem Hauptwerk *Science and Civilization in China*, der ersten maßgeblichen Gesamtdarstellung des chinesischen Beitrags zur Universalgeschichte von Wissenschaft und Technik. Needham begreift das Zustandekommen der neuzeitlichen Wissenschaft als einen universalen Vorgang, zu dessen Entstehen Beiträge aus vielen Zivilisationen zusammenkommen mußten, der aber erst durch die Entdeckungen und soziokulturellen Neuausrichtungen im Europa der Renaissance die für ihn bestimmende Dynamik erhielt. »Wissenschaftlicher Universalismus« als konkretes Forschungsprogramm zielt demnach ebenso auf die Beschreibung einzelner Komponenten wie auf eine Kennzeichnung des Milieus, innerhalb dessen eine Kombination der Einzelteile das Unternehmen »moderne Wissenschaft« in Gang setzte.

Wenn der Durchbruch zur modernen Wissenschaft allein in Europa gelang, in anderen Kulturen dazu aber die kognitiven Voraussetzungen genauso vorhanden waren, dann müssen, folgert Needham, sozio-kulturelle Unterschiede die entscheidenden Hemm- bzw. Beschleunigungsfaktoren bezeichnen.

Der Aufsatz »Wissenschaft und Gesellschaft in Ost und West« geht auf einige dieser Unterschiede ein. »Die Einheit der Wissenschaft, Asiens unentbehrlicher Beitrag«, der zweite Aufsatz der Auswahl, liefert eine faktische Erhärtung der These von der Universalität des Vorgangs, an dessen Ende die neuzeitliche Wissenschaft stand. Daß es sich bei diesen Beiträgen um mehr als nur die ständig zitierten Beispiele des Schießpulvers, der Druckkunst und des magnetischen Kompasses handelt, wird dabei ebenso deutlich wie die zentrale Rolle des arabischen Kulturraums für die Übermittlung der Erfindungen und Erkenntnisse. »Der chinesische Beitrag zu Wissenschaft und Technik« greift das Thema aus chinesischer Perspektive auf.

Needham beschränkt sich hier nicht auf die Aufzählung vieler Einzelfälle, er schildert auch die chinesische Einstellung zu Fragen der sozialen Verfügbarkeit von Wissenschaft und Technik.

Als Beispiele für Needhams Geschick, Problemzusammenhänge global und gleichzeitig detailgetreu in den Griff zu bekommen, dienen die Aufsätze »Der Zeitbegriff im Orient« und »Das fehlende Glied in der Entwicklung des Uhrenbaus: ein chinesischer Beitrag«.

Zunächst räumt Needham mit dem vulgär-philosophischen Klischee des »zeitlosen Orients« auf und zeigt sehr genau, wie konkret sich die Chinesen der Realität zeitlicher Abläufe in der Geschichte bewußt waren. Und zum Nachweis, daß sich derlei Gedanken nicht nur auf den mageren Weiden der Spekulation bewegten, zeigt Needham in seiner Geschichte des chinesischen Uhrenbaus gleichsam das handwerkliche Komplement: mehr noch, die Unruh, die zentrale Vorrichtung der mechanischen Zeitmessung, ist eine chinesische Erfindung.

Die traditionelle chinesische Medizin steht seit einigen Jahren im Brennpunkt nicht nur medizin-historischen Interesses. Das rührt zum einen aus sozio-politischen Begleitumständen ihrer Wiedergeburt im sozialistischen China her, zum anderen aus dem erklärten Unvermögen westlicher Mediziner, gewisse therapeutische Effekte dieser Medizin in den Begriffen ihrer eigenen Deutungssysteme nachzuvollziehen. In »Medizin und chinesische Kultur« klärt Needham zunächst die Entstehungs- und Entwicklungsbedingungen der traditionellen Medizin Chinas, die wie keine andere wissenschaftliche Disziplin von der sie umlagernden Kultur geprägt wurde, und schlägt dann einige Interpretationen zu ihrer Wirkungsweise vor.

Alphabetisches Verzeichnis der suhrkamp taschenbücher wissenschaft

Adorno, Ästhetische Theorie 2
– Drei Studien zu Hegel 110
– Einleitung in die Musiksoziologie 142
– Kierkegaard 7
– Negative Dialektik 113
– Philosophie der neuen Musik 239
– Philosophische Terminologie Bd. 1 23
– Philosophische Terminologie Bd. 2 50
– Prismen 178
Apel, Der Denkweg von Charles S. Peirce 141
– Transformation der Philosophie, Bd. 1 164
– Transformation der Philosophie, Bd. 2 165
Arnaszus, Spieltheorie und Nutzenbegriff 51
Ashby, Einführung in die Kybernetik 34
Avineri, Hegels Theorie des modernen Staates 146
Bachofen, Das Mutterrecht 135
Materialien zu Bachofens ›Das Mutterrecht‹ 136
Barth, Wahrheit und Ideologie 68
Becker, Grundlagen der Mathematik 114
Benjamin, Charles Baudelaire 47
– Der Begriff der Kunstkritik 4
– Trauerspiel 225
Materialien zu Benjamins Thesen ›Über den Begriff der Geschichte‹ 121
Bernfeld, Sisyphos 37
Bilz, Studien über Angst und Schmerz 44
– Wie frei ist der Mensch? 17
Bloch, Das Prinzip Hoffnung 3
– Geist der Utopie 35
– Naturrecht 250
– Philosophie d. Renaissance 252
– Subjekt/Objekt 251
– Tübinger Einleitung 253
Materialien zu Bloch, ›Prinzip Hoffnung‹ 111
Blumenberg, Aspekte der Epochenschwelle: Cusaner und Nolaner 174
– Der Prozeß der theoretischen Neugierde 24
– Säkularisierung und Selbstbehauptung 79
Böckenförde, Staat, Gesellschaft, Freiheit 163
Böhme/van den Daele/Krohn, Experimentelle Philosophie 205
Bourdieu, Zur Soziologie der symbolischen Formen 107
Broué/Témime, Revolution und Krieg in Spanien. 2 Bde. 118
Bucharin/Deborin, Kontroversen 64
Canguilhem, Wissenschaftsgeschichte 286
Childe, Soziale Evolution 115
Chomsky, Aspekte der Syntax-Theorie 42
– Reflexionen über die Sprache 185
– Sprache und Geist 19
Cicourel, Methode und Messung in der Soziologie 99
Claessens, Kapitalismus als Kultur 275
Condorcet, Entwurf einer historischen Darstellung der Fortschritte des menschlichen Geistes 175
Cremerius, Psychosomat. Medizin 255
Deborin/Bucharin, Kontroversen 64
Deleuze/Guattari, Anti-Ödipus 224
Denninger, Freiheitliche demokratische Grundordnung. 2 Bde. 150
Denninger/Lüderssen, Polizei und Strafprozeß 228
Derrida, Die Schrift und die Differenz 177
Dubiel, Wissenschaftsorganisation 258
Durkheim, Soziologie und Philosophie 176
Eco, Das offene Kunstwerk 222
Einführung in den Strukturalismus 10
Eliade, Schamanismus 126

Elias, Über den Prozeß der Zivilisation, Bd. 1 158
– Über den Prozeß der Zivilisation, Bd. 2 159
Materialien zu Elias' Zivilisationstheorie 233
Erikson, Der junge Mann Luther 117
– Dimensionen einer neuen Identität 100
– Gandhis Wahrheit 265
– Identität und Lebenszyklus 16
Erlich, Russischer Formalismus 21
Ethnomethodologie 71
Fetscher, Rousseaus politische Philosophie 143
Fichte, Politische Schriften 201
Foucault, Der Fall Rivière 128
– Die Ordnung der Dinge 96
– Überwachen und Strafen 184
– Wahnsinn und Gesellschaft 39
Friedensutopien, Kant/Fichte/Schlegel/Görres 267
Furth, Intelligenz und Erkennen 160
Goffman, Stigma 140
Gombrich, Meditationen über ein Steckenpferd 237
Griewank, Der neuzeitliche Revolutionsbegriff 52
Groethuysen, Die Entstehung der bürgerlichen Welt- und Lebensanschauung in Frankreich 2 Bde. 256
Guattari/Deleuze, Anti-Ödipus 224
Habermas, Erkenntnis und Interesse 1
– Theorie und Praxis 243
– Zur Rekonstruktion des Historischen Materialismus 154
Materialien zu Habermas' ›Erkenntnis und Interesse‹ 49
Hegel, Grundlinien der Philosophie des Rechts 145
– Phänomenologie des Geistes 8
Materialien zu Hegels ›Phänomenologie des Geistes‹ 9
Materialien zu Hegels Rechtsphilosophie Bd. 1 88
Materialien zu Hegels Rechtsphilosophie Bd. 2 89
Helfer/Kempe, Das geschlagene Kind 247
Heller, u. a., Die Seele und das Leben 80
Henle, Sprache, Denken, Kultur 120
Höffe, Ethik und Politik 296
Hörmann, Meinen und Verstehen 230
Holbach, System der Natur 259
Holenstein, Roman Jakobsons phänomenologischer Strukturalismus 116
Honneth/Jaeggi, Theorien des Historischen Materialismus 182
Jaeggi, Theoretische Praxis 149
Jaeggi/Honneth, Theorien des Historischen Materialismus 182
Jacobson, E. Das Selbst und die Welt der Objekte 242
Jakobson, R. Hölderlin, Klee, Brecht 162
– Poetik 262
Kant, Die Metaphysik der Sitten 190
– Kritik der praktischen Vernunft 56
– Kritik der reinen Vernunft 55
– Kritik der Urteilskraft 57
– Schriften zur Anthropologie 1 192
– Schriften zur Anthropologie 2 193
– Schriften zur Metaphysik und Logik 1 188
– Schriften zur Metaphysik und Logik 2 189
– Schriften zur Naturphilosophie 191
– Vorkritische Schriften bis 1768 1 186
– Vorkritische Schriften bis 1768 2 187
Kant zu ehren 61
Materialien zu Kants ›Kritik der praktischen Vernunft‹ 59
Materialien zu Kants ›Kritik der reinen Vernunft‹ 58
Materialien zu Kants ›Kritik der Urteilskraft‹ 60

Materialien zu Kants ›Rechtsphilosophie‹ 171
Kenny, Wittgenstein 69
Keupp/Zaumseil, Gesellschaftliche Organisierung psychischen Leidens 246
Kierkegaard, Philosophische Brocken 147
– Über den Begriff der Ironie 127
Koch, Die juristische Methode im Staatsrecht 198
Körner, Erfahrung und Theorie 197
Kohut, Die Zukunft der Psychoanalyse 125
– Introspektion, Empathie und Psychoanalyse 207
– Narzißmus 157
Kojève, Hegel. Kommentar zur ›Phänomenologie des Geistes‹ 97
Koselleck, Kritik und Krise 36
Kracauer, Geschichte – Vor den letzten Dingen 11
Kuhn, Die Entstehung des Neuen 236
– Die Struktur wissenschaftlicher Revolutionen 25
Lacan, Schriften 1 137
Lange, Geschichte des Materialismus 70
Laplanche/Pontalis, Das Vokabular der Psychoanalyse 7
Leach, Kultur und Kommunikation 212
Leclaire, Der psychoanalytische Prozeß 119
Lenneberg, Biologische Grundlagen der Sprache 217
Lenski, Macht und Privileg 183
Lepenies, Das Ende d. Naturgeschichte 227
Lévi-Strauss, Das wilde Denken 14
– Mythologica I, Das Rohe und das Gekochte 167
– Mythologica II, Vom Honig zur Asche 168
– Mythologica III, Der Ursprung der Tischsitten 169
– Mythologica IV, Der nackte Mensch. 2 Bde. 170
– Strukturale Anthropologie 1 226
– Traurige Tropen 240
Locke, Zwei Abhandlungen 213
Lorenzen, Konstruktive Wissenschaftstheorie 93
– Methodisches Denken 73
Lorenzer, Die Wahrheit der psychoanalytischen Erkenntnis 173
– Sprachspiel und Interaktionsformen 81
– Sprachzerstörung und Rekonstruktion 31
Lüderssen, Autor und Täter 261
Lugowski, Die Form der Individualität im Roman 151
Luhmann, Theorie, Technik und Moral 206
– Zweckbegriff und Systemrationalität 12
Lukács, Der junge Hegel 33
Macpherson, Politische Theorie des Besitzindividualismus 41
Malinowski, Eine wissenschaftliche Theorie der Kultur 104
Marxismus und Ethik 75
Mead, Geist, Identität und Gesellschaft 28
Menninger, Selbstzerstörung 249
Merleau-Ponty, Die Abenteuer der Dialektik 105
Miliband, Der Staat in der kapitalistischen Gesellschaft 112
Minder, Glaube, Skepsis und Rationalismus 43
Mittelstraß, Die Möglichkeit von Wissenschaft 62
Mommsen, Max Weber 53
Moore, Soziale Ursprünge von Diktatur und Demokratie 54
Morris, Pragmatische Semiotik und Handlungstheorie 179
Needham, Wissenschaftlicher Universalismus 264
O'Connor, Die Finanzkrise des Staates 83
Oelmüller, Unbefriedete Aufklärung 263
Oppitz, Notwendige Beziehungen 101

Parin/Morgenthaler, Fürchte deinen Nächsten 235
Parsons, Gesellschaften 106
Parsons/Schütz, Briefwechsel 202
Peukert, Wissenschaftstheorie 231
Phänomenologie und Marxismus, Bd. 3 232
Piaget, Das moralische Urteil beim Kinde 27
– Die Bildung des Zeitbegriffs beim Kinde 77
– Einführung in die genetische Erkenntnistheorie 6
Plessner, Die verspätete Nation 66
Polanyi, Transformation 260
Pontalis, Nach Freud 108
Pontalis/Laplanche, Das Vokabular der Psychoanalyse 7
Propp, Morphologie des Märchens 131
Quine, Grundzüge der Logik 65
Rawls, Eine Theorie der Gerechtigkeit 271
Redlich/Freedman, Theorie und Praxis der Psychiatrie. 2 Bde. 148
Ricœur, Die Interpretation 76
Ritter, Metaphysik und Politik 199
v. Savigny, Die Philosophie der normalen Sprache 29
Schadewaldt, Anfänge der Philosophie 218
Schelling, Philosophie der Offenbarung 181
– Über das Wesen der menschlichen Freiheit 138
Materialien zu Schellings philosophischen Anfängen 139
Schleiermacher, Hermeneutik und Kritik 211
Schlick, Allgemeine Erkenntnislehre 269
Scholem, Von der mystischen Gestalt der Gottheit 209
– Zur Kabbala und ihrer Symbolik 13
Schütz, Der sinnhafte Aufbau der sozialen Welt 92
Schumann, Handel mit Arbeiter 214
Seminar: Abweichendes Verhalten I 84
– Abweichendes Verhalten II 85
– Abweichendes Verhalten III 86
– Angewandte Sozialforschung 153
– Dialektik, Bd. I 234
– Entstehung der antiken Klassengesellschaft 130
– Entstehung von Klassengesellschaften 30
– Familie und Familienrecht Bd. 1 102
– Familie und Familienrecht Bd. 2 103
– Familie und Gesellschaftsstrukturen 244
– Freies Handeln und Determinismus 257
– Geschichte und Theorie 98
– Gesellschaft und Homosexualität 200
– Hermeneutik und die Wissenschaften 238
– Kommunikation, Interaktion, Identität 156
– Literatur und Kunstsoziologie 245
– Medizin, Gesellschaft, Geschichte 67
– Philosophische Hermeneutik 144
– Politische Ökonomie 22
– Regelbegriff in der praktischen Semantik 94
– Religion und gesellschaftliche Entwicklung 38
– Sprache und Ethik 91
– Theorien der künstlerischen Produktivität 166
Skirbekk, Wahrheitstheorien 210
Solla Price, Little Science – Big Science 48
Spinner, Pluralismus als Erkenntnismodell 32
Sprachanalyse und Soziologie 123
Sprache, Denken, Kultur 120
Strauss, Anselm, Spiegel und Masken 109
Strauss, Leo, Naturrecht und Geschichte 216
Szondi, Das lyrische Drama des Fin de siècle 90
– Einführung in die literarische Hermeneutik 124
– Poetik und Geschichtsphilosophie I 40
– Poetik und Geschichtsphilosophie II 72
– Schriften 1 219

- Schriften 2 220
- Theorie des bürgerlichen Trauerspiels 15
Témime/Broué, Revolution und Krieg in Spanien. 2 Bde. 118
Theorietechnik und Moral 206
Touraine, Was nützt die Soziologie? 133
Tugendhat, Vorlesungen zur Einführung in die sprachanalytische Philosophie 45
Uexküll, Theoretische Biologie 20
Umweltforschung – die gesteuerte Wissenschaft 215
Wahrheitstheorien 210
Waldenfels, Phänomenologie und Marxismus I 195
- Phänomenologie und Marxismus II 196
- Phänomenologie und Marxismus III 232
- Phänomenologie und Marxismus IV 273

Watt, Der bürgerliche Roman 78
Weimann, Literaturgeschichte und Mythologie 204
Weingart, Wissensproduktion und soziale Struktur 155
Weingarten u. a., Ethnomethodologie 71
Weizenbaum, Macht der Computer 274
Weizsäcker, Der Gestaltkreis 18
Winch, Die Idee der Sozialwissenschaft und ihr Verhältnis zur Philosophie 95
Wittgenstein, Philosophische Grammatik 5
- Philosophische Untersuchungen 203
Wunderlich, Studien zur Sprechakttheorie 172
Zilsel, Die sozialen Ursprünge der neuzeitlichen Wissenschaft 152
Zimmer, Philosophie und Religion Indiens 26